ISBN : 979-10-96314-25-6
Paris 2016

Stefan Zweig
(1881-1942)

———

RAUSCH DER VERWANDLUNG
(1930 – 1939)

———

DIE UNSICHTBARE SAMMLUNG
1929

———

INSEL-VERLAG ZU LEIPZIG

INHALTSVERZEICHNIS

RAUSCH DER VERWANDLUNG

Ein Dorfpostamt in Österreich unterscheidet sich wenig vom andern: wer eines gesehen, kennt sie alle. In der gleichen franziskojosephischen Zeit aus dem gleichen Fundus mit den gleichen kärglichen Einrichtungsgegenständen bedacht oder vielmehr uniformiert, entäußern sie allerorts den gleichen mürrischen Eindruck ärarischer Verdrossenheit, und bis unter den Atem der Gletscher, in die abgelegensten Gebirgsdörfer Tirols bewahren sie hartnäckig jenen unverkennbaren altösterreichischen Amtsgeruch aus kaltem Knaster und muffigem Aktenstaub. Überall ist die Raumeinteilung die gleiche: in einem genau vorgeschriebenen Verhältnis teilt eine vertikale, mit Glasscheiben durchbrochene Holzwand das Zimmer in ein Diesseits und Jenseits, in eine allgemein zugängliche und in die dienstliche Sphäre. Daß der Staat auf ein längeres Verweilen seiner Bürger innerhalb der allgemein zugänglichen Abteilung geringes Gewicht legt, wird durch das Fehlen von Sitzgelegenheiten und jeder sonstigen Bequemlichkeit augenfällig. Als einziges Möbel lehnt im Publikumsraum meist nur ein zittriges Stehpult ängstlich an der Wand, den rissigen Wachsleinwandüberzug von unzähligen Tintentränen geschwärzt, obwohl sich niemand erinnern kann, jemals in dem eingesenkten Tintenfaß etwas anderes als eingedickten, mulmigen, schreibuntauglichen Brei wahrgenommen zu haben, und wenn zufällig eine Feder zur Stelle in der gehöhlten Rinne liegt, so erweist sie sich zuverlässig als abgespragelt und schreibuntauglich. Ebensowenig wie auf Komfort legt das sparsame Ärar auf Schönheit Gewicht: als künstlerischer Raumschmuck könnten, seit die Republik das Bild Franz Josephs abgeräumt hat, höchstens die Plakate angesprochen werden, die grellfarbig auf der schmutzigen Kalkwand zu längst geschlossenen Ausstellungen, zum Ankauf von Lotterielosen und in manchen vergeßlichen Amtsstuben sogar noch zur Zeichnung von Kriegsanleihen einladen. Mit dieser billigen Wandfüllung und allenfalls einer von niemand beachteten Aufforderung, nicht zu rauchen, ist die Generosität des Staates im Publikumsraume zu Ende.

Respektheischender dagegen repräsentiert sich die Abteilung jenseits der dienstlichen Schranke. Hier entfaltet im engsten Beieinander der Staat symbolisch die unverkennbaren Zeichen seiner Macht und Weiträumigkeit. In der geschützten Ecke steht ein eiserner Geldschrank, und die Vergitterung der Fenster läßt vermuten, daß er zeitweilig wirklich gelegentlich beträchtliche Werte birgt. Auf dem Lauftisch blinkt als Prunkstück ein Morseapparat in wohlgescheuertem Messing, bescheidener schläft daneben auf schwarzer Nickelwiege das Telefon. Diesen beiden allein ist ein gewisser Lust- und Respektsraum zugeteilt, denn sie verbinden, an Kupferdrähte angeschlossen, das winzige und abseitige Dorf mit den Weiten des Reichs. Die andern Utensilien des postalischen Verkehrs jedoch müssen sich zusammendrängen, Paketwaage und Briefsäcke, Bücher, Mappen, Hefte, Registratur und die runden klirrenden Portokassen, Waagen und Gewichte, schwarze, blaue, rote und tintenviolette Bleistifte, Spangen und Klammern, Spagat, Siegellack, Wasserschwamm und Löschwiege, Gummiarabikum, Messer, Schere und Falzbein, das ganze vielfältige Handwerkszeug postalischen Dienstes knüllt sich auf der ellbogenengen Fläche des Schreibtisches gefährlich wirr durcheinander, und in den vielen Laden und Kasten schichtet sich unbegreifliche Fülle immer anderer Papiere und Formulare. Aber das scheinbar Verschwenderische dieser Ausbreitung ist in Wahrheit nur Augentrug, denn im geheimen zählt der Staat jedes Stück seiner billigen Utensilien unerbittlich mit. Vom abgeschriebenen Bleistift bis zur zerrissenen Marke, vom ausgefransten Löschblatt bis zur weggeschwemmten Seife in der blechernen Waschschüssel, von der Glühbirne, die den Amtsraum beleuchtet, bis zum Eisenschlüssel, der ihn verschließt, fordert das Ärar von seinen Angestellten für jedes benutzte oder verbrauchte Stück der Einrichtung unerbittlich Rechenschaft. Neben dem eisernen Ofen hängt, mit Schreibmaschine geschrieben, amtlich gestempelt und von unleserlicher Unterschrift bekräftigt, ein ausführliches Inventar, das das Vorhandensein auch des geringsten und wertlosesten Betriebsgegenstandes des betreffenden Postamtes mit arithmetischer Unerbittlichkeit bezeichnet. Kein Gegenstand darf im Dienstraum Hausung halten, den dieses Verzeichnis nicht enthält, und umgekehrt, jedes Stück, das er einmal gezählt hat, muß vorhanden und jederzeit faßbar sein. So will es das Amt, die Ordnung und die Rechtlichkeit.

Strenggenommen müßte in diesem schreibmaschinierten Gegenstandsverzeichnis auch der Jemand verzeichnet sein, der alltäglich morgens um acht Uhr die Glasscheibe hochzieht und die bisher leblosen Utensilien in Bewegung setzt, der die Postsäcke öffnet, die Briefe stempelt, die Anweisungen auszahlt, die Empfangsscheine schreibt, die Pakete wiegt, der die blauen, die roten, die tintenfarbigen Stifte und merkwürdigen Geheimzeichen über das Papier laufen läßt, der vom Telefon den Hörer befreit und dem Morseapparat die Spule ankurbelt. Aber aus irgendeiner Art Rücksichtnahme ist dieser Jemand, vom Publikum meist als Postassistent oder Postmeister angesprochen, auf der Pappliste nicht verzeichnet. Sein Name steht auf einem andern Dienstblatt registriert, und dieses liegt in einer andern Lade, einer andern Abteilung der Postdirektion, aber gleicherweise in Evidenz gehalten, revidiert und kontrolliert.

Innerhalb dieses, durch den Amtsadler geheiligten Dienstraums ereignet sich niemals sichtbare Veränderung. An der ärarischen Schranke zerschellt das ewige Gesetz von Werken und Vergehen; während außen um das Haus Bäume blühen und wieder kahl werden, Kinder aufwachsen und Greise sterben, Häuser zerfallen und in andern Formen wieder erstehen, erweist das Amt seine bewußt überirdische Gewalt durch zeitlose Unabänderlichkeit. Denn jeder Gegenstand innerhalb dieser Sphäre, der sich abnützt oder verschwindet, der sich verwandelt und zerfällt, wird durch ein anderes Exemplar genau derselben Type von der vorgesetzten Behörde angefordert und geliefert und somit dem Wandelhaften der übrigen Welt ein Beispiel der Überlegenheit des Staatlichen gegeben. Der Inhalt verfließt, die Form bleibt beständig. An der Wand hängt ein Kalender. Jeden Tag wird ein Blatt abgerissen, sieben in der Woche, dreißig im Monat. Ist am 31. Dezember der Kalender dünn und zu Ende, so wird ein neuer angefordert, gleichen Formats, gleicher Größe, gleichen Drucks: das Jahr ist ein anderes geworden, der Kalender derselbe geblieben. Auf dem Tisch liegt ein Abrechnungsbuch mit Kolonnen. Ist die Seite links volladdiert, so wird der Betrag auf der rechten Seite weitergeführt, und so von Blatt zu Blatt. Ist das letzte vollgeschrieben und das Buch beendet, so wird ein neues begonnen, gleicher Type, gleichen Formats, vom früheren nicht zu unterscheiden. Was verschwindet, ist am nächsten Tage wieder da, gleichförmig wie der Dienst, und so liegen auf derselben Holzplatte unabänderlich die gleichen Gegenstände, immer wieder die gleichförmigen Blätter und Bleistifte und Spangen und Formulare, immer andere und immer die gleichen. Nichts verschwindet in diesem ärarischen Raum, nichts kommt hinzu, ohne Welken und Blühen herrscht hier dasselbe Leben oder vielmehr derselbe andauernde Tod. Einzig der Rhythmus der Abnutzung und Erneuerung bleibt innerhalb der vielfältigen Reihe der Gegenstände verschieden, nicht ihr Schicksal. Ein Bleistift dauert eine Woche, dann ist er zu Ende und wird durch einen neuen, gleichen ersetzt. Ein Postbuch dauert einen Monat, eine Glühbirne drei Monate, ein Kalender ein Jahr. Dem Strohsessel werden drei Jahre zugemessen, ehe er erneuert wird, dem Jemand, der auf diesem Sessel sein Leben absitzt, dreißig Dienstjahre oder fünfunddreißig, dann wird ein neuer Jemand auf den Sessel gesetzt. Im letzten ist kein Unterschied.

In der Amtsstube Klein-Reifling, einem belanglosen Dorf unweit Krems, etwa zwei Eisenbahnstunden von Wien, gehört im Jahre 1926 dieser auswechselbare Einrichtungsgegenstand ›Beamte‹ dem weiblichen Geschlecht an und wird behördlicherseits, da diese Station einer niederen Zählklasse angehört, mit dem Titel Postassistentin angesprochen. Durch die Glasscheibe erspäht man von ihr nicht viel mehr als ein sympathisch unauffälliges Mädchenprofil, ein wenig schmal an den Lippen, ein wenig blaß an den Wangen, etwas grau unter den Augenschatten; abends, wenn sie die scharf markierende elektrische Lampe anschalten muß, merkt ein genauer Blick an Stirn und Schläfen schon einige leichte Kerben und Falten. Aber immerhin, mit den Malven am Fenster und dem breiten Holunderbusch, den sie sich heute in die blecherne Waschschüssel getan hat, stellt dieses Mädchen noch immer den weitaus frischesten Gegenstand inmitten der Postamtsutensilien von Klein-Reifling dar, mindestens noch fünfundzwanzig Jahre scheint sie diensthaltbar. Tausend und aber tausend Mal wird diese blaßfingerige Frauenhand noch dieselbe klapperige Glasscheibe auf und niederlassen. Hunderttausende und vielleicht Millionen Briefe wird sie noch mit der gleichen rechtwinkeligen Bewegung auf das Stempelpult werfen können und hunderttausend- oder millionenmal mit dem gleichen kurzen Krach den geschwärzten Messingstempel auf die Marken stoßen. Wahrscheinlich wird sogar immer besser, immer mechanischer das eingeübte Gelenk funktionieren, immer unbewußter, immer abgelöster vom wachen Leib. Die hunderttausend Briefe werden unablässig andere Briefe sein, aber immer Briefe. Die Marken andere Marken, aber immer Marken. Die Tage andere, aber jeder ein Tag von 8 Uhr bis 12 Uhr, von 2 Uhr bis 6 Uhr, und in all den Jahren des Wachsens und Welkens der Dienst immer der gleiche, der gleiche, der gleiche.

Vielleicht sinnt hinter ihrem Glasfenster die aschblonde Postassistentin in dieser lautlosen

Sommervormittagsstunde selbst solchen Zukünftigkeiten nach, vielleicht träumt sie nur lose vor sich hin. Jedenfalls ihre Hände sind vom Arbeitstisch unbeschäftigt nieder in den Schoß geglitten, dort ruhen sie zusammengefaltet, schmal, müde, blaß. An einem so blau brennenden, so feurig brütenden Julimittag hat die Post von Klein-Reifling wenig Arbeit zu befürchten, der Morgendienst ist erledigt, die Briefe hat der bucklige, tabakkauende Briefträger Hinterfellner längst ausgeteilt, vor abends kommen keine Pakete und Warenproben von der Fabrik zu spedieren, und zum Schreiben haben die Landleute jetzt weder Lust noch Zeit. Die Bauern harken, mit meterbreiten Strohhüten bewehrt, weit draußen in den Weingärten, die Kinder tummeln sich schulfrei mit nackten Beinen im Bach, leer liegt das buckelige Steinpflaster vor der Tür in der brodelnden, messingenen Glut des Mittags. Gut ist es jetzt, zu Hause zu sein und gut träumen zu dürfen. Im künstlichen Schatten der herabgelassenen Jalousien schlafen die Papiere und Formulare in ihren Laden und Regalen, faul und matt blinzelt das Metall der Apparate durch die goldene Dämmerung. Stille liegt wie ein dicker goldener Staub über den Gegenständen, nur zwischen den verschlossenen Fenstern machen die dünnen Violinen der Mücken und das braune Cello einer Hummel eine liliputanische Sommermusik. Das einzige, was sich im gekühlten Raum unaufhörlich regt, ist die holzgefaßte Wanduhr zwischen den Fenstern. Jede Sekunde schluckt sie mit einem ganz kleinen Gluck einen Tropfen Zeit, aber dieses dünne, monotone Geräusch schläfert eher ein statt zu erwecken. So sitzt die Postassistentin in einer Art wachen, wohligen Lähmung inmitten ihrer kleinen schlafenden Welt. Eigentlich hatte sie eine Handarbeit machen wollen, man sieht es an der vorbereiteten Nadel und Schere, aber die Stickerei ist zerknüllt auf die Erde gefallen, ohne daß sie Wille oder Kraft hätte, sie wieder aufzuheben. Weich und fast atemlos lehnt sie im Sessel und läßt sich, geschlossenen Auges, überrieseln von dem wunderbar seltenen Gefühl berechtigten Müßigganges.

Da plötzlich: Tack! Sie schreckt auf. Und nochmals, härter, metallener, unduldsamer: Tack, Tack, Tack. Der Morse hämmert ungebärdig, das Uhrwerk schnarrt: ein Telegramm – seltener Gast in Klein-Reifling – will respektvoll empfangen sein. Mit einem Ruck reißt sich die Postassistentin aus dem duseligen Faulenzergefühl, springt hin zum Lauftisch und schaltet den Streifen ein. Aber kaum sie die ersten Worte der rundlaufenden Schrift entziffert, braust ihr das Blut hoch bis unters Haar. Denn zum erstenmal, seit sie hier Dienst tut, sieht sie ihren eigenen Namen auf einem telegrafischen Blatt. Sie liest einmal, zweimal, dreimal die nun schon fertig gehämmerte Depesche, ohne den Sinn zu verstehen. Denn wie? Was? Wer telegrafiert da aus Pontresina an sie? »Christine Hoflehner Klein-Reifling, Österreich, aufrichtig willkommen, erwarten dich jederzeit, jeden beliebigen Tag, anmelde nur vorher telegrafisch Ankunft. Herzlichst Claire – Anthony.« Sie sinnt nach: Wer ist diese oder dieser Anthony, der sie erwartet? Hat sich ein Kamerad einen einfältigen Scherz geleistet? Aber dann fällt ihr plötzlich ein, die Mutter hat ihr schon vor Wochen erzählt, die Tante käme diesen Sommer nach Europa herüber, und richtig, die heißt doch Klara. Und Anthony, das muß der Vorname ihres Mannes sein, die Mutter hat ihn nur immer Anton genannt. Ja, und jetzt erinnert sie sich schärfer, vor einigen Tagen hat sie doch selbst einen Brief aus Cherbourg an die Mutter gebracht, und die hat damit geheimnisvoll getan und kein Wort vom Inhalt erzählt. Aber das Telegramm ist doch an sie gerichtet. Soll sie am Ende selbst hinauf nach Pontresina zu der Tante? Davon war doch nie die Rede. Und immer wieder starrt sie den noch unaufgeklebten Streifen an, das erste Telegramm, das sie hier persönlich empfangen, immer wieder überliest sie ratlos, neugierig, ungläubig, verwirrt das merkwürdige Blatt. Nein, unmöglich, bis Mittag zu warten. Gleich muß sie die Mutter fragen, was das alles bedeutet. Mit einem Riß greift sie den Schlüssel, sperrt den Amtsraum ab und läuft hinüber zur Wohnung. In der Erregung vergißt sie, den Hebel des Telegrafenapparats abzustellen. Und so tackt und tackt und tackt im leeren Raum, wütend über die Mißachtung, der messingene Hammer wortlos weiter und weiter auf den leeren Streifen los.

Immer wieder erweist sich die Schnelle des elektrischen Funkens unausdenkbar, weil sie geschwinder als unsere Gedanken. Denn diese zwölf Worte, die wie ein weißer, lautloser Blitz im dumpfen Brodem des österreichischen Amtsraums landeten, waren erst wenige Minuten vorher drei Länder weit im blaukühlen Schatten von Gletschern unter einem enzianisch reinen Engadinhimmel hingeschrieben worden, und noch war die Tinte nicht eingetrocknet auf dem Absenderformular, als schon ihr Sinn und Ruf einschlug in ein bestürztes Herz.

Folgendes war dort geschehen: Anthony van Boolen, Holländer, aber seit vielen Jahren eingesessener Baumwollmakler in den amerikanischen Südstaaten, Anthony van Boolen also, ein gutmütiger, phlegmatischer und im Grunde höchst unbeträchtlicher Mann, hatte eben sein Frühstück auf der Terrasse – ganz aus Glas und Licht – des Palace Hotels beendet. Nun kam des Breakfasts nikotinische Krönung, die knollige, schwarzbraune Havanna, eigens in luftdichter Blechdose vom Pflanzort herübergebracht. Um den ersten allererquicklichsten Zug mit dem gelernten Behagen eines erfahrenen Rauchers zu genießen, polsterte der etwas fettleibige Herr seine Beine auf einem gegenüberliegenden Korbsessel hoch, dann entspannte er das riesige, quadratische Papiersegel des ›New York Herold‹ und entreiste mit ihm ins unermeßliche Letternmeer der Kurse und Maklernotierungen. Seine Gattin, ihm am Tisch quer gegenüber, Claire, früher höchst simpel Klara genannt, zerteilte inzwischen gelangweilt die morgendliche Grapefruit. Sie wußte aus vieljähriger Erfahrung, daß jeder Versuch, mit einem Gespräch die allmorgendliche Papierwand zu durchbrechen, bei ihrem

Gatten völlig aussichtslos blieb. So geschah es nicht unwillkommen, daß der putzige Hotelboy, braunbekappt und apfelwangig, plötzlich scharf mit der Morgenpost auf sie losschwenkte: das Tablett enthielt nur einen einzigen Brief. Immerhin, sein Inhalt schien sie lebhaft zu beschäftigen, denn, unbelehrt von vielfachen Erfahrungen, versuchte sie die Morgenlektüre des Mannes zu unterbrechen: »Anthony, einen Augenblick«, bat sie. Die Zeitung rührte sich nicht. »Ich will dich nicht stören, Anthony, nur eine Sekunde hör zu, die Sache hat Eile. Mary –« sie sprach es unwillkürlich englisch aus, »– Mary schreibt mir eben ab. Sie kann nicht kommen, sagt sie, so gern sie möchte, aber es stünde schlecht mit ihrem Herzen, furchtbar schlecht, und der Arzt meint, sie würde die zweitausend Meter nicht durchhalten. Es sei ganz ausgeschlossen. Aber wenn wir einverstanden wären, würde sie statt ihrer gern für vierzehn Tage Christine zu uns schicken, du weißt ja, die jüngste, die blonde. Du hast ja einmal vor dem Kriege ein Foto von ihr bekommen. Sie hat zwar Arbeit in einem Post-Office, aber sie hat noch nie rechten Urlaub genommen, und wenn sie darum einreicht, bekommt sie ihn sofort, und sie wäre natürlich glücklich, nach so vielen Jahren ›Dir, liebe Klara, und dem verehrten Anthony ihre Aufwartung zu machen‹ usw. usw.«

Die Zeitung rührte sich nicht. Claire wurde ungeduldig. »Nun, was meinst du, soll man sie kommen lassen? ... Schaden möchte es dem armen Ding nicht, ein paar Löffel frischer Luft zu trinken, und schließlich, es gehört sich doch. Wenn ich einmal hier herüben bin, sollte ich doch wirklich das Kind meiner Schwester kennenlernen, man hat ja gar keinen Zusammenhang mehr. Hast du etwas dagegen, daß ich sie kommen lasse?«

Die Zeitung knisterte ein wenig. Erst stieg ein Havannakringel über die weiße Kante, rund, schön blau, dann erst kam in schwerfälliger und gleichgültiger Stimme nach: »Not at all. Why should I?«

Mit diesem lakonischen Bescheid war das Gespräch beendet und ein Schicksal begann. Ein Zusammenhang war erneuert über Jahrzehnte hinweg, denn trotz des beinahe adelig klingenden Namens, dessen »van« nur ein gewöhnliches holländisches war, und trotz der ehelichen englischen Konversation war jene Claire van Boolen niemand anderes als die Schwester der Marie Hoflehner und demnach unbezweifelbar Tante der Postassistentin in Klein-Reifling. Daß sie Österreich vor mehr als einem Vierteljahrhundert verlassen hatte, war im Zuge einer etwas dunklen Geschichte geschehen, an die sie sich – das Gedächtnis ist uns immer gern gefällig – nur ungenau mehr erinnerte und über die auch ihre Schwester ihren Töchtern nie deutlichen Bericht gegeben hatte. Seinerzeit aber hatte die Affaire allerhand Aufsehen erregt und hätte noch größere Folgen gezeitigt, wenn nicht rechtzeitig kluge und geschickte Männer der allgemeinen Neugier einen willkommenen Anlaß entzogen hätten. Zu jener Zeit war jene Frau Claire van Boolen bloß das Fräulein Klara in einem vornehmen Modesalon auf dem Kohlmarkt gewesen, ein simples Probierfräulein. Aber flinkäugig und geschmeidig, wie sie damals war, hatte sie einen ältlichen Holzindustriellen, der seine Frau zur Anprobe begleitete, in verheerender Weise beeindruckt. Mit dem ganzen verzweifelten Ungestüm der Torschlußpanik vernarrte sich innerhalb weniger Tage der reiche und noch ziemlich wohlkonservierte Kommerzialrat in ihre mollige und zugleich lustige Blondheit, und eine selbst in jenen Kreisen ungewöhnliche Freigebigkeit beschleunigte seine Werbung. Bald konnte die neunzehnjährige Probiermamsell, sehr zur Entrüstung ihrer soliden Familien, die schönsten Kleider und Pelze, die sie bisher nur kritteligen und meist anspruchsvollen Kunden vor dem Spiegel vorparadieren durfte, als eigenen Besitz in einem Fiaker spazierenfahren. Je eleganter sie wurde, desto mehr gefiel sie dem ältlichen Gönner, und je mehr sie dem von seinem unvermuteten Liebesglück ganz wirr gewordenen Kommerzialrat gefiel, desto verschwenderischer stattete er sie aus. Nach wenigen Wochen hatte sie ihn so völlig weichgeknetet, daß bei einem Rechtsanwalt in aller Heimlichkeit bereits Scheidungsakten vorbereitet wurden und sie auf bestem Wege war, eine der reichsten Frauen von Wien zu werden – da fuhr die Gattin, durch anonyme Briefe gewarnt, mit einer energischen Dummheit dazwischen. Tollwütig gemacht von ihrer berechtigten Erbitterung, nach dreißig Jahren ungestörter Ehe plötzlich abgehalftert zu werden wie ein lahm gewordenes Pferd, kaufte sie einen Revolver und überfiel das ungleiche Paar bei einer Schäferstunde in einem neueingerichteten Absteigequartier. Ohne weitere Einleitung, toll vor Zorn, feuerte sie geradewegs auf die Ehestörerin zwei Schüsse, von denen einer fehlging und der andere den Oberarm traf. Die Verletzung erwies sich zwar als gänzlich unernst, sehr peinlich dagegen die üblichen Begleiterscheinungen: herbeieilende Nachbarn, laute Hilferufe durch zerschlagene Fenster, aufgesprengte Türen, Ohnmachten und Szenen, Ärzte, Polizei, Tatbestandsaufnahmen und hinter allem, scheinbar unvermeidlich, die Gerichtsverhandlung, wegen des Skandals gleichgefürchtet von allen Beteiligten. Glücklicherweise gibt es für reiche Leute nicht nur in Wien, sondern überall gerissene Anwälte, geübt im Verdunkeln ärgerlicher Affairen, und ihr erprobter Meister, der Justizrat Karplus, bog sofort der Angelegenheit die drohende Spitze ab. Er rief Klara höflich in sein Büro. Sie erschien höchst elegant mit einem koketten Verband und las neugierig den Vertrag durch, dem zufolge sie sich verpflichten sollte, noch vor der Zeugenladung nach Amerika abzureisen, wo ihr, außer einer einmaligen Schadensvergütung, durch fünf Jahre, vorausgesetzt, daß sie sich ruhig verhielte, am Ersten eines jeden Monats bei einem Lawyer eine bestimmte Geldsumme ausgezahlt werden sollte. Klara, die ohnedies wenig Lust hatte, nach diesem Skandal in Wien wieder Probiermamsell zu werden und außerdem von ihrer eigenen Familie aus dem Haus gewiesen war, überlas ohne Entrüstung die vier Folioseiten des Vertrages, rechnete rasch die Summe durch, fand sie überraschend hoch und schlug aufs Geratewohl noch eine Forderung von tausend Gulden dazu. Auch diese wurden ihr zugebilligt, und so unterschrieb sie mit einem raschen Lächeln den Vertrag, fuhr über das große Wasser und hatte ihren Entschluß nicht zu bereuen. Schon auf der Überfahrt boten sich ihr allerhand eheliche Möglichkeiten und bald eine entscheidende: im Boarding-house in New York lernte sie ihren van Boolen kennen, damals nur kleiner Kommissionär für ein holländisches Exporthaus, aber rasch entschlossen, mit dem kleinen Kapital, das sie einbrachte und dessen romantischen Ursprung er niemals ahnte, sich im Süden selbständig zu machen. Nach drei Jahren hatten sie zwei Kinder, nach fünf Jahren ein Haus, nach zehn ein stattliches Vermögen, das der Krieg, statt wie in Europa das Erworbene grimmig zu zerstampfen, auf jedem andern Kontinent damals üppig mehrte. Jetzt griffen schon zwei Söhne, herangewachsen und geschäftstüchtig, in dem väterlichen Maklerhause zu, so durften nach Jahren die beiden ältern Leute sich sorgenlos eine größere gemächliche Reise nach Europa erlauben. Und sonderbar: im Augenblick, da aus dem Nebel die flachen Ufer von Cherbourg sich vorschoben, in dem Blitzlauf einer Sekunde erlebte plötzlich Claire eine völlige Umstellung des Heimatgefühls. Längst innerlich Amerikanerin geworden, empfand sie bloß von der Tatsache, daß dieser Strich Land Europa war, einen unvermuteten Stoß Sehnsucht nach der eigenen Jugend: nachts träumte ihr von den kleinen Gitterbetten, in denen sie und ihre Schwester nebeneinander geschlafen, tausend Einzelheiten fielen ihr wieder ein, und mit einmal schämte sie sich, jahrelang der verarmten, verwitweten Schwester keine Zeile geschrieben zu haben. Es ließ ihr keine Rast: gleich von der Landungsbrücke sandte sie jenen Brief, der einen Hundertdollarschein enthielt und die Bitte, zu kommen.

Nun aber die Einladung auf die Tochter übertragen werden sollte, brauchte Frau van Boolen nur zu winken, und schon schoß wie ein brauner Bolzen der livrierte Boy heran, holte, knapp bedeutet, ein Telegrammformular und sauste, die Kappe eng an den Ohren, mit dem beschriebenen Blatt zum Postamt. Wenige Minuten darauf sprangen die Zeichen vom klappernden Morseapparat zum Dach hinauf in die schwingende Kupfersträhne, und schneller als die klirrenden Bahnen, unsagbar geschwinder als die staubaufwirbelnden Autos spritzte mit einem einzigen Funkblitz die Botschaft tausend Kilometer Draht durch. Ein Nu und die Grenze war übersprungen, ein Nu und das tausendgipfelige Vorarlberg, das putzige Liechtenstein, das tälerreiche Tirol durchstoßen, und schon zischte das magisch verwandelte Wort aus Gletscherhöhen mitten ins Donautal, in Linz in einen Transformator. Dort hielt es einige Sekunden Rast, dann, rascher, als man das Wort »rasch« auszusprechen vermag, schoß die Botschaft den Dachschalter in Klein-Reifling herab in den aufschreckenden Empfangsapparat und von dort wieder mitten in ein erstauntes, verwirrtes, von Neugier heiß überflutetes Herz.

Quer um die Ecke, eine dunkle knarrende Holzstiege hinauf, und schon ist Christine daheim in dem gemeinsamen kleinfenstrigen Mansardenzimmer eines engbrüstigen Bauernhauses. Ein breit vorgeschobener Dachgiebel, Schneefang im Winter, kargt dem Oberstocke tagsüber jeden Faden Sonne weg; nur abends kriecht manchmal ein dünner und schon kraftloser Strahl bis zu den Geranien des Fensterbrettes. Immer muffelt es darum in der düstern Dachbodenstube nach Sumpfigem und Dumpfem, nach faulem Firstholz und modrigen Laken; uralte Gerüche sitzen wie Pilze im Holz; wahrscheinlich hätte in gewöhnlichen Zeitläuften diese Kammer nur als Speicher gedient. Aber die Nachkriegszeit mit ihrer grimmigen Wohnungsnot hatte bescheiden gemacht und dankbar, überhaupt nur zwei Betten, einen Tisch und alten Kasten irgendwo zwischen vier Wände stellen zu dürfen. Selbst der ererbte Lederpolstersessel verstellte zu viel Platz, billig ging er an einen Trödler, und das erwies sich später als arger Mißgriff, denn immer wenn jetzt der alten Frau Hoflehner die aufgeschwollenen, wassersüchtigen Füße versagen, bleibt ihr als einzige Ruhestätte immer wieder und wieder nur das Bett.

Diese kranken, zu breiten Klumpen gequollenen Beine, die unter den Flanellbandagen gefährliches Venenblau zeigen, dankt die abgemüdete, früh gealterte Frau dem zweijährigen Dienst in einem nicht unterkellerten Bodengelaß eines Kriegsspitals, dem sie (man mußte verdienen) als Beschließerin zugeteilt war. Seitdem ist ihr Gehen nur mehr ein mühsames Sichfortkeuchen, und immer wenn sie sich anstrengt oder aufregt, muß die massige Frau sich plötzlich ans Herz greifen. Sie wird, das weiß sie, nicht alt. Ein Glück darum, daß nach dem Umsturz der Schwager Hofrat noch rechtzeitig die Posthilfsstelle aus dem Wirrwarr für die Christine herausfischte, erbärmlich zwar bezahlt und in einem ganz abseitigen Nest. Aber immerhin: eine Handvoll Sicherheit, ein paar Schindeln über dem Kopf, ein Stück Raum für den Atem, knapp ausreichend zum Leben und eher Gewöhnung schon an den noch engern Sarg.

Immer riecht es nach Essig und Feuchtem, nach Krankheit und Bettlägerigkeit in dem schmalen Geviert, und von der winzigen Küchenkammer nebenan kriecht durch die schlecht schließende Tür ein fader Geruch und Dunst von aufgewärmten Speisen wie ein schwelender Schleier herein. Die erste unwillkürliche Bewegung, kaum daß sie das Zimmer betritt, ist, daß Christine das geschlossene Fenster aufreißt. Von dem klirrenden Ruck erwacht die alte Frau auf dem Bett und stöhnt. Sie kann nicht anders, immer, bei jeder Bewegung stöhnt sie, so wie ein zerbrochener Kasten knarrt, noch ehe man ihn anrührt, bloß wenn man ihm nahetritt: es ist eine wissende Vorausangst des rheumatischen Körpers vor dem Schmerz, der von jeder Bewegung ausgeht. Erst stöhnt sie also, die alte Frau, und dann erst, nach diesem unerläßlichen Seufzer, fragt sie auftaumelnd: »Was ist?« Bis unter den

Schlummer weiß der benommene Sinn, es kann noch nicht Mittag, noch nicht Essenszeit sein. Etwas Besonderes muß sich ereignet haben. Da reicht ihr die Tochter das Telegramm.

Umständlich, jede Bewegung tut weh, tastet die verwitterte Hand nach der Brille auf dem Nachtkasten, es dauert, bis sie die stahlgeränderten Gläser unter dem Apothekerkram gefunden und vor die Augen gestülpt hat. Aber kaum die alte Frau das Blatt entziffert, fährt's wie ein elektrischer Schlag durch den schweren Leib, die ganze breite Masse jappt auf, ringt nach Atem, taumelt und wirft sich schließlich mit ihrer ganzen unwiderstehlichen Wucht auf Christine. Heiß hält sie sich an der erschrockenen Tochter, schauert, lacht, keucht, will reden und vermag es noch nicht, schließlich sinkt die alte Frau erschöpft, die Hände ans Herz gepreßt auf den Sessel, atmet tief und hält eine Minute keuchend inne. Dann aber bricht es heraus aus dem zuckenden, zahnlosen Munde, wirr, nur halbverständlich in zitternden, stotternden und halbverschluckten Satztrümmern, immer wieder überschwemmt von wirrem und triumphierendem Lachen, und während sie, statt sich verständlich zu machen, immer heftiger stammelt und gestikuliert, fließen ihr schon die Tränen breit über die Backen in den welken und zuckenden Mund. Durcheinander wirft sie einen erregten Wortschwall auf die von dem lächerlich wilden Anblick völlig verwirrte Tochter; Gott sei Dank, jetzt sei alles beim guten Ende, jetzt könne sie ruhig sterben, sie unnütze, alte, kranke Frau. Nur deshalb habe sie ja die Wallfahrt gemacht vorigen Monat, im Juni, nur das, nur das eine habe sie dort erbeten, daß Klara, die Schwester, noch einmal herüberkäme, ehe sie sterbe, und sich um sie, armes Kind, kümmere. So, jetzt sei sie zufrieden. Da – da stehe es ja – nicht bloß geschrieben hat sie's, nein, telegrafiert für teures Geld, daß Christl hinaufkommen solle in ihr Hotel, und hundert Dollar hätte sie schon vor zwei Wochen geschickt, ja, sie habe immer ein goldenes Herz gehabt, die Klara, immer sei sie gut und lieb gewesen. Und nicht nur hinfahren könne sie mit diesen hundert Dollar, nein, auch vorher sich ausstaffieren wie eine Fürstin, ehe sie Besuch macht bei der Tante in dem noblen Bad. Ja, dort werde sie Augen machen, dort werde sie einmal sehen, wie die vornehmen Leute, die Leute mit Geld, sich's leicht sein lassen. Zum erstenmal werde sie's einmal selbst, gottlob, so gut haben wie die andern, und bei allen Heiligen, sie hat sich's redlich verdient. Was habe sie denn bisher gehabt von ihrem Leben – nichts, immer nur Arbeit und Dienst und Plackerei und dazu noch die Sorge um die alte, unnütze, kranke, unfreudige Frau, die längst schon unter die Erde gehöre und nichts Klügeres tun kann, als endlich abzufahren. Die ganze Jugend habe sie, Christl, um ihretwillen und durch den verfluchten Krieg verpfuscht gehabt, das Herz hätte es immer ihr alten Frau abgerissen, wie sie ihre besten Jahre versäumt. Jetzt aber könne sie ihr Glück machen. Nur recht höflich solle sie sein zum Onkel und zur Tante, immer höflich und bescheiden und sich nicht schrecken vor der Tante Klara, die habe ein goldenes Herz, gut sei sie, und gewiß werde sie ihr weghelfen aus diesem stickigen Nest da, aus diesem Bauerntrog, wenn sie selber einmal unter der Erde läge. Nein, sie solle keine Rücksicht nehmen, wenn am Ende gar die Tante ihr anbietet, mitzufahren, nur weg soll sie aus diesem verkommenen Staat, von diesen schlechten Menschen hier und sich nicht um sie kümmern. Sie selber fände immer einen Platz im Versorgungshaus und schließlich, wie lange wird's noch dauern ... Ah, jetzt könne sie ruhig sterben, jetzt sei alles gut.

Immer wieder torkelt sie auf, die alte, aufgeschwemmte, in Tücher und Unterröcke schwer eingemummte Frau, und schwankt und stapft auf ihren elefantischen Beinen hin und her, daß die Dielen krachen. Immer muß sie wieder das große rote Taschentuch sich vor die Augen stopfen, denn die Tränen schluchzen ihr in den Jubel hinein, immer heftiger gestikuliert sie, und immer muß sie in ihrer tumultuarischen Begeisterung innehalten, um sich wieder hinzusetzen, zu stöhnen, sich zu schneuzen und für neuen Wortschwall Atem zu holen. Und immer fällt ihr noch etwas Neues ein, immer redet und redet und lärmt und jubelt sie und stöhnt und schluchzt durcheinander über ihre gelungene Überraschung. Da plötzlich, in einem Augenblick der Erschöpfung, merkt die Mutter, daß Christine, der sie all diesen Jubel zuwirft, ganz blaß, benommen und geniert dasteht, die Augen verwundert und eher verwirrt, und gar nicht weiß, was sie antworten soll. Das ärgert die alte Frau. Mit Kraft fährt sie noch einmal vom Sessel empor und auf sie zu, herzhaft packt sie die Verstörte an, küßt sie fest und feucht, reißt sie an sich, schüttelt und rüttelt sie hin und her, als wolle sie die Erschreckte aus dem Schlaf aufwecken: »Ja, warum sagst du denn nichts? Wen geht's denn an als dich, was hast denn, du Dummerl? Stehst ja wie ein Holz und sagst nichts und red'st nichts, und so ein Glücksfall! So freu dich doch! Ja, warum freust dich denn nicht?«

Das Reglement verbietet strengstens allen Postangestellten ein längeres Verlassen des Dienstraumes während der Amtsstunden, und auch der wichtigste private Umstand besteht nicht vor dem ärarischen Gesetz: erst das Amt, dann der Mensch, erst der Buchstabe, dann der Sinn. So sitzt nach flüchtiger Unterbrechung die Postassistentin von Klein-Reifling wenige Minuten später wieder pflichtbereit hinter der Glasscheibe. Niemand hat unterdessen nach ihr verlangt. Verschlafen wie vordem liegen die losen Schriftblätter auf dem verlassenen Tisch, stumm und gelb glänzt der abgestellte Telegrafenapparat, der ihr eben noch so viel Hitze ins Blut gejagt, im dämmerigen Raum. Gottlob, niemand ist gekommen, nichts ist versäumt. Guten Gewissens kann die Postassistentin nun der verwirrenden Nachricht nachsinnen, von der sie im Tumult der Überraschung noch gar nicht begriffen hat, ob sie peinlich oder willkommen aus den Drähten ins Haus sprang. Erst allmählich ordnen sich die Gedanken. Sie soll fort, zum erstenmal fort von der Mutter, für vierzehn Tage, vielleicht für länger, zu fremden Leuten, nein, zur Tante Klara, der Schwester ihrer Mutter, in ein vornehmes Hotel. Sie soll Urlaub haben, wirklichen ehrlichen Urlaub, nach unzähligen Jahren einmal ausruhen dürfen, einmal die Welt sehen, etwas Neues, etwas anderes. Sie denkt nach, immer wieder, immer wieder. Es ist eigentlich doch gute Botschaft, und die Mutter hat recht, wirklich, sie hat recht, wenn sie darüber so froh ist. Ehrlich gedacht doch die beste Nachricht seit Jahren und Jahren, die ihr ins Haus kam. Zum erstenmal sich vom Dienst abhalftern zu dürfen, frei sein, neue Gesichter sehen, ein Stück Welt, ist das nicht wirklich Geschenk aus blauem Tag? Und plötzlich klingt sie ihr im Ohr, die staunende, erschreckte, fast zornige Frage der Mutter: »Ja, warum freust du dich denn nicht?«

Sie hat recht, die Mutter, wirklich recht: warum freue ich mich nicht? Warum regt sich nichts in mir, warum faßt's mich nicht und schüttelt mich um und um? Immer wieder horcht sie, ob sich nicht innen eine Antwort melden wollte auf diese aus dem Himmel hereingeschmetterte gute Überraschung, aber nein: nur Verwirrung spürt sie und fragendes Erschrecktsein. Sonderbar, denkt sie, warum freue ich mich nicht? Hundertmal, wenn ich aus dem Postsack Ansichtskarten zum Einschachteln nahm und sie dabei ansah, graue norwegische Fjorde, die Boulevards von Paris, die Bucht von Sorrent, die steinernen Pyramiden von New York, habe ich sie nicht immer mit einem Seufzer aus der Hand gelegt? Wann ich? Wann ich auch einmal? Was denn habe ich geträumt, an diesen langen leeren Vormittagen, als einmal ausgekettet zu sein aus diesem sinnlosen Handlangern, aus diesem mörderischen Wettlauf mit der Zeit. Einmal ausruhen dürfen, Zeit groß und ganz haben, nicht immer so zerstückt und zerrissen, daß sie einem die Finger zerschneidet. Einmal nur nicht diesen täglichen Gang, vom Wecker, dem schlafmörderischen Verfolger, der einen jagt, aufzustehen, sich anziehen, einheizen, Milch holen, Brot holen, Feuer zünden, stempeln, schreiben, telefonieren, und dann wieder zu Hause gleich an das Bügelbrett, an den Kochherd, waschen, kochen, flicken, Pflegedienst tun und endlich dann todmüde hin in den Schlaf. Tausendmal habe ich das geträumt, Hunderttausende Male, hier an diesem selben Tisch, hier, in diesem verwitterten Käfig, und jetzt bricht's endlich auf mich los, ich soll reisen, soll fort, frei sein, und doch – die Mutter hat recht – warum freue ich mich nicht? Warum bin ich nicht bereit?

Mit starren Augen, mit matten Schultern sitzt sie und starrt auf die fremde kalte Wand, und wartet und wartet, ob, so stark angerufen, nicht doch eine verspätete Freude sich rühre. Unbewußt hält sie den Atem an und horcht wie eine Schwangere in den eigenen Leib, horcht und beugt sich tief in sich selbst hinab. Aber nichts rührt sich, stumm bleibt es und leer, wie ein Wald ohne Vogelruf, und immer angestrengter sucht sie sich, die Achtundzwanzigjährige, zu erinnern, wie ist das überhaupt, wenn man sich freut, und mit Erschrecken erkennt sie, sie weiß es nicht mehr: es ist wie eine fremde Sprache, in der Kindheit einmal gelernt, und man hat sie vergessen und weiß nur, man hat sie einmal gewußt. Sie denkt nach, wann habe ich mich zum letztenmal gefreut, heftig denkt sie nach, und zwei kleine Falten schneiden sich streng in die gesenkte Stirn. Allmählich erinnert sie sich: wie aus einem erblindeten Spiegel tritt ein Bild heraus, ein dünnbeiniges blondes Mädel, die Schultasche frech schlenkernd über kurzem Kattunrock. Ein Dutzend anderer wirbeln um sie herum: Schlagballspiel in einem Garten der Wiener Vorstadt. Jeden Augenblick zuckt ein heller Triller Übermut, eine Rakete Lachen mit dem Federball hoch, jetzt erinnert sie sich, wie leicht, wie locker dies Lachen damals in der Kehle gesessen, ganz nah war es immer, es kitzelte nur so unter der Haut, es quirlte und gärte im Blut; nur anzuschütteln brauchte man und schon kollerte es über die Lippen, so locker saß es im Hals, fast zu locker. Festhalten mußte man sich in der Schule mit den Händen an der Bank und die Lippen beißen, damit es nicht losknatterte mitten in der französischen Stunde bei irgendeinem komischen Wort, bei irgendeiner Albernheit. Denn jedes Nichts kitzelte damals dieses schaumige, sich selbst übersprühende Kleinmädchenlachen heraus. Ein Lehrer stotterte, eine Grimasse vor dem Spiegel, eine Katze, die komisch ihren Schweif ringelte, ein Offizier, der einen anblickte auf der Straße, jedes Nichts, jede winzige sinnlose Spaßigkeit, man war ja so randvoll mit Lachen geladen, daß es bei jedem Funken explodierte. Immer war es da und bereit, dieses lockere lausbübische Lachen, und selbst im Schlaf zeichnete es seine heitere Arabeske auf den kindlichen Mund.

Und plötzlich, das alles schwarz und ausgelöscht wie ein erdrückter Docht. 1914, ersten August. Nachmittags war sie im Schwimmbad gewesen; wie einen hellen Blitz hatte sie, in der Kabine aus dem Hemd fahrend, ihren straffen sechzehnjährigen Körper nackt gesehen, voll sich rundend, weiß, heiß, geschmeidig und gesund. Herrlich hatte sie ihn dann gekühlt, patschend und schwimmend, mit den Freundinnen wettjagend auf den knatternden Planken – noch hört sie das Lachen und Prusten des halben Dutzends halbwüchsiger Mädchen. Dann war man heimgetrabt, rasch, rasch, mit flinken Schritten, denn selbstverständlich hatte man wieder die Zeit verpaßt, und sie sollte der Mutter doch Einpacken helfen: in zwei Tagen sollten sie hinüber ins Kamptal auf Sommerfrische. Drei Stufen auf einmal war sie darum die Treppen hinauf, jagenden Atems geradehinein in die Tür. Aber sonderbar, kaum sie eintrat, hörten Vater und Mutter mitten im Wort zu sprechen auf, beide blickten heftig an ihr vorbei. Der Vater, den sie ungewohnt laut sprechen gehört, beginnt mit einem verdächtigen Eifer Zeitung zu lesen, die Mutter muß geweint haben, denn nervös knüllt sie das Taschentuch und geht hastig zum Fenster. Was ist geschehen? Haben sie Streit gehabt? Nein, nie, das kann nicht stimmen, denn jetzt wendet der Vater sich plötzlich um und legt der Mutter, nie hat sie ihn so zart gesehen, die Hand auf die zuckende Schulter. Aber die Mutter hebt nicht den Blick zurück, nur heftiger flackert das Zucken unter der stummen Berührung. Was ist geschehen? Keiner von beiden kümmert sich um sie, keiner von beiden sieht sie nur an. Noch jetzt, nach zwölf Jahren erinnert sie sich an ihre Angst von damals.

Sind sie ihr böse? Hat sie am Ende etwas angestellt? Erschreckt – immer steckt ja ein Kind randvoll mit Angst und Schuldgefühl – schleicht sie hinaus in die Küche, dort belehrt sie Božena, die Köchin, Geza, der Offiziersdiener von nebenan, und der muß es wissen, habe gesagt, jetzt ginge es los und man werde sie auf Goulasch pracken, die verdammten Serben. Da muß der Otto mit als Reserveleutnant und auch der Mann ihrer Schwester, alle beide, darum sei der Vater so verstört und die Mutter. Tatsächlich, am nächsten Morgen steht Otto, ihr Bruder, plötzlich im Zimmer, hechtblaue Jägeruniform, die Feldbinde quer übergeschnallt, am Säbel goldenes Portepee. Sonst trägt er als Gymnasialsupplent meist einen schwarzen, schlecht gebürsteten Bratenrock, beinahe lächerlich macht ihn das Würdeschwarz, den blassen, dünnen, hochgeschossenen Burschen mit seinem strohstoppeligen, kurzgeschnittenen Haar und dem weichen dotterfarbigen Flaum an den Wangen. Jetzt aber, einen energischen Zug krampfhaft um die Lippen, aufgestrafft im engtaillierten Waffenrock, scheint er der eigenen Schwester ganz neu und anders. Mit einem dummen, kindischen Backfischstolz sieht sie auf zu ihm und schlägt die Hände zusammen: »Donnerwetter, fesch siehst du aus.« Da gibt ihr die Mutter, die sonst so sanfte, einen Stoß, daß sie mit dem Ellbogen an den Kasten fliegt: »Schämst du dich nicht, du herzloses Ding?« Aber dieser Zornausbruch, er war nur Trost für den zurückgestauten Schmerz, jetzt schütterte über den zuckenden Mund breites Schluchzen, an den Rändern grelle und scharf einschneidende Schreie, und mit der ganzen Wucht ihres Körpers klammert sie sich, die Verzweifelte, an den jungen Menschen, der gewaltsam den Kopf wegdreht, sich männliche Haltung abzuzwingen sucht und etwas von Vaterland redet und von Pflicht. Der Vater hat sich abgewandt, er kann nicht zusehen, so muß sich der junge Mensch, blaß im Gesicht und mit verbissenen Zähnen, beinahe gewaltsam aus der ungestümen Umfassung seiner Mutter lösen. Plötzlich küßt er der Mutter rasch und fluchthaft die Wangen, dem Vater, der sich unnatürlich straff hält, gibt er hastig die Hand, an ihr, an Christine, huscht er mit raschem Servus vorbei. Und schon klirrt der Säbel die Treppe hinab. Nachmittag kommt der Mann der Schwester Abschied nehmen, Magistratsbeamter seines Zeichens und Feldwebel beim Train. Da ist es leichter, er weiß sich außer Gefahr, tut sich breit und macht, als sei es Spaß, tröstet mit behaglichen Witzen und geht. Aber hinter den beiden bleiben zwei Schatten, die Frau des Bruders, schwanger im vierten Monat, und die Schwester mit ihrem kleinen Kind. Jeden Abend sitzen die beiden nun mit ihnen zu Tisch, und immer ist es dann, als ob die Lampe dunkler brenne. Wenn Christine arglos etwas Heiteres sagt, sehen sie sofort alle Augen streng an, und sie schämt sich noch unter der Bettdecke, wie schlecht sie ist, wie wenig ernst, wie kindisch noch. Unwillkürlich wird sie schweigsam. Das Lachen ist ausgestorben in den Zimmern, dünn wird der Schlaf zwischen den Wänden. Nur nachts, wenn sie zufällig mal aufwacht, hört sie manchmal von nebenan ein leises, stetes Geräusch wie gespenstigen Tropfenfall: es ist die Mutter, die stundenlang (sie kann nicht schlafen) auf den Knien vor dem erleuchteten Marienbilde für den Bruder betet.

Und dann 1915: siebzehn Jahre. Die Eltern gealtert um ein Jahrzehnt. Der Vater, als ob irgendeine Lauge innen an ihm zehrte, schrumpft zusammen, gelb und gebückt quält er sich von einem Zimmer ins andere, und alle wissen, er hat Sorgen mit dem Geschäft. Seit sechzig Jahren, noch vom Großvater her, gab's keinen in der ganzen Monarchie, der Gamskrickel so zu richten und Waidbeute so kunstvoll auszustopfen verstand als Bonifazius Hoflehner und Sohn. Den Esterházy, den Schwarzenberg, den Erzherzogen sogar hat er die Jagdtrophäen für die Schlösser präpariert, mit vier oder fünf Gehilfen gearbeitet, fleißig, sauber und ehrenhaft, von morgens bis spät in die Nacht. Aber in dieser so mörderischen Zeit, da man einzig auf Menschen schießt, steht die Klinke wochenlang still, aber das Kindbett der Schwiegertochter und die Krankheit des Enkels, alles kostet Geld. Immer tiefer biegen sich die Schultern des schweigsam gewordenen Mannes herunter, und eines Tages knicken sie völlig ein, wie der Brief vom Isonzo kommt, zum erstenmal nicht Ottos Schrift, des Sohnes, sondern die seines Hauptmanns, und da wissen sie schon: Heldentod an der Spitze der Kompanie, dauerndes Gedenken usw. Immer stiller wird es im Haus; die Mutter hat aufgehört zu beten, das Licht über dem Marienbilde ist erloschen; sie hat vergessen, das Öl nachzufüllen.

1916, achtzehn Jahre. Ein neues Wort geht unermüdlich im Haus um: zu teuer. Die Mutter, der Vater, die Schwester, die Schwägerin flüchten vor ihren Sorgen in den kleinen Jammer der Papierzettel hinein, von früh bis nachts rechnen sie einander das arme tägliche Leben vor. Zu teuer das Fleisch, zu teuer die Butter, zu teuer ein Paar Schuh: kaum wagt sie selber, Christine, noch zu atmen, aus Furcht, es sei zu teuer. Wie erschreckt flüchten die notwendigsten Dinge des nackten Lebens zurück und verkriechen sich hinab in Hamsterhöhlen und erpresserische Dachsbauten, man muß ihnen nachspüren, das Brot will erbettelt sein, die Handvoll Gemüse erschlichen bei der Krämerin, die Eier vom Lande hereingeholt, die Kohlen mit dem Handwagen vom Bahnhof gekarrt, tägliche Wettjagd Tausender frierender, hungernder Frauen und täglich kärglicher die Beute. Dabei hat's der Vater mit dem Magen, er braucht besondere, bekömmliche Kost. Seit er das Schild ›Bonifazius Hoflehner‹ herunternehmen mußte vom Laden und das Lokal verkaufen, spricht er zu niemand mehr, nur manchmal preßt er die Hände scharf an den Leib und stöhnt, wenn er sich allein glaubt. Eigentlich sollte man den Arzt holen. Aber: zu teuer, sagt der Vater und krümmt sich lieber heimlich in seiner Not.

Und 1917 – neunzehn Jahre; zwei Tage nach Silvester haben sie den Vater begraben, das Geld im

Sparkassenbuch reichte gerade noch, die Kleider schwarzfärben zu lassen. Das Leben wird immer teurer, zwei Zimmer haben sie schon vermietet an ein Flüchtlingspaar aus Brody, aber es reicht nicht, es reicht nicht, ob man auch von morgens bis tief in die Nacht robotet. Schließlich besorgt ihnen Onkel Hofrat im Ministerium eine Stellung im Kornenburger Spital, für die Mutter als Beschließerin, sie selbst als Kanzlistin. Wenn es nur nicht so weit wäre, im Morgengrauen hinaus im eiskalten, ungeheizten Waggon und abends erst zurück. Dann aufräumen, flicken, scheuern, stopfen und nähen, bis man ohne zu denken, ohne etwas zu wünschen, wie ein umgestürzter Sack in einen ungütigen Schlaf fällt, aus dem man am liebsten nicht mehr erwachte.

Und 1918 – zwanzig Jahre. Noch immer Krieg, noch immer kein freier, sorgloser Tag, noch immer nicht Zeit, einen Blick in den Spiegel, einen Sprung auf die Gasse zu tun. Die Mutter beginnt zu klagen, die Beine schwellen ihr an in dem feuchten, nicht unterkellerten Spitalsraum, aber sie hat kaum mehr Kraft für Mitgefühl. Sie wohnt zu lang mit Gebrest im selben Haus; irgend etwas in ihr ist stumpf geworden, seit sie täglich siebzig bis achtzig grauenhafte Verstümmelungen auf der Schreibmaschine registrieren muß. Manchmal stapft auf seiner Krücke das linke Bein ist zerschmettert – ein kleiner Leutnant aus dem Banat zu ihr ins Büro, goldblond das Haar wie der Weizen in seiner Heimat und doch schon Schreckfalten in dem noch ungewissen Kindergesicht. Aus Heimweh erzählt er in seinem altschwäbischen Deutsch Geschichten von seinem Dorfe, seinem Hund, seinen Pferden, armes blondes verlorenes Kind. Einmal küssen sie sich abends auf einer Bank im Garten, zwei, drei matte Küsse, mehr Mitleid als Liebe, dann sagt er, er wolle sie heiraten, sobald der Krieg vorbei sei. Sie lächelt erschöpft an seinen Worten vorbei; daß der Krieg je zu Ende gehen könne, wagt sie gar nicht zu denken.

Und 1919 – einundzwanzig Jahre. Wirklich, der Krieg ist vorbei, das Elend nicht. Nur geduckt hat sich's unter dem Trommelfeuer der Verordnungen, nur listig verkrochen unter den papierenen Kasematten der drucknassen Banknoten und Kriegsanleihen. Jetzt kriecht es hervor, hohläugig, breitmäulig, hungrig und frech, und frißt den letzten Abhub aus den Kloaken des Krieges. Ein ganzer Winter von Nennern und Nullen schneit vom Himmel herunter, Hunderttausende, Millionen, aber jede Flocke, jeder Tausender zergeht leer in der heißen Hand. Während man schläft, schmilzt das Geld, während man die zerrissenen, holzbestöckelten Schuhe wechselt, um ein zweites Mal zum Verkaufsstand zu rennen, ist es zerblättert; immer ist man unterwegs, doch immer schon zu spät. Das Leben wird Mathematik, Addieren, Multiplizieren, ein toller, wirbeliger Kreis von Ziffern und Zahlen, und dieser Quirl reißt die letzten Habseligkeiten in sein schwarzes unersättliches Nichts: die Goldspange der Mutter vom Halse, den Ehering vom Finger, den damastenen Überzug vom Tisch. Aber soviel man hineinwirft, vergebens, man kann es nicht zustopfen, das schwarze höllische Loch, es hilft nichts, daß man Wollsweater wirkt bis tief in die Nacht und alle Zimmer vermietet und selbst zu zweit in der Küche schläft. Aber der Schlaf, dies ist noch das einzige, das man sich gönnen kann, das einzige, was nichts kostet; spätabends den abgejagten, mager gewordenen, blassen, den noch immer unberührten Leib auf die Matratze werfen, sechs Stunden, sieben Stunden nichts zu wissen von dieser apokalyptischen Zeit.

Und dann 1920–1921. Zweiundzwanzig, dreiundzwanzig Jahre, Blüte der Jugend, so heißt es doch. Aber ihr sagt es keiner, und sie selber weiß es nicht. Von morgens bis abends nur ein Gedanke: wie auskommen mit dem ewig dünner werdenden Geld? Um einen Strich ist es besser geworden. Noch einmal hat der Onkel Hofrat geholfen, persönlich ist er zu seinem Tarockfreund in die Direktion gegangen, eine Postaushilfsstelle herauszubetteln, in Klein-Reifling zwar, erbärmliches Weinbauernnest, aber immerhin eine Anstellungsanwartschaft, eine Planke Sicherheit. Für einen reicht das knappe Gehalt, aber da der Schwager keinen Platz hat im Hause, muß sie die Mutter zu sich nehmen und jedes Eins zu Zwei strecken: noch immer beginnt jeder Tag mit Sparen und endet mit Rechnen. Jedes Zündholz ist gezählt, jede Bohne im Kaffee, jeder Mehlkrümel im Teig. Aber immerhin, man atmet, man lebt.

Und 1922, 1923, 1924 – vierundzwanzig, fünfundzwanzig, sechsundzwanzig Jahre. Ist man noch jung? Wird man schon alt? Ein paar Falten kritzeln sich leise in die Schläfen, müde sind ihr manchmal die Beine, und im Frühjahr tut der Kopf ihr sonderbar weh. Aber doch, es geht vorwärts, es geht besser. Das Geld liegt wieder hart und rund in der Hand, sie ist fix angestellt, heißt Postassistentin, auch der Schwager schickt der Mutter zwei, drei Banknoten am Monatsanfang. Jetzt wäre es Zeit, ganz leise zu versuchen, wieder jung zu sein; die Mutter drängt selbst, sie solle doch ausgehen, sich vergnügen. Schließlich setzt die Mutter durch, daß sie sich im Nachbarort in eine Tanzstunde einschreiben läßt. Leicht wird dies rhythmische Tanzenlernen nicht, die Müdigkeit sitzt schon zu tief im Blut, manchmal ist ihr, als seien ihr die Gelenke schon irgendwie eingefroren, auch die Musik taut sie nicht auf. Mühsam übt sie die vorgeschriebenen Schritte, aber es packt sie nicht recht, es reißt sie nicht hin, zum erstenmal ahnt sie: zu spät, die Jugend verquält, zerrissen vom Krieg. Eine Feder muß innen zerbrochen sein, und irgendwie spüren das wohl auch die Männer, denn keiner wirbt recht um sie, obwohl ihr zartes blondes Profil wie adelig wirkt unter den apfelrunden und apfelroten groben Gesichtern der dörfischen Mädeln. Aber die warten dafür nicht so still und geduldig, diese Siebzehnjährigen, Achtzehnjährigen des Nachkriegs, bis einer sie will und wählt. Sie fordern Vergnügen als ihr Recht und fordern es so ungestüm, als wollten sie nicht nur ihre eigene Jugend leben, sondern dazu noch die der hunderttausend Toten und Verscharrten. Mit einer Art Schreck beobachtet die Sechsundzwanzigjährige, wie selbstsicher und begehrlich, mit wie wissenden und frechen Augen, mit wie provozierenden Hüften diese Neuen, diese Jungen sich gebärden, wie unzweideutig sie unter den verwegensten Griffen der Burschen lachen und wie sie ohne Scham eine vor der andern beim Nachhauseweg jede mit einem Mann gegen den Wald hin abbiegen. Es ekelt sie. Uralt und müde, unnütz und überrannt fühlt sie sich inmitten dieses gierigen und groben Nachkriegsgeschlechtes, unwillig und unfähig, mit ihnen wettzueifern. Überhaupt: nur nicht kämpfen mehr, nur nicht mehr sich mühen! Nur ruhig atmen, still vor sich hinträumen, seinen Dienst tun, die Blumen gießen am Fenster, nichts wollen, nichts wünschen. Nur nichts herausfordern mehr, nichts Neues, nichts Erregendes: selbst zur Freude hat die Sechsundzwanzigjährige, um ihr Jahrzehnt Jugend durch den Krieg bestohlen, keinen Mut mehr und keine Kraft.

Unwillkürlich seufzt Christine aus ihren Gedanken heraus. Schon das Darandenken, an all das Grauenhafte ihrer Jugend, macht sie müd. Unsinn das alles, was die Mutter angezettelt hat! Wozu jetzt von hier fort und zu einer Tante, die sie nicht kennt, unter Menschen, mit denen sich Christine nicht versteht? Aber mein Gott, was soll sie tun, die Mutter will's und es macht ihr Freude, so darf sie sich wohl nicht wehren: überhaupt, wozu sich wehren? Man ist ja so müd, so müd! Langsam resigniert nimmt die Postassistentin aus dem obern Fach ihres Schreibtisches einen Foliobogen, faltet ihn sorgfältig in der Mitte, legt ein Linienblatt unter und schreibt sauber, klar, mit schönen Haar- und Schattenstrichen an die Postdirektion in Wien, den ihr gesetzlich zustehenden Urlaub sofort wegen einem Familienanlaß antreten zu dürfen und um Entsendung einer Stellvertreterin von nächster Woche an. Dann bittet sie noch die Schwester, ihr in Wien das Schweizer Visum zu besorgen, einen kleinen Koffer zu leihen und herüberzukommen, um mancherlei wegen der Mutter zu besprechen. Und in den nächsten Tagen bereitet sie alles langsam, sorgfältig und genau für die Reise vor, ohne Freude, ohne Erwartung, ohne Anteil, als gehörte dies nicht zu ihrem Leben, sondern zu dem einzigen, das sie führt: ihrem Dienst und ihrer Pflicht.

Die ganze Woche ist gerüstet worden. Die Abende vergehen angestrengt mit Nähen, Flicken, Putzen und Umbessern des alten Bestandes, außerdem hat die Schwester, statt für die gesandten Dollars etwas zu kaufen – besser sie aufsparen, meint die kleine ängstliche Bürgerin –, einiges ihrer eigenen Garderobe geliehen, einen gelbgrellen Reisemantel, eine grüne Bluse, eine von der Mutter bei der Hochzeitsreise in Venedig gekaufte Mosaikbrosche sowie einen kleinen Strohkoffer. Das werde schon genügen, meint sie, im Gebirge mache man keine Toilette, und was allenfalls Christine fehle, kaufe sie besser an Ort und Stelle. Endlich kommt der Abreisetag. Den flachen Strohkoffer trägt der Schullehrer des Nachbarortes, Franz Fuchsthaler, eigenhändig zur Station, er will sich diesen Freundschaftsdienst nicht nehmen lassen. Gleich auf die erste Nachricht ist der kleine schwächliche Mann mit seinen hinter Brillen ängstlich versteckten blauen Blicken zu den Hoflehners gekommen, um ihnen seine Hilfe anzubieten; sie sind die einzigen, mit denen er in dem abgelegenen Weinbauernort Freundschaft hält. Seine Frau liegt seit mehr als einem Jahr, von allen Ärzten aufgegeben, in der staatlichen Tuberkuloseanstalt Alland, die beiden Kinder teilen auswärtige Verwandte in Kost; so sitzt er fast allabendlich allein in seinen beiden ausgestorbenen Zimmern und tut lautlos und mit viel bastlerischer Liebe kleine unscheinbare Dinge. Er legt Pflanzen in Herbarien, kalligrafiert in Rondeschrift mit roter Tinte die lateinischen, mit schwarzer die deutschen Namen unter die flach getrockneten Blumenblätter, bindet eigenhändig seine geliebten ziegelroten Reclamhefte in buntgemusterte Pappe und ahmt auf den Buchrücken mit mikroskopischer Genauigkeit und einer ganz fein gespitzten Zeichenfeder täuschend genau Drucklettern nach. Ganz spät, wenn er alle Nachbarn schlafend weiß, spielt er, von selbstkopierten Notenblättern, ein wenig steif, aber reichlich bemüht Violine, meist Schubert und Mendelssohn, oder schreibt aus entliehenen Büchern die schönsten Verse und Gedanken auf weiße zartgekörnte Quartbogen, die er, immer wenn die Hundertzahl erreicht ist, zu einem neuen Albumheft mit Glanzpapier und einem bunten Schildchen heftet. Wie ein arabischer Koranschreiber hebt er die zarten Rundungen, das sachte und dann wieder mit starken Schlagschatten Ausschwingende der Schrift um der stummen Freude willen, die lautlos und doch lebendig von seiner innerlich gespannten Mühe ins Sichtbare übergeht: Bücher sind für diesen bescheidenen, stillen, vegetativen Menschen, der keinen Garten vor seiner Gemeindewohnung hat, die Blumen im Hause, und er liebt, sie im Regal anzureihen zu bunten Alleen; mit einer altväterischen Gärtnerfreude hütet er jedes einzelne, nimmt, wie man Zerbrechliches faßt, sie in seine schmalen, blutarmen Hände. Nie betritt er das Dorfwirtshaus. Er haßt Bier und Rauch mit der Angst der Frommen vor dem Bösen; hört er von außen hinter einem Fenster die klobigen Stimmen von Streitenden oder Berauschten, so geht er mit schnellen und erbitterten Schritten hastig vorbei. Die einzigen Menschen, mit denen er seit der Krankheit seiner Frau Umgang pflegt, sind die Hoflehners. Zu ihnen kommt er öfters nach dem Abendessen, um zu plaudern oder – sie haben es gerne – mit seiner eigentlich trockenen, aber in der Ergriffenheit musikalisch aufschwingenden Stimme aus Büchern vorzulesen, am liebsten aus den ›Feldblumen‹ des heimatlichen Adalbert Stifter. Seine schüchterne und etwas enge Seele fühlt sich dann immer unmerkbar geweitet, wenn er, aufschauend vom Buch, das horchende und gebeugte Blond des jungen Mädchens sieht; in der Art ihres innerlichen Zuhörens fühlt er sich verstanden. Die Mutter merkt, was in ihm wächst und daß er, sobald das unvermeidliche Schicksal seiner Frau sich erfüllt haben wird, mit einem neuen und kühneren Sinn seinen Blick auf die Tochter richten wird. Die aber, geduldig geworden, schweigt: sie hat längst verlernt, an sich selbst zu denken.

Der Lehrer trägt den Koffer auf der rechten, etwas niedrigeren Schulter, gleichgiltig gegen die lachenden Schuljungen. Die Last drückt nicht sehr, aber doch muß er den ganzen Weg den Atem scharf anspannen, um mit Christine Schritt zu halten, so ungeduldig und nervös hastet sie voraus; der Abschied hat sie unerwartet grausam erregt. Dreimal ist ihr die Mutter, trotz des ärztlichen ausdrücklichen Verbotes, die Treppen bis in den Hausflur nachgestolpert, als ob sie aus einer unerklärlichen Angst, sich an ihr festhalten wollte, dreimal hat sie, obwohl die Zeit drängt, die breite, strömend schluchzende alte Frau wieder die Treppen hinaufführen müssen. Und dann ist es geschehen, wie so oft in den letzten Wochen: mitten im Schluchzen und erregt ausfahrenden Wort verlor die alte Frau plötzlich den Atem und mußte keuchend hingebettet werden. In diesem Zustand hat Christine sie verlassen, und nun erschüttert sie die Besorgnis wie eine persönliche Schuld: »Mein Gott, wenn ihr etwas zustößt, so aufgeregt habe ich sie nie gesehen, und ich bin nicht da«, klagt sie. »Oder wenn sie etwas braucht in der Nacht, und die Schwester kommt doch nur über den Sonntag aus Wien. Das Mädel von der Bäckerei, sie hat's mir zwar heilig versprochen, daß sie abends bei ihr bleibt, aber auf die ist kein Verlaß; wenn's ans Tanzen geht, läuft die der eigenen Mutter weg. Nein, ich hätte es nicht tun, mich nicht bereden lassen sollen. Reisen, das taugt nur für solche, wo kein Kranker im Haus ist, nicht für unsereins, und gar so weit weg, wo man nicht jeden Augenblick heim kann; was hab' ich denn von der ganzen Reiserei? Wie soll ich mich an was freuen können, wenn mir's keine Ruh läßt, wenn ich jede Minute denken muß, ob ihr nichts abgeht, und niemand ist da in der Nacht, und die Klingel hinunter hören sie nicht, oder wollen sie nicht hören. Sie mögen uns ja nicht im Haus, die Wirtsleute; wenn's nach denen ging, hätten sie uns längst ausgemietet. Und die Assistentin, die aus Linz, die hab ich zwar auch gebeten, sie soll mittags und soll abends auf einen Sprung herüberkommen, aber nur ›Ja‹ hat sie gesagt, diese kalte, verhutzelte Person, so ein Ja, wo man nicht weiß, ob sie's wirklich tut oder nicht. Ob ich nicht doch lieber abtelegrafieren soll? Was liegt der Tante denn wirklich dran, ob ich komm' oder nicht, das redet sich die Mutter doch nur ein, daß es denen um uns zu tun ist. Sonst hätten sie längst zwischendurch aus Amerika schreiben können oder damals in der Notzeit ein Paket mit Lebensmitteln herüberschicken, wie's Tausende getan haben. – Wieviel hab ich selber expediert, und nie ist eins an die Mutter gekommen von der leibhaftigen Schwester. Nein, ich hätt' nicht nachgeben sollen, und wenn's nach mir ging, möcht ich jetzt noch absagen. Ich weiß nicht warum, aber ich hab' so eine Angst. Ich sollt' doch jetzt nicht fort, ich sollt' nicht fort.«

Der kleine, blonde, schüchterne Mann an ihrer Seite nimmt mitten im hastigen Nachschreiten immer wieder seinen Atem zusammen, um sie zu beruhigen. Nein, nicht sorgen, er selbst werde jeden Tag, das verspreche er ihr, nach der Mutter sehen. Wenn jemand, so habe sie ein Recht, endlich einmal sich Urlaub zu gönnen, seit Jahren hätte sie keinen Tag ausgespannt. Er selbst wäre doch der Erste ihr abzuraten, wenn's gegen ihre Pflicht ginge; aber nur keine Sorge, jeden Tag würde er ihr Nachricht geben, jeden Tag. Sehr hastig, kreuz und quer durcheinander keucht er, was ihm gerade einfällt, um sie zu beruhigen, und wirklich, sein dringliches Zureden tut ihr wohl. Sie hört gar nicht deutlich hin, was er sagt, sie fühlt nur, einer ist da, auf den sie sich verlassen kann.

Auf dem Bahnhof, der Zug ist schon signalisiert, räuspert der bescheidene Begleiter sich umständlich und verlegen. Die ganze Zeit merkt sie schon, er tritt vom rechten Fuß auf den linken, er will etwas sagen und hat nur keinen Mut. Endlich nützt er eine Pause und zieht schüchtern aus der Brusttasche etwas Weißes und

Zusammengefaltetes. Sie möge entschuldigen, es sei natürlich kein Geschenk, nur eine kleine Aufmerksamkeit, vielleicht könnte sie ihr nützlich sein. Überrascht entfaltet sie das längliche Büttenpapier. Es ist eine Schmalkarte ihrer Reise von Linz bis nach Pontresina, wie eine Ziehharmonika zu entfalten; alle Flüsse, Berge und Städte längs der Bahnstrecke sind mit schwarzer Tusche mikroskopisch gezeichnet, die Berge entsprechen der Höhe, dünner oder dichter schraffiert, und verraten in winzigen Zahlen ihre Meterzahl, die Flußläufe sind mit blauem, die Städte mit rotem Farbstift eingemalt, die Distanzen in einer eigenen Tabelle rechts unten vermerkt, ganz genau wie auf den großen Schulkarten des geographischen Instituts, aber hier von einem kleinen Hilfslehrer und mit zärtlicher Mühe und spielfreudiger Geduld säuberlich nachgemalt. Unwillkürlich errötet Christine vor Überraschung. Ihre Freude macht dem Schüchternen Mut. Er zieht noch ein zweites Kärtchen hervor, dieses viereckig und mit einer goldenen Borte eingefaßt: die Karte des Engadins, abgezeichnet von der großen Schweizer Generalstabskarte, mit Weg und Steg auch die kleinste Einzelheit künstlich nachgepaust; nur in der Mitte ist ein Gebäude durch einen winzigen Kreis von roter Tinte besonders feierlich hervorgehoben, das sei ihr Hotel, erklärt er, wo sie wohnen werde, er habe es aus einem alten Baedeker bestimmt: so könne sie bei allen Ausflügen sich selber orientieren und ohne Sorge sein, den Weg zu verfehlen. Wirklich ergriffen dankt sie ihm. Seit Tagen muß ganz verschwiegen dieser rührende Mann sich gemüht haben, von der Bibliothek in Linz oder in Wien die Vorlagen heranzubekommen, die ganzen Nächte muß er in zärtlicher Geduld mit hundertmal gespitztem Stift und besonders gekaufter Zeichenfeder diese Karten gezeichnet und koloriert haben, einzig, um ihr aus seiner Armut doch eine rechte und nützliche Freude zu bereiten. Ihre noch gar nicht begonnene Reise, er hat sie Kilometer für Kilometer von innen her vorausgedacht und mitbegleitet, Tag und Nacht muß ihr Weg und Schicksal in seinen Gedanken gegenwärtig gewesen sein. Wie sie jetzt bewegt dem über seinen eigenen Mut noch Erschrockenen die Hand zum Dank reicht, sieht sie seine Augen hinter den Brillen gleichsam zum erstenmal. Es ist ein sanftes gutes Kinderblau, das nun, während sie ihn anblickt, an der Tiefe des eigenen Gefühls plötzlich dunkler und hintergründiger wird. Und mit einemmal empfindet sie eine ihr bisher selbst unbekannte Wärme in seiner Gegenwart, ein Gefühl von Zuneigung und Vertrauen, wie sie's noch nie zu einem Manne empfunden. In diesem Augenblick wird eine bisher noch ganz undeutliche Empfindung in ihr plötzlich zum Entschluß; länger und herzlicher als jemals hält sie im Dank seine Hand. Auch er fühlt die veränderte Einstellung, bekommt heiße Schläfen, wird verlegen, atmet tief und ringt nach einem richtigen Wort. Aber da schnaubt schon wie ein böses schwarzes Tier die Lokomotive heran, schleudert zu beiden Seiten die Luft neben sich weg, daß beinahe das Blatt ihrer Hand entflattert. Eine Minute ist bloß Zeit. Christine steigt hastig ein und sieht vom Fenster aus bloß noch ein flatterndes weißes Tuch, das rasch in Rauch und Ferne zerfließt. Dann ist sie allein, seit vielen Jahren zum erstenmal allein.

In die hölzerne Ecke des Waggons gedrückt, fährt die Abgemüdete einen ganzen wolkenverdüsterten Abend entlang, trübe Landschaft hinter den verregneten Scheiben. Anfänglich huschen noch kleine Orte undeutlich im Dämmer vorbei, wie aufgeschreckte, flüchtende Tiere, dann rennt alles blind und leer in den Nebel hinein. Niemand teilt ihr Abteil dritter Klasse, so kann sie sich lang hinstrecken auf die Holzbank und nun erst die Tiefe ihrer Erschöpfung spüren. Sie versucht nachzudenken, aber die haspelnde Monotonie des Räderlaufs zerschüttert jeden Zusammenhang, und immer enger preßt sich über ihre schmerzende Stirn die narkotische Haube des Schlafes, jener dumpfe und doch betäubende Eisenbahnschlaf, in dem man fühllos verschnürt liegt wie in einem schwarzen, metallisch geschüttelten Kohlensack. Unter dem fühllos fortgetragenen Leib laufen die Räder lärmend schnell wie gejagte Knechte, über ihren rückgeneigten Kopf fließt Zeit, stumm, unfaßbar, ohne Maß. Und so völlig sinkt ihre Müdigkeit in diese treibende schwarze Flut hinunter, daß sie mitten aus dem Schlummer schreckt, als morgens plötzlich die Tür aufkracht und ein Mann, breitschultrig und schnurrbärtig streng vor ihr steht. Einen Augenblick braucht sie, um die betäubten Sinne zusammenzureißen und zu begreifen, dieser uniformierte Mann will nichts Böses, nicht sie verhaften und wegschaffen, sondern nur Einsicht nehmen in den Paß, den sie mit kältesteifen Fingern aus der Handtasche zieht. Prüfend vergleicht der Beamte das eingeklebte Bild eine Sekunde lang mit ihrem beunruhigten Antlitz. Sie zittert heftig, vom Krieg her zuckt noch in den Nerven die eingehämmerte, unsinnige und doch unzerstörbare Angst vor einem Verstoß gegen irgendeine der hunderttausend Verordnungen: immer war ja jeder schuldig gegen irgendein Gesetz. Aber freundlich und mit einem lässigen Griff an die Kappe gibt ihr der Gendarm den Paß zurück und schließt behutsamer, als er sie aufgerissen, die Tür. Eigentlich könnte Christine sich wieder hinlegen, aber der kalte Schreck hat ihr den Schlaf von den Lidern gestrichen. Aus Neugier tritt sie ans Fenster, um hinauszusehen. Und sofort fahren alle Sinne hoch. Denn hinter den eiskalten Scheiben, wo eben noch (Schlaf weiß um keine Zeit) der Horizont des Flachlandes als lehmige Welle grau in den Nebel geflossen, haben sich (warum und wie, sie begreift es nicht) in steinerner Wucht Berge aus dem Boden geballt, riesige, nie gesehene, übergewaltige Gebilde, und noch taumelnd vor Überraschung blickt ein erschrecktes Auge zum erstenmal die unvorstellbare Majestät der Alpen an. Gerade stößt ein erster Sonnenstrahl durch die Paßluke im Osten und zerklirrt in Millionen Reflexen am Eisfeld der obersten Gipfel, und so schneidend weiß ist diese Reinheit dieses ungefilterten Lichts, daß es die Augen blendet. Einen Augenblick muß sie die Lider schließen. Aber eben dieser Schmerz hat sie erst munter gemacht. Ein Ruck und es klirrt, dem Wunderbaren näher zu sein, die Fensterscheibe nieder, und sofort stürzt durch die überrascht geöffnete Lippe gleichzeitig neue, eiskühle, glasscharfe und mit herbem Schneeatem durchwürzte Luft bis in die Lunge hinab: nie hat sie so geatmet, so tief und rein. Unbewußt spannt die Beglückte beide Arme, um diesen ersten, unbedachten brennenden Schluck ganz tief in sich hineinzuführen, und spürt schon, breit die Brust gedehnt, von diesem eingetrunkenen Frost eine wohlige Wärme – herrlich, herrlich – blutaufwärts durch alle Adern steigen. Jetzt erst, durchbrannt von Frische, vermag sie richtig zu schauen, rechts, links, eines nach dem andern; immer begeisterter tastet der aufgetaute Blick jeden einzelnen der granitenen Hänge hinauf bis zur obersten, eisigen Borte, an jeder Stelle neue Herrlichkeit entdeckend, dort einen Wasserfall in weißer, sich selbst überschlagender Volte kopfüber zu Tale stürzend, dort, wie Vogelnester eingenistet in die Schrunden, zierliche, steinbelastete Häuser, dort einen Adler, stolz die höchste Höhe noch überkreisend, und über allem dieses göttlich reine, rauschende Blau, nie für möglich gehalten in solcher saftigen und beglückenden Kraft. Immer wieder starrt die zum erstenmal aus ihrer engen Welt Herausgeflüchtete dieses Unglaubhafte, diese über Nacht ihrem Schlaf entwachsenen Quadertürme an. Seit Tausenden Jahren müssen sie hier schon stehen, diese granitenen Riesenburgen Gottes; Millionen und Myriaden Jahre werden sie wahrscheinlich hier noch warten, unverrückbar jeder an der gleichen Stelle, und sie selbst hätte ohne den Zufall dieser Reise sterben können, verwesen und in Staub zerfallen, ohne eine Ahnung erlebt zu haben von ihrer herrlichen Gegenwart. An alldem hat man vorbeigelebt, es nie gesehen und kaum zu sehen gewünscht; sinnlos hat man dahingedöst im winzigsten Raum, kaum breiter als die gestreckte Hand, kaum weiter als die eigenen Füße Auslauf haben, und eine Nacht weit, einen Tag weit beginnt die vielfältigste Unendlichkeit! Mit einemmal, zum erstenmal, dringt eine Ahnung des Versäumten hinein in diesen bislang wunschlos gleichgiltigen Sinn, zum erstenmal erfährt an der Berührung des Übermächtigen ein Mensch die seelenumpflügende Kraft der Reise, die mit einem einzigen Riß uns die harte Rinde des Angewöhnten vom Leibe reißt und den nackten, fruchtbaren Kern zurückwirft in das strömende Element der Verwandlung.

Erregt, die heißdurchblutete Wange leidenschaftlich neugierig an den Fensterrahmen gepreßt, steht vor diesem ersten aufgesprengten Augenblick ein ganz von sich fortgetragener Mensch die ganze Zeit vor der Landschaft. Nicht ein Gedanke tastet mehr nach rückwärts. Vergessen ist die Mutter, das Amt, das Dorf, vergessen die zärtlich gezeichnete Karte in dem Handtäschchen, die ihr jeden Gipfel und jeden der mit eilendem Schuß zu Tale stürzenden Bergbäche nennen könnte, vergessen das eigene gestrige Ich. Nur einfüllen jetzt bis zum letzten Tropfen, nur einfiltern das immer Andere dieser Großartigkeit, nur einsaugen jedes einzelne der panoramisch wandernden Bilder und zugleich mit aufgetanen Lippen immer wieder diese gefrorene Luft trinken, scharf und würzig wie Wacholder, diese Bergluft, die den Herzschlag härter und entschiedener färbt! Nicht einen Augenblick der vier Stunden Fahrt verläßt Christine den Fensterplatz, und dermaßen benommen starrt sie hinaus, daß sie die Zeit vergißt und mit grobem Herzstoß aufschreckt, wie die Maschine stoppt und fremdmundartlich, aber doch unverkennbar der Schaffner den Ort ihres Reiseziels ausruft.

»Jesus Maria« – mit einem Ruck reißt sie die schwelgenden Sinne zurück. Sie ist schon angekommen und hat nichts bedacht, nicht, wie sie die Tante begrüßen werde, nicht, was sie zu sagen habe. Hastig tastet sie nach Koffer und Schirm – nur nichts vergessen! – und eilt den andern Aussteigenden nach. Eben stiebt die militärisch disziplinierte Doppelreihe der farbig bekappten Lohndiener jagdgierig auseinander, sich der Ankömmlinge zu bemächtigen, der Bahnhof schwirrt von Hotelrufen und lauten Begrüßungen. Nur auf sie kommt niemand zu.

Immer unruhiger, den Herzschlag hoch in der Kehle, sieht und sucht sie ängstlich nach allen Seiten. Aber niemand. Nichts. Alle werden erwartet, alle wissen ihren Weg, nur sie nicht, sie allein. Schon drängen die Reisenden um die Hotelautomobile, die in blanker, farbiger Reihe warten wie eine schußbereite Batterie, schon entvölkert sich der Bahnsteig. Und noch immer niemand: man hat sie vergessen. Die Tante ist nicht gekommen; vielleicht abgereist oder krank, und man hat ihr abgesagt und das Telegramm ist zu spät gekommen. Mein Gott, wenn wenigstens das Geld zur Rückfahrt reicht! Zuvor aber wagt sie mit letzter Kraft sich zu einem Portier heran, dessen Kappe mit »Palace Hotel« golden belettert ist, und fragt mit dünner Stimme, ob eine Familie van Boolen bei ihnen wohne. »Freilich, freilich«, antwortet guttural der breite, rotstirnige Schweizer, ei, und natürlich habe er Auftrag, ein Fräulein an der Bahn abzuholen. Sie möge nur einsteige ins Auto und ihm gebe den Aufgabeschein für das große Gepäck aus der Consigne. Christine errötet. Jetzt erst bemerkt sie, bös getroffen, wie verräterisch arm das bettelhafte Strohköfferchen ihr in der Hand pendelt, indes bei allen andern Wagen, wie frisch aus der Auslage geholt, funkelnagelneue und metallblanke Panzertürme von Schrankkoffern sich zwischen den farbigen Würfeln und Kuben von kostbarem Juchten, Krokodil, Schlangenhaut und glattem Glacé prunkhaft stauen. Sofort fühlt sie eine Distanz zwischen jenen und sich unverkennbar enthüllt. Scham packt sie an. Rasch etwas lügen! Das andere Gepäck käme erst später nach. Nun, dann könne man gleich losfahren, erklärt – gottlob ohne jede Verwunderung oder Verächtlichkeit – die majestätische Livree und öffnet den Wagenschlag.

Ist die Scham eines Menschen an einem Punkte getroffen, so wird unmerklich auch der entfernteste Nerv seines Wesens miterschüttert; die flüchtigste Berührung, der zufälligste Gedanke erneuert und vervielfacht dem einmal Beschämten die erlittene Qual. Von diesem ersten Stoß an hat Christine ihre Unbefangenheit verloren. Mit unsicherm Fuß tritt sie schon ein in das mattdunkle Coupé der Hotelkarosse und zuckt unwillkürlich zurück, kaum sie merkt, hier sei sie nicht allein. Aber jetzt kann sie nicht mehr zurück. Sie muß durch dieses dämmerig Duftende von süßem Parfüm und herbem Juchten, an fremden, unwillig zurückgezogenen Knien vorbei, um ganz feig, die Schulter wie frierend emporgezogen, die Lider gesenkt, an einen rückwärtigen Platz zu gelangen. Aus Verlegenheit murmelt sie dabei bei jedem passierten Knie hastig einen Gruß, als wollte sie durch diese Höflichkeit ihre Gegenwart entschuldigen. Aber niemand antwortet. Entweder muß die Musterung der sechzehn Blicke ungünstig ausgefallen sein oder die Insassen, rumänische Aristokraten, die ein krasses und heftiges Französisch parlieren, haben in ihrer lauten Amüsiertheit den dünnen Schatten Armut gar nicht bemerkt, der sich scheu und still in der äußersten Ecke eingenistet hat. Den Strohkoffer quer an die Knie gedrückt – sie hat keinen Mut, ihn auf einen freien Platz zu stellen – sitzt sie, aus Angst, von diesen wahrscheinlich spöttischen Menschen betrachtet zu werden, tief vorgebeugt, nicht ein einziges Mal während der ganzen Fahrt wagt sie den Blick frei aufzuheben; nur zur Erde starrt sie, nur auf die Dinge abwärts der Sitzbank. Aber schon das luxuriöse Schuhwerk der Frauen läßt sie das eigene plumpe besinnen. Mit schmerzhaftem Vergleich sieht sie die hochmütig straffen Frauenbeine, die unter aufgeschlagenen Sommerhermelinmänteln frech sich überkreuzen, und verwegen gemusterte Sportstrümpfe der Herren; schon diese Unterwelt des Reichtums jagt ihr Schauer der Scham in die Wangen: wie neben dieser nie geahnten Eleganz bestehen. Jeder scheue Blick gibt eine erneute Qual. Quer gegenüber von ihr hält ein siebzehnjähriges Mädchen ein feinhaariges chinesisches Seidenhündchen auf dem Schoß, das faul und jaulend sich räkelt: seine Schabracke ist mit Pelz bordiert, mit einem Monogramm bestickt, und die winzige Kinderhand, die in seinem Fell krabbelt, rosa manikürt und funkelt bereits von einem Diamanten. Sogar die Golfstöcke, die in der Ecke lehnen, haben noble Mäntel von neuem glatten cremefarbenen Leder, jeder der lässig dareingeworfenen Schirme zeigt einen andersartig erlesenen und extravaganten Griff – mit unbewußter Geste deckt rasch ihre Hand den eigenen aus blindem, billigen Horn. Wenn nur niemand sie ansehen wollte, keiner bemerken, was sie jetzt selbst zum erstenmal weiß! Immer tiefer duckt sich die Verschreckte in sich hinein, und jedesmal, wenn neben ihr ein Lachen aufflattert, rinnt ihr Angst über den gebeugten Rücken. Aber sie wagt nicht aufzublicken und nachzuforschen, ob wahrhaftig dieses Lachen ihr gelte.

Erlösung darum, wie nach gepeinigten Minuten das Automobil in den fein gekiesten Vorhof des Hotels knirscht. Ein Signal, grell wie eine Bahnglocke, schwemmt einen ganzen Trupp von bunten Lohndienern und Pagen an den Wagen. Hinter ihnen erscheint, umständlicher, weil zu Distinktion verpflichtet, im schwarzen Gehrock und mit geometrisch geradem Scheitel, der Chef de réception. Durch die geöffnete Wagentür springt zuerst, klirrend und sich schüttelnd, der chinesische Pinsch heraus; locker, ohne ihr lautes Plappern zu unterbrechen, folgen die Damen, den Sommerpelz beim Aussteigen hochgerafft, über die sportgemuskelten Beine; hinter ihnen schlägt noch eine Welle Parfüm zurück, betäubend fast. Nun sollte gesellschaftlicher Anstand den Herren wohl gebieten, das schüchtern aufstehende Mädchen voranzulassen, aber entweder haben sie ihre Herkunft richtig eingeschätzt oder sie bemerken sie nicht; jedenfalls sie schreiten, ohne sich umzublicken, an ihr vorbei und auf den Hotelsekretär zu. Ungewiß bleibt Christine zurück, das mit einmal verhaßte Strohköfferchen in der Hand. Es ist besser, denkt sie, die andern noch ein paar Schritte vorauszulassen, das lenkt die Aufmerksamkeit ab. Aber sie zögert zu lange. Denn wie sie jetzt, ohne daß jemand von der Hoteldienerschaft ihr zuspringt, das Trittbrett des Autos hinabtastet, hat der Herr im Gehrock sich schon devot mit den Rumänen entfernt, die Pagen tragen geschäftig das Handgepäck hinter ihnen her, und die Lohndiener jonglieren bereits auf dem

Autodach donnernd mit den schweren Koffern. Niemand hat ihrer Acht. Offenbar, so denkt sie von Erniedrigung übergossen – offenbar, ja gewiß hält man sie für das Dienstmädchen, bestenfalls für die Kammerzofe jener Herrschaften, denn mit völliger Gleichgültigkeit manövrieren die Diener Gepäck an ihr vorbei und lassen sie stehen wie ihresgleichen. Schließlich erträgt sie es nicht mehr, sie kämpft sich mit letzter Kraft in die Hoteltür hinein bis zum Portier.

Aber einen Portier in der Hochsaison, wer wagt ihn anzureden, diesen Kapitän des riesigen Luxusschiffs, der vor seinem Pult mächtig steht und unerschütterlich durch einen Sturm von Fragen den Kurs seines Willens hält. Ein Dutzend Gäste warten breiten Rückens vor ihm, dem Gewaltigen, der, mit der rechten Hand Notizen schreibend, mit jedem Blick und Wink Pagen abschießt wie Pfeile, rechts und links gleichzeitig Auskunft gibt, den Hörer am Ohr, eine universalische Menschenmaschine mit ständig gestrafften Nervensträngen – vor seiner Majestät müssen selbst Wohlberechtigte warten, wie erst ein unerfahrener, schüchterner Neuling? Derart unansprechbar scheint Christine dieser Herr des Tumults, daß sie scheu zurücktritt in die Nische, um respektvoll zu warten, bis der Wirbel sich löst und zerstreut hat. Aber allmählich wird der lästige Strohkoffer in der Hand immer schwerer. Vergebens blickt sie sich um nach einer Bank, um ihn niederzustellen. Doch wie sie sich suchend umblickt, meint sie zu merken – Einbildung wahrscheinlich oder überreiztes Gefühl –, daß von den Klubsesseln der Halle bereits ein paar Leute ironisch auf sie blicken und wispern und lachen; einen Augenblick noch und sie muß die wirklich widerliche Last fallen lassen, so schwach werden ihr plötzlich die Finger. Aber gerade in diesem kritischen Augenblick tritt heftigen Schrittes eine künstlich blonde, künstlich junge, sehr elegante Dame auf sie zu, visiert sie scharf vom Profil her, ehe sie ein »Bist du es, Christine?« wagt. Und wie Christine spontan ein »Ja« mehr atmet als spricht, umfängt sie die Tante mit dünnem Wangenkuß und lauem

Pudergeruch. Sie aber, aus ihrer entsetzlichen Verwaistheit endlich etwas Warmes, Verwandtes wohlwollend spürend, wirft sich in die nur leicht gemeinte Umarmung derart stürmisch hinein, daß die Tante, dieses Haltsuchen als verwandtschaftliche Zärtlichkeit deutend, ganz gerührt wird. Weich fährt sie ihr über die zuckenden Schultern. »Oh, ich freu mich ja auch riesig, daß du gekommen bist, Anthony und ich, beide freuen wir uns sehr.« Und dann, sie an der Hand nehmend: »Komm, du wirst dich gewiß etwas zurechtmachen wollen, eure Bahnen in Österreich sollen ja gräßlich unkomfortabel sein. Tu dich nur ruhig zusammen – bloß mach nicht zu lang. Es hat schon zum Lunch gegongt, und Anthony wartet nicht gern, das ist seine Schwäche. We have all prepared – ach so: alles haben wir vorbereitet, der Portier wird dir gleich das Zimmer zeigen. Und, nicht wahr, du machst flink: keine große Toilette, mittags dreßt hier jeder wie er will.«

Die Tante winkt, flugs übernimmt ein livrierter Knirps Koffer und Schirm und läuft um den Schlüssel. Lautlos saust der Lift zwei Stockwerke hinauf. In der Mitte des Ganges schließt der Boy eine Tür auf und tritt mit gezückter Kappe zur Seite. Hier also muß ihr Zimmer sein. Christine tritt ein. Aber schon an der Schwelle zuckt sie zurück, als wäre sie fehl am Ort. Denn mit bestem Willen kann die Postassistentin aus Klein-Reifling, gewöhnt, nur Ärmlichkeit als Umwelt zu haben, sich nicht dermaßen rasch umschalten, daß sie wirklich zu glauben wagte, dies Zimmer sei ihr zubestimmt, dieses verschwenderisch weite, köstlich helle und tapetenbunte Zimmer, in das von der zweiflügelig aufgetanen Balkontür wie durch kristallene Schleuse ein Wasserfall von Licht hereinschmettert. Unbändig überschwemmt der goldene Schwall die ganze Tiefe des Raums, jeder Gegenstand ist getränkt von dieser Überfülle des lodernden Elements. Die polierten Flanken der Möbel funkeln wie Kristall, auf Messing und Glas spielen freundliche Funken in flirrenden Reflexen, selbst der Teppich mit seinen eingestickten Blumen atmet saftig und echt wie lebendiges Moos. Wie ein paradiesischer Morgen leuchtet dieses Zimmer, und geblendet von dem Überfall des überall auflodernden Lichts muß die Erschreckte erst wieder auf die Wiederkehr des jäh aussetzenden Herzschlags warten, ehe sie rasch und ein wenig schlechten Gewissens, die Tür hinter sich zuzieht. Erstes Erstaunen: daß es so etwas überhaupt gibt, so viel helle Herrlichkeit! Und zweiter Gedanke, seit vielen Jahren unlösbar an alles Begehrenswerte gekettet: was das kosten muß, wieviel Geld, wie schrecklich viel Geld! Gewiß mehr für einen einzigen Tag, als sie daheim in der Woche – nein, im Monat verdient! Beschämt – denn wer dürfte es wagen, sich hier zu Hause zu fühlen – blickt sie sich um, setzt behutsam einen Fuß vor den andern auf den teuren Teppich. Dann erst, sehr ehrfürchtig und doch voll brennender Neugier, beginnt sie, sich den einzelnen Kostbarkeiten zu nähern. Vorsichtig tastet sie zuerst das Bett an: wird man da wirklich schlafen dürfen, auf so blütendem, kühlen Weiß? Und die Daunendecke, wie ein zarter Flaum liegt sie, die seidengeblümte, leicht und weich auf der Hand; ein Fingerdruck und die Lampe flammt auf, und überhaupt die Ecke im warmen Rosaton. Entdeckung über Entdeckung, der Waschtisch, weiß und muschelblank mit nickelnem Gerät, die Fauteuils, weich und tief, man braucht Kraft, sich aus ihrer elastischen Nachgiebigkeit wieder zu erheben, das polierte Edelholz der Möbel, melodisch sich einend mit dem frühlingshaften Grün der Tapete, und hier auf dem Tisch, ihr zum Gruß hingestellt, vierfarbig brennender Nelkenstrauß im hochstengeligen Glas, ein brausender Willkommtusch von Farbenstimmen aus kristallener Trompete! Wie unglaubhaft wunderbar diese Pracht! Mit der ungestümen Vorlust, all das sehen, benützen, besitzen zu dürfen, einen Tag, acht Tage, vierzehn Tage, schleicht sie zaghaft verliebt an die unbekannten Geräte heran, tastet sie neugierig jede Einzelheit an, eins nach dem andern und verliert sich von Entzückung in Entzückung, bis sie plötzlich, als sei sie auf eine Schlange getreten, grass zurückstolpert und beinahe fällt. Denn völlig ahnungslos hatte sie den mächtigen

Wandschrank aufgetan – da fährt von der angelehnten Innentür wie ein rotzüngiger Teufel von der Spielschachtel ein lebensgroßes Bild aus einem hier unerwarteten Wandspiegel, und in dem Glas – sie erschrickt – sie selbst, grausam wirklich, das einzig Ungehörige in diesem ganz auf vornehm abgestimmten Raum. Bis in die Knie fühlt sie den Hieb, da sie so unvermutet ihren gelbgrellen, plustrigen Reisemantel und den verbogenen Strohhut über einem verstörten Gesicht erblickt. »Einschleicherin, weg da! Schmutz nicht das Haus an! Geh hin, wohin du gehörst«, scheint sie der Spiegel anzuherrschen. Wirklich, wie kann ich, denkt sie bestürzt, mich anmaßen, in solchem Zimmer, in dieser Welt wohnen zu wollen! Welche Schande für die Tante! Ich soll nicht große Toilette machen, hat sie gesagt! Als ob ich eine hätte! Nein, ich gehe nicht hinunter, ich bleibe lieber hier. Ich fahre lieber zurück. Aber wie sich verstecken, wie jetzt noch, ehe man mich sieht und Ärgernis nimmt, rechtzeitig verschwinden? Unwillkürlich ist sie auf der Flucht vor dem Spiegel so weit als möglich zurück und bis auf den Balkon getreten. Krampfig die Hand an das Geländer gepreßt, starrt sie in die Tiefe hinab. Ein Ruck und man wäre erlöst.

Da donnert von unten kriegerisch noch einmal der Gong. Um Himmels willen! Sie besinnt sich – in der Halle warten ja der Onkel und die Tante, und sie tändelt hier herum. Noch nicht gewaschen hat sie sich, nicht einmal den widerlichen Ausverkaufsmantel abgestreift. Fiebrig schnürt sie den Strohkoffer auf, ihr Toilettezeug herauszuholen. Aber wie sie das Gummibündel aufrollt und alles hinlegt auf die glatte Kristallplatte, die grobe Seife, die kleine kratzige Holzbürste, das sichtbar spottbillige Waschzeug, ist ihr, als breitete sie ihre ganze Kleinbürgerlichkeit abermals höhnisch überlegener Neugier hin. Was wird das Dienstmädchen beim Aufräumen denken, gewiß spottet sie gleich unten dann beim Gesinde über den bettelhaften Gast; eine erzählt's der andern, alle wissen es gleich im Haus, und man muß an ihnen vorbeigehen, täglich vorbeigehen, mit rasch niedergeschlagenem Blick und das Tuscheln im Rücken spüren. Nein, da kann die Tante nicht helfen, das läßt sich nicht verstecken, das sickert durch. Überall, bei jedem Schritt wird eine andere Naht aufreißen, blank und bloß wird jeder durch Kleid und Schuh ihre nackte Schäbigkeit sehen. Aber nur weiter jetzt, die Tante wartet, und der Onkel, hat sie gesagt, wird leicht ungeduldig. Was anziehen? Gott, was tun? Zuerst will sie die Bluse nehmen, die von der Schwester geliehene, aus grüner Kunstseide, aber gräßlich frech und ordinär scheint ihr jetzt, was gestern in Klein-Reifling noch das Prunkstück ihrer Garderobe gewesen. Lieber noch die einfach weiße, weil sie unauffälliger ist, und dann noch die Blumen aus der Vase: vielleicht, daß sie vor die Bluse gehalten, die Blicke ablenken mit ihrem heißen Geleucht. Dann, die Augen niederschlagend, hastig an allen Gästen im Stiegenhaus vorbei, nur um die Angst, betrachtet zu werden, rasch zu überrennen, flattert sie die Treppen hinab, blaß, atemlos, einen taumeligen Schmerz zwischen den Schläfen und mit dem schwindeligen Gefühl, wachen Leibes in eine tödliche Tiefe zu stürzen.

Von der Halle aus sieht sie die Tante kommen. Sonderbar, was das Mädel hat. Wie tolprig sie die Treppe hinunterschießt, wie schief und verlegen an den Leuten vorbei! Ein nervöses Ding wahrscheinlich; man hätte sich doch früher erkundigen sollen! Und mein Gott, wie tölpelig sie jetzt am Eingang stehen bleibt, wahrscheinlich ist sie kurzsichtig oder sonst etwas klappt nicht. »Na, was hast du denn, Kind? Ganz blaß bist du ja. Ist dir nicht wohl?«

»Nein, nein«, stammelt die noch immer Verstörte – es sind noch so gräßlich viel Leute in der Halle, und dort die alte Dame in Schwarz mit dem Lorgnon, wie sie herschaut! Wahrscheinlich auf ihre lächerlichen groben Schuhe.

»So komm doch, Kind«, mahnt die Tante und schiebt ihr den Arm unter und ahnt nicht im mindesten, welchen Dienst, welchen ungeheuren sie damit der Verschüchterten erweist. Denn damit ist Christine endlich ein Stück Schatten gegeben, in den sie sich drängen kann, eine Folie und halbes Versteck: die Tante deckt sie wenigstens nach einer Seite hin mit ihrem Körper, ihrer Toilette, ihrem Ansehen. Dank ihrer Begleitung gelingt es der Nervösen in ziemlich anständiger Haltung den Speisesaal zu durchqueren und bis zum Tisch zu kommen, wo phlegmatisch und schwer Onkel Anthony wartet; jetzt steht er auf, ein gutmütiges Lachen umspannt seine breiten Hängebacken, und mit seinen rotränderigen, aber holländisch hellen Augen blickt er der neuen Nichte freundlich entgegen und reicht ihr die schwere, abgearbeitete Tatze. Seine Froheit stammt hauptsächlich davon, daß er nicht länger vor dem gedeckten Tisch warten muß, als Holländer ißt er gern, viel und behaglich. Störungen sind ihm verhaßt, und insgeheim hat er seit gestern schon Angst vor einem untunlichen, mondänen Flatterhuhn, das ihm die Mahlzeit mit Plappern und Vielfragerei verstören würde. Wie er jetzt die neue Nichte sieht, verlegen, reizend, blaß und bescheiden, wird ihm wohl. Mit der, sieht er sofort, ist's leicht sich vertragen. Freundlich blickt er sie an und ermutigt jovial: »Essen mußt du vor allem, dann werden wir sprechen.« Es macht ihm Freude, dieses schmale scheue Ding, das nicht aufzublicken wagt und ganz anders ist als die Flappers drüben, die er knurrig haßt, weil hinter ihnen immer gleich ein Grammophon losrasselt und weil sie so schlenkernd frech wie nie eine Frau aus seinem alten Holland durch die Zimmer gehn. Eigenhändig, obwohl er beim Vorbeugen etwas ächzen muß, schenkt er ihr Wein ein und winkt dem Kellner, mit dem Servieren zu beginnen.

Aber wenn der Kellner nur nicht so sonderbare Extravaganzen mit seiner hartgeplätteten Manschette und seinem ebenso steifkalten Gesicht auf den Teller legte, all diese niegesehenen Hors-d'&œuvres, eisgekühlte Oliven, bunte Salate, silberne Fische, Artischockenberge, unergründliche Crèmes, zarten Gänseleberschaum und die rosafarbenen Lachsschnitten – alles Köstlichkeiten gewiß, zartmundend und leicht. Mit welchem aber aus dem vorgelegten Dutzend der Bestecke diese fremden Dinge anfassen? Mit dem kleinen oder dem runden Löffel, mit dem zierlichen oder dem breiteren Messer? Wie sie zerteilen, ohne vor diesem bezahlten Beobachter, vor den geübten Nachbarn unentrinnbar zu verraten, daß man zum erstenmal im Leben in einem derartig vornehmen Restaurant speist? Wie keine grobe Ungeschicklichkeit begehen? Umständlich, um Zeit zu gewinnen, entfaltet Christine die Serviette und schielt dabei unter schräg gesenkten Lidern auf die Hände der Tante, um ihr jede Bewegung nachzutun. Gleichzeitig aber muß sie den freundlichen Fragen des Onkels Antwort stehen, dessen eingedicktes Holländischdeutsch wache Ohren will, um so mehr, als er immer breite Brocken Englisch mit einstreut; alle Tapferkeit muß sie einsetzen in diesem Kampf gegen zwei Fronten, und dabei meint ihr Minderwertigkeitsgefühl, beständig im Rücken ein Tuscheln zu hören und imaginär höhnische oder mitleidige Blicke der Nachbarschaft. Die Angst, ihre Armut, ihre Unerfahrenheit zu verraten vor dem Onkel, vor der Tante, vor dem Kellner, vor irgendeinem der Anwesenden im Saal, die Anstrengung, bei zitterndster Anspannung gleichzeitig sorglos, ja sogar heiter zu plaudern, macht ihr die halbe Stunde zur Ewigkeit. Bis zum Obst kämpft sie sich wacker durch; dann bemerkt endlich, ohne sie zu verstehen, die Tante ihre Konfusion: »Kind, du bist müde, ich sehe dir's an. Kein Wunder übrigens, wenn man die ganze Nacht durchreist in einem dieser miserablen europäischen Waggons. Nein, schäm dich nicht, leg dich nur ruhig in deinem Zimmer eine Stunde schlafen, dann ziehen wir los. Nein, wir versäumen nichts, auch Anthony ruht immer nach Tisch.« Sie steht auf und schiebt ihr den Arm unter. »Komm nur jetzt hinauf und leg dich hin. Dann bist du frisch und wir können einen festen Spaziergang machen.« Christine atmet tief und dankbar. Eine Stunde sich verstecken zu dürfen hinter geschlossener Tür, ist eine gewonnene Stunde.

»Nun, wie gefällt sie dir?« fragt, kaum auf dem Zimmer gelandet, die Gattin ihren Anthony, der sich bereits Rock und Weste für die Siesta aufknöpft.

»Sehr nett«, gähnt der Umfängliche, »ein nettes Wiener Gesicht ... Ach, gib mir das Kopfkissen herüber ... Wirklich sehr nett und bescheiden. Nur – I think so at least – ein wenig dürftig finde ich sie angezogen ... so ... ich weiß nicht, wie das sagen ... wir haben so etwas gar nicht mehr bei uns ... und ich meine, wenn du sie hier vor den Kinsleys und den andern als unsere Nichte einführst, müßte sie doch präsentabler dressen ... Könntest du ihr nicht aushelfen aus deiner Garderobe?«

»Da – ich hab schon den Schlüssel in der Hand.«

Frau van Boolen lächelt. »Ich bin selbst erschrocken, wie ich sie in dem Aufzug in das Hotel hereinstapfen sah ... es war reichlich kompromittabel. Und dabei hast du nicht den Mantel gesehen, gelb wie ein ausgeronnenes Ei, wirklich ein Prachtstück, den könnte man in einem Laden mit indianischen Curios ausstellen ... Die Arme, wenn sie ahnte, wie botokudisch sie ausstaffiert ist, aber mein Gott, woher soll sie es wissen ... sie sind alle dort in Österreich ja ganz down durch diesen verdammten Krieg, du hast doch gehört, was sie selbst erzählt hat, noch nie ist sie drei Meilen weit über Wien hinaus, noch nie unter Leute gekommen ... Poor thing, man merkt ihr's an, daß sie sich hier fremd fühlt, ganz verschreckt geht sie herum ... Aber laß nur, verlaß dich auf mich, ich zäum' sie schon anständig auf, ich hab' genug mit, und was fehlt, kaufe ich noch in dem englischen Store; es wird niemand was merken, und warum soll sie es nicht einmal extra gut haben die paar Tage, das arme Ding.«

Und während schon der ausgemüdete Gatte auf der Ottomane schläfert, hält sie Musterung in den beiden großen Hängekoffern, die wie Karyatiden fast wandhoch im Vorraum des Appartements stehen. Frau van Boolen hat die vierzehn Tage Paris nicht ausschließlich in Museen verbracht, sondern auch reichlich bei den Couturiers: es raschelt im Gehänge von Crêpe de Chine, Seide und Batist, ein Dutzend Blusen und Kostüme holt sie hintereinander vor und tut sie wieder zurück, sie prüft, erwägt, überzählt, es wird ein umständlicher, aber eigentlich erheiternder Fingerspaziergang durch schillernde und schwarze, über zarte und schwerfließende Roben und Stoffe, ehe sie sich entschließt, was sie der kleinen Nichte überlassen soll. Endlich bauscht sich auf dem Sessel ein schillernder Schaum von dünnen Kleidern und allerhand Kleinkram von Strümpfen und Wäsche; mit einer Hand läßt sich die ganze leichte Last aufheben und hinüber in Christines Zimmer tragen. Aber wie die Tante mit ihrer Überraschung anrückt und die Türe leise aufklinkt, meint sie im ersten Augenblick, das Zimmer sei leer. Das Fenster steht weit offen in die Landschaft hinein, die Sessel leer, der Schreibtisch leer; schon will sie die Kleider auf einen Sessel hinlegen, da entdeckt sie Christine auf dem Sofa schlafend. Der ungewohnte Wein, aus Verlegenheit hastig ausgetrunken und aus gutmütigem Spaß immer wieder gleich vom Onkel erneut, hatte ihr den Kopf merkwürdig schwer gemacht. Nur hinsetzen hatte sie sich wollen auf das Sofa und nachdenken, sich alles ausdenken, aber dann, ohne daß sie es merkte, hatte die Schläfrigkeit ihr den Kopf sanft auf die Kissen niedergebogen.

Immer macht die Hilflosigkeit des Nichtsvonsichwissens einen Schlafenden für andere entweder ergreifend oder leise lächerlich. Wie die Tante sich auf den Fußspitzen Christine nähert, ist sie ergriffen. Im Schlaf hat die Verängstigte beide Arme über die Brust gezogen, als ob sie sich schützen wollte; rührend wirkt diese einfache Gebärde und ebenso kindlich der halbaufgetane, fast erschrockene Mund; auch die

Augenbrauen sind von einer inneren Traumspannung etwas hochgezogen; bis in den Schlaf hinein, denkt die Tante in plötzlicher Hellsicht, bis in den Schlaf hinein fürchtet sie sich. Und wie blaß die Lippen sind, wie farblos das Zahnfleisch, wie stubenfahl die Haut in diesem doch noch jungen und schlafkindlichen Gesicht. Wahrscheinlich schlecht genährt, verhetzt von frühem Verdienenmüssen, abgemüdet, zermürbt und dabei noch keine achtundzwanzig Jahre. Poor chap! Etwas wie Scham wird plötzlich in der gutmütigen Frau wach, wie sie auf die ahnungslos im Schlummer sich Verratende sieht. Eine Schande wirklich von uns: so müd, so arm, so abgesorgt, längst hätte man ihnen helfen sollen. Da steckt man drüben in hundert Wohltätigkeitssachen, macht charity teas und Weihnachtsspenden, man weiß nicht für wen, und die eigene Schwester, das nächste Blut, an sie hat man vergessen in all den Jahren und hätte doch Wunder mit paar hundert Dollars getan. Freilich, sie hätten doch schreiben können, einen erinnern – immer dieser dumme Armenstolz, dies Nichtbittenwollen! Ein Glück, daß man wenigstens jetzt noch beispringen kann und diesem blassen stillen Mädel ein bißchen Freude machen. Immer mit neuer Rührung, sie weiß nicht warum, muß sie auf dieses ihr sonderbar verträumte Profil sehen – ist es das eigene Bild, aus dem Spiegel der Kindheit tauchend, und plötzliches Besinnen an ein frühes Foto der Mutter, die über ihrem eigenen Kinderbett in schmalem Goldrahmen gehangen? Oder ein Rückerwachen der eigenen Verlassenheit drüben im Boardinghouse – jedenfalls, es kommt ganz unvermutet eine Zärtlichkeit über die alternde Frau. Und zärtlich leise streichelt sie der Schlafenden über das blond atmende Haar.

Sofort schreckt Christine auf. Vom Pflegedienst an der Mutter ist sie gewöhnt, bei der kleinsten Berührung parat zu sein. »Ist es schon so spät?« stammelt sie schuldbewußt. Die ewige Angst aller Angestellten, zu spät zu kommen, geht bei ihr seit Jahren mit in den Schlaf und springt mit dem ersten Weckerriß auf. Immer fragt dieser erste Blick die Uhr: »Bin ich nicht zu spät?« Immer ist das erste Taggefühl Angst, eine Pflicht versäumt zu haben.

»Aber Kind, was schrickst du gleich so zusammen?« beruhigt die Tante. »Hier hat man Zeit in Doppelportionen, man weiß gar nicht, wie man mit ihr fertig wird. Bleib nur ruhig, wenn du noch müde bist – ich will dich, weiß Gott, nicht stören, ich hab dir nur paar Kleider zum Anschauen gebracht, vielleicht macht es dir Spaß, das eine oder das andere hier oben zu tragen. Ich habe so viel mitgeschleppt von Paris, mir stopft es nur den Kasten voll, und da dachte ich, du trägst besser eins oder das andere für mich.«

Christine spürt, das Rot brennt ihr bis in die Bluse hinein. Sie haben es also doch gemerkt, sofort, auf den ersten Blick, daß sie ihnen Schande macht mit ihrer Dürftigkeit – gewiß schämen sich beide schon, der Onkel und die Tante, um ihretwillen. Aber doch, wie zart die Tante helfen will, wie sie das Almosen verschleiert, wie sie sich bemüht, ihr nicht wehzutun.

»Wie kann ich denn deine Roben tragen, Tante?« stottert sie. »Die sind doch gewiß viel zu kostbar für mich.«

»Unsinn, sie passen dir sicher besser als mir. Anthony brummt ohnehin schon, daß ich mich zu jugendlich anziehe. Er möchte mich am liebsten sehen wie seine Großtanten in Zaandam, schwere schwarze Seide bis zur Halskrause hinauf, protestantisch zugeknöpft und oben ein weißes gesteiftes Hausmutterhäubchen. Bei dir wird er den Kram da tausendmal lieber sehen. Also komm jetzt und sag, welches du für heute abend am liebsten willst.«

Und mit einem Griff – plötzlich sitzt die leichte Vorzeigegeste der längst in ihr verschollenen Probiermamsell locker wieder im Handgelenk – nimmt sie eines der hemdleichten Kleider und faltet es geschickt über das eigene. Elfenbeinfarben, mit japanischer Blumenbordüre leuchtet es frühlingshaft neben dem nächstgezeigten aus nachtschwarzer Seide mit roten flackernden Stichflammen. Das dritte ist teichgrün, an den Enden silbern durchädert, und alle drei erscheinen Christine so zauberhaft, daß sie an Wunsch oder Besitz gar nicht zu denken wagt. Denn wie derart prunkhafte und verletzliche Kostbarkeiten auf ihre unbewehrten Schultern niederfließen lassen, ohne jeden Augenblick sich zu ängstigen? Wie gehen und sich bewegen in solchem Hauch von Farbe und Licht? Muß das nicht gelernt sein, solche Kleider zu tragen?

Aber doch, sie ist zu sehr Frau, um nicht mit demütigem und doch begehrendem Blick diese köstlichen Kleider zu sehen. Ihre Nasenflügel spannen sich erregt und die Hand beginnt merkwürdig zu zittern, weil die Finger schon zärtlich den Stoff betasten möchten, und nur mühsam kann sie ihre Neugier bezähmen. Die Tante kennt aus verschollener Probiermamsell-Erfahrung diese Art begehrlicher Blicke, diese fast sinnliche Erregung, die alle Frauen beim Anblick des Luxus ergreift; unwillkürlich muß sie lächeln über die plötzlich aufgezündeten Lichter in den Pupillen dieser stillen Blondine; von einem Kleide zum andern irrlichtern sie unruhig unschlüssig, und die Erfahrene weiß, welches Kleid sie wählt, sie wird an die andern reumütig denken. Es macht ihr guten Spaß, die ganz Hingerissene noch mehr zu überschütten. »Nun, es eilt nicht, ich laß dir alle drei da, du wählst für heute, was dir am besten paßt, und morgen probierst du das andere. Strümpfe und Wäsche habe ich dir auch gleich mitgebracht – jetzt fehlt nur was Frisches und Fesches, das deine blassen Wangen ein bißchen auffärbt. Wenn's dir recht ist, gehen wir gleich hinüber in die Stores und kaufen alles ein, was du fürs Engadin brauchst.«

»Aber Tante«, atmet ganz erschüttert die Erschreckte. »Wie komme ich denn dazu ... Ich darf dir doch nicht so viele Auslagen machen. Auch das Zimmer ist viel zu kostspielig für mich, wirklich, ein einfaches Zimmer hätte reich genügt.« Doch die Tante lächelt nur und sieht sie prüfend an. »Und dann, Kind«, erklärt sie diktatorisch, »führe ich dich zu unserer Verschönerungskünstlerin, die wird dich einigermaßen zustutzen. Einen solchen Schopf wie du tragen bei uns nur noch die Indios. Paß auf, wie du den Kopf gleich freier trägst, wenn dir die Mähne nicht mehr in den Nacken hängt. Nein, keine Widerrede, das verstehe ich besser, laß mich nur machen und sorg dich nicht. Und jetzt richte dich zusammen, wir haben massenhaft Zeit, Anthony sitzt bei seinem Nachmittagspoker. Abends wollen wir dich ihm ganz frisch aufgebügelt präsentieren. Komm, Kind.«

In dem großen Sportgeschäft sausen sofort Schachteln aus den Stellagen, ein schachbrettartig gewürfelter Sweater wird gewählt, ein Gürtel aus Sämischleder, der die Taille straff aufspannt, ein Paar feste rehbraune Schuhe, scharf und neu duftend, eine Kappe, knapp anliegende bunte Sportstrümpfe und allerlei Kleinigkeiten – dafür darf Christine dann in der Probierkammer die verhaßte Bluse wie eine schmutzige Rinde von sich abstreifen, und in einer Pappschachtel wird die mitgebrachte Armut unsichtbar verstaut. Sonderbare Erleichterung überkommt sie, wie die widrigen Sachen verschwinden, als wäre ihre eigene Angst in dem Paket für immer versteckt. In einem anderen Geschäft kommen noch ein paar Abendschuhe, ein leicht fließender Seidenschal und ähnliche Zauberdinge dazu; ganz unerfahren staunt Christine das neue Wunder dieser Art von Einkaufen an, dies Kaufen ohne Frage nach dem Preis, ohne die ewige Angst vor dem »zu teuer«. Man wählt, man sagt ja, man denkt nicht nach, man sorgt sich nicht, und schon schnüren sich Pakete und fliegen, von geheimnisvollen Boten besorgt, in das Haus. Noch ehe man recht gewagt hat zu wünschen, ist der Wunsch schon erfüllt: unheimlich ist das und doch berauschend leicht und schön. Christine gibt sich dem Wunderbaren ohne weitere Gegenwehr hin, sie läßt die Tante schalten und walten und sieht immer nur ängstlich weg, sobald die Tante aus der Tasche Banknoten holt, und bemüht sich rasch wegzuhören, den Preis nicht zu hören, denn es muß ja so viel sein, so unausdenkbar viel, was für sie ausgegeben wird: in Jahren hat sie nicht so viel verbraucht wie hier in der halben Stunde. Nur wie sie aus dem Geschäft gehn, kann sie nicht mehr an sich halten, faßt zuckend in überströmender Dankbarkeit den Arm der Spenderin und küßt ihr die gütige Hand. Die Tante lächelt in ihre rührende Verwirrung. »Aber jetzt noch den Skalp! Ich führe dich zur Friseurin und gebe inzwischen drüben bei Freunden meine Karte ab. In einer Stunde bist du frisch aufgebügelt, dann hol' ich dich ab. Paß auf, wie die dich zurichtet, schon jetzt siehst du ganz anders aus. Dann gehen wir spazieren und wollen heute abends ganz richtig lustig sein.« Ein hartes gutes Pochen im Herzen, läßt sie sich willig (die Tante meint es ja so gut) in eine gekachelte und von Spiegeln blinkende Kammer führen, wo es nach Warm und Süß riecht, nach lauer, blumiger Seife und zerstäubten Essenzen und wo nebenan ein elektrischer Apparat wie ein Bergsturm saust. Die Friseurin, eine stupsnasige, flinke Französin, empfängt allerhand Instruktionen, von denen Christine wenig versteht, und sie versucht es auch gar nicht. Eine neue Lust ist über sie gekommen, alles mit sich tun, sich willenlos überraschen zu lassen. Man setzt sie in den bequemen Operationsstuhl, die Tante verschwindet; weich lehnt sie sich zurück und geschlossenen Augs, in einer wohligen Narkose des Genießens, spürt Klappern einer Maschine, stählernes Kühl am Nacken, und das leichte unverständliche Geplapper der munteren Frau, sie atmet die schwülig weichen Duftwolken ein und läßt fremde geschickte Finger und süße Essenzen Haar und Hals überrieseln. Nur nicht die Augen auftun, denkt sie. Vielleicht ist alles dann nicht wahr. Nur nicht fragen. Nur dies sonntägliche Gefühl auskosten, einmal selbst zu ruhen, und statt andere zu bedienen, selbst bedient zu sein. Einmal die Hände wohlig in den Schoß sinken lassen, an sich, mit sich Gutes geschehen und es herankommen lassen, nur tief sie auskosten, diese seltene Ohnmacht des lässig Zurückgelehntseins und Sichpflegenlassens, dieses sonderbare sinnliche Gefühl, seit Jahren, seit Jahrzehnten nicht erlebt; geschlossenen Augs, während das duftende Lau sie überrieselt, erinnert sie sich an das letzte Mal: sie liegt als Kind im Bett und hat Fieber gehabt, tagelang, jetzt ist es vorbei und die Mutter bringt ihr weiße süße Mandelmilch, der Vater, der Bruder sitzen an ihrem Bett, alles sorgt, alles bemüht sich um sie, alle sind gut und mild. Nebenan zwitschert der Kanarienvogel spitzbübische Melodie, das Bett hält warm und weich, man muß nicht zur Schule gehen, alles kommt zärtlich an einen heran, Spielzeug liegt auf der Decke, und doch ist sie zu wohlig trag, damit zu spielen; nein, es ist besser, die Augen zu schließen und das Nichtstun, das Mitsichtunlassen zu fühlen bis tief in die Haut. Jahrzehntelang hat sie sich nicht erinnert an dies schlaffe, gute Kindheitsbehagen von damals, jetzt ist es plötzlich wieder da, die Haut erinnert sich, die warmumrieselte Schläfe. Ein paarmal stellt die flinke Demoiselle Fragen wie: »Wünschen Sie es kürzer?« Aber sie antwortet nur: »Wie Sie wollen« und blickt absichtlich an dem angenäherten Spiegel vorbei. Nein, nur dies göttlich Unverantwortliche des Ansichgeschehenlassens, dies Ausgelöstsein von allem Tun und Wollen nicht stören, obwohl auch dies verlockend wäre, einmal, zum erstenmal im Leben, jemanden zu befehlen, etwas herrisch zu verlangen, ein So oder So zu fordern. Jetzt strömt aus einem geschliffenen Flakon ihr Duft über das Haar, eine Rasierklinge kitzelt sie fein und zärtlich, sonderbar leicht fühlt sie auf einmal den Kopf und eine neue, offene Hautkühle im Nacken. Eigentlich wäre sie schon neugierig, in den Spiegel zu sehen, aber sie hält sich zurück, die geschlossenen Augen verlängern so wohlig das Gefühl des betäubend Traumhaften. Inzwischen hat heinzelmännisch leis sich ein zweites Fräulein neben sie gesetzt und manikürt ihr, während die andere ihr die Wellen kunstvoll legt, ihre Nägel. Auch dies läßt sie – fast ohne Überraschung schon – nachgebend gehorsam geschehen und wehrt nicht, wie nach einem einleitenden »Vous êtes un peu pâle, Mademoiselle« die geschäftige Künstlerin ihr mit allerhand Stiften die Lippen aufrötet, die

Bogen der Augenbrauen steiler zeichnet und den Wangen die Farbe auffrischt. All dies bemerkt sie und bemerkt sie zugleich nicht in dieser wohligen Ohnmacht des Sichausschaltens, denn betäubt von der süßsatten, feuchtschwülen Luft, weiß sie kaum, ob all dies ihr selber geschieht oder einem ganz andern, ganz neuen Ich, nur wie Traumgeschehen, verworren und nicht ganz wahr erlebt sie das Sonderbare und mit einer kleinen Angst, plötzlich aus diesem Traum zu stürzen.

Endlich erscheint die Tante. »Ausgezeichnet«, äußert sie kennerisch zu der Künstlerin. Auf ihren Wunsch werden noch einige dieser Schachteln, Stifte und Flakons eingepackt und dann ein kleiner Spaziergang beschlossen. Christine wagt aufstehend nicht in den Spiegel zu sehen: nur ganz sonderbar leicht fühlt sie den Kopf im Nacken, und wenn sie jetzt im Ausschreiten manchmal heimlich herabblickt auf den straffen Rock, die buntgemusterten heitern Strümpfe, die blanken, elegant sitzenden Schuhe, so spürt sie, wie ihr Schritt sich sicherer spannt. Zärtlich an die Tante geschmiegt, läßt sie sich alles erklären, und alles ist wunderbar: die Landschaft mit ihrem schmetternden Grün und dem panoramisch geordneten Kreis der Höhen, die Hotels, diese Luxusburgen, hoch und herausfordernd in die Hänge gestellt, die teuren Geschäfte mit ihren provokant noblen Auslagen, Pelze, Juwelen, Uhren, Antiquitäten, all das sonderbar und fremd neben der ungeheuer einsamen Majestät des eisigen Ferner. Wunderbar auch die Pferde in ihren schönen Geschirren, die Hunde, die Menschen, selber scharfbunt gekleidet wie die Alpenblumen. Die ganze Atmosphäre sonniger Sorglosigkeit, eine Welt ohne Arbeit, eine Welt ohne Armut, die sie nie geahnt. Die Tante nennt ihr die Namen der Berge, die Namen der Hotels, die Namen mancher vorübergehender prominenter Gäste: ehrfürchtig hört sie zu, ehrfürchtig schaut sie zu ihnen auf, und immer mehr wird ihr das eigene Daseindürfen zu einem Wunder. Während sie zuhört, staunt sie, daß sie hier gehen darf, daß dies erlaubt ist, und immer ungewisser wird sie, ob sie selbst es ist, die das erlebt. Endlich sieht die Tante auf die Uhr. »Wir müssen nach Hause. Es ist Zeit zum Umkleiden. Wir haben nur noch eine Stunde zum Dinner. Und das einzige, was Anthony böse machen kann, ist Unpünktlichkeit.« Wie sie, heimgekehrt, die Zimmertür öffnet, ist der Raum schon von Dämmerung weich getönt, ein früh hereingebrochener Abend macht alle Dinge ungewiß und stumm. Einzig das scharf eingesetzte Rechteck Himmel hinter der geöffneten Balkontür bewahrt noch sein pralles, dichtes und blendendes Blau, im Innenraum aber beginnen schon alle Farben an den Rändern sacht zu verfallen und sich mit samtigen Schatten zu mischen. Christine tritt auf den Balkon, der ungeheuren Landschaft gegenüber, und blickt unverwandt auf das rasch sich entfaltende Farbenspiel. Als erste verlieren die Wolken ihr strahlendes Weiß, um allmählich, leise und immer heftiger, zu erröten, gleichsam als ob sie selbst, sie, die hochmütig Teilnahmslosen, der immer raschere Niedergang des großen Gestirns zu eigenem Gefühl erregte. Dann steigen plötzlich aus den Bergwänden Schatten auf, die tagsüber dünn und einzeln hinter den Bäumen sich duckten; jetzt aber rotten sie sich zusammen, werden dicht und kühn, wie ein schwarzes Wasser schwemmen sie rasch vom Tal zu den Gipfeln hinauf, und schon ängstigt sich die erschütterte Seele, ob dieses Dunkel nun auch die Spitzen überfluten werde und die ungeheure Runde plötzlich leer und lichtlos sein – und wirklich, ein leichter Hauch von Frost schlägt als unsichtbare Welle bereits von den Tälern herauf. Aber mit einemmal beginnen die Höhen neu zu leuchten in einem kälteren und fahleren Licht; siehe, in dem längst noch nicht erlöschten Azur ist der Mond erschienen. Wie eine Bogenlampe, hoch und rund schwebt er durch die Gasse zwischen zwei der mächtigsten Berggipfel, und was eben noch Bild gewesen, vielfarbige Einzelheiten, beginnt jetzt Schattenriß zu werden, zusammengefaßte Kontur aus Schwarz und Weiß mit kleinen, ungewiß flimmernden Sternen.

Ganz betäubt, ganz losgelöst von sich selbst, starrt, an solche Schau nicht gewöhnt, Christine auf den dramatischen Wechsel ständigen Übergangs auf dieser riesig aufgefalteten Palette. Wie einem die Ohren dröhnen, der nur an sanfte Geige und Flöte gewöhnt, zum erstenmal die brausenden Tutti eines vollen Orchesters hört, so beben ihr die Sinne in diesem plötzlich offenbarten majestätischen Farbenspiel der Natur. Sie starrt und starrt, die Hand angekrampft an das Geländer. Nie in ihrem Leben hat sie mit solcher Zusammengefaßtheit in eine Landschaft geblickt, nie sich so völlig in das Schauen hineingebeugt, nie sich so sehr an das eigene Erleben verloren. In zwei staunenden Augen ist ihre ganze Lebenskraft zusammengefaßt, schauend und staunend strömt sie von ihrem eigenen Ich herausgehoben in die Landschaft hinein, sich selbst vergessend und die Zeit, und es ist ein Glück, daß in diesem vorsorglichen Hause ein Zeitwächter wartet, der unerbittliche Gong, der von Mahlzeit zu Mahlzeit die Gäste an ihre eigentliche Pflicht erinnert, sich für den Luxus bereit zu machen. Christine schreckt auf beim ersten bronzenen Wirbel. Ausdrücklich hat ihr die Tante eingeschärft, pünktlich zu sein, rasch jetzt, sich bereit machen zum Abendessen!

Aber welches wählen von den neuen herrlichen Kleidern? Noch liegen sie, leise leuchtend wie Libellenflügel, nebeneinander auf dem Bett; verführerisch glänzt das dunkle aus dem Schatten, schließlich wählt sie das elfenbeinfarbene für heute als das bescheidenste. Sie nimmt es zärtlich, zaghaft auf und staunt. Nicht schwerer als ein Taschentuch oder ein Handschuh liegt es in der Hand. Rasch schält sie den Sweater ab, die schweren Juchtenschuhe, die dicken Sportstrümpfe, weg alles Schwere und Feste, ungeduldig schon die neue Last der Leichtigkeit zu fühlen. Wie alles zart ist, wie weich und gewichtslos. Nur sie anzufassen, die neue kostbare Wäsche, läßt ehrfürchtig die Finger erschauern, schon das bloße Berühren ist wunderbar. Schnell zieht sie die alte, die harte, die leinene Wäsche vom Leibe; ein Schaum, zärtlich und warm, rieselt das neue, nachgiebige Gewebe über die nackte Haut. Unwillkürlich will sie Licht machen, um sich selbst zu sehen, aber im letzten Augenblick läßt die Hand den Kontakt; lieber den Genuß durch Erwartung noch verzögern. Vielleicht fühlt sich dies köstlich leichte Gewebe nur im Dunkeln so flaumig, so zart, am Ende schwindet sein zärtlicher Zauber im scharfen schneidenden Licht. Nun, nach der Wäsche, nach den Strümpfen noch das Kleid. Sorgfältig – es gehört ja der Tante – stülpt sie sich die glatte Seide über, und wunderbar: wie ein laues, glitzerndes Wasser fließt es von selbst die Schultern hinab und schmiegt sich gehorsam an die Nacktheit, man spürt es gar nicht, wie in Wind gekleidet geht man darin, die Lippen der Luft auf dem weiter schauernden Leib. Aber weiter, weiter, nicht sich an das. Genießen vorzeitig verlieren, flink fertig werden, um sich endlich zu sehen! Rasch die Schuhe an, ein paar Griffe, ein paar Schritte: fertig, gottlob! Und jetzt – das Herz klopft Angst – den ersten Blick in den Spiegel.

Die Hand dreht den Kontakt, Licht schießt in die elektrische Birne. Grell, hell, mit einem einzigen Blitz ist das verloschene Zimmer wieder da, die blutenden Tapetenwände, die gepflegt spiegelnden Möbel, die neue vornehme Welt. Noch wagt die ängstlich Neugierige sich selber nicht gleich in den Radius des Spiegels, nur von der Seite schielt sie in das sprechende Glas, das im schiefen Winkel nur den Streif Landschaft hinter dem Balkon und ein Stück Zimmer zeigt. Zu der eigentlichen Probe fehlt noch der letzte Mut. Wird sie nicht noch lächerlicher aussehen als vordem in dem abgeborgten Kleid, wird nicht jeder, wird nicht sie selbst den geborgten Betrug erkennen? So schiebt sie nur ganz langsam von der Seite heran an die Spiegelfläche, als ob man den unerbittlichen Richter durch Bescheidenheit überlisten und betören könnte. Schon steht sie ganz nah vor dem strengen Glas, aber noch immer mit gesenkten Blicken, noch scheut sie den letzten entscheidenden Blick. Da rattert von unten zum zweitenmal der Gong: keine Zeit mehr zu verzögern! Mit plötzlichem Mut holt sie tief Atem wie zu einem Sprung, dann hebt sie entschlossen den Blick gegen das harte Glas. Hebt ihn und erschrickt sofort, erschrickt so tief, daß die Überraschung sie unwillkürlich einen Schritt zurückstößt. Denn wer ist das? Wer diese schlanke, diese noble Dame, die, den Oberkörper zurückgebogen, den Mund halboffen, die Augen grell aufgetan, sie mit ehrlicher und unverkennbarer Überraschung anstarrt? Ist sie das selbst? Unmöglich! Sie sagt es nicht, sie spricht es wissentlich nicht aus. Aber unwillkürlich hat das gewollte Wort ihr die Lippen bewegt. Und wunderbar: auch drüben im Spiegelbild bewegen sich die Lippen.

Der Atem stockt ihr vor Überraschung. Nicht einmal im Traum hat sie gewagt, sich so herrlich, so jung zu denken, so geschmückt; ganz neu dieser rote, scharf eingesetzte Mund, die fein gezogenen Augenbrauen, der plötzlich frei leuchtende Nacken unter dem goldgeschwungenen Helm des Haares, ganz neu die eigene nackte Haut in dem glitzernden Rahmen des Kleides. Immer näher tritt sie heran, um ihr Selbst in diesem Bildspiel zu erkennen, und obwohl sie sich in dem Spiegel weiß, wagt sie dies andere Ich nicht als wahr und dauerhaft anzuerkennen, immer wieder hämmert Angst in den Schläfen, bei dem nächsten Zoll Nähe, bei einer brüsken Bewegung könnte das beglückende Bild zerfließen. Nein, es kann nicht wahr sein, denkt sie. Man kann sich nicht dermaßen plötzlich verändern. Denn wenn es wirklich wahr wäre, dann wäre ich ja ... Sie hält inne, sie wagt nicht das Wort zu denken. Aber da beginnt das Spiegelbild, den Gedanken erratend, innerlich zu lächeln, ein erst leises, dann immer stärker aufblühendes Lächeln. Nun lachen die Augen ganz offen stark und stolz aus dem dunklen Glas sich selber entgegen, und die aufgelockerten roten Lippen scheinen erheitert zuzugestehen: »Ja, ich bin schön.«

Hinreißend, sich so anzusehen, sich zu bestaunen, zu bewundern, zu entdecken, in einem bisher unbekannten Gefühl der Selbstverliebtheit seinen Körper zu betrachten, zum erstenmal zu merken, wie die befreite Brust sich straff und schön unter der Seide spannt, in wie schlanker und gleichzeitig weicher Linie sich die Formen in den Farben zeichnen, wie leicht und locker die nackten Schultern aus diesem Kleide blühn. Neugier kommt über sie, diesen Körper, diesen unvermutet neuen und schlanken, nun auch in der Bewegung zu sehen. Langsam dreht sie sich zur Seite, ganz langsam und überprüft gleichzeitig, das Profil rückgewandt, die Wirkung der Bewegung: wieder begegnet der Blick im Spiegel einem stolzen zufriedenen Bruderblick. Das macht sie kühn. Jetzt drei Schritte zurück: auch die rasche Bewegung ist schön. Jetzt wagt sie eine rasche Pirouette, daß die kurzen Röcke fliegen, und wieder lächelt der Spiegel: »Ausgezeichnet! Wie schlank, wie geschickt du bist!« Am liebsten möchte sie tanzen, so versucherisch zuckt es ihr in den Gelenken. Sie eilt bis zur Tiefe des Zimmers zurück und schreitet wieder dem Spiegel entgegen, und er lächelt, er lächelt mit ihrem eigenen Blick; von allen Seiten versucht und prüft und umschmeichelt sie das eigene Bild, und die neue Selbstverliebtheit wird nicht satt an diesem neuen verführerischen Ich, das schön gewandet, jung und erneut ihr aus dieser gläsernen Tiefe immer wieder lächelnd entgegentritt. Umarmen möchte sie am liebsten diesen neuen Menschen, der sie ist, ganz nah drängt sie sich heran, daß die Pupillen einander fast berühren, die lebendigen und jene des Spiegelscheins, und so kußhaft nahe rührt die heiße Lippe die schwesterliche, daß für einen Augenblick im Anhauch des Atems die eigene Nähe zerrinnt. Wunderbares Spiel der Selbstentdeckung, immer wieder setzt sie zu anderer Bewegung an, um sich anders in dieser Verwandlung zu sehen. Da lärmt von unten der Gong zum drittenmal. Sie schrickt auf. Mein Gott, nur die Tante nicht warten lassen, gewiß wird sie schon böse sein. Rasch nur den Mantel um, den Abendmantel, leicht, buntfarbig, mit köstlichem Pelz verbrämt. Dann, noch ehe die Hand an den Kontakt faßt, um das Licht auszulöschen, einen gierigen Abschiedsblick, einen letzten, einen allerletzten in das beglückende Glas. Wieder das Leuchten in den Augen drüben, wieder die heiße Seligkeit in dem fremdeigenen Mund! »Ausgezeichnet, ausgezeichnet«, lächelt ihr der Spiegel zu. In heiterer Flucht eilt sie über den Gang zum Zimmer der Tante, das kühl und seidig sie umwehende Kleid macht ihr die schnelle Bewegung zur Lust. Wie von einer Welle fühlt sie sich getragen, wie von einem seligen Wind geführt; seit Kindertagen ist sie nicht so leicht, so flughaft gegangen: Rausch der Verwandlung hat in einem Menschen begonnen.

»Ausgezeichnet paßt dir's. Wie angegossen«, sagt die Tante. »Ja, wenn man jung ist, dann braucht's wenig Zauberei! Nur wo das Kleid verstecken muß, statt zu zeigen, hat's der Schneider schwer. Aber Spaß beiseite: wie angegossen sitzt dir's, man kennt dich kaum wieder; jetzt sieht man erst, was du für eine gute Figur hast. Aber jetzt auch den Kopf leichter tragen, du gehst – sei mir nicht böse, daß ich dir's sage – immer so unsicher, so gebückt, du drückst dich so ängstlich in dich hinein wie eine Katze beim Regen. Das mußt du erst noch lernen, amerikanisch zu gehn, leicht, frei, die Stirn hoch nach vorn wie ein Schiff gegen den Wind. Herrgott, wenn ich noch einmal so jung wäre.« Christine errötet. Man sieht ihr also wirklich nichts an, sie ist nicht lächerlich, nicht dörfisch. Inzwischen hat die Tante die Prüfung fortgesetzt, ihr Blick prüft anerkennend die ganze Figur entlang. »Tadellos! Nur dahier, auf den Hals gehört noch etwas Schmuck.« Sie beginnt in ihrem Kasten zu kramen. »Da, diese Perlen nimm noch um! Nein, Tschaperl, keine Angst, nicht erschrecken, sie sind nicht echt. Die wirklichen liegen drüben in einem Safe, für eure Pickpockets nehmen wir wahrhaftig nicht die echten nach Europa mit.« Kühl und fremd rollen die Perlen auf die nackte, leicht erschauernde Haut. Dann tritt die Tante zurück. Ein letzter Gesamtblick: »Tadellos. Dir paßt eben alles. Dich gut auszustaffieren, müßte für einen Mann ein Vergnügen sein. Aber jetzt komm! Wir können Anthony nicht länger warten lassen. Wird der Augen machen!«

Sie gehen zusammen die Treppe hinab. Wunderlich ist Christine dieses Niedersteigen in dem entblößenden neuen Kleid. Als ob sie nackt ginge, so leicht fühlt sie sich, man geht gar nicht, man schwebt, und ihr ist, als höbe Stufe um Stufe sich ihr gleitend entgegen. Auf dem zweiten Treppenabsatz des Stockwerks begegnen sie einem älteren Herrn im Smoking, das straffe weiße Haar auf dem Scheitel wie mit einem Messer geteilt. Er grüßt respektvoll die Tante, bleibt stehen, um die beiden vorbeizulassen, und in dem knappen Vorbei spürt Christine sein besonderes Anschauen, einen männlich bewundernden und beinahe ehrfürchtigen Blick. Sofort fühlt sie Wärme in den Wangen: noch nie in ihrem Leben hat sie ein Mann von Rang, ein wirklicher Herr so respektvoll distanziert und gleichzeitig so wissend anerkennend gegrüßt. »General Elkins, du kennst wohl den Namen vom Krieg her, Präsident der Geographischen Gesellschaft in London«, erklärt die Tante. »Er hat zwischen seinen Dienstjahren große Entdeckungen in Tibet gemacht, ein berühmter Mann, den muß ich dir noch vorstellen, das Beste vom Besten, er verkehrt bei Hof.« Christine braust das Blut vor Glück. Ein so vornehmer, weitgereister Mann, und er hat sie sofort nicht als Zaungast, als verkleidete Dame erkannt und verachtet, nein, er hat sich verbeugt vor ihr wie vor einer Adeligen, wie vor einer Gleichwertigen. Jetzt erst fühlt sie sich legitimiert.

Und abermals Bestärkung. Auch der Onkel, kaum sie sich dem Tisch nähern, stutzt auf. »Oh, das ist aber eine Überraschung. Nein, wie du dich herausgemacht hast! Verdammt gut – oh pardon, ich wollte sagen: famos gut siehst du aus.« Abermals fühlt sich Christine vor Wohlbehagen erröten, bis ins Rückgrat spürt sie den warmen rieselnden Schauer. »Ich glaube, Onkel, du willst mir am Ende noch Komplimente machen«, versucht sie zu spaßen. »Aber kräftig«, lacht der alte Herr, und ohne daß er es weiß, plustert er sich auf. Die zerknitterte Hemdbrust spannt sich plötzlich gerade, seine Onkelbehäbigkeit ist verschwunden, in seinen kleinen rotgeränderten, ganz in die Fettwangen verpolsterten Augen funkelt ein neugieriges und beinahe begehrliches Licht. Das Vergnügen an diesem unerwartet hübschen Mädchen macht ihn ungewöhnlich munter und beredt; mit so vielen fachmännischen Feststellungen über ihr Aussehen legt er betrachtend los, daß die Tante seine etwas neugierig detaillierende Begeisterung heiter abwinkt, er möge ihr nicht den Kopf verdrehen, das würden Jüngere besser und taktvoller besorgen. Inzwischen sind die Kellner servierend angerückt: wie Ministranten zur Seite des Altars stehen sie, das Zeichen der Zustimmung erwartend, respektvoll neben dem Tisch. Sonderbar, denkt Christine, wie konnte ich mich mittags vor ihnen so fürchten, vor diesen höflichen, diskreten und wunderbar leisen Männern, die doch nichts zu wollen scheinen, als daß man ihr Dabeisein gar nicht spüre? Tapfer langt sie jetzt zu, die Angst ist verschwunden, der Hunger der langen Fahrt meldet sich energisch zum Wort. Unerhört munden ihr die leichten getrüffelten Pasteten, die mit Gemüsebeeten kunstvoll umzirkten Braten, die zarten und schaumigen Desserts, die ihr silberne Messer immer wieder vorsorglich auf den Teller servieren; um gar nichts muß sie sich bemühen, an gar nichts denken, und eigentlich wundert sie sich schon gar nicht mehr. Alles ist doch hier wunderbar und das Wunderbarste, daß sie selbst hier sein darf, hier in diesem strahlenden, vollen und doch lautlosen Saal mit auserlesen geschmückten und wahrscheinlich sehr bedeutenden Menschen, sie, die ... aber nein, nicht daran denken, nie mehr daran denken, solange man hier sein darf. Am herrlichsten aber mundet ihr der Wein. Aus goldenen, von südlicher Sonne gesegneten Beeren muß er bereitet sein, aus fernen, aus glücklichen und guten Ländern muß er stammen; durchsichtig wie Bernstein glüht er im kristalldünnen Glase und schmeichelt sich wie süßes, gekühltes Öl in die Kehle hinab. Erst wagt Christine in Andacht nur schüchterne Probe, aber vom Onkel, der sich an ihrem sichtlichen Behagen begeistert, mit immer wieder neuer Bewillkommnung verführt, läßt sie sich mehrmals das Glas füllen. Ohne daß sie es will oder weiß, beginnt ihr die Lippe zu plaudern. Ganz leicht und sprudelnd wie Champagner hinter dem Pfropf schießt ihr mit einmal Lachen aus der Kehle, und sie staunt selbst, wie sorglos sein lustiger Schaum zwischen die Worte quirlt; es ist, als ob innen eine Daube von Angst gesprungen sei, die ihr Herz einengte. Und warum hier auch Angst? So gut sind sie alle, die Tante, der Onkel, so schön und geschmückt diese gepflegten, prächtigen Menschen ringsum, schön die Welt, das ganze Leben.

Der Onkel sitzt breit, behaglich und zufrieden gegenüber: ihr plötzlich überfließender Übermut macht ihm höllischen Spaß. Ach, noch selber einmal jung sein, so ein schaumiges, in der eigenen Hitze prasselndes Mädel fest anfassen zu können, denkt er. Er fühlt sich erheitert, belebt, angeregt, erfrischt und fast verwegen; sonst phlegmatisch und eher mürrisch, krabbelt er jetzt aus aufgerütteltem Gedächtnis allerhand Spaßigkeiten hervor, heikle sogar; unbewußt will er das Feuer heizen, das ihm so wohlig die alten Knochen wärmt. Er schnurrt vor Behagen wie ein Kater, der Rock wird ihm heiß, die Wangen verdächtig rot: wie der Bohnenkönig auf dem Bilde von Jordaens sieht er plötzlich aus, die Wangen inkarniert von Behagen und Wein. Immer wieder trinkt er ihr zu und will eben Champagner bestellen, da legt die amüsierte Wächterin, die Tante, ihm warnend die Hand auf den Arm und erinnert an ein ärztliches Gebot.

Inzwischen hat von nebenan aus der Halle ein rhythmisches Rumoren begonnen, es rasselt, dudelt, trommelt und quäkt wie ein tollgewordener Blasebalg: die Tanzmusik. Der alte Herr legt seinen brasilianischen Kolben in den Aschenbecher und zwinkert »Na? Ich sehe dir's an den Augen an, du möchtest gerne tanzen?«

»Nur mit dir, Onkel«, schmeichelt sie übermütig (mein Gott, hab' ich nicht einen kleinen Schwips?). Immer muß sie gleich lachen, ganz oben sitzt so ein komischer Kitzel in der Kehle, bei jedem Wort kollert unaufhaltsam ein froher klingender Triller mit. »Verschwör's nicht!« brummt der Onkel. »Es gibt verdammt stramme Jungens hier, drei zusammen nicht so alt wie ich, und jeder tanzt siebenmal besser als ich greises, gichtisches Nashorn. Aber auf deine Verantwortung: wenn du Courage hast, dann legen wir los.«

Er bietet biedermeierisch galant den Arm, sie nimmt ihn und schwätzt und lacht und biegt sich und lacht, die Tante folgt amüsiert, die Musik dröhnt, der Saal blinkt farbig voll und hell, Gäste sehen neugierig freundlich her, Kellner rücken einen Tisch zurecht, alles ist freundlich, freudig und willkommsbereit, es braucht nicht viel Mut, in das bunte Gewirbel abzustoßen. Ein Meistertänzer ist Onkel Anthony wahrhaftig nicht, unter der Weste schwappt bei jedem Schritt ein gesparter Wulst Fett auf und nieder, er führt zögernd und plump, der behäbig grauhaarige Herr. Aber statt seiner führt die Musik, diese scharf synkopierte, reißerische, diese schmissige und wirbelige und doch fabelhaft präzis taktierte Satansmusik. Wie ein Hieb jappt jeder rhythmische Tschinellenschlag bis in die Kniekehlen, aber herrlich, wie weich dann wieder der Geigenstrich die Gelenke lockert, wie man sich durchgerüttelt, gewalkt, geknetet und geknechtet fühlt vom grellen Griff des hart vorstoßenden Takts. Teufelsmäßig gut spielen sie, und wirklich, wie Teufel sehen sie aus, wie livrierte, angekettete Teufel, diese braunen Argentinier in ihren braunen, goldbeknöpften Jacken, toll allesamt miteinander, dort der Schmale, Brillenfunkelnde, der auf seinem Saxophon so inbrünstig gluckst und gickst, als söffe er es betrunken aus, und fast noch fanatischer neben ihm der Feiste, Wollhaarige, der in wohlstudierter Begeisterung scheinbar aufs Geratewohl holzhackerisch in die Tasten schlägt, während sein Nachbar, das Breitmaul breitgefletscht bis zum hintersten Zahn, eine unverständliche Wut in Pauke und Klingelwerk prasselt. Alle scheinen sie von der Tarantel gestochen, unablässig rücken und zucken sie wie unter elektrischen Schlägen auf ihren Sesseln hin und her, mit äffischem Geschlenker und forcierter Ingrimmigkeit berserkern sie auf ihre Instrumente los. Aber diese höllische Lärmschmiede – sie spürt es mitten im Tanz – arbeitet dabei präzis wie eine Nähmaschine; alle diese negerhaften Übertreiblichkeiten, das Grinsen, die Gickser, die Gebärden, die Griffe, die anpeitschenden Rufe und Spaße, sie sind vor Spiegel und Notenblatt bis ins winzigste Detail geprobt, der gespielte Furor, er ist vollendet gespielt. Das scheinen die hochschenkeligen, schmalhüftigen, puderblassen Frauen auch zu wissen, denn sie lassen sich nicht sichtbar fassen und erregen von dieser allabendlich neu geheuchelten Hitzigkeit. Mit fest angeschminktem Lächeln und rastlosen berougten Händen lehnen sie locker ihren Tänzern im Arm, das kühle Geradvorsichhin ihrer Blicke scheint zu bezeugen, daß sie an etwas anderes denken oder wahrscheinlich an nichts. Sie allein, die Fremde, die Neue, Überraschte muß sich wehren, ihre Erregtheit zu verraten, ihre Blicke zu dämpfen, denn um und um fühlt sie ihr Blut geschüttelt von dieser boshaft prickelnden, dieser frech anfassenden, dieser zynisch leidenschaftlichen Musik. Und wie jetzt der aufgetriebene Rhythmus jäh abreißt und in eine Stille fällt, atmet sie auf, wie einer Gefahr entsprungen.

Auch der Onkel keucht, stolz und schwer, jetzt kann er endlich den Schweiß von der Stirne wischen und sich ausprusten. Mit siegreichen Schritten führt er Christine zurück an den Tisch, und – Überraschung! – die Tante hat bereits für beide eisgekühlten Sorbet bestellt. Eben noch hatte Christine mehr mit den Nerven gefühlt als wirklich wunschhaft gedacht, wie herrlich das täte, jetzt sich die Kehle, das Blut kühlen zu können, und schon steht, ohne daß sie darum bitten mußte, eisbeschlagen ein silberner Becher bereit; märchenhafte Welt, wo ungerufen die Erfüllung den Wünschen vorausläuft: wie kann man hier anders als glücklich sein!

Begeistert saugt sie das kalt Brennende, Mildscharfe des Sorbets in sich hinein, als zöge sie aus diesem einen dünnen Strohhalm allen Saft und alles Süße der Welt. Das Herz schlägt ihr stoßhaft vor Lust, in ihren Fingern zittert ein Wille nach Zärtlichkeit. Unwillkürlich sieht sie sich um, wen oder was anfassen mit einem Blick, etwas von ihrer inneren Überfülltheit, ihrer brennenden Dankbarkeit wegzugeben. Da sieht sie neben sich den Onkel, den guten alten Mann; er sitzt ein wenig zerrüttet im tiefen Sessel, noch immer schnaubt er und keucht und wischt sich mit dem Taschentuch Schweißperlen vom Gesicht. Er hat sich verzweifelt geplagt, ihr Freude zu machen, vielleicht sogar gemüht über seine Kraft; so kann sie nicht anders, dankbar und leicht streichelt sie seine schwere, faltig-harte, auf die Stuhllehne hingestützte Hand. Sofort lächelt der alte Mann auf und macht sich wieder munter. Er versteht, was die unaufhaltsame Geste dieses jungen schüchternen und eben erst erwachenden Wesens meint, mit väterlichem Wohlbehagen genießt er die überflutende Erkenntlichkeit in ihrem Blick. Aber ist es nicht unrecht, nur ihm zu danken und nicht auch der Tante, der sie allein alles schuldet, ihr Daseindürfen, den zärtlichen Schutz, das üppige Kleid und die selige Sicherheit in dieser reichen, rauschhaften Sphäre. So greift sie mit ihrer Linken nach der Hand der Tante und sitzt, beiden verbunden, strahlenden Blicks in dem lichterstrahlenden Saal wie ein Kind unter dem Weihnachtsbaum.

Da setzt die Musik wieder ein, dunkeltöniger jetzt, zärtlicher, weicher, eine Schleppe aus schwarz glitzernder Seide schleift sie dahin: ein Tango. Der Onkel macht ein hilfloses Gesicht, sie müsse ihn entschuldigen, aber diesem biegsamen Tanz hielten seine siebenundsechzigjährigen Beine nicht mehr stand. »Aber nein, Onkel, mir ist tausendmal lieber, hier bei euch sitzen zu dürfen«, sagt sie und ist aufrichtig dabei, rechts und links zärtlich die beiden Hände haltend. Sie fühlt sich so wohl in diesem pochenden Kreis verwandten Blutes und vollkommen sicher in ihrer schützenden Hut. Aber da schattet eine Verbeugung vor ihr, ein hochgewachsener, breitschultriger Mann, das scharfrasierte kriegerische Gesicht bergsonnenbraun über dem Schneepanzer des Smokings. Er klappt auf deutsche Art die Hacken und bittet in einem blanken Norddeutsch die Tante korrekt um Verstattung. »Aber gern«, lächelt die Tante, selber stolz auf den rapiden Erfolg ihres Schützlings. Betroffen, mit ein wenig schwankenden Knien steht Christine auf. Die Überraschung, unter all diesen vielen schönen geschmückten Frauen von einem fremden eleganten Mann gewählt zu sein, hat ihr wie mit einem leichten Hammer auf das Herz geschlagen. Einen starken Atemzug noch aus der verwirrten Brust, dann legt sie dem vornehmen Mann ihre zitternde Hand auf die Schulter. Vom ersten Schritt an fühlt sie sich leicht und herrisch zugleich von diesem tadellosen Tänzer geführt. Nur nachzugeben braucht sie dem kaum fühlbaren Druck, und schon schmiegt sich ihr Leib in seine Biegung und Bewegung hinein, nur folgsam hingeben muß sie dem aufschmelzenden und weich mit sich ziehenden Rhythmus, und gleichsam magisch findet der Fuß richtig den Schritt. So hat sie nie getanzt, und sie staunt selbst, wie leicht es ihr wird. Als sei ein anderer Leib ihr plötzlich geworden unter dem andern Kleid, als hätte sie dies hinschmiegende Bewegen gelernt und geübt in einem vergessenen Traum, so vollendet mühelos folgt sie dem fremden Willen. Traumhafte Sicherheit ist plötzlich über ihr; den Kopf zurückgelehnt wie auf ein wolkiges Kissen, die Augen halb geschlossen, die Brüste zart bebend unter dem seidigen Kleid, völlig abgelöst und nicht mehr sich selber gehörig, fühlt sie sich zu ihrem eigenen Staunen durch den Saal gewichtlos schweben. Manchmal, wenn sie aus diesem strömenden Wogen ihres Hingetragenseins zu dem nahen und fremden Gesicht den Blick aufhebt, meint sie, zufrieden zustimmendes Lächeln in diesen harten Pupillen glitzern zu sehen, und ihr ist, als faßte sie dann immer mit vertrauterem Drucke die fremde, führende Hand. Eine kleine, kribbelige und fast wollüstige Angst flackert ihr unbestimmt im Blut: wie, wenn solche harte männische

Hände fester ihre Gelenke packten, wenn dieser Fremde mit dem hochmütigen und hart gehämmerten Gesicht sie plötzlich anfaßte und an sich risse, könnte man sich da wehren? Würde man nicht völlig hinstürzen und nachgeben wie jetzt bloß dem Tanz? Ohne daß sie es ahnt, strömt etwas von der Sinnlichkeit solchen halbbewußten Gedankens in ihre immer lockerer nachgebenden Glieder. Schon blicken aufmerksam Einzelne aus der Corona diesem vollendeten Paare zu, und sie wieder spürt mitten im Tanz rauschhaft und stark dieses Bewundert- und Beobachtetsein. Immer sicherer und folgsamer fügt sie sich in den Willen des führenden Partners, mit dem sie Atem und Bewegung mischt, und die neuentdeckte Lust am eigenen Leib strömt wie durch neuaufgebrochene Poren nach innen und spannt die Seele zu noch nie erlebtem Gefühl.

Nach dem Tanz führt sie der hohe blonde Mann – er hat sich als Ingenieur aus Gladbach vorgestellt – höflich an den Tisch des Onkels zurück. Im Augenblick, da er den Arm von ihr löst, die Wärme der kleinen Berührung wegfällt, spürt sie sich schwächer und vermindert, als sei mit diesem zerrissenen Kontakt ein Teil dieser neuen Kraft wieder weggeströmt. Wie sie sich niedersetzt, hat sie die Sinne noch nicht beisammen. Schwach und beglückt lächelt sie dem Onkel zu, der sie freundlich empfängt, und merkt im ersten Augenblick gar nicht, daß bereits ein Dritter an ihrem Tisch sitzt: General Elkins. Jetzt steht er höflich auf und verbeugt sich. Er ist eigens gekommen, um die Tante zu bitten, ihn diesem »charming girl« vorzustellen: wie vor einer großen Dame, den Körper gestrafft, das ernste Gesicht respektvoll gebeugt, steht er vor ihr. Christine erschrickt und sucht ihre Sinne zusammen. Mein Gott, was sprechen mit einem so furchtbar vornehmen und berühmten Mann, dessen Bild, wie die Tante erzählt, in allen Zeitungen und sogar im Kino zu sehen war? Aber General Elkins selbst ist es, der sich bei ihr entschuldigt für sein armes Deutsch. Er habe zwar in Heidelberg studiert, aber das sei, traurig für ihn, solche Zahlen eingestehen zu müssen, schon mehr als vierzig Jahre her, und eine so prächtige Tänzerin müsse schon Nachsicht üben, wenn er sich erlaube, sie um den nächsten Tanz zu bitten: im linken Schenkel stecke ihm noch ein Sprengschußstück von Ypern her, aber schließlich, nur mit Nachsicht käme man in dieser Welt zu Rande. Christine weiß vor Beschämung gar nicht zu antworten, erst wie sie dann langsam und vorsichtig mit ihm tanzt, staunt sie selbst, wie leicht ihr mit einmal das Konvenieren wird. Wer bin ich denn eigentlich, schauert es ihr unter der Haut, was ist denn mit mir? Wieso kann ich dies alles mit einemmal? Wie gut, wie locker ich mich bewege und war doch sonst, der Tanzlehrer hat's gesagt, so hölzern und ungeschickt, und jetzt führe ich doch eher ihn als er mich? Und wie leicht ich spreche, vielleicht gar nicht so einfältig, denn er hört mir doch so gütig zu, dieser bedeutende Mann. Hat mich das Kleid, hat mich die Welt hier so anders gemacht, oder war dies alles schon in mir und ich bin nur immer zu mutlos gewesen, zu verschüchtert? Die Mutter hat es ja immer gesagt. Vielleicht ist das alles gar nicht so schwer, vielleicht das ganze Leben unendlich leichter, als ich es glaubte, nur Mut muß man haben, nur sich selber fühlen und spüren, dann kommt von unvermuteten Himmeln die Kraft.

Nach dem Tanz führt sie General Elkins noch langsam und gemessen im Saal herum. Stolz geht sie an seinem Arm, fühlt, wie sich bei diesem sicheren Geradeausblicken ihr Nacken strafft, und ahnt, wie sie durch diese gestraffte Geste jünger und schöner wird. General Elkins, dem sie im Gespräch offen eingesteht, daß sie hier zum ersten Male sei und noch gar nicht das eigentliche Engadin, Maloja, Sils-Maria kenne, scheint eher erfreut als minder respektvoll nach dieser Eröffnung: ob sie ihm dann nicht erlauben wolle, sie morgen vormittag in seinem Auto nach Maloja zu führen. »Wie gern«, sagt sie, ganz erschrocken vor Glück und Respekt, und drückt – woher hat sie plötzlich den Mut? – dem alten vornehmen Mann beinahe kameradschaftlich dankbar die Hand. Immer heimischer, immer selbstsicherer fühlt sie sich in dem heute morgen noch so feindseligen Raum, seit alle Menschen geradezu wetteifern, ihr unvermutete Freude zu bereiten, seit sie sieht, wie voll und vertraulich sich hier flüchtiges Beisammensein ins Gesellige bindet, indes unten in ihrer engen Welt einer dem andern die Butter auf dem Brot neidet und den Ring am Finger. Ganz hingerissen berichtet sie dem Onkel und der Tante von der gütigen Einladung des Generals, aber man läßt ihr nicht viel Zeit zum Gespräch. Zum nächsten Tanz holt sie abermals jener deutsche Ingenieur, quer durch den ganzen Saal schreitet er auf sie zu, durch ihn lernt sie noch einen französischen Arzt kennen, durch den Onkel dessen amerikanischen Freund und eine ganze Reihe anderer Leute, deren Namen sie vor Aufregung und Glück nicht versteht: in zehn Jahren hat sie nicht so viel gütige, höfliche, elegante Menschen um sich gehabt wie seit diesen zwei Stunden. Man fordert sie auf zum Tanz, bietet ihr Zigaretten und Liköre an, lädt sie zu Ausflügen und einer Bergpartie, jeder scheint neugierig, sie kennenlernen zu wollen, und jeder verwöhnt sie durch die hier allen Menschen anscheinend selbstverständliche Liebenswürdigkeit. »Du machst ja Furore, Kind«, flüstert ihr die Tante zu, selber stolz auf den Wirbel, der um ihren Schützling entsteht, und erst ein mühsam verstecktes Gähnen des Onkels mahnt die beiden Frauen, daß der alte Mann allmählich müde geworden ist. Aus Eitelkeit leugnet er zwar die sichtliche Erschöpfung, schließlich gibt er aber nach. »Ja, es ist vielleicht besser, wir ruhen uns alle ausgiebig aus. Nicht zuviel auf einen Hieb. Morgen ist auch wieder ein Tag, und we will make a good job of it.« Einen Blick noch wirft Christine in den zauberischen Saal, lichtspiegelnd aus Kandelabern und elektrischen Kerzen, bebend von Musik und heller Bewegung: wie aus einem Bad gestiegen fühlt sie sich, erneuert und erfrischt, alle Nerven beben ihr vor Freude. Dankbar stützend nimmt sie den Arm des alten Mannes, beugt sich rasch nieder und küßt in unwiderstehlicher Erregung seine zerfaltete Hand.

Und dann im Zimmer allein, staunend, verwirrt, über sich selbst erschreckt und über die Stille, die plötzlich um sie steht: jetzt erst fühlt sie, wie heiß ihr die Haut unter dem lockeren Kleid aufbrennt. Zu eng ist mit einemmal der verschlossene Raum, zu gespannt der aufkochende, erregte Leib unter dem übermächtig erregten Gefühl. Ein Ruck, die Balkontür steht offen und wunderbar braust mit jähem Sturz die Schneekühle über die entblößten Schultern. Jetzt kommt der Ateir, zurück, klar, regelmäßig gut, sie tritt hinaus auf den Balkon und erschauert auf beglückte Art, mit ihrer eigenen heißen Überfülltheit einer so ungeheuren Leere der Landschaft plötzlich gegenüberzustehen und ein kleines irdisches Herz so allein, wild in dies riesige Gewölbe der Nacht pochen zu lassen. Auch hier ist Stille, aber eine mächtigere, elementarischere als die des von Menschenhänden gekellerten Raums, Stille, die nicht bedrückt, sondern auflöst und entspannt. Stumm liegen die vordem leuchtenden Berge jetzt in ihrem eigenen Schatten, gekauerte schwarze Riesenkatzen mit phosphoreszierenden Schneeaugen, und vollkommen atemlos die Luft im opalenen Lichte des fast schon gerundeten Mondes. Wie eine zerbeulte gelbe Perle schwimmt er oben zwischen der diamantenen Streu der Sterne, dünn und ungewiß entschleiert nur sein fahles, kühles Licht die nebelumwogten Konturen des Tales. Nie hat sie etwas derart Mächtiges, sanft die Seele Niederzwingendes gefühlt als diese nicht menschhaft, sondern göttlich schweigende Landschaft, aber alle Erregtheit strömt sacht von ihr ab in diese grundlose Ruhe, und sie horcht, horcht und horcht sich leidenschaftlich hinein in diese Stille, um völlig gefühlshaft in ihr aufzugehen. Da plötzlich – wie aus einem Weltall heraus, rollt ein bronzener Block mächtig hinein in die erfrorene Luft: die Kirchenglocke unten im Tal hat angeschlagen, und aufgeschreckt werfen rechts und links die Felswände den erzenen Ball zurück. Wie selbst vom Klöppel auf das Herz getroffen, schreckt Christine auf und horcht. Abermals schollen ein solcher bronzener Ton in das Nebelmeer hinein, abermals, abermals. Atemlos zählt sie die fallenden Schläge mit: neun, zehn, elf, zwölf: Mitternacht! Ist es möglich? Erst Mitternacht? Nur zwölf Stunden also, daß sie hier angekommen, schüchtern, scheu, verstört, mit einer ganz eingetrockneten, kleinen, armseligen Seele, wirklich nur ein einziger Tag, nein, ein halber Tag? Und zum erstenmal beginnt in diesem Augenblick ein selig aufgewühlter, bis in seine Tiefen erschütterter Mensch zu ahnen, aus welch geheimnisvoll zartem und biegsamen Stoff unsere Seele gewoben ist, daß schon ein einziges Erlebnis vermag, sie ins Unendliche zu erweitern und ein ganzes Weltall in seinem winzigen Räume zu umfassen.

Auch der Schlaf, selbst er ist ein anderer in dieser neuen Welt, schwärzer, dichter, narkotischer, ein völlig Insichversunkensein. Ganz von unten her, aus einer sonst nie gekannten Schlaftiefe muß Christine im Erwachen die völlig ertrunkenen Sinne heraufholen: mühsam, langsam, Ruck um Ruck wie aus einem unergründlichen Ziehbrunnen nur hebt sich hier das versunkene Bewußtsein empor. Erste Regung: ein ungewisses Zeitgefühl. Die verschlossenen Lider spüren: es wird hell, es muß schon Licht sein im Zimmer, schon Tag. Und sofort krallt sich an dieses dumpf unklare Gefühl bereits der Angstgedanke (er reicht bis tief in den Schlaf hinab): nur nicht das Amt versäumen! Nur nicht zu spät kommen! Automatisch setzt im Unbewußten die seit zehn Jahren eingespulte Gedankenkette ein: sofort wird der Wecker prasseln ... nur nicht einschlafen jetzt mehr ... Pflicht, Pflicht, Pflicht ... rasch aufstehen, um acht beginnt der Dienst, und zuvor muß ich noch einheizen, Kaffee kochen, Milch holen, das Gebäck, aufräumen, der Mutter den Verband wechseln, für Mittag vorrichten, und was noch? ... Irgend etwas muß ich doch noch tun heute ... Ja, richtig, der Krämerin zahlen, sie hat schon gestern gemahnt ... Nein, nur nicht wieder eindösen, sich bereithalten: gleich aus dem Bett, wenn der Wecker klirrt ... Aber wie ist das heute ... warum zögert er so lang ... ist der Wecker verdorben, hatte ich vergessen ihn aufzuziehen ... Warum rattert er noch immer nicht, es ist doch schon licht im Zimmer .. Am Ende, um Gottes willen, hab' ich überschlafen und es ist schon sieben oder acht oder neun und die Leute schimpfen am Schalter, wie damals, als mir so unwohl war, sofort wollten sie sich beschweren bei der Direktion ... und man baut ja jetzt so viele Angestellte ab ... Jesus Maria, nur nicht zu spät kommen, nur nicht verschlafen ... Bis unter das schwarze Erdreich des Schlummers wühlt maulwurfshaft die jahrelang eingefressene Angst vor Unpünktlichkeit. Und so schmerzhaft zerrt diese Angst an Christines taumeligen Sinnen, daß die letzte dünne Schicht Schlaf jäh von ihr abfällt, wach springen die Augenlider auf.

Aber wo – ihr Blick tappt erschrocken nach oben – wo bin ich denn? – Was – was ist geschehen mit mir? Statt des täglichen gewohnten abgeschrägten, verräucherten, spinnwebengrauen Mansardendachs mit den braunen Holzbalken schwebt über ihr blühweißer Plafond, viereckig blank, mit vergoldeten Leisten zart eingefaßt. Und woher dieses viele Licht mit einmal im Raum? Ein neues Fenster muß plötzlich aufgebrochen sein über Nacht. Wo bin ich? Wo bin ich denn? Die Verwirrte starrt auf ihre eigenen Hände. Aber sie liegen nicht wie sonst auf dem braunen alten, geflickten Kamelhaartuch, auch die Decke ist plötzlich neu geworden, leicht, flaumig, blau, mit rötlichen Blumen bestickt. Nein – erster Ruck! –, das ist nicht mein Bett. Nein – zweiter Ruck, sie hat sich aufgerichtet –, das ist nicht mein Zimmer, und – dritter, wilderer Ruck – ein ganz wacher Blick und sie weiß alles: Urlaub, Ferien, Freiheit, Schweiz, die Tante, der Onkel, das herrliche Hotel! Keine Angst, keine Pflichten, kein Dienst, keine Zeit, kein Wecker! Kein Herd, keine Angst niemand wartet, niemand drängt: die grausame Mühsalmühle, seit zehn Jahren ihr Leben zermalmend, sie steht zum erstenmal still. Man kann – wie wunderbar warm und weich das Bett hier einen hält – liegen bleiben, das Blut gelassen rinnen spüren in den Adern, das wartende

Licht hinter den zartgerafften Gardinen und die Wärme, die weiche, an der atmenden Haut. Man darf angstlos noch einmal in berechtigter Trägheit die Augen schließen, man kann träumen und sich spannen und dehnen, man gehört sich selbst. Man kann sogar – jetzt erinnert sie sich, die Tante hat es ihr gesagt – auf diesen Knopf da zu Häupten des Bettes drücken, unter dem briefmarkenklein der Kellner abgebildet ist, und nicht mehr muß man tun, als den Arm bis hin spannen, und – Zauberei! – in zwei Minuten öffnet sich die Tür, ein Kellner klopft und tritt höflich ein, ein putziges Wägelchen auf kleinen Gummirädern fährt vor (sie hat eines bei der Tante bewundert) und bringt je nach Belieben Kaffee, Tee oder Schokolade in schönem Geschirr und mit weißen damastenen Servietten. Von selbst ist das Frühstück da, man muß nicht Bohnen reiben, Feuer zünden, mit frierenden, nackt pantoffelten Beinen sich am Herde mühen, nein, fertig kommt alles hereingefahren mit weißem Gebäck und goldenem Honig und solchen Kostbarkeiten wie gestern, fertig rollt ein magischer Schlitten bis ans Bett, das warme und weiche, ohne daß man sich mühen und den Finger rühren muß. Oder man kann den andern Knopf drücken, wo das Messingschild ein Mädchen mit weißem Häubchen zeigt, und schon huscht sie nach leisem Klopfen herein, mit blanker Schürze und schwarzem Kleid, fragt, was das gnädige Fräulein wünsche, ob sie die Fensterladen öffnen solle oder die Gardinen hell oder dunkel ziehen oder ein Bad richten. Hunderttausend Wünsche kann man hier haben in dieser zauberhaften Welt, und alle sind im Nu erfüllt. Alles kann man hier wollen und tun und muß es doch nicht tun und wollen. Man kann klingeln oder nicht klingeln, man kann aufstehen oder nicht aufstehen, man kann wieder einschlafen oder auch liegen bleiben, ganz wie man will, offenen Auges oder die Lider geschlossen, und sich balsamisch überströmen lassen von guten und lässigen Gedanken. Oder man kann gar nichts denken und nur dumpf wohlig fühlen: die Zeit gehört einem, man gehört nicht der Zeit. Man ist nicht getrieben von diesem rasenden Mühlrad der Stunde und Sekunde, sondern gleitet nur geschlossenen Auges die Zeit lang wie in einem Boot mit eingezogenen Rudern. Und Christine liegt, träumt und genießt dies neue Gefühl, in ihren Ohren braust wohlig erregt das Blut wie fernes Sonntagsgeläut.

Aber nein – energischer Ruck aus den Kissen – nicht zuviel Träumen jetzt! Nichts von dieser einzigen Zeit verschwenden, dieser in jeder Sekunde holdere Überraschung spendenden Zeit. Träumen kann man dann zu Hause Monate und Jahre lang nachts in dem knarrenden, mürben Holzbett mit den harten Matratzen und am tintenfleckigen Amtstisch, während die Bauern im Felde sind und oben die ewig unerbittliche Uhr, ticktack, ticktack, als pedantischer Wachtposten durch das Zimmer geht: dort ist Träumen besser als Wachsein, Schlaf hier in dieser göttlichen Welt Verschwendung. Ein letzter Ruck und sie saust aus dem Bett, kalter Guß über Stirn und Nacken, und sie ist völlig frisch, jetzt noch rasch hinein in die neuen Kleider – ah, wie weich doch diese Wäsche knistert und bebt. Seit gestern hat ihr Körper dieses neue Gefühl schon wieder vergessen, nun genießt die Haut abermals beglückt dies zärtlich Anschmiegende und Liebkosende des kostbaren Stoffs. Aber nicht viel sich aufhalten an diesen kleinen Entzückungen, nicht zögern, fort, fort, fort, rasch hinaus aus dem Zimmer, irgendwohin, das Glücklichsein, das Freisein stärker fühlen, die Glieder sich auslaufen, die Augen sich anfüllen, Wachsein, noch stärker wach, mit allen aufgesprengten Sinnen und Poren lebendig wach! Hastig reißt sie den Sweater um, stößt die Mütze ins Haar und flattert die Treppe hinab.

Die Gänge des Hotels dämmern noch grau und leer im kalten Frühmorgenlicht, nur unten in der Halle bürsten hemdärmelige Diener mit elektrischen Reinigungsmaschinen die Laufteppiche, erstaunt, mit mißmutig verschwollenen Augen bestarrt der Nachtportier diesen zu morgendlichen Gast, dann erst lüftet er schläfrig die Kappe. Armer Kerl, auch hier also schwerer Dienst, heimliche Arbeit, schlecht bezahlte Plackerei, Aufstehenmüssen und Pünktlichsein! Aber nicht daran denken, was geht es mich an, niemand will ich jetzt spüren als mich, mich, mich, vorwärts, vorbei, hinaus in die kalt anspringende Luft, die mit einem Ruck wie ein eisiger Lappen Lider, Lippen und Wangen munterwäscht. Donnerwetter, wie kalt diese Bergluft einen anfaßt, eiskalt bis in die Knochen – da hilft nur laufen, sich das Blut warm laufen, geradeaus den Weg entlang, er wird schon irgendwohin führen, irgendwohin, hier oben ist ja alles gleich neu und zauberhaft.

Heftig ausschreitend merkt Christine erst die unerwartete Leere des Morgens. Das ganze Menschengewirbel, das gestern mittags die Wege überschwemmte, scheint jetzt, sechs Uhr, noch in den großen Steinkisten der Hotels verpackt, und selbst die Landschaft liegt verschlossenen Blicks in einer Art grauem magnetischem Schlaf. Kein Ton in der Luft, erloschen der gestern so goldene Mond, verschwunden die Sterne, vergangen die Farben, völlig im Nebelgemisch die Felsen, fahl und farblos wie kaltes Metall. Nur an den höchsten Spitzen der Berge schieben unruhig die dicken Nebelwolken, irgendeine unsichtbare Kraft scheint sie zu dehnen, an ihnen zu zerren, ab und zu löst sich eine von der dichten Masse und schwimmt wie ein weißer breiter Wattebausch ins Obere und Hellere empor. Und je mehr sie steigt, um so satter färbt unergründliches Licht ihre fließenden Konturen und zeichnet ihr goldenen Rand: die Sonne muß nahe sein, irgendwo schon rege hinter den Gipfeln, noch erblickt man sie nicht, aber schon fühlt in atmender Unruhe die Atmosphäre ihre wärmende Kraft. Ihr entgegen also, hinauf, empor! Höher hinauf, vielleicht hier gleich den Weg mit den leichten, gartenhaft gekiesten Serpentinen, er kann nicht schwer sein, und wirklich, er geht, er läuft sich spielleicht: voll Überraschung spürt die Ungeübte, wie freudig gehorsam die Gelenke ihr mit einmal in den Knien federn, wie der Weg mit seinen bequemen Wendungen, wie die leichte, tragende Luft ihr gleichsam von selbst den Körper nach oben reißt. Herrlich, wie rasch solcher Sturm das Blut wärmt. Sie reißt die Handschuhe, den Sweater, die Mütze ab: nicht nur die Lippe, die Lunge, auch die pochende Haut soll diese aufstachelnde Frische atmen. Je rascher sie läuft, um so mehr übt und beschwingt sich der Schritt. Eigentlich sollte sie stehen bleiben, denn das Herz schmettert heftig gegen die Brust, Pulse pochen in den Ohren, die Schläfen ticken, und herrlich auch, eine Sekunde rastend, von dieser ersten Kehre hinabzuschauen, Wälder, die Dampfaus den Strähnen schütteln, die Straßen weiß liniert in das pralle Grün, der Fluß, krumm und blank wie ein Türkensäbel, und drüben jetzt durch die Gipfelscharte die plötzlich aufgebrochene, goldene Schleuse der Morgensonne. Herrlich, sie fühlt es im hitzigen Empor, aber der Schwung des eigenen Laufes duldet keine Unterbrechung, vorwärts, vorwärts! rattert die fanatische Trommel im Herzen, vorwärts! Vorwärts! drängt der angerissene Rhythmus in Muskel und Sehnen, und so springt, so klettert der angefeuerte Leib berauscht von der eigenen Spannung weiter und weiter, sie weiß nicht wie lange, sie weiß nicht wie hoch, sie weiß nicht wohin. Endlich, nach einer Stunde vielleicht, an einem Aussichtspunkt angelangt, wo sich der Vorsprung des Berges rund wie eine Rampe wölbt, wirft sie sich nieder ins Gras: genug! Genug für heute. Wirbelig ist ihr zu Mut und sonderbar wohl, unter den Augenlidern zuckt und tickt das Blut, scharf, als wollte sie zerreißen, brennt die vom Winde massierte Haut, aber alle diese Körpergefühle, obwohl sie schmerzähnlich, spürt die von sich selbst Berauschte als eine Art unbekannter und neuer Lust, wie nie spürt sie sich jung und lebendig in diesem umgerüttelten Tumult ihres Leibes. Nie hat sie das geahnt, daß ihr eigenes Blut so heftig die Adern durchströmen kann, sie so stoßhaft wild und lustvoll dehnen, nie die Behendigkeit, Gestrafftheit ihres jungen Körpers so wissentlich gefühlt als in dieser maßlos guten, rauschhaft rumorenden Müdigkeit. Überschüttet von Sonne, überschwemmt vom weißen wirbeligen Bergwind, die Hände wohlig eingewühlt in eisig duftendes Alpenmoos, Wolken über sich in nie erträumtem Blau und unten die panoramisch aufgehende Schau, so liegt sie da, wohlig von sich selbst betäubt und berauscht, wach und träumend zugleich das eigene brausende Ich genießend und den stürmischen Andrang der Welt Eine Stunde liegt sie so da, eine Stunde oder zwei, bis die Sonne zu scharf an die Lippen brennt. Dann springt sie auf, rafft noch rasch ein paar taukalte Blumen mit klirrenden kleinen, in den Blättern versteckten Eiskristallen zusammen, Wacholder, Enzian, Salbei, und eilt hinab. Erst geht sie noch rhythmisch rasch und besonnen mit aufrechtem Touristenschritt, aber die Schwerkraft des Abstiegs reizt ihr die Glieder zu Lauf und Sprung, und sie gibt sich ihm hin, diesem süßen gefährlichen Zug der Tiefe. Immer schneller, immer wilder, immer kühner schwingt sie sich ab von Stein zu Stein; wie vom Wind getragen, heiter, selbstbewußt, unerhört froh, die Lust zu Gesang in der aufgeweckten Kehle, wirbelt sie mit schwingendem Rock, mit flatternden Haaren die Serpentinen hinunter zu Tal.

Vor dem Hotel, es ist neun Uhr, die anberaumte Stunde, steht der junge deutsche Ingenieur, sportlich angetan und wartet auf den Trainer für das morgendliche Tennis. Sich hinzusetzen auf die feuchte Bank ist noch zu kalt, immer wieder fährt Wind mit seinen spitzen Eisfingern unter das leinendünne, halboffene weiße Hemd; so geht er heftig, mit klammen Schritten auf und ab, das Racket wirbelnd, um Wärme in die Hände zu kriegen. Zum Teufel, der Trainer kommt nicht, hat er verschlafen? Ungeduldig blickt der Ingenieur hin und her. Da, zufällig aufschauend zum Höhenweg, bemerkt er oben etwas Sonderbares, etwas Helles, wirblig und bunt Bewegtes, das, durch die Ferne klein wie ein Insekt, in merkwürdigen Sprüngen den Weg herunterschollert. Hallo, was ist das? Schade, man hat nicht den Fernstecher zur Hand. Aber es

kommt ja rasch näher, das Helle, Bunte, das vom Schwung
Beflügelte: gleich wird man deutlicher sehen. Der
Ingenieur schattet die Finger über die Augen und erkennt
jetzt, unsinnig rasch stürmt da jemand den Bergweg herab,
eine Frau muß es sein oder ein junges Mädchen, wehenden
Haares und mit schwingenden Armen, wahrhaftig wie vom
Wind getragen. Donnerwetter, wie unvorsichtig, im vollen
Lauf so die Kurven herunterzusausen, tolles Ding, aber
herrlich ist er anzuschauen, dieser lodernde Niederlauf.
Unwillkürlich tritt der Sportsmann einen Schritt vor, um
die hitzig Niederlaufende besser zu betrachten. Wie eine
Göttin der Frühe sieht das Mädchen aus, rückflatternd die
Mähne, mänadisch freischwebend die Arme, ganz
Kühnheit und Schwung. Ihr Gesicht kann er noch nicht
wahrnehmen, die Züge zerfließen in der Geschwindigkeit
des Laufes und im Gegenschein der steigenden Sonne.
Aber schließlich, hier am Tennisplatz muß sie ja vorbei,
wenn sie zum Hotel will; hier endet der Weg. Immer näher
kommt sie heran, schon kollern abgesprungene kleine
Steine voraus, schon hört er ihren Schritt an der obern
Kurve, und plötzlich saust sie her, zuckt, staunt und stoppt.
Mit einem scharfen Ruck muß sie innehalten, um den
Mann, der ihr absichtlich in den Weg getreten ist, nicht zu
überrennen. Der Rückstoß wirft ihr Haar zurück und
schlägt die Röcke klamm an die Beine. Erschrocken steht
sie vor ihm, keuchend, den Atem angeschraubt, eine
knappe Armlänge bloß. Dann löst plötzlich ein Lachen ihre
jähe Überraschung. Sie hat den Tanzpartner von gestern
erkannt: »Ach, Sie sind es«, stößt sie entlastet heraus.
»Verzeihen Sie, beinahe hätte ich Sie überrannt.« Er
antwortet nicht gleich, sondern sieht sie wohlgefällig, ja
begeistert an, wie sie knapp vor ihm glüht, mit
windgefrorenen Backen, mit auf und niederatmender Brust,
noch ganz durchschüttert vom Schwung. Den sportlichen
Mann bezaubert dieses Dastehn in Jugend und Kraft, er
strahlt sie nur an. Dann erst lockert er die Haltung.
»Allerhand Achtung! Das nenne ich Tempo. Das macht
Ihnen keiner von den protokollierten Bergführern nach.

Aber ...« er sieht sie neuerdings an, prüfend, zustimmend und abermals lächelnd, »wenn ich einen so jungen und frischen Hals hätte, ich würde doch mehr achtgeben, ihn mir nicht zu brechen. Verflucht unvorsichtig gehen Sie mit sich um! Ein Glück, daß nur ich das gesehen habe und nicht Ihre Tante. Und vor allem sollten Sie solche morgendlichen Extratouren nicht allein machen. Wenn Sie einmal einen mittelmäßig geübten Begleiter brauchen, der Unterzeichnete hält sich bestens empfohlen.« Wieder sieht er sie an, und sie fühlt sich verlegen werden von der unverhofften, gleichsam in einen Stoß gefaßten Werbung seines Blicks. Noch nie hat ein Mann sie so leidenschaftlich bewundernd angesehen, bis in die Seele spürt sie das kribblig Eindringende dieser neuen Lust. Um von ihrer Verlegenheit loszukommen, zeigt sie ihren Blumenstrauß. »Sehen Sie, meine Beute! Ganz frisch oben gepflückt, sind sie nicht herrlich?« »Ja, herrlich«, antwortet er mit gespannter Stimme und sieht dabei quer über die Blumen hinweg ihr in die Augen. Immer verlegener fühlt sie sich werden unter dieser eindringlichen und beinahe zudringlichen Huldigung. »Verzeihen Sie, aber ich muß jetzt zum Frühstück«, entschuldigt sie sich, »ich fürchte, ich bin ohnehin schon zu spät«, und will an ihm vorbei. Er verbeugt sich und gibt ihr den Weg frei, aber im Rücken spürt sie noch mit dem unfehlbaren Instinkt der Frau in den Nerven, daß dieser Mann ihr nachblickt; unwillkürlich spannt sie ihren Körper beim Wenden im Schritt. Und wie der starke Atem der Bergblumen und das tonische Arom der durchwürzten Luft geht das unverhoffte Überraschtsein in ihr Blut, daß ein Mann sie auf leidenschaftliche Art schön findet und sie vielleicht begehrt.

Noch wie sie in die Halle tritt, wogt dieser Rausch in ihr. Dumpf scheint ihr mit einmal diese eingesperrte Luft, alles lastet ihr plötzlich zu eng, zu schwer am Körper. In der Garderobe wirft sie die Kappe hin, den Sweater, den Gürtel, alles was engt, was drückt, am liebsten risse sie die Kleider von der prickelnden, erregten Haut. Vom Frühstückstisch staunen die beiden alten Leute auf, wie sie plötzlich in den Saal tritt, scharfen beschwingten Schritts, glühend die Wangen, die Nüstern bebend, irgendwie größer, gesünder, geschmeidiger als gestern. Sie legt das Büschel Alpenblau, taufeucht noch und glitzernd von farbig zerquellenden Eiskristallen, der Tante hin: »Für dich heute selbst gepflückt, ganz oben am ... ich weiß gar nicht, wie der Berg heißt, ich bin nur so hinaufgelaufen, ah« – sie atmet tief – »es war wunderbar.« Die Tante sieht sie bewundernd an. »Du Teufelsding! Gleich vom Bett aus ungefrühstückt in die Berge! Da könnte sich unsereins ein Beispiel nehmen, das täte besser als alle Massagen. But look, Anthony, sieh dir sie nur einmal an, nicht zum Wiedererkennen. Der ist die Luft gründlich in die Wangen gefahren. Du glühst ja ganz, Kind! Aber jetzt erzähl auch, wo du das alles hergeholt hast.« Und Christine erzählt und merkt nicht, wie rasch, wie gierig und unziemlich viel sie dabei ißt. Die Butterschale, Honig und Jam leeren sich unheimlich schnell, zwinkernd winkt der alte Herr dem leise lächelnden Kellner, den Brotkorb mit den weißen schmackhaften Kipfeln abermals zu füllen. Aber sie beachtet, ganz in ihre Begeisterung verloren, gar nicht das immer breitere Schmunzeln der beiden über ihren barbarischen Appetit, sie spürt nur, wie wohlig ihr die frostübertauten Wangen aufbrennen. Den Körper entspannt, kauend, schwätzend, lachend lehnt sie sich unbekümmert in den Strohfauteuil zurück, die guten Gesichter der beiden machen ihr immer neuen Mut, ungestüm prasselt sie ihre aufgestaute Begeisterung heraus, und plötzlich, ganz den erstaunten Zublick der Nachbarn vergessend, spannt sie mitten im Erzählen die Arme weit auseinander: »Ach Tante, mir war, als wüßte ich überhaupt zum erstenmal, was Atmen heißt.«

So mächtig angerissen, strömt der ganze Tag an immer andern Ufern der Entzückung leidenschaftlich weiter. Um zehn Uhr, sie sitzt noch am Frühstückstisch, kein Stück Weißbrot liegt mehr im Körbchen, dermaßen gründlich hat ihr Berghunger aufgeräumt, erscheint General Elkins in seinem scharf schnittigen Sportdress und mahnt zur versprochenen Autofahrt. Hinter ihr respektvoll schreitend, geleitet er sie zu seinem Wagen – vornehmste englische Marke, spiegelnd in Nickel und Lack, der Chauffeur, helläugig und wohlrasiert, selbst ein englischer Gentleman; General Elkins macht ihr den Sitz bequem, breitet Decken über, dann erst, noch einmal besonders den Hut lüftend, nimmt er an ihrer Seite Platz. Dieser Respekt macht Christine ein wenig wirr, als Betrügerin fühlt sie sich vor der betonten und fast demütigen Höflichkeit dieses Mannes. Wer bin ich denn, denkt sie, daß er mich so behandelt? Mein Gott, wenn ei je ahnte, wie ich sonst sitze, hingenagelt auf den alten Postsessel vor dem Postpult, eingeschraubt in dumme, niedrige Handlangerei! Aber ein Ruck am Volant und schon federt die schnell wachsende Geschwindigkeit jede Erinnerung fort. Mit kindlichem Stolz bemerkt sie, wie in den engen Straßen des Kurorts, wo der Motor seine gedrängte Kraft noch nicht loslegen kann, die fremden Leute bewundernd aufblicken zu der selbst hier auffallend vornehmen Marke des Wagens, wie mit einem leichten und ehrfürchtigen Neid allerhand Blicke sich zu ihr als der vermeintlichen Besitzerin heben. General Elkins erklärt ihr die Landschaft und gerät als gelernter Geograph wie alle Fachleute dabei in Ausführlichkeiten, aber die vorgebeugte, lauschende, sichtlich aufmerksame Art, mit der ihm dieses Mädchen zuhört, scheint ihn wohlig anzuregen. Sein etwas kahles und kaltes Gesicht verliert allmählich den englischen Frost, ein gütiges Lächeln macht die etwas zu herben und dünnen Lippen freundlicher, wenn er ihr jugendliches »Ach« oder »Herrlich«, ihr begeistertes Umwenden und Anschauen bei jedem neuen Ausblick beobachtet. Immer wieder streift von der Seite ein fast wehmütig lächelnder Blick ihr frisches Profil, und an der Srürmischkeit ihrer Begeisterung lockert sich seine Zurückhaltung. Immer geschwinder saust der Chauffeur. Wie auf einem Teppich, weich und lautlos läuft der köstliche Wagen, kein harter Ton seiner metallischen Brust verrät im Anstieg die mindeste Anstrengung, klug und geschmeidig paßt er sich den verwegensten Kurven an, und einzig die immer wuchtiger ansausende Luft verrät das steigende Tempo, indem herrliches Gefühl der Sicherheit sich der Lust der Geschwindigkeit rauschhaft beimengt. Immer düsterer wird das Tal, streng schieben sich die Felsen zusammen. Endlich bei einem Ausblick stoppt der Chauffeur. »Maloja«, erklärt General Elkins und geleitet sie mit der gleichen ehrerbietigen Höflichkeit aus dem Wagen. Großartig ist der Ausblick in die Tiefe; in kunstvollen Kehren stürzt die Straße wie ein Sturzbach hinab; man fühlt, das Gebirge ermattet hier, es fehlt ihm die Kraft, sich länger zu Höhen und Gletschern zu türmen, mit einem Ruck wirft es sich hinab in ein fernes unübersehbares Tal. »Hier unten beginnt die Tiefebene, beginnt Italien«, zeigt ihr Elkins. »Italien«, staunt Christine auf, »so nahe ist das, wirklich so nahe?« In diesem Aufstaunen verrät sich so viel sehnsüchtig vorstoßende Begier, daß Elkins unwillkürlich fragt: »Sind Sie dort nie gewesen?« »Nein, nie.« Und dieses »Nie« ist so heiß, so leidenschaftlich betont, so sehnsüchtig gesagt, daß all die geheime Angst darin mitklingt: ich werde es nie, ich werde es niemals sehen. Sie merkt sofort den zu lauten Überschlag im Ton, schämt sich, und aus Verlegenheit, er könnte ihre tiefsten Gedanken, ihre heimliche Angst wegen ihrer Armut erraten, versucht sie das Gespräch von sich abzulenken und fragt, ziemlich töricht, den Begleiter: »Sie kennen es natürlich, General?« Der lächelt ernst und beinahe melancholisch. »Wo habe ich mich nicht herumgetrieben? Ich war dreimal um die Welt, vergessen Sie nicht, ich bin ein alter Mann.« »Nein, nein!« protestiert sie ganz erschrocken. »Wie können Sie so etwas sagen!« Und derart ehrlich ist dieses Erschrecken, derart leidenschaftlich echt der Protest dieses jungen Mädchens, daß der Achtundsechzigjährige plötzlich Wärme in den Wangen fühlt. Derart heiß, derart hingerissen wird er sie vielleicht nie mehr hören. Unwillkürlich wird seine Stimme weich. »Sie haben junge Augen, Miss van Boolen, darum sehen Sie alles jünger, als es wirklich ist. Hoffentlich haben Sie recht. Vielleicht bin ich wirklich noch nicht so alt und grau wie meine Haare. Aber was gäbe ich darum, könnte ich Italien noch einmal zum erstenmal sehen.« Wieder blickt er sie an, seine Augen bekommen plötzlich die ungewisse unterwürfige Scheu, wie sie oftmals die älteren Männer vor jungen Mädchen empfinden, als wollten sie um Nachsicht bitten, nicht mehr jung zu sein. Christine ist merkwürdig gerührt von diesem Blick. Irgendwie muß sie auf einmal an ihren Vater denken und wie sie es liebte, dem alten gebeugten Mann manchmal zart und beinahe fromm über das weiße Haar zu streichen: es war derselbe Blick dankbar gütigen Aufschauens. Am Rückweg spricht Lord Elkins wenig, er scheint nachdenklich, irgendwie heimlich erregt. Wie sie wieder beim Hotel vorfahren, springt er mit beinahe betonter Gelenkigkeit voraus aus dem Wagen, um dem Chauffeur zuvorzukommen und ihr persönlich beim Aussteigen zu helfen. »Ich danke Ihnen sehr für den schönen Ausflug«, sagt er, ehe sie die Lippe regen kann, um ihm zu danken, »es war der beste für mich seit langer Zeit.«

Begeistert erzählt sie der Tante bei Tisch, wie gütig, wie freundlich, General Elkins gewesen. Die nickt anteilnehmend: »Gut, daß du ihn etwas aufgeheitert hast, er hat viel Unglück gehabt, seine Frau ist ihm jung gestorben, während er auf seiner Expedition in Tibet war. Noch vier Monate hat er ihr jeden Tag geschrieben, weil ihn die Nachricht nicht erreichte, erst als er zurückkam, fand er uneröffnet den ganzen Stoß Briefe. Und sein einziger Sohn ist vom Flugzeug bei Soissons von den Deutschen abgeschossen worden, am gleichen Tage, wo er selbst verwundet wurde. Jetzt lebt er allein auf seinem riesigen Castle bei Nottingham. Ich verstehe, daß er so viel reist, er flüchtet eigentlich ununterbrochen vor diesen Erinnerungen. Aber laß ihn nichts merken, sprich nicht davon, er bekommt gleich Tränen in die Augen.« Christine hört ergriffen zu. Daran hat sie gar nicht gedacht, daß es auch hier oben in dieser halkyonischen Welt Unglück geben kann. Aus ihrem eigenen Erleben hat sie gemeint, alle Menschen müßten hier glücklich sein. Am liebsten möchte sie aufstehen und dem alten Mann, der seine geheime Trauer mit so viel Haltung verbirgt, die Hand drücken. Unwillkürlich sieht sie hinüber zum andern Ende des Speisesaals. Dort sitzt er soldatisch aufgestrafft, völlig allein. Zufällig hebt auch er den Blick, und wie er dem ihren begegnet, grüßt er leise mit einer Verbeugung. Sie ist erschüttert über sein Einsamsein in diesem weiten, von Licht und Luxus strahlenden Raum. Wirklich, man sollte gut sein zu einem so guten Menschen.

Aber wie wenig Gelegenheit bleibt hier an einen einzelnen zu denken, zu rasch strömt die Zeit, zu viel unvermutete Überraschungen wirbelt sie mit in ihrem heitern Sturz: nicht eine Minute, die nicht in ihrem fließenden Tropfen Zeit neue Beglückung spiegelte. Nach Tisch, Tante und Onkel gehen in ihr Zimmer zu kurzer Nachmittagsrast, will Christine in einem dieser weichen angepaßten Fauteuils der Terrasse still sitzen, um endlich einmal die erlebte Verwandlung nachsinnend zu genießen. Aber kaum sie sich hinlehnt, die Bilder des überfüllten Tages nun in träumerisch sanfterer Ordnung langsam vorüberziehen zu lassen, steht schon ihr Tänzer von gestern, der scharfäugige deutsche Ingenieur vor ihr und bietet ihr – »Auf, auf!« – die schwere Hand, sie möchte hinüberkommen an ihren Tisch, seine Freunde hätten gebeten, mit ihr bekannt zu werden. Unsicher, noch hat sie Furcht vor allem Neuen, aber die Angst überwiegt, für unhöflich zu gelten, gibt sie nach und läßt sich an den belebten Tisch führen, wo leger plaudernd ein Dutzend jüngerer Menschen beisammensitzt. Zu ihrem äußersten Schreck stellt sie der Ingenieur jedem einzelnen der Tafelrunde als Fräulein von Boolen vor, und es scheint, daß der holländische Onkelsname, auf deutschen Adel umgestellt, bei allen – sie merkt es am höflichen Aufstehen der Herren – besonderen Respekt auslöst, offenbar klingt bei ihnen unwillkürliche Erinnerung an die reichste Familie Deutschlands, die Krupp-Bohlens, nach. Christine fühlt sich erröten: um Gottes willen, was sagt er da? Aber sie hat nicht die Geistesgegenwart, zu korrigieren, vor diesen fremden höflichen Menschen kann man doch nicht einen von ihnen Lügen strafen und erklären: Nein, nein, ich heiße nicht von Boolen, ich heiße Hoflehner. So duldet sie mit schlechtem Gewissen und nervösem Zittern in den Fingerspitzen den unbeabsichtigten Betrug. Alle diese jungen Menschen, ein frisches, flattriges Mädchen aus Mannheim, ein Wiener Arzt, ein französischer Bankdirektorssohn, ein etwas lauter Amerikaner und ein paar Leute, deren Namen sie nicht versteht, bemühen sich sichtlich um sie: jeder fragt sie, eigentlich spricht man nur mit ihr und zu ihr. In den ersten Minuten ist Christine befangen, jedesmal zuckt sie leicht auf, wenn jemand zu ihr »Fräulein von Boolen« sagt, immer ist es wie ein Stich in ein empfindliches Gewebe, aber allmählich gerät sie in den geselligen Übermut der jungen Menschen hinein, freut sich ihrer raschen Vertraulichkeit und plaudert schließlich unbefangen mit; alle Menschen meinen es doch hier so herzlich mit ihr, wozu Angst? Dann kommt die Tante, freut sich, ihren Schützling so wohl aufgenommen zu sehen, lächelt gutmütig zwinkernd ihr zu, wenn die andern sie Fräulein von Boolen titulieren, schließlich mahnt sie an den gemeinsamen Spaziergang, indes der Onkel unaufhaltsam den Nachmittag durchpokere. Ist das wirklich noch dieselbe Straße wie gestern oder sieht bloß die geöffnete und geweitete Seele heller und freudiger als die beengte? Jedenfalls: ganz neu erscheint Christine der Weg, den sie schon einmal, aber gleichsam noch mit verhängten Augen gegangen, farbiger, festlicher der Ausblick, als ob die Berge noch gewachsen, die Matten malachitfarbener oder satter, die Luft kristallischer und reiner und alle Menschen schöner geworden seien, helläugiger, freundlicher, zutraulicher. Alles hat seit gestern an Fremdheit verloren, mit einem kleinen Stolz betrachtet sie die massigen Blöcke der Hotels, seit sie weiß, daß keines schöner ist als jenes, in dem sie selber wohnen, mit einem Anfang von wissendem Verständnis die Auslagen, nicht mehr so überirdisch, so aus anderer, höherer Kaste scheinen ihr die schlankbeinigen, parfümierten Frauen in den Autos, seit sie selbst in einem so kostbaren gefahren. Nicht mehr unzugehörig fühlt sie sich unter den andern, und unwillkürlich ahmt ihr Schritt den leichten sorglosen kühnen Gang der sportgemuskelten Mädchen nach. In einer Konditorei wird Rast gehalten: abermals staunt die Tante, welchen Appetit Christine entfaltet. Tut das die starke zehrende Luft oder sind vehemente Gefühle wirklich eine chemische Verbrennung von Kraft, die neu ersetzt werden muß – jedenfalls, sie vertilgt mühelos drei, vier der mit Honig bestrichenen Brötchen zur Schokolade und dann noch Schokoladenbonbons und schaumige Bäckereien: ihr ist, als könne sie unablässig so weiter essen, weiter sprechen, weiter schauen, weiter genießen, als müßte sie einen ungeheuren Hunger von Jahren und Jahren nach allem und allem in dieser grob animalischen Körperlust wettmachen. Zwischendurch spürt sie männliche Blicke von nachbarlichen Tischen sie freundlich und fragend betasten, unbewußt spannt sie die Brust, hebt sie den Nacken, hält sie einen lächelnden Mund selbst neugierig dieser Neugier entgegen: wer seid ihr, denen ich gefalle, und wer bin ich selbst?

Um sechs Uhr, nach einem neuerlichen Shopping, landen sie im Hotel. Die Tante hat noch allerhand Kleinigkeiten entdeckt, die ihr fehlen. Jetzt klopft die freundliche Spenderin, der die verblüffende Verwandlung von Bedrücktheit zu Begeisterung ununterbrochen Spaß bereitet, ihr leicht auf die Hand: »Jetzt also könntest du mir einen schweren Dienst abnehmen! Hast du Courage?« Christine lacht. Was kann hier schwer sein? Hier oben in dieser seligen Welt wird doch alles zum Spiel. »Nein, stell dir's nicht gar zu bequem vor! Du sollst in die Löwenhöhle und Anthony vorsichtig von seiner Bakkaratpartie losschrauben. Vorsichtig, ich sag dir's gleich, denn wenn ihn wer da stört, knurrt er manchmal sogar sehr kräftig. Aber ich darf nicht nachgeben, der Arzt hat verordnet, mindestens eine Stunde vor dem Essen muß er seine Pillen nehmen, und schließlich, von vier bis sechs Pokerei im dumpfen Zimmer genügt reichlich. Im ersten Stock, Nr. 112, das Appartement von Mister Vornemann von dem großen Sprit-Trust. Dort klopfst du an und sagst Anthony nur, du kämst in meinem Auftrag, dann weiß er schon alles. Vielleicht wird er dich zuerst anbrummen aber nein, dich wird er nicht anbrummen! Vor dir hat er noch Respekt.«

Nicht sehr begeistert übernimmt Christine diesen Auftrag. Wenn der Onkel gern spielt, warum soll gerade sie ihn stören! Aber sie wagt keine Widerrede, klopft also leise an. Die Herren schauen sämtlich auf von ihrem Tisch, der zu einem Rechteck lang ausgezogen auf grünem Tuch sonderbare Karos und Zahlen zeigt: junge Mädchen scheinen hier selten einzudringen. Der Onkel, erst verblüfft, beginnt breit zu lachen. »Oh I see, dazu hat dich Claire abgerichtet! Dazu mißbraucht sie dich! Meine Herren – dies ist meine Nichte! Meine Frau schickt sie, um Schluß zu machen; ich schlage vor« (er zieht die Uhr) »noch genau zehn Minuten. Das erlaubst du doch?« Christine lächelt ungewiß. »Na, ich nehm's auf meine Kappe«, sagt stolz, vor den Herren seine Autorität zu zeigen, Anthony. »Und jetzt ganz still! Setz dich her zu mir und bring mir Glück, ich hab's heute nötig.« Christine setzt sich scheu halb hinter ihn. Sie versteht nichts von dem, was hier geschieht. Irgendein längliches Ding, einer Schaufel oder einem Schlitten ähnlich, hält einer in der Hand und zieht davon Karten ab, etwas wird gesagt und dann wandern runde Zelluloidmarken, weiß, rot, grün, gelb hin und her, ein Rechen kehrt sie zusammen. Langweilig ist das eigentlich, denkt Christine; daß so reiche, vornehme Männer um solche runde Dinger spielen, wie komisch; aber irgendwie ist sie doch stolz, hier dazusitzen im breiten Schatten des Onkels, neben Männern, die sicher Mächtige der Welt sind, man sieht es an ihren großen Diamantringen, an ihren goldenen Bleistiften, ihren harten und energisch ausgearbeiteten Zügen, an ihren Fäusten auch, von denen man spürt, daß sie in Sitzungen wie

Hämmer auf den Tisch schlagen können; Christine sieht einen nach dem andern respektvoll an und achtet gar nicht auf das Spiel, das sie nicht versteht, und sie macht ziemlich törichte Augen, wie der Onkel sich plötzlich zu ihr umwendet und fragt: »Soll ich ihn nehmen?« Christine hat das eine schon verstanden, daß einer Bankhalter ist und gegen alle pariert, also hohes Spiel macht. Soll sie ihm zusagen? Am liebsten atmete sie: Nein, um Gottes willen nein!, nur um keine Verantwortung zu übernehmen. Aber sie schämt sich, feige zu erscheinen, so stammelt sie ein unsicheres »Ja«. »Gut«, spaßt der Onkel, »auf deine Verantwortung. Und halbpart zwischen uns.« Das unverständliche Kartenschlagen beginnt abermals, sie begreift nichts davon, meint aber zu spüren, daß der Onkel gewinnt. Seine Bewegungen werden behender, seltsam glucksende Laute rutschen ihm aus der Kehle, er scheint sich höllisch zu vergnügen. Schließlich den Schlitten weitergebend, wendet er sich zu ihr: »Ausgezeichnet hast du gearbeitet. Dafür wird aber auch redlich geteilt, da dein Part.« Er streift von seinem Haufen ein paar Spielmarken weg, zwei gelbe, drei rote und eine weiße: lachend nimmt sie Christine, ohne irgend etwas zu denken. »Noch fünf Minuten«, mahnt der Herr, der die Uhr vor sich liegen hat. »Vorwärts, vorwärts, keine Ermüdung vorschützen.« Die fünf Minuten gehen rasch um, alle stehen auf, wechseln, schieben und tauschen ihre Marken ein. Christine hat die Spielmarken auf den Tisch gelegt und wartet bescheiden unterdes an der Tür. Da ruft der Onkel: »Nun, und deine Chips?« Christine nähert sich, ohne zu verstehen. »So laß sie dir doch einwechseln.« Christine versteht noch immer nicht, da führt er sie zu einem der Herren, der nach flüchtigem Blick »Zweihundertfünfundfünfzig« sagt und zwei Hundertfrankenscheine, einen Fünfzigfrankenschein und einen dieser schweren silbernen Taler ihr entgegenhält. Die Überraschte starrt auf das fremde Geld auf dem grünen Tisch, ungewiß sieht sie den Onkel an. »Aber nimm doch«, sagt er fast böse, »das ist doch dein Anteil! Und jetzt vorwärts, wir müssen pünktlich sein.«

Erschrocken hält Christine die zwei Scheine und den silbernen Taler im Nest der zusammengekrampften Finger. Sie kann es noch nicht glauben. Ganz entgeistert starrt sie oben im Zimmer immer wieder die beiden ihr in die Hand geschneiten regenbogenfarbigen rechteckigen Papiere an und an. Zweihundertfünfundfünfzig Franken, sie überrechnet rasch, rund dreihundertfünfzig Schilling vier Monate, ein Dritteljahr muß sie daheim arbeiten, um so furchtbar viel zusammenzubekommen, in ihrem Amt muß sie pünktlich sitzen von 8 bis 12, von 2 bis 6, und hier fließt das einem mühelos in zehn Minuten in die Hand. Kann das wahr sein und gerecht? Unfaßbar! Aber die Scheine knistern in den Fingern giltig und gut und gehören ihr, der Onkel hat es gesagt, ihr, ihrem neuen Ich, dieser neuen unfaßbaren andern in ihr. Diese knisternde Banknote, noch hat sie auf einmal so hohen Betrag nie ihr eigen genannt. Ein gemischtes Gefühl schauert ihr über den Rücken, Rieseln im Mark, halb Schauer, halb Lust, wie sie ängstlich und zärtlich zugleich diese knisternden Scheine im Koffer verschließt und versteckt, als wären sie gestohlen. Denn nicht kann ihr Gewissen ganz die Zwiefältigkeit begreifen, daß dies schwere dunkle Geld, Nickelstück um Nickelstück zu Hause mit sparsam ängstlicher Hand zusammengerafft, hier so flatternd leichtfertig einem zufliegt; ein ängstlich wilder Schauer wie vor einem Frevel verwirrt und beunruhigt ihr ganzes Wesen bis in die unterst unbewußten Schächte des Gefühls, etwas in ihr möchte sich's erklären, aber dazu bleibt keine Zeit, sie muß sich ankleiden, ein Kleid wählen, eines der köstlichen drei, und wieder hinab in den Saal, sich fühlen, erleben, berauschen, tief untertauchen in das feurig schöne Geström der Verschwendung.

In einem Namen wirkt geheimnisvolle Kraft der Verwandlung; wie ein Ring um den Finger, scheint er vorerst nur zufällig und unverpflichtend gelegt, aber ehe das Bewußtsein seiner magischen Kraft gewahr wird, wächst er nach innen unter die Haut und verbindet sich schicksalhaft der geistigen Existenz eines Menschen. Christine hört auf den neuen Namen von Boolen in den ersten Tagen mit heimlichem Übermut (ach, ihr erkennt mich nicht! Wenn ihr wüßtet!). Sie trägt ihn leichtfertig wie man eine Maske auf einer Redoute trägt. Aber bald vergißt sie den unbeabsichtigten Betrug, betrügt sich selbst und wird, die sie nun scheinen soll. Was ihr anfangs peinlich gewesen, adelig angesprochen als reiche Fremde zu werden, nach einem Tag ist er ihr schon prickelndes Behagen, am zweiten, am dritten Tage bereits völlig selbstverständlich. Als sie einer der Herren nach ihrem Vornamen fragt, scheint ihr Christine (zu Hause ruft man sie Christl) zu wenig klanghaft für den angeborgten Titel, verwegen antwortet sie »Christiane«, und so heißt sie nun, »Christiane von Boolen« an allen Tischen im ganzen Haus. So wird sie vorgestellt, so läßt sie sich grüßen, widerstandslos gewöhnt sie sich in den Namen hinein, wie in das Zimmer mit den sanften Farben und den spiegelnden Möbeln, wie in den Luxus und die Leichtigkeit des Hotels, in die fraglose Selbstverständlichkeit des Geldes und den ganzen, aus hundert einzelnen Elementen gewobenen Rausch der Verführung. Wenn jemand Wissender sie jetzt plötzlich mit Fräulein Hoflehner anredete, sie würde aufschrecken wie eine Schlafwandlerin und niederstürzen vom First ihres Traums, so völlig ist der neue Name in sie hineingewachsen, so leidenschaftlich ist sie überzeugt, eine andere, jene andere zu sein.

Aber ist sie nicht wirklich schon eine andere geworden in diesen wenigen Tagen, hat nicht tatsächlich die Hochalpenluft andern Druck in ihre Adern geschraubt, die reichlichere, üppigere Nahrung bereits anders und farbiger die Zellen im Blut gemischt? Unleugbar, Christiane von Boolen sieht anders aus, jünger, frischer als ihre Aschenputtelschwester, die Postassistentin Hoflehner, und kaum mehr ihr ähnlich. Bergsonne hat die stubenblasse, leicht aschenfarbene Haut in indianisches Braun getönt, straffer spannen die Muskeln den Nacken, ein neuer Gang ist ihr mit den neuen Kleidern gewachsen, lockerer in den Gelenken, weicher und sinnlicher in den Hüften und mit einem Aufstoß von Selbstbewußtsein bei jedem Schritte. Das stete Umtummeln im Freien hat den Körper erstaunlich aufgefrischt, Tanz ihn geschmeidigt, und diese neuentdeckte Kraft, dieses unvermutete Jungsein will sich unablässig proben, denn hitziger pocht das Herz unter der atmenden Brust, immer spürt sie innen ein moussierendes Brausen und Gären, ein Dehnen und Spannen, elektrisch aufprickelnd bis in die Fingerspitzen, fremde, neue, starke Lust. Ruhig zu sitzen, etwas gemächlich zu tun, wird ihr mit einmal schwer, immer muß sie ausfahren und sich tummeln, wie ein Windstoß fährt sie durch die Zimmer, immer beschäftigt, immer von Neugier gejagt, bald da, bald dort, türheraus, türherein, treppauf und treppab, und die Treppe geht sie niemals Schritt für Schritt, sondern immer drei Stufen auf einmal, immer als müßte sie etwas versäumen, immer vom innern Sturme getrieben. Immer müssen ihre Hände, ihre Finger jemanden oder etwas anfassen, so stark drängt ein Spieltrieb, ein Zärtlichkeits-, ein Dankbarkeitsbedürfnis aus ihr heraus, manchmal, urplötzlich muß sie die Arme spannen und ins Leere gähnen, um nicht laut zu lachen oder zu schreien. So stark ist die Spannung, die von ihrem vehementen Jungsein ausgeht, daß sie wellenhaft weiterwirkt: wer ihr nahekommt, gerät sofort in einen Wirbel von Tumult und Übermut. Wo sie sitzt, dort lacht und dröhnt es, dort wird er sofort aufgemischt, jedes Gespräch flackert hell und klingend auf, sobald sie sich, immer glücklodernd, immer spaßfreudig einmengt, und nicht nur die Tante und der Onkel, sondern ganz fremde Gäste blicken ihrer unverhaltenen Begeisterung wohlgefällig nach. Wie ein Stein durchs Fenster klirrt sie in die Hotelhalle hinein, hinter ihr kreiselt, mächtig angeschwungen, die rückgeworfene Drehtür, den kleinen Boy, der sie halten soll, schlägt sie lustig mit dem Handschuh auf die Schulter, ein Ruck reißt die Kappe vom Haar, der zweite den Sweater vom Leib, alles drückt, alles engt ihr die stürmische Bewegung. Dann stellt sie sich unbekümmert vor den Spiegel, um sich herzurichten: ein paar Striche am Kleid, die zerrüttete Mähne zurückgeschüttelt, fertig, Schluß, und noch reichlich zerstrubbelt, die Wangen heiß gestriemt vom Wind, steuert sie geradewegs auf einen Tisch zu – sie kennt schon alle Leute –, um zu erzählen. Immer hat sie was zu erzählen, immer hat sie gerade was erlebt, immer war es herrlich, wunderbar, unbeschreiblich, jedes füllt sie heiß mit ihrer dampfenden Begeisterung, und selbst der Fremdeste spürt, hier kann ein überfüllter Mensch den Überdruck seiner Dankbarkeit nicht anders ertragen, als daß er sie weitergibt. Sie kann keinen Hund sehen, ohne ihn zu streicheln, jedes Kind nimmt sie auf den Schoß, um ihm die Wangen zu liebkosen, für jedes Dienstmädchen, für jeden Kellner findet sie ein rasches gefälliges Wort. Sitzt jemand mürrisch oder gleichgiltig da, gleich rüttelt sie ihn mit gutmütigem Spaß, jedes Kleid bewundert sie, jeden Ring, jeden Fotografenapparat, jedes Zigarettenetui, alles nimmt sie in die Hand und leuchtet es an mit Begeisterung. Über jeden Scherz lacht sie, jede Speise findet sie herrlich, jeden Menschen gut, jedes Gespräch amüsant: alles, alles ist herrlich in dieser obern, dieser einzigen Welt. Unwiderstehlich ist dieser Elan ihres leidenschaftlichen Wohlwollens, jeder der mit ihr beisammen ist, wird unwillkürlich von ihrer Vehemenz angesprüht, selbst die griesgrämige Geheimrätin in ihrem Armstuhl bekommt vergnügte Augen, wenn sie ihr hinter dem Lorgnon nachblickt, der Portier grüßt ihr besonders freundlich zu, die steifleinenen Kellner rücken ihr sorglich den Stuhl zurecht, und gerade die älteren, strengeren Leute freuen sich über so viel Froheit und Empfänglichkeit. Trotz allerhand Kopfschütteln über einzelne Naivitäten und Überschwenglichkeiten begegnet Christine von allen Seiten Gegenblicken herzlicher Einladung, und nach drei, vier Tagen ist das allgemeine Votum von Lord Elkins bis zum letzten Pagen und Liftboy, daß dieses Fräulein von Boolen ein bezaubernd herzliches Wesen sei, »a charming girl«. Und sie fühlt diese wohlgesinnten Blicke, sie genießt ihr Gerngesehensein als Steigerung ihres Daseins und Dabeiseindürfens und wird dank dieser allgemeinen Neigung noch glücklicher in ihrem Glück.

Ein persönliches Interesse, eine werbende Neigung zeigt von allen im Hotel am deutlichsten der Mann, von dem sie solche Huldigung am wenigsten zu erwarten gewagt hätte, General Elkins. Mit der Scheu des Alters, mit der zarten und rührenden Unsicherheit eines Mannes, der die gefährlichen Fünfzig längst überschritten hat, sucht er immer wieder unauffällige Gelegenheit, ihr nahe zu sein. Sogar die Tante bemerkt, daß er sich heller, jugendlicher kleidet, Krawatten farbiger wählt, auch meint sie festzustellen (vielleicht irrt sie sich?), das Weiß an den Schläfen sei, offenbar auf künstliche Weise, wieder dunkler geworden. Auffallend oft kommt er unter allerlei Vorwänden an den Tisch der Tante, schickt – um nicht allzu deutlich zu werden – beiden Damen täglich Blumen auf das Zimmer, er bringt Christine Bücher, deutsche und eigens für sie gekaufte, vor allem über die Besteigung des Matterhorns, nur weil sie einmal im Gespräch zufällig fragte, wer die ersten gewesen, die sich auf diesen Berg gewagt, und über Sven Hedins Tibetexpedition. Eines Vormittags, da plötzlich eingebrochener Regen jeden Ausflug verbietet, setzt er sich mit Christine in eine Ecke der Halle und zeigt ihr Fotografien, sein Haus, seinen Garten, seine Hunde. Es ist ein seltsam hohes Kastell, vielleicht noch aus normannischer Zeit. Efeu klettert noch um die Mauern runder kriegerischer Türme, innen zeigen die Bilder weite Hallen mit altmodischen Kaminen, gerahmten Familienbildern, Schiffsmodellen und schweren Atlanten; es muß düster sein, dort winters allein zu wohnen, denkt sie, und als hätte er ihren Gedanken erraten, sagt er, auf die Fotografien, eine Koppel Jagdhunde, deutend: »Wenn ich die nicht hätte, wäre ich jetzt dort ganz allein«; die erste Andeutung vom Tode seiner Frau, vom Tode seines Sohnes. Ein leiser Schauer überläuft sie, wie sie seine scheu an ihr vorbeitastenden Augen sieht (sofort blickt er wieder auf die Fotografien): warum sagt, warum zeigt er mir das alles, warum fragt er so merkwürdig ängstlich, ob ich in einem solchen englischen Haus mich wohl fühlen könnte, will er damit andeuten, der reiche vornehme Mann ... nein, sie wagt es selbst nicht auszudenken. Zu unerfahren, kann sie nicht begreifen, daß dieser Lord, dieser General, der ihr unnahbar scheint, wolkenweit über ihrer Welt, mit der Mutlosigkeit eines alternden Mannes, der nicht mehr weiß, ob er noch zählt, und von Scham bedrängt ist, sich durch Werbung lächerlich zu machen, auf irgendein winziges Zeichen von ihr, auf ein ermutigendes Wort wartet; aber wie soll sie diese Mutlosigkeit verstehen, sie, die selbst keinen Mut hat, an sich zu glauben? Sie spürt die Andeutungen als Zeichen besonderer Sympathie gleichzeitig ängstlich und beglückt, ohne zu wagen, ihnen zu glauben, indes er sich quält, dies ihr verlegenes Ausweichen richtig zu deuten. Ganz betroffen steht sie immer auf von jedem Beisammensein, manchmal meint sie in dem scheuen seitlichen Blick eine wirkliche Werbung zu spüren, dann verwirrt sie wieder sein brüskes Förmlichwerden (der alte Mann reißt sich gewaltsam zurück, und sie begreift es nur nicht). Man müßte nachdenken: Was will er von mir, kann es möglich sein? Man müßte das ausdenken, ruhig zu Ende denken, ganz ruhig und klar denken.

Aber wie und wann hier nachdenken, wie überlegen, man läßt ihr ja keine Zeit. Kaum zeigt sie sich in der Halle, so ist schon einer da von der heitern Bande und zerrt sie irgendwohin: ausfahren, fotografieren, spielen, plaudern, tanzen, immer gibt's gleich ein Hallo und Miteinander und Durcheinander. Den ganzen Tag knattert und flitzt dieses Feuerwerk beschäftigungsloser Geschäftigkeit, unablässig gibt es was zu sporten, zu rauchen, zu knabbern, zu lachen, und ohne Widerstand wirbelt sie mit, wenn irgendeiner dieser jungen Burschen nach dem Fräulein von Boolen ruft, denn wie ein Nein sagen und warum, sie sind ja so herzlich, diese jungen frischen Menschen, Burschen und

Mädel, nie hat sie diese Art Jugend gekannt, immer sorglos und aufgekratzt, immer anders hübsch angezogen, immer Spaß auf den Lippen, immer Geld zwischen den Fingern, immer neue Amüsements im Kopf; kaum sitzt man mit ihnen, so schmettert das Grammophon schon zum Tanz, oder das Auto steht da und man klaubt und drückt sich zusammen, jung gegen jung, fünf oder sechs in einen Wagen, enger, als ob man sich umarmte, und saust dahin, 60, 80, 100 Kilometer, daß einem die Haare schmerzen. Oder man räkelt in der Bar mit übergeschlagenen Beinen, saugt kalte Drinks, die Zigarette im Mund, faul fleglerisch und locker, braucht sich keine Mühe zu geben und hört allerhand hübsche, kitzlige Geschichten, all das lernt sich so leicht und lockert einen so wunderbar auf, und mit gleichsam andern, neuen Lungen trinkt sie diese tonische Lebensluft. Manchmal spürt sie freilich dieses Warmwerden wie ein Wetterleuchten im Blut, besonders abends beim Tanz oder wenn im Dunkel einer dieser geschmeidigen jungen Männer schärfer herandrängt: auch bei ihnen spielt unter der Kameradschaft ein Werben mit, aber anders, offener, kühner, körperlicher, ein Werben, das die Ungewohnte manchmal erschreckt, etwa wenn sie im Dunkel des Autos eine harte Hand ihr Knie umschmeicheln fühlt oder beim Spaziergang das Unterfassen zärtlicher wird. Aber die andern Mädel, die Amerikanerin und Mannheimerin, dulden das alle ohne Ärger, quittieren höchstens allzu freche Finger mit kameradschaftlichem Klaps, warum zimperlich sich wehren, schließlich ist's doch irgendwo wohl zu merken, wie der Ingenieur immer heftiger einsetzt oder der kleine Amerikaner zu einem Spaziergang sacht waldwärts locken möchte. Sie tut's nicht, aber doch, mit einem kleinen, neuen Stolz fühlt sie das Begehrtsein, die neue Gewißheit, daß ihr warmer, nackter, unberührter Körper unter dem Kleid etwas ist, was Männer atmen, fühlen, betasten, genießen möchten. Tief unter die Haut spürt sie das alles wie einen feinen Rausch, aus unbekannten und betörenden Essenzen gemacht und ständig umworben von so viel fremden und bezaubernd eleganten Männern und selber schon schwindlig von diesem erregten Umringtsein, schüttelt sie sich einen Augenblick wach und fragt sich ganz erschrocken: »Wer bin ich? Wer bin ich denn eigentlich?«

»Wer bin ich denn? Und was finden sie alle an mir?« Mit immer wieder neuem Erstaunen fragt's sich die Überraschte Tag für Tag. Jeden Tag drängen neue andere Zeichen der Aufmerksamkeit an sie heran. Kaum sie aufwacht, bringt das Mädchen schon Blumen ins Zimmer von Lord Elkins. Gestern hat ihr die Tante eine Ledertasche geschenkt und eine entzückende kleine, goldene Armbanduhr. Die fremden schlesischen Gutsbesitzer, Trenkwitz, haben sie eingeladen auf ihr Gut, der kleine Amerikaner hat ihr ein goldenes kleines Taschenfeuerzeug, das sie so sehr bewundert hatte, heimlich in die Ledertasche geschoben. Herzlicher als die eigene Schwester ist das kleine Mannheimer Mädel zu ihr, nachts bringt sie ihr noch Schokoladenbonbons herauf und sie plaudern bis Mitternacht. Der Ingenieur tanzt fast ausschließlich mit ihr, und jeden Tag wirbeln neue Menschen zu, und alle sind lieb und respektvoll und herzlich zu ihr, nur zeigen muß sie sich in der Halle und im Hotel und schon ist jemand da, sie einzuladen ins Auto, in die Bar, zum Tanz, zu irgendeinem Spaß und Spiel, nicht einen Augenblick läßt man sie allein, nicht eine Stunde ihr langweilig und leer. Und immer wieder fragt sie sich erstaunt: »Wer bin ich denn? Jahrelang sind die Menschen auf der Straße an mir vorbeigegangen und keiner hat auf mein Gesicht geachtet, jahrelang sitze ich jetzt dort im Dorf, keiner hat mir was geschenkt und nach mir gefragt. Ist es weil die Menschen dort alle so arm sind, macht die Armut die Menschen so müde und so mißtrauisch, oder ist plötzlich etwas in mir da, was immer schon da war und doch nicht da war, das nur noch nicht heraus konnte? War ich vielleicht wirklich schöner, als ich wagte zu sein, und klüger und anziehender und habe nur den Mut nicht gehabt, es zu glauben? Wer bin ich, wer bin ich eigentlich?« Immer fragt sie sich das in den kurzen Augenblicken, wo sie die Menschen allein lassen, und so geschieht etwas Sonderbares, das sie selbst nicht begreift: aus der Sicherheit wird abermals Unsicherheit. In den ersten Tagen war sie nur erstaunt und überrascht gewesen, daß alle diese fremden vornehmen, eleganten und bezaubernden Menschen sie als einen nehmen von ihnen. Jetzt aber, da sie spürt, daß sie besonders gefällt, daß sie mehr als die andern, mehr als diese rotblonde und so fabelhaft angezogene Amerikanerin, mehr als das witzige, lustige, spritzig kluge Mannheimer Mädel die Neigung, die Neugier, die Spannung all dieser Männer anzieht, wird sie von neuem unruhig. »Was wollen sie von mir?« fragt sie sich und wird immer unruhiger in ihrer Gegenwart. Denn es ist so sonderbar mit diesen jungen Menschen, zu Hause hat sie sich nie um Männer gekümmert, und wenn sie mit ihnen war, nicht ihre Gegenwart beunruhigt gespürt. Nie hat sich ein Gedanke gerührt, ein heimlicher oder sinnlicher, bei diesen schweren Provinzlern mit ihren plumpen, tappigen Händen, denen nur das Bier manchmal die Schwere wegnimmt, mit ihren groben, gleich gemein werdenden Spaßen und ihrer frechen Handgreiflichkeit. Nur Ekel hatte sie gespürt, wie vor Tieren, wenn einmal einer im Rausch aus dem Wirtshaus kommend ihr zuschnalzte oder sie im Amt mit süßlichen Komplimenten umwarb. Aber diese jungen Menschen hier, immer spiegelglatt rasiert und die Hände maniкürt, die mit ihrer geschmeidigen Manier allergefährlichste Dinge so locker und lustig zu sagen wissen, die ihren Fingern auch bei der flüchtigsten Berührung Zärtlichkeit zu geben wissen, machen sie manchmal auf eine ganz neue Art neugierig und unruhig. Sie spürt, wie in ihr eigenes Lachen ein fremder Ton kommt, wie sie mit plötzlicher Angst wegrückt. Irgendwie fühlt sie sich unruhig gemacht in dieser scheinbar bloß kameradschaftlichen und doch gefährlichen Gegenwart, und besonders vor dem einen, der so deutlich andrängt und um sie wirbt wie der Ingenieur, spürt sie manchmal ein Gefühl wie eine leichte und doch wollüstige Schwindligkeit.

Glücklicherweise ist sie selten allein mit ihm, meist sind zwei oder drei Frauen mit, und in deren Gegenwart fühlt sie sich sicherer. Manchmal wirft sie einen kleinen Seitenblick aus ihrer Bedrängnis, ob die andern sich besser zu wehren wissen, und lernt, ohne es zu wollen, allerhand kleine Raffinements von ihnen, geheuchelte Erbitterung oder frechlustiges Darüberhinweg bei manchen zu körperlichen Keckheiten und vor allem die Kunst, rechtzeitig abzubrechen, wenn die Nähe gefährlich wird. Aber auch wenn sie nicht mit den Männern ist, spürt sie jetzt die Atmosphäre, besonders wenn sie mit der kleinen Mannheimerin plaudert, die mit einer ihr ganz unbekannten Offenheit über die heikelsten Themen spricht. Studentin der Chemie, klug und gerissen, übermütig, sinnlich, im letzten Augenblick doch beherrscht, sieht sie mit ihren scharfen schwarzen Augen alles, was vorgeht. Von ihr erfährt Christine alle Affairen des Hotels, daß das kleine grell geschminkte Persönchen mit den oxydierten Haaren gar nicht die Tochter des französischen Bankiers ist, als die er sie ausgibt, sondern seine Geliebte, daß sie zwar in zwei Zimmern schlafen, aber in der Nacht ... Sie selber hat es gehört von nebenan ... Und daß die Amerikanerin auf dem Schiff mit dem deutschen Filmstar etwas gehabt hat, es sei eine Wette gewesen zwischen drei Amerikanerinnen, wer ihn kriege, und daß der deutsche Major dort homosexuell sei, der Liftboy hätte dem Dienstmädel darüber einiges erzählt; als ganz natürliche, selbstverständliche Dinge, ohne Schatten einer Entrüstung plaudert die Neunzehnjährige im lockern Plauderton der Achtundzwanzigjährigen die ganze Chronique scandaleuse vor. Und Christine, die sich schämt, durch ein Erstaunen ihre Unerfahrenheit zu verraten, hört neugierig zu und blickt nur manchmal von der Seite das quicklebendige kleine Mädel mit einer Art schauriger Bewunderung an; dieses kleine schmale Körperchen, denkt sie, muß selbst schon allerhand erfahren haben, was ich nicht weiß, sie könnte sonst nicht so sicher und selbstverständlich davon reden, und unwillkürlich macht das Darandenken, an all diese Dinge, sie unruhig. Es ist als ob tausend neue winzige Poren in ihrer Haut aufgegangen wären und plötzlich Wärme in sich einsaugten, so brennt ihr manchmal die Haut, und mitten im Tanz spürt sie sich schwindlig werden. »Was ist mit mir?« fragt sie sich nach, eine Neugier hat in ihr begonnen zu wissen, wer sie selber ist, und nach der Entdeckung dieser neuen Welt sich selbst zu entdecken.

Und abermals drei Tage, vier Tage, eine ganze wilde Woche ist im Flug vorbei. Im Speisesaal sitzt smokinggerüstet Anthony, mit seiner Frau beim Dinner und knurrt. »Jetzt habe ich aber diese Unpünktlichkeit satt. Das erstemal, well, das kann jedem passieren. Aber den Tag herumzustreunen und einen noch sitzen und warten zu lassen, das ist eine Ungezogenheit. Zum Teufel, was denkt sie sich eigentlich!« Claire beschwichtigt. »Mein Gott, was willst du. So sind sie heute alle, nichts zu machen, Nachkriegserziehung, die kennen nur ihr eigenes Jungsein und ihr Vergnügen.«

Aber Anthony wirft ingrimmig die Gabel auf den Tisch: »Zum Teufel mit diesem ewigen Vergnügen. Ich war auch einmal jung und bin über den Strang gegangen, aber Ungezogenheiten habe ich mir nicht erlaubt und hätt' mir's auch nicht erlauben dürfen. Die zwei Stunden im Tage, wo dein Fräulein Nichte noch geruht, uns die Ehre ihrer Gegenwart zu erweisen, hat sie pünktlich zu sein. Und dann noch eins bitt' ich mir aus – sage ihr das endlich einmal, und zwar gründlich! –, daß sie nicht jeden Abend diesen Haufen Burschen und Mädel an unsern Tisch schleppt; was geht mich dieser stiernackige Deutsche an mit seiner kahlgeschorenen Sträflingsfrisur und seinem Kaiser-Wilhelm-Geschnarr und der jüdische Referendar mit seinen ironischen Gescheitheiten und diese Flapper aus

Mannheim, die ausschaut wie aus einer Bar geborgt. Nicht einmal meine Zeitung kann ich lesen, immer wirbelt und paukt und lärmt das hin und her: wie komme ich dazu, mich mit solchen windigen Rotznasen zusammenspannen zu lassen. Heute abends bitte ich mir jedenfalls meinen Frieden aus, und wenn sich auch einer von dieser lauten Bande an meinen Tisch setzt, schmeiß ich alle Gläser um.« Claire widerspricht nicht direkt, sie weiß, es tut nicht gut, sobald einmal blaue Adern oben an seiner Stirn aufzittern; was sie ärgert, ist eigentlich, daß sie Anthony recht geben muß. Anfangs war sie selbst es gewesen, die Christine in diesen Wirbel hineinschob, es hatte ihr Spaß gemacht zu sehen, wie flink und geschickt ihr Mannequin sich in die Toiletten hineinpaßte; aus ihrer eigenen Jugend dämmert noch ein verworrenes Erinnern an die Entzückung, wie sie das erstemal sich nobel auftun und mit ihrem Gönner bei Sacher speisen durfte. Aber tatsächlich, in diesen letzten zwei Tagen hat Christine jedes Maß verloren: wie jeder Trunkene spürt sie nur sich und ihre wirbelnde Seligkeit, sie merkt zum Beispiel nicht, daß abends der alte Mann schon schläfrig den Kopf sinken läßt, merkt es selbst dann nicht, wenn die Tante eindringlich mahnt: »Komm, es wird schon spät« – eine Sekunde schreckt sie nur aus ihrem Taumel auf. »Ja, selbstverständlich, Tante, nur diesen einen Tanz noch habe ich versprochen, nur diesen einen Tanz.« Aber in der nächsten Sekunde – und sie hat alles vergessen, sie merkt nicht einmal, daß der Onkel des Wartens überdrüssig vom Tisch aufgestanden ist, ohne ihr gute Nacht zu sagen, und denkt gar nicht daran, er könnte böse sein; überhaupt, böse und gekränkt, wer könnte das sein in dieser wunderbaren Welt! Derart unfaßbar ist ihr, daß nicht alle brennen vor Begeisterung, nicht jeder flackert und fiebert vor Übermut, vor hitzigem Behagen, daß sie im Wirbel das Gleichgewicht verliert. Zum erstenmal seit achtundzwanzig Jahren hat sie sich selbst entdeckt, und diese Entdeckung ist dermaßen berauschend, daß sie an alle Menschen außer sich selbst vergißt.

Auch jetzt stürmt sie, von der eigenen Hitze getrieben, angeschnurrt wie ein Kreisel, in den Speisesaal, sich noch im Gehen ungeniert die Handschuhe abreißend (wer kann hier etwas übelnehmen?), lacht den beiden jungen Amerikanern im Vorbeigehen ein lustiges Hallo zu (sie hat allerhand gelernt) und steuert querhin zur Tante, die sie zärtlich von rückwärts anfaßt und auf die Wange küßt. Dann erst ein kleines Erschrecken: »Oh, ihr seid schon so weit? Verzeihung! ... Ich hab's gleich den beiden Kerlen gesagt, dem Percy und dem Edwin, ihr macht es nicht mit eurem schäbigen Ford in vierzig Minuten bis zum Hotel und wenn ihr noch so anpüllt! Aber sie haben's mir nicht geglaubt ... Ja, Kellner, Sie können schon servieren, gleich beide Gänge, damit ich euch einhole ... also ja, der Ingenieur hat selbst gelenkt, er fährt famos, aber ich hab's gleich gemerkt, der alte Klapperkasten kommt nicht über achtzig, da saust der Rolls Royce von Lord Elkins anders, und wie das federt ... übrigens, die Wahrheit zu sagen, vielleicht war's auch, weil ich selber ein bißchen das Lenken probiert hab', natürlich Edwin neben mir... ganz leicht ist es, die ganze Zauberei ... und dann fahre ich dich, Onkel, als ersten aus, nicht wahr, du traust dich doch ... aber Onkel, was hast du denn? Bist mir doch nicht bös wegen dem bissel zu spät, nicht wahr, nein? ... Ich schwör dir, es war nicht meine Schuld, ich hab's ihnen gleich gesagt, sie machen es nicht in vierzig Minuten ... aber man soll sich wirklich nur auf sich selber verlassen ... ausgezeichnet ist diese Pastete, und der Durst, den ich hab'! ... Ach, man weiß gar nicht, wie gut man's hat bei euch. Morgen nachmittag soll's wieder losgehen bis nach Landeck hinein, aber ich hab' gleich gesagt, ich tu nicht mit, ich muß doch mit euch einmal wieder Spazierengehen, aber man hat hier wirklich keine Ruhe ...«

Das prasselt und flackert nur so herunter wie Feuer vom dürren Holz. Erst nach einiger Zeit, da sie ganz erschöpft stockt, bemerkt Christine, daß ihr passioniertes Erzählen gegen ein hartes und kaltes Schweigen stößt. Der Onkel blickt starr auf den Fruchtkorb, als interessierten ihn

die Orangen dort mehr als das ganze Geschwätz, die Tante
spielt nervös mit den Bestecken. Keiner spricht ein Wort.
»Du bist doch nicht ungehalten, Onkel, ernstlich
ungehalten?« fragt Christine beunruhigt. »Nein«, murrt er,
»aber mach, daß du fertig wirst.« So ärgerlich fährt's ihm
heraus, daß es Claire peinlich berührt, denn Christine sitzt
sofort kleinlaut da, wie ein geschlagenes Kind. Sie wagt
nicht aufzublicken, den halbzerschnittenen Apfel hat sie
verschüchtert auf den Teller gelegt, und um den Mund
zuckt es hin und her. Rasch greift die Tante ein; um
abzulenken, wendet sie sich an Christine und fragt: »Was
hörst du denn von Mary? Hast du gute Nachrichten von zu
Hause? Ich wollte dich schon die ganze Zeit fragen.« Aber
Christine wird noch blasser, sie spürt ein Zittern bis zu den
Zähnen. Um Himmels willen, daran hat sie noch gar nicht
gedacht! Seit einer Woche sitzt sie jetzt hier herum, und es
ist ihr gar nicht aufgefallen, daß sie nicht eine einzige Zeile
Post bekommen hat, das heißt, zwischendurch in flüchtigen
Augenblicken hatte sie sich gewundert und immer wieder
vorgenommen, zu schreiben, aber dann kam immer wieder
ein Wirbel dazwischen. Jetzt fällt ihr das Versäumte wie
ein Hieb aufs Herz. »Ich kann mir's nicht erklären, keine
einzige Zeile habe ich bisher von zu Hause. Ob am Ende
etwas verlorengegangen ist?« Jetzt wird auch das Gesicht
der Tante spitz und streng. »Merkwürdig«, sagt sie, »sehr
merkwürdig! Aber vielleicht kommt's davon, daß man dich
hier nur als Miss van Boolen kennt und die Briefe für
Hoflehner liegen unbehoben beim Portier. Hast du bei ihm
nachgefragt?« »Nein«, atmet Christine ganz still und
niedergeschmettert. Sie erinnert sich deutlich, dreimal oder
viermal, eigentlich jeden Tag hat sie fragen wollen, aber
immer war etwas los, immer wieder hat sie darauf
vergessen. »Entschuldige, Tante, einen Augenblick!«
springt sie empor. »Ich will gleich nachsehen.«

Anthony läßt die Zeitung sinken, er hat alles gehört.
Zornig blickt er ihr nach. »Da hast du's! Die Mutter
schwerkrank, sie hat's selber erzählt, und sie fragt nicht
einmal nach, nur hin und her flappern den ganzen Tag!

Jetzt siehst du, ob ich recht hatte.« »Wirklich unglaublich«, seufzt die Tante, »in acht Tagen nicht ein einziges Mal nachzufragen, wo sie doch weiß, wie es mit Mary steht. Und anfangs war sie so rührend besorgt um die Mutter, mit Tränen in den Augen hat sie mir erzählt, wie schrecklich es ihr war, sie allein zurückzulassen. Unglaublich, wie sie sich verändert hat.«

Inzwischen ist Christine zurückgekommen, mit ganz andern, ganz kleinen Schritten, verwirrt und beschämt. Ganz dünn setzt sie sich in den breiten Fauteuil, am liebsten möchte sie sich ducken wie vor einem verdienten Schlag. Tatsächlich, drei Briefe und zwei Karten sind beim Portier unbehoben gelegen, jeden Tag hat mit rührender Sorgfalt Fuchsthaler genaue Nachrichten gesandt, und sie – wie ein Stein fällt es auf ihr Gewissen – sie hat nur einmal eine einzige Karte mit Bleistift von Celerina rasch hingeschmiert. Nicht ein einziges Mal hat sie den schön schraffierten, den zärtlich gezeichneten Plan des braven verläßlichen Freundes mehr angesehen, sie hat seine kleine Gabe überhaupt nicht aus dem Koffer genommen; weil sie unbewußt ihr früheres, ihr anderes, ihr Hoflehner-Ich vergessen wollte, hat sie das Ganze hinter ihr, die Mutter, die Schwester, den Freund vergessen. »Nun«, fragt die Tante, da sie sieht, daß Christine die Briefe ungeöffnet in der Hand beben, »willst du sie nicht lesen?« »Ja, ja, gleich«, murmelt Christine. Gehorsam reißt sie die Couverts auf und fliegt, ohne auf das Datum zu achten, die klaren und sauberen Zeilen Fuchsthalers durch: »Heute geht es gottlob etwas besser«, steht in dem einen, und in dem andern: »Da ich Ihnen ehrenwörtlich versprochen habe, verehrtes Fräulein, ehrliche Nachrichten über das Befinden Ihrer sehr verehrten Frau Mutter zu geben, muß ich leider mitteilen, daß wir gestern nicht ohne Sorge waren. Die Aufregung über Ihre Abreise hat nicht ungefährliche Erregungszustände verursacht ...« Sie blättert hastig weiter. »Die Injektion hat eine gewisse Beruhigung erzielt, und wir hoffen wieder das Beste, wenn auch die Gefahr eines neuerlichen Anfalls nicht gänzlich ausgeschaltet ist.« »Nun«, fragt die Tante, die Christines Erregung bemerkt, »wie geht es der Mutter?« »Ganz gut, ganz gut«, sagt sie aus lauter Verlegenheit, »das heißt, Mutter hat wieder Beschwerden gehabt, aber es ist schon vorbei, und sie grüßt vielmals, und auch die Schwester läßt die Hand küssen und vielmals danken.« Aber sie glaubt selbst nicht, was sie sagt. Warum schreibt die Mutter selbst nicht, nicht eine Zeile, denkt sie nervös, ob ich nicht lieber telegrafieren sollte oder versuchen, telefonisch das Postamt anzurufen, meine Stellvertreterin weiß doch gewiß Bescheid. Jedenfalls muß ich gleich schreiben, wirklich eine Schande, daß ich es noch nicht getan habe. Sie wagt nicht, die Augen zu heben, aus Furcht, dem beobachtenden Blick der Tante zu begegnen. »Ja, es wird gut sein, wenn du ihnen einmal ausführlich schreibst«, sagt die Tante, als hätte sie ihren Gedanken erraten. »Und von uns beiden sag die herzlichsten Grüße. Übrigens, auch wir gehen heute nicht in die Halle, sondern gleich hinauf in unser Zimmer, Anthony strengt dieses tägliche Aufbleiben doch zu sehr an. Gestern konnte er überhaupt nicht mehr einschlafen, und schließlich ist er auch zu seiner Erholung da.« Christine spürt den versteckten Vorwurf. Sie erschrickt, das Herz wird ihr plötzlich klein und kalt. Beschämt nähert sie sich dem alten Mann. »Bitte, Onkel, nimm's mir nicht übel, ich konnte nicht ahnen, daß es dich anstrengt.« Der alte Mann, halb noch gekränkt, halb schon gerührt von ihrem demütigen Ton, knurrt abwehrend. »Ach was, wir alten Leute schlafen immer schlecht. Hie und da macht's mit ja Spaß so im Wirbel zu sein, aber nicht jeden Tag. Und schließlich, jetzt brauchst du uns nicht mehr, du hast ja Gesellschaft genug.«

»Nein, keinesfalls, ich gehe mit euch.« Vorsichtig hilft sie dem alten Mann in den Lift hinein und führt ihn so sorglich und zärtlich, daß der Unmut der Tante allmählich schmilzt. »Du mußt verstehen, Christl, man will dir ja kein Vergnügen nehmen«, sagt sie, während sie die zwei Stockwerke hinaufsausen, »aber dir wird's auch nur gut tun, dich einmal gründlich auszuschlafen, sonst übermüdest du dich und deine ganze Erholung geht darauf. Es kann nicht schaden, wenn du einmal eine Pause machst in dem Wirbel. Bleib heute nur ruhig in deinem Zimmer und schreib Briefe, offen gesagt, es paßt sich nicht, wenn du immer allein mit den Leuten herumziehst, und außerdem, ich bin nicht übermäßig von allen entzückt. Ich hätte dich lieber mit General Elkins gesehen als mit diesem jungen ›Ich-weiß-nicht woher‹. Glaub mir, du tust besser, du bleibst heute oben.«

»Ja, ich versprech's dir, Tante«, sagt Christine ganz demütig. »Du hast recht, ich weiß selbst. Es war nur so ... ich weiß nicht, wie ... diese Tage haben mich ganz wirr und wirbelig gemacht, vielleicht ist es auch die Luft und das alles. Aber ich bin selbst froh, daß ich einmal ruhig nachdenken und Briefe schreiben kann. Ich gehe gleich hinüber, du kannst dich verlassen. Gute Nacht!«

Sie hat recht, denkt Christine, ihr Zimmer aufsperrend, und sie meint es mir doch nur gut. Wirklich, ich hätte mich nicht so treiben lassen sollen, wozu diese Hetzerei, ich hab doch noch Zeit, acht Tage, neun Tage, und schließlich, wenn ich mich krank melde und um Verlängerung telegrafiere, was kann mir geschehen, ich hab' doch noch nie Urlaub gehabt und nie einen Tag in den Dienstjahren gefehlt. Sie glauben es mir schon in der Direktion, und die Substitutin ist doch nur froh. Wunderbar, wie ruhig es hier ist, in dem schönen Zimmer, keinen Ton hört man herauf, endlich kann man einmal nachdenken, alles besinnen. Ja, und die Bücher, die Lord Elkins mir geliehen hat, die muß ich doch endlich lesen – nein, erst die Briefe, ich bin doch heraufgekommen, meine Briefe zu schreiben. Eine Schande, acht Tage keine Zeile an die Mutter, an die Schwester, an den braven Fuchsthaler, der Assistentin soll ich doch auch eine Ansichtskarte schicken, das gehört sich doch, und den Kindern der Schwester habe ich auch eine versprochen. Und noch was habe ich versprochen, was nur

– mein Gott, ich bin ganz konfus, was hab ich denn wem versprochen – ach so, dem Ingenieur, daß wir morgen früh zusammen den Ausflug machen. Nein, keinesfalls allein mit ihm, nur nicht mit ihm, und dann – morgen muß ich doch mit dem Onkel und der Tante sein, nein, ich gehe nicht mehr mit ihm allein ... Aber eigentlich sollte ich dann absagen, sollte rasch hinuntergehen, daß er dann morgen nicht umsonst wartet ... nein, ich hab doch der Tante versprochen, ich bleib' hier ... Übrigens, ich kann's doch durchs Telefon dem Portier hinuntersagen, er soll's ihm ausrichten ... durchs Telefon, ja, so ist's am besten. Nein, doch nicht ... Wie sieht das aus, sie glauben am Ende, ich bin krank oder hab' Hausarrest, und die ganze Bande macht sich lustig über mich. Besser, ich schick' ihm paar Zeilen hinunter, ha, so mach ich's lieber, und die andern Briefe spedier' ich gleich mit, damit sie der Portier morgen früh auf die Post gibt ... Donnerwetter ... Wo steckt denn das Briefpapier? ... Nein, sowas, die Mappe leer, das sollte in einem so noblen Hotel doch nicht vorkommen ... einfach ausgeräumt ... Nun, man kann ja läuten, das Dienstmädchen holt gleich eins herauf ... aber kann man wirklich noch läuten, jetzt nach neun, wer weiß, die schlafen alle schon, und vielleicht sieht's sogar komisch aus, man schellt eigens in der Nacht wegen paar Bogen Papier ... besser ich spring' selbst hinunter und hol' mir's aus dem Schreibzimmer ... Wenn ich nur nicht Edwin in den Weg laufe ... Die Tante hat recht, ich sollte ihn nicht so nah an mich heranlassen ... Ob er sich das auch gegen andere erlaubt, wie das heut nachmittag im Auto ... die ganzen Knie entlang, ich verstehe gar nicht, wie ich mir's hab gefallen lassen können ... Ich hätt eigentlich wegrücken sollen und mir das verbitten ... ich kenne ihn doch erst paar Tage. Aber ganz gelähmt war ich davon ... schrecklich, wie man plötzlich ganz schwach, ganz willenlos wird, wenn ein Mann einen so anrührt ... das hätt' ich mir nie vorstellen können, daß einen plötzlich die Kraft ausläßt... Ob andere Frauen auch so sind ... nein, das sagt einem keine, so frech sie sonst reden, so tolle Geschichten sie einem erzählen ... Irgend etwas hätt' ich doch tun sollen, sonst glaubt er am Ende, man läßt sich von jedem so anfassen ... oder bildet sich ein, man will es haben ... Schauerlich, wie das war, dieses Rieseln die Haut entlang bis in die Zehen ... wenn er das einem jungen Mädel macht, ich verstehe, daß die toll wird – und wie er mir an den Kurven den Arm plötzlich preßte, schrecklich wie er ... ganz schmale Finger hat er, nie hab ich bei einem Mann so weibisch gepflegte Nägel gesehen, und doch, wenn er zupackt, fühlt man's wie eine eiserne Klammer ... ob er das wirklich bei jeder tut... Wahrscheinlich mit jeder ... ich muß ihn wirklich daraufhin beobachten nächstens, wenn er tanzt... Schrecklich, daß man so gar nichts weiß, jede andere kennt in meinem Alter sich aus, sie würde sich schon Respekt verschaffen können ... Oder nein, was hat Carla erzählt, wie hier die Türen gehen die ganze Nacht... ich muß gleich den Riegel vorschieben ... Wenn sie nur zu einem aufrichtig waren, nicht so ein Hin und Her und Dran-Vorbei, wenn man nur wüßte, wie's die andern tun, ob's die auch so packt und wirr macht ... Mir ist so etwas nie passiert! Ja, doch einmal vor zwei Jahren, wie der elegante Herr mich angesprochen hat auf der Währinger Straße, ganz ähnlich hat er ausgesehen, auch so hoch und straff ... schließlich, es wäre nichts dabei gewesen, ich hätt' damals, wie er mich eingeladen hat, mit ihm genachtmahlt... alle machen doch so Bekanntschaft. Aber damals hab' ich Angst gehabt, ich komm' zu spät nach Haus... mein ganzes Leben lang hab' ich diese dumme Angst gehabt und hab' Rücksicht genommen auf jeden, auf alle... und dabei geht die Zeit weg und man kriegt Falten um die Augenwinkel ... Die andern, die waren gescheiter, die haben's besser verstanden ... Wirklich, ob noch ein anderes Mädel hier sitzen tat, allein im Zimmer, und unten ist es lustig und hell... nur weil der Onkel müd' ist... Keine würde so sitzen bleiben am frühen Abend ... wieviel Uhr ist denn eigentlich ... neun Uhr erst, neun Uhr... bestimmt werde ich nicht schlafen können, ausgeschlossen ... mir ist so furchtbar heiß auf einmal... Ja, das Fenster auf ... wie gut das tut, die Kälte auf die nackte Schulter ... ich soll achtgeben, daß ich mich nicht verkühle ... Ach was, immer diese dumme Ängsterei, immer diese Vorsicht, Vorsicht ... Was hat man schon davon ... ah, wunderbar die Luft durch das dünne Kleid, ganz nackt fühlt man sich darin ... wozu hab' ich's eigentlich angezogen und für wen, dieses schöne Kleid... kein Mensch sieht einen dann, wenn man hier im Zimmer hockt... Ob ich nicht noch rasch hinunterlaufen sollt'?... Ich müßt' mir doch Briefpapier holen, oder eigentlich, ich könnte sie unten schreiben, die Briefe im Schreibzimmer ... Da ist doch wirklich nichts dabei ... Brrr, eiskalt ist das geworden, ich mach' lieber doch das Fenster zu: eiskalt ist es jetzt herin' ... und da soll man im leeren Sessel sitzen?... Unsinn, ich lauf hinunter, da wird mir gleich warm... Aber wenn mich Elkins sieht und erzählt's morgen der Tante, oder sonst wer?... Ach was ... dann sage ich eben, ich habe die Briefe zum Portier hinuntergegeben ... da kann sie doch wirklich nichts sagen ... ich bleib' doch nicht unten, nur die Briefe schreib' ich, die zwei Briefe, dann gleich wieder herauf ... Wo ist mein Mantel? Aber nein, keinen Mantel, ich komme doch gleich wieder herauf, nur die Blumen ... nein, die sind von Elkins ... Ach was, gleichgiltig, die passen dazu ... Vielleicht daß ich zur Vorsicht noch an der Tür der Tante vorbeischau', ob sie schon schläft ... Unsinn, was brauche ich das ... ich bin doch kein Schulmädel mehr ... immer diese blöde Angst! Ich werde doch keinen Permiß brauchen, wenn ich für drei Minuten hinterlauf'. Also vorwärts ...

Und rasch, hastig und scheu läuft sie, wie um das eigene Zögern zu überrennen, die Treppe hinab.

Wirklich, es ist gelungen, von der Halle, die von Tanz und Menschen brodelt, unbemerkt ins Schreibzimmer zu flüchten. Der erste Brief ist geschrieben, der zweite wird eben fertig. Da spürt sie auf der Schulter eine Hand. »Arretiert! So ein Raffinement, sich hier zu verstecken. Seit einer Stunde fahre ich in allen Ecken herum nach dem Fräulein von Boolen, alle Leute frage ich, sie lachen mich schon aus, und da sitzt sie geduckt wie das Häschen im Korn. Jetzt aber gleich los!« Der hohe schlanke Mann steht hinter ihr, wieder spürt sie den verhängnisvollen Griff bis in die Nerven hinab. Sie lächelt schwach, zugleich erschreckt von dem Überfall und doch entzückt, daß schon eine halbe Stunde ihm genügt hatte, sie so sehr zu vermissen. Aber immerhin, sie hat noch genug Kraft zur Abwehr. »Nein, ich kann heute nicht tanzen, ich darf nicht. Ich habe noch Briefe zu schreiben, sie müssen noch mit dem Frühzug fort. Und dann, ich hab' meiner Tante versprochen, heute abends oben zu bleiben. Nein, ausgeschlossen, ich darf nicht. Sie wäre schon böse, wenn sie wüßte, daß ich noch einmal heruntergekommen bin.«

Konfidenzen sind immer gefährlich, denn ein Geheimnis, einem Fremden anvertraut, löst die Fremdheit zu ihm. Man hat etwas von sich weggegeben, und ihm damit einen Vorteil. Tatsächlich, sofort wird der hart begehrende Blick vertraulich: »Aha, durchgebrannt! Ohne Urlaubsschein. Na, keine Angst, ich werde Sie nicht verzünden, ich nicht ... Aber jetzt, wo ich mir die Beine eine Stunde lang in den Leib gestanden habe, laß ich Sie nicht so leicht wieder frei, nein, nicht zu denken daran. Wer A sagt, muß auch B sagen, wenn Sie schon einmal heruntergekommen sind ohne Permiß, so bleiben Sie jetzt ohne Permiß mit uns.«

»Was fällt Ihnen ein! Unmöglich. Am Ende kommt die Tante noch herunter. Nein, ausgeschlossen!«

»Nun, das wollen wir gleich dokumentarisch feststellen, ob Tantchen schon schläft. Kennen Sie die Fenster?« »Aber warum?« »Sehr einfach, wenn die Fenster dunkel sind, dann schläft Tante schon. Und wer einmal ausgezogen im Bett liegt, zieht sich nicht eigens an, um nachzusehen, ob das Kindchen brav ist. Mein Gott, wie oft sind wir im Technikum ausgerückt, Wohnungsschlüssel und Haustorschlüssel gut geölt und in bloßen Strümpfen bis zum Hausflur hinunter. So ein Abend war immer siebenmal so lustig wie die feierlich beurlaubten. Also los, zur Konstatierung!« Unwillkürlich muß Christine lächeln; wie leicht, wie locker sich hier alles löst, wie hier alle Schwierigkeiten sich entwirren! Ein Kleinmädelübermut kitzelt sie, ihre allzustrengen Wächter zum Narren zu halten. Aber nur nicht zu rasch nachgeben, denkt sie sich. »Ausgeschlossen, ich kann doch nicht so hinaus in die Kälte! Ich habe gar keinen Mantel mit.«

»Dafür haben wir Ersatz. Einen Augenblick«, und schon springt er hin zur Garderobe und holt seinen Ulster, der dort weich und wollig hängt. »Wird schon passen, nur hinein!«

»Aber ich sollte doch ...« denkt sie und denkt dann doch wieder nicht mehr weiter, was sie eigentlich soll, denn schon hat er ihr einen Arm hineingeschoben in den weichen Rock, jetzt wäre Widerstand kindisch, lachend und spitzbübisch behaglich wickelt sie sich in das fremde, männische Kleid hinein. »Nicht durch den großen Ausgang«, lächelt er in ihren verhüllten Rücken, »hier durch die Seitentür, und gleich machen wir der Tante die Fensterpromenade.« »Aber wirklich nur einen Augenblick«, sagt sie, und kaum im Dunkel, fühlt sie schon seinen Arm wie selbstverständlich untergeschoben. »Nun, wo sind die Fenster?« »Links im zweiten Stock, dort das Eckzimmer mit dem Balkon.« »Dunkel, stockdunkel, hurra! Kein Zwirnsfaden Licht, die schlafen schon ausgiebig. So, und jetzt übernehme ich die Führung. Zunächst einmal zurück in die Halle!« »Nein, um keinen Preis! Wenn Lord Elkins oder wer anderer mich dort sieht, der erzählt's sofort morgen zurück, und sie sind ohnehin schon ganz böse auf mich ... Nein, ich gehe gleich hinauf.«

»Dann anderswohin, in die Bar nach St. Moritz. Zehn Minuten Auto und wir sind drüben, dort kennt Sie niemand und niemand kann Sie vertratschen.«

»Was denken Sie! Sie haben Ideen! Wenn mich hier jemand mit Ihnen einsteigen sieht ins Auto – das ganze Hotel würde vierzehn Tage nichts anderes reden.« »Dafür wird gesorgt, das überlassen Sie mir. Selbstverständlich steigen Sie nicht vor der Haustür offiziell ein, wo die verehrliche Hoteldirektion vierzehn Bogenlampen knattern läßt. Sie gehen dort den Waldweg vierzig Schritte bis tief in den Schatten, in einer Minute komme ich mit dem Auto nach, und in fünfzehn Minuten sind wir drüben. Abgemacht, erledigt.«

Immer wieder staunt Christine, wie leicht sich hier alles löst. Ihr Widerstand zeigt schon halbe Zustimmung. »Wie einfach Sie sich das vorstellen.« »Einfach oder nicht einfach, aber so ist's und so wird's gemacht. Ich laufe gleich hinüber und lasse ankurbeln. Sie gehen inzwischen voraus.« Noch einmal, schwächer schon, schaltet sie zögernd ein: »Aber wann sind wir zurück?«

»Mitternacht spätestens.«

»Ihr Ehrenwort?«

»Mein Ehrenwort.«

Ein Ehrenwort dient einer Frau immer als Geländer, an das sie sich anklammert, ehe sie fällt. »Also gut, ich verlasse mich auf Sie.«

»Immer scharf links hinüber bis zur Straße und nicht an den Bogenlampen vorbei. In einer Minute komme ich nach.«

Während sie in die vorgeschlagene Richtung geht (warum gehorche ich ihm eigentlich so?), fällt ihr ein, ich sollte doch eigentlich ... ich sollte doch ... aber weiter kann sie nicht denken, nicht sich erinnern, was sie eigentlich sollte, denn schon intrigiert sie das neue Spiel, eingemummt in eines fremden Mannes Mantel, indianerhaft heimlich durch das Dunkel zu streifen, wieder einmal, wieder einmal aus ihrem sichtbaren Leben heraus in andere Verwandlung, abermals eine andere, als die sie sich bislang gekannt. Nur einen Augenblick muß sie im Waldesschatten warten, dann tasten schon zwei breite Lichtfinger die Straße entlang, silbern fährt der aufgeblendete Scheinwerfer zwischen die Tannen, und offenbar hat der Führer sie bereits erspäht, denn mit einem Schlag stoppen die scharfen, schneidenden Lichter ab und der Wagen, massig und schwarz, knirscht bis knapp an sie heran. Jetzt löschen diskret auch die Innenlichter, nur der blaue Schein um den Geschwindigkeitszähler schneidet einen winzigen Kreis Farbe in die Finsternis. So schwarz trifft sie das plötzliche Dunkel nach dem eben noch schmetternden Lichtguß, daß Christine nichts unterscheiden kann, aber da öffnet sich schon der Wagenschlag, eine Hand kommt, hilft herein, hinter ihr knackt die zugefallene Klinke, gespenstig schnell das alles, wirbelnd und abenteuerlich wie im Kino; ehe sie Zeit findet Atem zu holen oder etwas zu sagen, zieht das Auto schon wieder scharf an, und in diesem ersten Ruck, der ihr den Körper unwillkürlich zurückwirft, fühlt sie sich schon umarmt und gefaßt. Sie will sich wehren, ängstlich deutet sie auf den Rücken des Chauffeurs, der wie ein kleines Gebirge am Steuer vor ihnen starr und unbeweglich sitzt, sie hat Scham vor diesem nahen Zeugen und weiß sich anderseits gerade durch seine Gegenwart vor dem Äußersten beschützt. Aber der Mann neben ihr antwortet mit keinem Wort. Sie fühlt nur warm und dringend ihren Körper umfaßt, seine Hände an den ihren, nun an ihren Armen, nun an ihren Brüsten und jetzt einen herrisch fremden, gewaltsamen Mund, der den ihren sucht, der heiß und feucht ihre allmählich nachgebenden Lippen aufbricht. Unbewußt hat sie all dies nur gewollt und erwartet, dieses Hart-Angefaßtwerden, diese heillose Jagd der Küsse über Hals und Schultern und Wangen, bald da, bald dort das heiße Brandmal auf der zuckenden Haut, und das Leiseseinmüssen vor dem Zeugen steigert auf irgendeine Art noch den Rausch in diesem brennenden Spiel.

Geschlossenen Auges, ohne Wort und Willen, sich zu wehren, läßt sie sich das atmende Stöhnen vom Munde wegsaugen und genießt aus dem ganzen gebäumten, bebenden Leib empor die Lust der Lippen mit. Das alles dauert, sie weiß nicht wie lange, in einem Jenseits von Raum und Zeit, löst sich erst jäh, wie nach deutlicher Hupenwarnung des Chauffeurs, das Auto die beleuchtete Straße einfährt und vor der Bar des großen Hotels stoppt.

Sie steigt aus, verwirrt, taumelnd, beschämt und richtet schnell dabei das zerdrückte Kleid, das durchgeschüttelte, zerküßte Haar. Ob es nicht jeder merken wird, aber nein, niemand sieht sie auffällig an, in der halbdunklen, überfüllten Bar, höflich geleitet man sie an einen Tisch. Ein Neues wird ihr bewußt, ein wie undurchsichtiges Geheimnis das Leben einer Frau sein kann, wie meisterlich die Maske gesellschaftlicher Haltung auch leidenschaftlichste Erregung deckt. Nie hätte sie für möglich gehalten, daß sie, die Haut noch versengt von seinen Küssen, so aufrecht, ruhig, kühl und klar neben einem Manne sitzen könne und locker mit seiner gutgeplätteten Hemdbrust Konversation machen, und vor zwei Minuten hat man noch diese Lippen gefühlt bis an die harten, verklammerten Zähne, hat sich gebogen unter der Wucht seiner Umpressung, und niemand ahnt hier unter den Menschen das geringste. Wieviele Frauen haben sich so vor mir verstellt, denkt sie erschreckt, wieviele von denen, die ich kannte zu Hause und im Dorf. Alles hat doppelt gelebt, vielfach und hundertfach, heimlich und offenbar, während ich treuherzige Närrin mir an ihrer Zurückhaltung ein Beispiel nahm. Da spürt sie unter dem Tisch sein Knie sprechend herangeschoben. Sofort strömt ihr Blick über, sie sieht wie zum erstenmal sein Gesicht hart, braun, energisch, mit dem befehlenden Mund unter dem schmalen Bart, sie spürt seine Augen grüßend in sie hineindringen. Unwillkürlich zündet dies alles in ihr einen Stolz. Dieser feste, männliche Mann will mich, nur mich allein und keiner weiß es, nur ich. »Wollen wir tanzen?« fragt er. »ja«, antwortet sie, und in diesem Ja ist mehr.

Zum erstenmal ist ihr der Tanz nicht genug und die gemessene Berührung nur ungeduldige Vorahnung leidenschaftlicherer und hemmungsloserer Umarmung; sie muß sich beherrschen, um dies nicht sichtbar zu verraten.

Hastig trinkt sie ein, zwei Cocktails, die Lippen verbrannt von den Küssen, von den empfangenen oder von jenen, die sie noch begehrt. Schließlich erträgt sie es nicht mehr, dieses Dasitzen unter den Menschen. »Wir müssen nach Hause«, sagt sie. »Ganz wie du willst.« Zum erstenmal hört sie sein Du, es wirkt wie ein weicher Stoß ins Herz, und ganz selbstverständlich fällt sie beim Einsteigen ins Auto in seine Arme hinein. Zwischen die Küsse strömen jetzt drängende Worte. Nur eine Stunde solle sie zu ihm, ihr Zimmer sei im gleichen Stockwerk, niemand vom Personal sei jetzt noch wach. Sie trinkt die leidenschaftlichen Beschwörungen wie flüssiges Feuer in sich hinein. Ich habe noch Zeit, denkt sie verworren, mich zu wehren, während sie schon ganz überströmt ist von der Welle. Sie spricht nicht und antwortet nicht und empfängt nur aufgetan den Andrang dieser Worte, die sie zum erstenmal von einem Manne hört.

An der gleichen Stelle, wo sie eingestiegen ist, macht das Auto halt. Unbeweglich bleibt der Rücken des Chauffeurs, während sie den Wagen verläßt. Sie geht allein in das Hotel zurück, die Bogenlampen vor dem Eingang sind schon ausgelöscht, und rasch durch die Halle; sie weiß, bestimmt kommt er ihr nach, und schon hört sie ihn, sportlich leicht drei Stufen auf einmal nehmend, ganz nah hinter sich. Gleich wird er mich fassen, fühlt sie, und plötzlich packt sie eine wirre, wahnwitzige Angst. Sie beginnt zu laufen und bleibt ihm voran: ein Sprung in die Tür und den Riegel vorgeschoben. Und dann hinbrechend auf einen Sessel, ein einziger beglückter Atemstoß: Gerettet!

Gerettet, gerettet! Die Gelenke beben ihr noch: eine Minute und es wäre zu spät gewesen, schrecklich, wie unsicher, wie hinfällig, wie schwach ich geworden bin, jeder könnte mich nehmen in so einem Augenblick, das habe ich früher nie gekannt. Ganz sicher war ich doch schrecklich, wie einen das aufwühlt und nervös macht! Ein Glück, daß ich noch die Energie hatte, hier rechtzeitig herein und die Tür vor ihm zu, weiß Gott, was sonst geschehen wäre.

Sie streift rasch im Dunkel die Kleider ab, heftig hämmert das Herz. Aber wie sie geschlossenen Auges dann im Bett liegt, weich die Glieder in der warmen Umfassung der Daunen, bebt die Haut noch von der langsam abklingenden Erregung. Unsinn, denkt sie, warum ängstige ich mich eigentlich so sehr. Achtundzwanzig Jahre alt und immer noch sich sparen und verweigern, immer noch warten und zögern und sich fürchten. Warum spar' ich mich denn und für wen? Der Vater hat gespart und die Mutter und ich, alle, alle haben wir gespart in diesen gräßlichen Jahren, während die andern gelebt haben; immer habe ich keinen Mut gehabt, zu nichts, und wer hat's uns vergolten? Und mit einmal ist man alt und abgeblüht und stirbt und weiß nichts und hat nicht gelebt und nichts gewußt, und drüben beginnt dann wieder das kleine Leben, das gräßlich enge, und hier, hier ist alles, und man muß es nehmen, doch ich fürchte mich, ich sperr' mich und spar' mich wie ein halbwüchsiges Mädel, feig, feig und dumm, Unsinn, Unsinn? Ob ich nicht doch den Riegel aufschieben sollte, vielleicht ... nein, nein, nicht heute. Aber ich bleibe doch hier, acht Tage, vierzehn Tage, wunderbare, unendliche Zeit! Nein, ich werde nicht mehr so dumm sein, so feig sein, alles nehmen, alles genießen, alles, alles ...

Und mit einem Lächeln auf den Lippen, die Arme gespannt, den Mund wie zu einem Kuß weich aufgetan, schläft Christine ein und weiß nicht, daß es ihr letzter Tag, ihre letzte Nacht ist in dieser obern Welt.

Wer stark fühlt, beobachtet wenig: alle Glücklichen sind schlechte Psychologen. Nur der Beunruhigte spannt alle Sinne zu äußerster Schärfe, Instinkt der Gefahr macht ihn klug über seine natürliche Klugheit hinaus. Und für jemanden bedeutete, ohne daß Christine es ahnte, ihre Gegenwart seit einiger Zeit Beunruhigung und Gefahr. Jenes Mannheimer Mädel, die energisch und zielhaft dachte und deren zutunliche Plauderhaftigkeit sie törichten Herzens für Freundschaft nahm, war über Christines gesellschaftlichen Triumph leidenschaftlich erbittert geworden. Vor der Ankunft dieser amerikanischen Nichte hatte der Ingenieur mit ihr heftig geflirtet und Andeutungen ernster, vielleicht heiratlicher Absichten gegeben. Entscheidendes war nicht geschehen, es fehlten vielleicht noch ein paar Tage und eine geschickte Stunde für entscheidende Aussprache; da war Christine gekommen, höchst unerwünschte Ablenkung, denn seitdem steuerte immer unverkennbarer das Interesse des Ingenieurs Christine zu, sei es, daß der Nimbus des Reichtums, der adelige Name den guten Rechner beeinflußt hatte, sei es die lodernde Heiterkeit, jene starke Welle Glück, die von ihr mitreißend ausging; jedenfalls mit einem noch kindischen Schulmädelneid und gleichzeitig der energisch aktiven Erbitterung einer Erwachsenen, merkte sich die kleine Mannheimerin kalt- und zurückgestellt. Der Ingenieur tanzte fast ausschließlich mehr mit Christine, saß allabendlich am van Boolen-Tisch, es war, erkannte die Rivalin, wolle man ihn nicht verlieren, höchste Zeit, die Zügel straff anzuziehen. Nun spürte mit dem Instinkt des Überwachen das kleine gerissene Mädel schon längst, daß an Christines Überschwang irgend etwas eigentümlich und gesellschaftlich ungewöhnlich war, und während sich die andern dem Zauber dieser Unbändigkeit sympathisch hingaben, suchte die Kleine dem Geheimnis auf die Spur zu kommen.

Ihre Überwachung begann mit einer systematisch gesteigerten Intimität. Sie faßte Christine beim Spazierengehen immer zärtlich unter den Arm und erzählte von sich selbst halb wahre und halb unwahre Intimitäten, nur um aus der andern etwas Kompromittantes herauszulocken. Abends besuchte sie die Arglose auf dem Zimmer, setzte sich zu ihr auf das Bett, streichelte ihr über den Arm, und Christine, in ihrem Bedürfnis die ganze Welt zu beglücken, erwiderte diese herzliche Kameradschaft mit dankbarer Begeisterung, antwortete achtlos auf alle Fragen und Finten, wich nur instinktmäßig solchen aus, die an ihr innerstes Geheimnis rührten, wenn zum Beispiel Carla fragte, wieviel Dienstmädchen sie zu Hause hätten, wieviel Zimmer sie bewohnten, antwortete sie halbwahr, jetzt lebe sie wegen der Krankheit der Mutter völlig zurückgezogen am Lande, früher freilich sei es anders gewesen. Aber an kleinen Ungeschicklichkeiten hakte die böswillige Neugierige sich immer fester ein, allmählich hatte sie den schwachen Punkt herausbekommen, daß diese Fremde, die hier mit funkelndem Kleid, Perlenband und der Aura des Reichtums bei Edwin sie zu verschatten drohte, eigentlich aus kleinem, beengten Milieu stamme. Ein paar Blößen gesellschaftlicher Sicherheit hatte sich Christine unwillkürlich gegeben, vom Polospiel nicht gewußt, daß man dazu reiten muß, sie kannte nicht die Namen geläufigster Parfummarken wie Coty und Houbigant, sie unterschied nicht die Preisabstufung der Automobile, war nie bei einem Rennen gewesen; zehn oder zwanzig solcher Indiania zeigten sie in der mondänen Freimaurerei schlecht bewandert. Auch mit der Bildung stand es im Vergleich zur Chemiestudentin miserabel: kein Gymnasium, keine Sprachen, das heißt, sie gestand freimütig, daß sie ein paar Brocken Englisch, die sie in der Schule gelernt, längst vergessen hatte. Nein, da stimmte etwas nicht bei dem eleganten Fräulein von Boolen; es galt nur den Keil tiefer einzutreiben, und mit der ganzen Kraft ihrer kindisch klugen Eifersucht schlug die kleine Intrigantin zu.

Endlich (zwei Tage mußte sie plaudern, horchen und spähen) bekam die Geschäftige Lunte in die Hand. Friseurinnen plaudern berufsmäßig gern; wenn Hände allein arbeiten, bleiben Lippen selten still. Die flinke

Madame Duvernois, deren Frisierzelle gleichzeitig Großmarkthalle sämtlicher Neuigkeiten war, lachte ein silbernes C, als sich beim Haarwaschen die Mannheimerin nach Christine erkundigte. »Ah, la nièce de Madame van Boolen« – das Lachen floß immer weiter wie der strömende Wassertusch – »ah, elle était bien drôle à voir quand elle arrivait ici«; eine Frisur wie ein Bauernmädel habe sie gehabt, dicke gerollte Zöpfe und Haarnadeln, ganz schwere und eiserne, sie habe gar nicht gewußt, daß man in Europa noch solche Scheusäligkeiten fabriziere, zwei müßte sie noch irgendwo in einer Lade haben, sie habe sie sich aufgehoben als historische Kuriosität. Das war nun eine ganz ausgiebige Spur, und mit einer beinahe sportlichen Zähigkeit verfolgte sie das kleine Luder weiter. Als nächste brachte sie das Stubenmädchen von Christines Etage geschickt zum Schwätzen, und bald kriegte sie alles heraus: daß Christine mit einem kleinen winzigen Strohköfferchen gekommen war, daß alle Kleider, Wäsche, ihr hier eilig von Frau van Boolen gekauft oder geliehen worden waren. Bis zum Regenschirm mit dem Horngriff erfuhr durch rege und trinkgeldfördernde Umfrage die Mannheimerin jedes Detail. Und da der Böswillige immer Glück hat, stand sie durch Zufall gerade dabei, als Christine ihre Briefe unter dem Namen Hoflehner erbat, und eine raffinierte lässige Frage erhielt den überraschenden Aufschluß, daß Christine gar nicht von Boolen hieße.

Das war genug und übergenug. Das Pulver lag locker, nun brauchte Carla nur noch die Zündschnur richtig zu legen. In der Halle saß Tag und Nacht wie an einer Kontrollkasse, das Lorgnon als Waffe in der Hand, Frau Geheimrat Strodtmann, die Witwe des großen Chirurgen. Ihr Rollstuhl (die alte Frau war gelähmt) galt unbestritten als Auskunftei aller gesellschaftlichen Neuigkeiten und vor allem als letzte Instanz, die zwischen zulässig und unzulässig endgiltig entschied; diese militante Nachrichtenstelle im heimlichen Krieg aller gegen alle arbeitete Tag und Nacht mit fanatischer Präzision. Zu ihr setzte sich die Mannheimerin, um eilig und geschickt die kostbare Fracht abzuladen, natürlich tat sie's in scheinbar freundschaftlichster Form: ein reizendes Mädchen sei dieses Fräulein von Boolen (das heißt man nenne sie ja nur so im ganzen Haus), wirklich, man möchte es ihr gar nicht anmerken, daß sie von ganz unten komme. Es sei doch eigentlich prachtvoll von Frau van Boolen, daß sie dieses Ladenmädel, oder was sie sonst sei, aus Gutmütigkeit für ihre Nichte ausgebe, sie mit ihren Kleidern auf nobel herrichte und unter falscher Flagge segeln ließe. Ja, die Amerikaner dächten doch in solchen Standesfragen demokratischer und großzügiger wie wir rückständige Europäer, die immer noch Gesellschaft spielten (die Frau Geheimrat rückte kampffreudig wie ein Hahn den Kopf) und schließlich nicht nur Kleider und Geld, sondern auch Bildung und Herkunft forderten. Selbstverständlich wurde eine heitere Beschreibung des ländlichen Schirms nicht unterlassen, überhaupt jedes schädlich amüsante Detail der Nachrichtenstelle zu guten Händen anvertraut. Noch am selben Morgen begann ihre Geschichte im ganzen Hotel zu zirkulieren, wie jedes Geschwätz allerhand Schmutz und Geröll bei dem hastigen Lauf aufnehmend. Die einen erzählten, das machten Amerikaner oft, daß sie besonders um Aristokraten zu ärgern, irgendeine Stenotypistin als Millionärin aufzäumten, ja, es gebe darüber sogar ein Theaterstück, andere argumentierten, sie sei wahrscheinlich die Geliebte des alten Herrn oder seiner Frau, kurzum, die Sache klappte vorzüglich, und an dem Abend, wo Christine ahnungslos mit dem Ingenieur die Eskapade machte, war sie im ganzen Hotel Hauptgegenstand des Gesprächs. Selbstverständlich behauptete jeder, um nicht als der Hopf zu gelten, hundert Verdächtigkeiten bei ihr bemerkt zu haben, keiner wollte der Düpierte gewesen sein. Und da das Gedächtnis dem Willen gern dienstbar ist, bog jeder irgendein Detail, das er gestern an ihr entzückend gefunden hatte, ins Lächerliche um, und während sie, eingehüllt den warmen jungen Körper in Glück und die Lippen im Schlaflächeln aufgetan, sich selber noch betrog, wußten alle bereits um ihren unschuldig-unwilligen Betrug.

Ein Gerücht erreicht immer denjenigen als letzten, mit dem es sich beschäftigt. Christine spürt nicht, daß sie an diesem Vormittag durch einen züngelnden Feuerkreis spähender, höhnischer Rückenblicke schreitet. Gutmütig setzt sie sich gerade an den gefährlichsten Platz, zu der Frau Geheimrat, ohne zu merken, mit wie bösartigen Fragen die alte Dame – von allen Ecken schieben die Nachbarn ihre Ohren vor – an ihr herumfingert. Liebenswürdig küßt sie der weißhaarigen Feindin die Hand, ehe sie Onkel und Tante zu einem vereinbarten Spaziergang begleitet. Das leise schmunzelnde Lachen, mit dem einzelne Gäste ihren Gruß erwidern, fällt ihr nicht weiter auf, warum sollten die Leute anders als fröhlich sein? Aus sorglosen Augen blickt helle Heiterkeit den Hinterhältigen nach, leicht wie eine Flamme durch den Saal wehend und selig gläubig an die Güte der Welt.

Auch die Tante merkt zunächst nichts; allerdings ist ihr an diesem Vormittag etwas unangenehm aufgefallen, doch ahnt sie keinen Zusammenhang – im Hotel wohnt jenes schlesische Gutsbesitzerpaar, Herr und Frau von Trenkwitz, die in ihrem Umgang streng auf Feudal und Klasse setzen und mitleidslos alle Bürgerlichen schneiden. Bei den van Boolens haben sie eine Ausnahme gemacht, erstens weil sie Amerikaner sind (schon dies eine Art Adel) und doch keine Juden, dann vielleicht auch, weil ihr Zweitältester Sohn Harro, dessen Gut sich unter schwerverzinslicher Last von Hypotheken beugt, morgen eintreffen soll und dessen Bekanntschaft mit einer amerikanischen Erbin nicht völlig zwecklos schien. Für diesen Vormittag haben sie für zehn Uhr mit Frau van Boolen gemeinsamen Spaziergang verabredet, aber plötzlich (nach eingelangter Information von der geheimrätlichen Nachrichtenstelle) schicken sie um halb zehn den Portier ohne jede weitere Motivierung, es sei ihnen leider nicht möglich. Und merkwürdig, statt diese späte Absage entschuldigend zu motivieren, gehen sie mittags, steif grüßend, am Tisch der van Boolens vorbei. »Sonderbar«, argwöhnt sofort Frau van Boolen, in allen gesellschaftlichen Dingen empfindlich bis zur Krankhaftigkeit, »haben wir sie beleidigt? Was ist da vorgefallen?« Und abermals merkwürdig, nach dem Mittagessen in der Halle – Anthony hält seinen Nachtisch-Schlaf – Christine schreibt im Schreibzimmer – setzt sich niemand zu ihr. Sonst kommen regelmäßig die Kinsleys oder die andern Bekannten zu gemütlichem Plausch, jetzt bleibt wie auf Verabredung jeder an seinem Tisch, und sie sitzt ganz verlassen wartend allein in ihrem tiefen Sessel, merkwürdig berührt, daß alle Freunde nicht herüberkommen und der aufgeblasene Trenkwitz sich nicht einmal entschuldigt.

Endlich kommt jemand heran, und auch er anders als sonst, steifbeinig, umständlich, feierlich, Lord Elkins. Merkwürdig verdeckt hält er die Augen unter den rötlich müden Lidern – sonst sieht er immer so offen und klar einen an, was hat er nur? Er verbeugt sich beinahe zeremoniell: »Darf ich mich zu Ihnen setzen?«

»Aber gern, lieber Lord. Wie fragen Sie nur?«

Sie wundert sich abermals. So unleger ist seine Haltung, er sieht seine Fußspitzen ausführlichst an, er knöpft den Rock auf, er zieht die Bügelfalten zurecht; sonderbar, sonderbar. Was er nur hat, denkt sie, er macht, als ob er eine Festrede halten sollte.

Endlich hebt mit entschlossenem Ruck der alte Mann seine hellen klaren Augen aus den schweren Lidern, es ist wirklich wie ein Stoß Licht, wie der Blitz eines Degens.

»Hören Sie, dear Mistress Boolen, ich möchte gern mit Ihnen etwas Privates besprechen, es hört uns hier niemand. Aber Sie müssen mir Freiheit geben, ganz aufrichtig zu sein. Ich habe die ganze Zeit nachgedacht, wie ich die Sache Ihnen andeuten sollte, aber Andeutungen haben keinen Sinn bei ernsten Angelegenheiten. Persönliche und peinliche Dinge muß man doppelt scharf und gerade angehen. Also... ich habe das Gefühl, meine Pflicht als Freund zu tun, wenn ich ganz ohne Rückhalt zu Ihnen spreche. Wollen Sie mir das erlauben?«

»Aber selbstverständlich.«

Ganz leicht scheint es dem alten Mann doch nicht zu werden, er zögert sich noch eine kleine Pause heraus, indem er aus der Tasche seine Shagpfeife holt und sie umständlich stopft. Seine Finger – ist es Alter oder Bewegung? – zittern merkwürdig dabei. Endlich hebt er den Kopf und sagt klar: »Was ich Ihnen zu sagen habe, betrifft Miss Christiana.«

Er zögert wieder.

Frau van Boolen spürt ein leises Erschrecken. Sollte wirklich der fast siebzigjährige Mann ernstlich daran denken ... Es ist ihr schon aufgefallen, daß ihn Christine sehr beschäftigt, sollte das tatsächlich so weit gehen, daß er ... aber da hebt schon scharf und inquisitiv Lord Elkins den Blick und fragt: »Ist sie wirklich Ihre Nichte?«

Frau van Boolen sieht beinahe beleidigt. »Selbstverständlich.«

»Und heißt sie tatsächlich van Boolen?«

Nun wird Frau van Boolen ernstlich verwirrt.

»Nein, nein... sie ist doch *meine* Nichte, nicht die meines Mannes, die Tochter meiner Schwester in Wien ... aber ich bitte Sie, Lord Elkins, Sie meinen es doch freundschaftlich mit uns, was bedeutet diese Frage?«

Der Lord sieht tief und angelegentlich in die Pfeife hinein, es scheint ihn ungeheuer zu interessieren, ob der

Tabak gleichmäßig glüht, umständlich stopft er ihn mit dem Finger zurecht. Dann erst, ganz in sich gebückt, beinahe ohne die schmalen Lippen zu öffnen, sagt er, als ob er zu der Pfeife redete: »Weil... nun weil mit einmal ein ganz sonderbares Gerede hier aufgekommen ist, als ob ... hielt ich es für meine Freundespflicht, der Sache auf den Grund zu gehen. Nachdem Sie mir sagen, daß sie wirklich Ihre Nichte ist, ist für mich der ganze Schwatz erledigt. Ich war sofort überzeugt, daß Miss Christiana unfähig sei, eine Unwahrheit zu sagen, es war nur... nun, die Leute hier reden so sonderbare Dinge.«

Frau van Boolen spürt sich blaß werden, ihre Knie zittern.

»Was ... seien Sie ganz offen ... was sagen die Leute?«

Die Pfeife glüht langsam an, roter runder Kreis.

»Nun, Sie wissen ja, jene Art Gesellschaft, die eigentlich keine ist, tut immer rigoroser als die wirkliche. Dieser kalte Laffe Trenkwitz zum Beispiel empfindet es als persönliche Beleidigung, mit jemandem an einem Tisch gesessen zu sein, der nicht von Adel ist und dazu kein Geld hat, es scheint, er und seine Frau haben das Maul am weitesten aufgerissen, Sie hätten sich einen Spaß mit ihnen erlaubt und ein kleinbürgerliches Mädchen mit Kleidern ausstaffiert und ihnen unter einem falschen Namen als Dame präsentiert – als ob dieser Flachkopf überhaupt wüßte, was eine wirkliche Dame ist. Ich muß Ihnen wohl nicht erst betonen, daß der große Respekt und die große ... die sehr große ... die aufrichtige Sympathie, die ich für Miss Christiana empfinde, sich nicht um einen Fingerbreit verminderte, wenn sie tatsächlich aus .. engen Verhältnissen stammte ... vielleicht hätte sie gar nicht jene wunderbare Art Dankbarkeit und Freude, wenn sie so mit Luxus verwöhnt wäre wie dieses eitle Pack. Ich persönlich sehe also nicht das mindeste daran, daß Sie in Ihrer Güte sie mit Ihren Kleidern beschenkt haben, im Gegenteil, und wenn ich Sie überhaupt nur nach der Richtigkeit fragte, so geschah es einzig, um diesem niederträchtigen Geschwätz mit der Faust die Zähne einschlagen zu können.«

Frau van Boolen ist der Schreck von den Knien bis in die Kehle gestiegen, dreimal atmet sie an, ehe sie Kraft findet, um ruhig zu antworten.

»Ich habe gar keinen Grund, lieber Lord, vor Ihnen das geringste über die Herkunft Christines zu verschweigen. Mein Schwager war ein sehr großer, einer der angesehensten und reichsten Kaufleute in Wien« (hier übertrieb sie kräftig), »hat allerdings, wie gerade die anständigsten Leute, durch den Krieg sein Vermögen verloren, die Familie hatte es nicht leicht, durchzuhalten. Sie hielten es für ehrenhafter, zu arbeiten, als sich von uns unterstützen zu lassen, und so steht Christine heute im Staatsdienst, beim Post Office, was, ich hoffe, doch keine Schande ist.«

Lord Elkins sieht lächelnd auf, seine gebückte Haltung verschwindet: ihm ist sichtbar leichter.

»Sie fragen das jemanden, der selbst vierzig Jahre im Staatsdienst gestanden hat. Ist dies eine Schande, so teile ich sie mit ihr. Aber nun wir uns klar ausgesprochen haben, wollen wir auch klar denken. Ich habe sofort gewußt, alle diese bösartigen Gehässigkeiten sind niedriges Geschwätz, denn dies ist ja einer der wenigen Vorteile des Alters, daß man sich selten in Menschen völlig täuscht. Nehmen wir die Dinge wie sie sind: die Situation Miss Christianas wird, so fürchte ich, von jetzt ab keine leichte sein, es gibt ja nichts Rachsüchtigeres und Hinterhältigeres als die kleine Gesellschaft, die gern die große sein möchte. Ein aufgeblasener Lümmel wie dieser Trenkwitz wird sich das zehn Jahre nicht verzeihen, zu einer Postangestellten höflich gewesen zu sein, das wurmt einen solchen alten Strohkopf mehr als ein kranker Zahn. Auch bei den andern halte ich es nicht für ausgeschlossen, daß sie sich nicht

Ihrer Nichte gegenüber Taktlosigkeiten erlauben, zumindest Frost und Unhöflichkeit wird sie zu spüren bekommen. Nun hätte ich das gern verhindert, denn – Sie haben das wohl bemerkt – ich schätze Ihre Nichte ganz außerordentlich ... ganz außerordentlich, und ich wäre glücklich, könnte ich ihr, die so wunderbar arglos ist, eine Enttäuschung ersparen helfen.«

Lord Elkins unterbricht. Sein Gesicht wird im Nachdenken plötzlich wieder alt und grau.

»Ob ich sie auf die Dauer werde schützen können, das... das kann ich nicht versprechen. Das hängt... das hängt von den Umständen ab. Aber jedenfalls wünsche ich den Herrschaften sichtbar zu zeigen, daß ich sie mehr achte als diese ganze Geldkrapüle und daß, wer sich eine Ungezogenheit gegen sie erlaubt, es mit mir persönlich zu tun hat. Es gibt eine Art Späße, die ich nicht dulde, und solange ich hier bin, mögen sich die Herrschaften in acht nehmen.«

Er steht plötzlich auf, entschlossen und stramm, wie ihn Frau van Boolen nie gesehen.

»Gestatten Sie«, fragt er formell, »daß ich jetzt Ihr Fräulein Nichte zu einer Autotour bitte?«

»Aber selbstverständlich.«

Er verbeugt sich und geht – verblüfft blickt Frau van Boolen ihm nach – auf das Schreibzimmer zu, die Wangen gerötet wie von scharfem Wind, die Hände fest geballt; was will er, staunt Frau van Boolen ihm noch ganz betäubt nach. Christine schreibt und hört ihn nicht kommen. Er sieht nur von rückwärts das helle schöne Haar über dem gebeugten Nacken der Schreibenden, sieht die Gestalt, die nach Jahren und Jahren wieder Begehrlichkeit in ihm erweckt. Armes Kind, denkt er, ganz sorglos ist sie, sie weiß nichts, aber sie werden dich schon irgendwie anpacken, und man kann dich nicht schützen. Leise rührt er ihre Schulter. Christine staunt auf und erhebt sich sofort respektvoll: vom ersten Augenblick an hatte sie immer und immer wieder das Bedürfnis, diesem außerordentlichen Mann sichtliche Verehrung zu erweisen. Er zwingt dem gepreßten Mund gewaltsam ein Lächeln ab: »Ich komme, liebes Fräulein Christiana, heute mit einer Bitte. Mir geht es heute nicht gut, Kopfschmerzen seit frühmorgens, ich kann nicht lesen, nicht schlafen. Da dachte ich, vielleicht tut mir frische Luft gut, ein Ausflug im Auto, und gewiß täte es mir am besten, wenn Sie mir dabei Gesellschaft leisteten. Von Ihrer Frau Tante habe ich bereits die Erlaubnis, Sie zu bitten. Wenn Sie also wollten?...«

»Aber natürlich ... Es ist mir doch nur eine ... Freude, eine Ehre ...«

»Dann gehen wir.« Zeremoniell bietet er ihr den Arm. Es wundert und beschämt sie ein wenig, aber wie darf sie diese Ehre verweigern! Stark, langsam und fest geht Lord Elkins mit ihr ganz durch die Halle. Er sieht jeden einzelnen an mit einem rapiden scharfen Blick, was sonst nicht seine Gewohnheit gewesen ist; deutliche Drohung ist unverkennbar in seiner Haltung: rührt sie nicht an! Gewöhnlich geht er freundlich und höflich, ein stiller grauer Schatten durch die andern, man merkt ihn kaum, jetzt aber fixiert er herausfordernd jede fremde Pupille. Alle verstehen sofort das Demonstrative dieses Armbindens und seiner betonten Reverenz. Die Geheimrätin starrt schuldbewußt auf, Kinsleys grüßen gleichsam erschrocken, wie der alte unerschrockene Paladin mit dem schneeweißen Haar frostigen Blicks mit dem jungen Mädchen durch den breiten Raum schreitet, sie stolz und glücklich, ohne irgend etwas Arges zu denken, er einen harten, militärischen Zug um die Lippen, als stände er an der Spitze seines Regiments und hätte Attacke zu kommandieren gegen einen verschanzten Feind.

Vor der Hoteltür steht zufällig Trenkwitz, als die beiden heraustreten; unwillkürlich grüßt er. Lord Elkins sieht mit Absicht schief an ihm vorbei, hebt die Hand halb zur Mütze und läßt sie gleichgültig wieder fallen; wie man einem Kellner für seinen Gruß dankt. Unbeschreibliche Verächtlichkeit liegt in der Geste: es ist wie ein kalter Hieb. Dann läßt er Christines Arm, öffnet persönlich den Wagenschlag und lüftet den Hut, während er seiner Dame einsteigen hilft: es ist dieselbe respektvolle Gebärde, mit der er seinerzeit der Schwiegertochter des Königs von England bei einem Besuch in Transvaal ins Auto geholfen hat.

Frau van Boolen ist über die diskrete Mitteilung Lord Elkins' bedeutend mehr erschrocken gewesen, als sie hat merken lassen, denn ohne es zu ahnen, hat er die empfindlichste Stelle aufgerissen. Tief unten in jener Dämmerschicht des Halbwissens und nicht mehr Wissenwollens, in jener glatten und glitschigen Sphäre, in die sich das eigene Ich nur ungern und schaudernd wagt, wohnt in dieser längst bürgerhaft gewordenen und banalen Claire van Boolen eine jahrealte unauslöschbare Angst, die sonst nur manchmal im Traum aufsteigt und ihr den Schlaf zerreißt: die Angst vor der Entdeckung der eigenen Vergangenheit. Als nämlich vor dreißig Jahren die aus Europa listig abgeschobene Klara ihren van Boolen kennenlernte und heiraten sollte, fehlte ihr der Mut, dem redlichen, aber etwas philisterischen Bürger anzuvertrauen, aus welchem trüben Ursprung das kleine Kapital stammte, das sie mit in die Ehe brachte. Entschlossen hatte sie ihm damals vorgelogen, diese zweitausend Dollar seien vom Großvater ererbt, und nicht eine Minute während der ganzen Ehe zweifelte jemals der arglose, verliebte Mann an der Richtigkeit dieser Mitteilung. Von seiner phlegmatischen Gutmütigkeit war nichts zu befürchten, aber je mehr Claire verbürgerlichte, um so schreckhaft drohender wurde in ihr der Wahngedanke, irgendein einfältiger Zufall, eine unerwartete Begegnung, ein anonymer Brief könnten plötzlich die verschollene

Geschichte an den Tag bringen. Deshalb vermied sie jahrelang mit zielbewußter Zähigkeit, ihren Landsleuten zu begegnen. Wenn ihr Mann ihr einen Wiener Geschäftsfreund vorstellen wollte, wehrte sie ab und weigerte sich, kaum sie flüssig englisch sprechen konnte, deutsch zu verstehen. Mit der eigenen Familie brach sie energisch jeden Briefwechsel ab, sandte auch bei den wichtigsten Anlässen nicht mehr als ein knappes Telegramm. Aber die Angst ließ nicht nach, im Gegenteil, sie wuchs mit dem bürgerlichen Aufstieg, und je mehr sie sich den amerikanisch strengen Sitten anpaßte, um so nervöser wurde die Angst, irgendein flüchtiger Schwatz könnte das böse Glimmen unter der Asche noch einmal ins Flammen bringen. Und es genügte, daß ein Gast bei Tisch erzählte, er habe lange Zeit in Wien gelebt, und sie schlief die ganze Nacht nicht, so heiß spürte sie den brennenden Funken im Herzen. Dann kam noch der Krieg, der mit einem Stoß alles Vordem in eine beinahe mythische und unerreichbare Zeit zurückdrückte. Die Zeitungen, die Blätter von damals vermodert, die Menschen drüben hatten andere Sorgen und Gespräche; es war vorbei, es war vergessen. Wie ein Projektil im Körper allmählich sich einkapselt im Gewebe – erst schmerzt es noch beim Umschlagen des Wetters, aber dann liegt es fühllos und nicht mehr so fremd im warmen Leib –, so vergaß sie dieses heikle Stück Vergangenheit in sorglosem Glück und gesunder Betätigung; Mutter zweier strammer Söhne, gelegentlich Mithelferin im Geschäft, gehörte sie dem Philanthropischen Verein an, war Vizepräsidentin der Gesellschaft für entlassene Sträflinge, in der ganzen Stadt hochgeachtet und geehrt; endlich konnte sich ihr lang zurückgestauter Ehrgeiz auch in einem neuen und von den besten Familien gern besuchten Haus ausleben. Das Entscheidendste aber war für ihre Beruhigung, daß sie schließlich selbst allmählich an jene Episode vergaß. Unser Gedächtnis ist bestechlich, es läßt sich von den Wünschen bereden, und der Wille, Feindliches von sich wegzudenken, übt seine langsam wirkende, aber doch schließlich ausschaltende Kraft; die Probiermamsell Klara war endlich gestorben in der makellosen Gattin des Baumwollmaklers van Boolen. So wenig dachte sie mehr an jene Episode, daß sie, kaum in Europa angekommen, sofort an ihre Schwester um ein Wiedersehen schrieb. Jetzt aber erfahrend, daß eine ihr unerklärliche Boshaftigkeit der Herkunft ihrer Nichte nachspürt, was liegt näher, als daß man gleichzeitig mit der armen Verwandten ihrer eigenen Herkunft nachfragt und sich mit ihr selber beschäftigt? Angst ist ein Zerrspiegelglas, jeder zufällige Zug wird an ihrer übertreibenden Kraft grauenhaft groß und karikaturistisch deutlich, und einmal aufgepeitscht, jagt die Phantasie auch den tollsten und unglaubhaftesten Möglichkeiten nach. Das Absurdeste scheint ihr plötzlich wahrscheinlich; mit Entsetzen überdenkt sie, daß am Nachbartisch des Hotels ein alter Herr aus Wien sitzt, Direktor der Handelsbank, siebzig oder achtzig Jahre alt, der Löwy heißt, und mit einmal meint sie sich zu erinnern, die Frau des verstorbenen Gönners habe mit dem Mädchennamen gleichfalls Löwy geheißen. Wie wenn sie seine Schwester, seine Kusine gewesen ist! Wie leicht kann sich der alte Mann (Greise erinnern sich ja geschwätzig gern an Skandalgeschichten ihrer Jugendzeit!) mit irgendeiner Andeutung in den Schwatz einmengen. Claire spürt plötzlich kalten Schweiß an den Schläfen; denn die Angst arbeitet raffiniert weiter und suggeriert plötzlich, jener alte Herr Löwy sehe jener Frau ihres Gönners auffallend ähnlich, dieselben fleischigen Lippen, dieselbe scharf gebogene Nase – in dem halluzinatorischen Fieber der Angst meint sie zweifellos zu wissen, er sei der Bruder und selbstverständlich würde er sie erkennen, die alte Geschichte ausführlich aufwärmen, Nektar und Ambrosia für die Kinsleys, Guggenheims, und am nächsten Tag dann Anthony einen anonymen Brief bekommen, der mit einem Riß dreißig Jahre ahnungsloser Ehe vernichtete.

Claire muß sich mit der Hand an die Lehne halten, eine Sekunde fürchtet sie ohnmächtig zu werden; dann stößt sie sich mit der Energie der Verzweiflung plötzlich vom Sessel auf. Es bedeutet eine Anstrengung, am Tisch der Kinsleys vorbeizuschreiten und sie freundlich zu grüßen. Vollkommen freundlich grüßen die Kinsleys mit dem stereotypen Grußlächeln der Amerikaner, das sie selbst unbewußt längst gelernt hat, zurück. Aber der Angstwahn Claires suggeriert ihr, sie hätten irgendwie anders gelächelt, ironisch, bösartig, wissend, verräterisch, und selbst der Blick des Liftboys ist ihr plötzlich unangenehm und das zufällig grußlose Vorbeigehen des Stubenmädchens am Gang: erschöpft, als sei sie durch tiefen Schnee gegangen, flüchtet sie endlich in die Tür.

Anthony, ihr Gatte, ist eben von der Siesta aufgestanden und kämmt sich, die Hosenträger quer übergeworfen, den Kragen offen, die Wangen noch vom Liegen zerdrückt, vor dem Spiegel den dünnen Scheitel.

»Anthony, wir müssen etwas besprechen«, keucht sie.

»Nun, was ist denn los?« Er zieht etwas Pomade durch den Kamm, um den schmalen Scheitel geometrisch abzuteilen.

»Bitte, mach fertig.« Sie hält es vor Ungeduld nicht mehr aus. »Wir müssen in Ruhe alles überlegen. Es ist etwas sehr Unangenehmes.«

Der phlegmatische, längst an das lebhaftere Temperament seiner Frau gewöhnte Gatte, selten geneigt, sich an derlei Ankündigungen voreilig zu ereifern, wendet sich noch immer nicht vom Spiegel zurück. »Ich hoffe, es wird nicht so arg sein. Doch keine Depesche von Dicky oder Alwin?«

»Nein, aber mach doch schon einmal fertig! Anziehen kannst du dich später.«

»Nun?« Anthony legt endlich den Kamm hin und setzt sich ergeben ins Fauteuil. »Nun, was ist denn los?«

»Etwas Furchtbares ist passiert. Christine muß unvorsichtig gewesen sein oder eine Dummheit gemacht haben, alles ist aufgeflogen, das ganze Hotel spricht davon.«

»Ja, was denn ist aufgeflogen?«

»Nun, das mit den Kleidern... Daß sie meine Kleider trägt, daß sie wie ein Ladenmädel hergekommen ist und wir sie von Kopf bis Fuß angezogen und als noble Dame präsentiert haben – alles mögliche reden die Leute... Jetzt weißt du auch, warum uns die Trenkwitz geschnitten haben ... natürlich sind sie wütend, weil sie doch etwas vorgehabt haben mit ihrem Sohn und meinen, wir hätten ihnen was vorgeschwindelt. – Jetzt sind wir kompromittiert vor dem ganzen Hotel. Irgendeine Dummheit muß das ungeschickte Ding gemacht haben! Mein Gott, was für eine Schande!«

»Wieso Schande? Alle Amerikaner haben arme Verwandte. Ich möchte mir nicht die Neffen von Guggenheims oder gar die von Roskys unter der Lupe anschauen, von diesen Rosenstocks, die aus Kowno gekommen; ich wette, die sehen noch ganz anders aus. Ich verstehe nicht, warum das eine Schande sein soll, daß wir sie anständig angezogen haben.«

»Weil ... weil ...« Claire wird in ihrer Nervosität immer lauter, »weil sie doch recht haben, daß so jemand nicht hierher gehört, nicht in die Gesellschaft ... Ich meine, jemand, der ... der sich eben nicht so benehmen kann, daß man's nicht merkt, woher er kommt ... Es ist ihre Schuld ... hätte sie sich nicht so auffällig gemacht, so hätt' man's nicht bemerkt, wäre sie bescheiden geblieben, so wie anfangs ... Aber immer hin und her, immer obenauf und bei allem voran, mit allen muß sie reden, sich beimengen, überall dabei sein und überall voran. Mit jedem gleich Freund ... da ist es kein Wunder, daß die Leute schließlich fragen, wer ist sie eigentlich und woher, und jetzt ... jetzt ist der Skandal fertig. Alle reden sie davon und machen

sich lustig über uns ... schreckliche Dinge reden sie
herum.«

Anthony lacht behaglich und breit: »Laß sie nur reden
... es ist mir gleichgültig. Sie ist ein braves Mädel, ich hab'
sie trotz allem gern. Und ob sie arm ist oder nicht, geht
keinen einen Dreck an. Ich habe mir von niemand hier
einen Penny geborgt und pfeife darauf, ob sie uns nobel
finden oder nicht. Wem bei uns was nicht recht ist, soll's
eben bleiben lassen.«

»Aber mir ist es nicht gleichgiltig, mir nicht.«

Claires Stimme wird, ohne daß sie es merkt, immer
schriller. »Ich laß mir nicht nachreden, ich hätte die Leute
hereingelegt und irgendein armes Mädel als Herzogin
vorgestellt. Ich laß mir's nicht gefallen, daß wir jemand wie
den Trenkwitz einladen und der Flegel mir den Portier
schickt, statt sich zu entschuldigen. Nein, so lang' wart ich
nicht, daß die Leute vor uns kehrt machen, das hab ich
nicht nötig. Ich bin, weiß Gott, zu meinem Vergnügen
hergekommen und nicht, um mich zu ärgern und mich
aufzuregen. Ich laß mir das nicht gefallen.«

»Und was –« er deckt mit der Hand ein kleines
Gähnen zu, »was willst du also tun?«

»Abreisen!«

»Wie?« Unwillkürlich reißt sich der sonst so
Schwerfällige auf, als habe ihm jemand schmerzhaft auf
die Zehen getreten.

»Ja, abreisen, und morgen früh noch. Die Leute
werden sich irren, wenn sie glauben, daß ich ihnen ein
Theater vormachen werde, ihnen Erklärungen abgeben,
wieso und warum und mich am Ende noch entschuldigen.
Das müßten schon andere Herrschaften sein als diese
Trenkwitz und so weiter. Die Gesellschaft hier paßt mir
ohnehin   nicht,   außer   Lord   Elkins   eine

zusammengewürfelte, langweilige, laute Mittelmäßigkeit, von denen lasse ich mich nicht durch die Lippen ziehen. Ohnehin tut's mir nicht gut hier, die zweitausend Meter hoch machen mich ganz nervös, ich kann nicht schlafen in der Nacht – natürlich, du merkst das nicht, du legst dich hin und schläfst schon, eine Woche lang wünschte ich mir deine Nerven! Drei Wochen sind wir jetzt hier – genug und übergenug! Und was das Mädel betrifft, so haben wir Mary gegenüber reichlich unsere Pflicht getan. Wir haben sie eingeladen, sie hat sich amüsiert und erholt, zuviel sogar, aber jetzt Schluß. Ich brauche mir keinen Vorwurf zu machen.«

»Ja, aber wohin ... wohin willst du denn so plötzlich?«

»Nach Interlaken! Dort ist nicht so hohe Luft, dort treffen wir auch die Linseys, mit denen wir am Schiff so guten talk gehabt haben. Das sind doch wirklich nette Menschen, anders als dieser gemischte Trubel hier, und vorgestern erst haben sie mir geschrieben, wir sollen doch kommen. Wenn wir morgen früh fahren, so können wir zum dinner schon mit ihnen sein.«

Anthony widerstrebt noch ein wenig. »Immer alles so plötzlich! Müssen wir denn schon morgen fahren? Wir haben doch genug Zeit!«

Aber bald gibt er nach. Er gibt immer nach aus alter Erfahrung, daß Claire, wenn sie etwas heftig will, unverweigerlich immer ihren Willen durchsetzt und aller Widerstand nur Kraftvergeudung ist. Außerdem ist es ihm einerlei. Menschen, die in sich selber ruhn, spüren die Umwelt nicht stark; ob er mit Linseys oder hier mit Guggenheims seinen Poker macht, ob der Berg vor dem Fenster Schwarzhorn oder Wetterhorn heißt und das Hotel Palace oder Astoria, ist dem alten Phlegmatiker im Grunde gleichgiltig, er will nur keinen Streit. So kämpft er nicht lang, hört geduldig Claire an den Portier telefonieren und ihm Anweisungen geben, blickt amüsiert zu, wie sie hastig und hitzig die Koffer hervorholt und mit unbegreiflicher Hast Kleider zusammenschichtet, zündet seine Pfeife, geht hinüber zu seiner Kartenpartie und denkt, während er mischt und teilt, nicht weiter an die Abreise und seine Frau und am wenigsten an Christine.

Während sich im Hotel Verwandte und Fremde über Christines Gekommensein und Fortsollen schwatzhaft erregen, furcht messingblitzend das graue Automobil Lord Elkins' das windige Blau des Hochtals, geschmeidig und kühn biegt es die weißen Kehren ins Unter-Engadin hinab: schon nähert sich Schuls-Tarasp. Mit seiner Einladung hat Lord Elkins sie gewissermaßen öffentlich unter seinen Schutz stellen wollen und nach kurzer Spazierfahrt wieder zurückbringen; wie er aber sie neben sich sitzen hat, heiter plaudernd zurückgelehnt, in sorglosen Augen den ganzen Himmel spiegelnd, scheint es ihm doch sinnlos, ihr und auch ihm eine holde Zeit zu verkürzen, und er gibt dem Chauffeur Auftrag, noch weiter und weiter zu fahren. Nur nicht zu rasch zurück, sie wird es immer noch früh genug erfahren, denkt der alte Mann, während er in unwiderstehlicher Zärtlichkeit ihre Hand streichelt. Eigentlich sollte man sie rechtzeitig schon warnen, sie schonend unauffällig vorbereiten, was sie von jener Gesellschaft zu erwarten hat, damit sie dann ihren plötzlichen Frost nicht so schmerzhaft empfindet. So versucht er gelegentliche Andeutungen über den bösartigen Charakter der Geheimrätin und warnt diskret vor ihrer kleinen Freundin; aber mit der leidenschaftlichen Hellgläubigkeit der Jugend verteidigt die Arglose ihre grimmigsten Feinde: rührend gut sei sie doch und so anteilnehmend an allem, die alte Geheimrätin, und die kleine Mannheimerin, das ahnte Lord Elkins gar nicht, wie klug und lustig und witzig die sein könne, sie habe wohl zu wenig Mut in seiner Gegenwart. Überhaupt, alle Menschen hier seien so wunderbar, so heiter und wohlwollend zu ihr, wahrhaftig, sie schäme sich manchmal, wie käme ihr denn all dies zu.

Der alte Mann sieht nieder auf die Spitze seines Stockes. Seit dem Krieg denkt er hart von den Menschen, hart von den Nationen, weil er sie alle als selbstsüchtig und phantasielos für das Unrecht, das sie andern bereiteten, erkannt hat. In dem blutigen Morast von Ypern und in einer Kalkgrube bei Soissons (wo sein Sohn gefallen ist), liegt auch der von den Vorlesungen John Stuart Hills und seiner Schüler mitgenommene Idealismus seiner Jugend, der an die moralische Sendung der Menschheit und an den Seelenaufschwung der weißen Rasse glaubte, endgiltig begraben. Politik ekelt ihn, die kühle Geselligkeit des Klubs, die theatralische Verlegenheit der öffentlichen Bankette stoßen ihn ab; seit dem Tod seines Sohnes vermeidet er, neue Bekanntschaften zu machen; bei seiner eigenen Generation erbittert ihn das verbissene Nicht-die-Wahrheit-Erkennenwollen, der Mangel an Umlernfähigkeit vom Vorkrieg in die neue Zeit, bei der jungen Generation das frech leichtfertige Besserwissenwollen. Bei diesem Mädchen hat er zum erstenmal wieder Gläubigkeit gesehen, jene dumpfe und heilige Dankbarkeit schon bloß für die Tatsache des Jungseins, und er versteht in ihrer Gegenwart, daß alles Lebensmißtrauen, das eine Generation schmerzhaft erwirbt, glücklicherweise unverständlich und ungiltig bleibt für die nächste und mit jeder neuen Jugend wieder neu beginnt. Wie wunderbar kann sie noch dankbar sein für das Geringste, fühlt er entzückt und gleichzeitig regt sich, stärker als jemals und fast schmerzhaft, leidenschaftlich der Wunsch, etwas von dieser herrlichen Wärme in sein eigenes Leben nehmen zu dürfen, vielleicht sie ganz an sich zu binden. Ein paar Jahre, denkt er, könnte ich sie schützen, vielleicht würde sie dann nie oder spät erst die Niederträchtigkeit der Welt erfahren, die vor dem einen Namen buckelt und den Armen mit dem Absatz tritt. Ah – er blickt sie von der Seite an: sie hat den Mund eben kindhaft aufgetan und saugt die herrlich ansausende Luft, und dabei schließt sie die Augen – ein paar Jahre Jugend nur, es wäre genug für mich. Und während sie jetzt wieder, dankbar ihm zugewandt, munter plaudert, hört der alte Mann nur halb ihr zu, denn ein plötzlicher Mut ist über ihn gekommen; er erwägt, wie auf unauffälligste Weise noch in dieser vielleicht letzten Stunde eine Werbung zu versuchen.

In Schuls-Tarasp nehmen sie Tee. Dann auf einer Bank der Promenade setzt er vorsichtig und umwegig ein. Er habe zwei Nichten, etwa so alt wie sie, in Oxford, dort könne sie, vorausgesetzt, daß sie nach England kommen wolle, wohnen; es sei eine Freude für ihn, sie zu ihnen einladen zu dürfen, und wenn dann auch seine Gesellschaft, freilich die eines alten Mannes, ihr nicht lästig sei, würde er glücklich sein, ihr London zeigen zu dürfen. Nur wisse er natürlich nicht, ob sie sich überhaupt entschließen könne, von Österreich wegzugehen und nach England zu kommen, ob nichts sie zu Hause binde – er meine: innerlich binde. Die Frage ist deutlich. Aber Christine in ihrer sprudelnden Begeisterung versteht sie nicht. O nein, wie gerne würde sie die Welt sehen, und England solle ja herrlich sein, sie habe so viel gehört von Oxford und seinen Regatten, es gäbe ja kein Land, wo der Sport solche Lust, wo es so prachtvoll sein müsse, jung zu sein.

Das Gesicht des alten Mannes verdüstert sich. Sie hat kein Wort von ihm gesprochen. Nur an sich gedacht, nur an ihr eigenes Jungsein. Er verliert wieder allen Mut. Nein, denkt er, es wäre ein Verbrechen, einen jungen Menschen, der seine Kraft so selig spürt, in ein altes Schloß zu sperren, zu einem alten Mann. Nein, nicht sich abweisen lassen, nicht lächerlich werden. Nimm Abschied, alter Mann! Vorbei! Zu spät!

»Wollen wir nicht zurückfahren«, fragt er mit plötzlich veränderter Stimme. »Ich fürchte, Ihre Frau Tante wird sonst besorgt sein.«

»Gern«, antwortet sie, und dann begeistert: »Ach, es ist so schön gewesen, alles ist hier so einzig schön.«

Er setzt sich im Wagen an ihre Seite und spricht wenig mehr, der alte Mann, traurig für sie, traurig für sich. Aber sie ahnt nicht, was in ihm, und nicht, was mit ihr geschieht, hell den Blick in die Landschaft hinaus und das Blut froh bewegt unter den windumsausten Wangen.

Als sie vor dem Hotel landen, schlägt gerade der Gong. Dankbar drückt sie dem verehrten Mann die Hand und springt hinauf, um sich umzuziehen: das fliegt ihr jetzt schon so aus dem Gelenk. In den ersten Tagen ist das Toilettemachen ihr eine jedesmalige Angst, eine Anstrengung, eine Sorge und doch gleichzeitig lustvolles erregendes Spiel gewesen. Immer wieder hat sie im Spiegel das geschmückte unerwartete Wesen bestaunt, in das sie verwandelt war. Nun weiß sie schon als Selbstverständlichkeit, daß sie allabends schön ist, elegant und geschmückt. Ein paar Griffe jetzt und das Kleid fließt farbig und leicht über die gespannte Brust, ein sicherer Strich über die roten Lippen, zurechtgeschütteltes Haar, ein umgeworfener Schal und sie ist fertig, so selbstverständlich lebt sie schon in dem geliehenen Luxus wie in der eigenen Haut! Noch einen Blick über die halbe Schulter hinweg in den Spiegel: ja, gut! Zufrieden! Und schon saust sie hinüber zur Tante, sie zum Abendessen zu holen.

Aber gleich bei der Tür bleibt sie verblüfft stehen: ein verwüstetes Zimmer, vollkommen ausgeräumt, halbgefüllte Koffer, über Sessel gespreizt auf Bett und Tisch verstreut Hüte, Schuhe und sonstige Kleidungsstücke, heilloses Durcheinander in dem sonst minuziös geordneten Raum. Die Tante kniet gerade im Schlafrock über einem widerspenstigen Koffer, um ihn zuzupressen. »Was ... was ist denn?« staunt Christine. Die Tante blickt mit Absicht nicht auf, sondern drückt erbittert mit rotem Gesicht auf den Koffer weiter, während sie zugleich stöhnend erklärt: »Wir reisen ... oh, verfluchtes Ding!... Wirst du zugehen ... wir reisen fort.«

»Ja, wann? ... Wie?« Der Mund springt Christine auf, sie kann keinen Muskel rühren.

Die Tante hämmert noch einmal auf das Schloß, jetzt schnappt es ein. Keuchend richtet sie sich auf.

»Ja, es ist eigentlich schade, mir tut's selber leid, Christi! Aber ich hab's von Anfang an gesagt, Anthony wird sie nicht vertragen, diese hohe Luft. Für alte Leute ist das nicht mehr das Richtige. Heute nachmittag hat er wieder einen Asthmaanfall gehabt.«

»Um Gottes willen!« Christine fährt dem alten Mann entgegen, der gerade, und zwar völlig ahnungslos aus dem Nebenzimmer tritt. Mit leidenschaftlich erschreckter Zärtlichkeit, ganz bebend vor Erregung, faßt sie ihn an. »Wie geht es, Onkel? Hoffentlich schon besser! Mein Gott, ich habe ja gar nichts geahnt, wie wäre ich sonst weggefahren! Aber wirklich, mein Ehrenwort, du siehst wieder ganz gut aus; nicht wahr, es ist dir schon besser?«

Ganz fassungslos sieht sie ihn an, ihr Schrecken ist ehrlich und echt. Sie hat völlig an sich vergessen. Sie hat noch nicht verstanden, daß sie abreisen soll. Nur, daß der alte gutmütige Mann krank ist, nur das hat sie begriffen. Für ihn, nicht für sich ist sie erschrocken.

Anthony, so gesund und phlegmatisch wie nur je, steht peinlich berührt von dem hinreißenden Ausdruck ihrer ehrlichen und liebevollen Angst. Erst nach und nach begreift er, in welche widerliche Komödie er eingemengt werden soll.

»Aber nein, liebes Kind«, knurrt er (verdammt, warum schiebt Claire mich vor!), »Claire, du mußt sie ja schon kennen, übertreibt immer. Ich fühle mich ganz wohl, und wenn es nach mir ginge, blieben wir hier.« Und um den Ärger abzureagieren, den er über die ihm nicht recht verständliche Lüge seiner Frau empfindet, fügt er beinahe grob bei: »Claire, laß doch endlich die verfluchte Packerei, dazu ist noch reichlich Zeit. Wir wollen doch diesen letzten Abend mit dem guten Kind gemütlich verbringen.« Claire macht sich trotzdem noch weiter zu schaffen und spricht nicht; anscheinlich fürchtet sie sich vor den unausweichlichen Erklärungen, Anthony wiederum (sie soll sich da selber herausziehen, ich nehm' ihr nichts ab) blickt angestrengt zum Fenster hinaus. Zwischen den beiden steht wie etwas Unnützes und Lästiges Christine stumm und verwirrt im verwaisten Zimmer. Etwas ist geschehen, das spürt sie, etwas, das sie nicht versteht. Ein Blitz ist grell niedergefahren, nun wartet sie klopfenden Herzens auf den Donner, und der kommt nicht und kommt nicht und muß doch kommen. Sie wagt nicht zu fragen, sie wagt nicht zu denken und weiß mit allen Nerven, etwas Böses ist geschehen. Haben sie Streit gehabt? Sind schlechte Nachrichten aus New York gekommen? Vielleicht etwas an der Börse, im Geschäft, ein Bankkrach, man liest ja jetzt so etwas jeden Tag in den Zeitungen? Oder hat wirklich der Onkel einen Anfall gehabt und verschweigt es nur, um sie zu schonen? Warum lassen sie mich so stehen, was soll ich denn hier? Aber nichts, Schweigen, Schweigen, nur die kleinen unnötigen Geschäftigkeiten der Tante und der unruhig auf und abgehende Schritt des Onkels und in sich selber das laut hämmernde, hart pochende Herz.

Endlich – Befreiung! – klopft es an die Tür. Der Zimmerkellner tritt ein, hinter ihm ein zweiter mit weißem Tischzeug. Zu Christines Erstaunen beginnen sie, das Rauchzeug vom Tisch zu räumen und sauber und umständlich aufzudecken.

»Weißt du«, erklärt jetzt endlich die Tante, »Anthony dachte, es sei doch besser, heute abends lieber hier oben auf dem Zimmer zu essen. Ich hasse die umständliche Verabschiederei von den Leuten und das Gefrage, wohin und wie lange, außerdem hab ich schon fast alle meine Sachen eingepackt, auch Anthonys Smoking liegt schon im

Koffer. Und dann, nicht wahr – wir sitzen eigentlich hier stiller und gemütlicher beisammen.«

Die Kellner schieben den Rolltisch herein und servieren von den nickelnen Wärmeplatten. Wenn sie draußen sind, muß man mir doch endlich alles erklären, denkt Christine und beobachtet ängstlich die Gesichter der beiden: der Onkel beugt sich tief in den Teller hinein und löffelt mit Erbitterung, die Tante scheint blaß und geniert. Schließlich beginnt sie: »Du wirst dich wundern, Christine, daß wir uns so schnell entschlossen haben! Aber bei uns da drüben geht alles quick – das ist eins der paar guten Dinge, die man drüben in Amerika lernt. Nur nicht lang hinausziehen, wozu man keine rechte Lust hat. Geht ein Geschäft nicht gut, so gibt man's auf und fängt ein neues an, fühlt man sich wo nicht wohl, so packt man die Koffer und fort, irgendwoanders hin. Eigentlich, ich wollt's dir nur nie sagen, weil du dich so famos hier erholt hast, haben wir beide uns schon lange nicht wohlgefühlt hier, ich habe die ganze Zeit schlecht geschlafen, und Anthony verträgt sie eben auch nicht, diese hohe dünne Luft. Zufällig kam da gerade heute ein Telegramm von unsern Freunden aus Interlaken, und schon waren wir entschlossen und fahren wahrscheinlich nur auf ein paar Tage und dann noch nach Aix-les-Bains. Ja, bei uns – ich versteh', daß es dich überrascht – geht alles quick.«

Christine beugt den Kopf zum Teller hinab: nur die Tante jetzt nicht ansehen! Irgend etwas im Tonfall, in der Sprudeligkeit des Schwätzens quält sie, jedes Wort voll falscher Forschheit und künstlich frisch. Es muß doch etwas dahinterstecken, fühlt Christine. Es muß noch etwas kommen, und es kommt: »Selbstverständlich wäre es das beste gewesen, wenn du hättest mitkommen können«, redet die Tante weiter, während sie von dem Poulard den Flügel ablöst. »Aber Interlaken würde dir, glaube ich, nicht gefallen, es ist kein Ort für junge Leute, und man muß sich fragen, ob dies Hin und Her für die paar Tage, die du noch Urlaub hast, wirklich dafür steht, ob du nicht dabei eher deine Erholung vertust. Hier hast du dich ja fabelhaft erholt, ausgezeichnet hat sie dir angeschlagen, diese frische starke Luft – ja, ich sag's ja immer, für junge Menschen gibt es nichts Besseres als Hochgebirge, Dicky und Alwin sollten auch einmal hierherkommen, nur natürlich für so alte abgebrauchte, abgehämmerte Herzen, da taugt gerade das Engadin nicht. Also, wie gesagt, wir würden uns natürlich sehr freuen, Anthony hat sich ja sehr gewöhnt an dich, aber anderseits, es sind wieder sieben Stunden und sieben Stunden zurück, das wird dir zuviel sein, und schließlich, wir kommen ja nächstes Jahr wieder herüber. Aber selbstverständlich, wenn du noch mit nach Interlaken willst ...«

»Nein, nein«, sagt Christine, oder vielmehr ihre Lippen sagen es, so wie man in der Narkose noch automatisch weiterzählt, während das Bewußtsein längst schon stockt.

»Ich glaube selbst, du tust besser, von hier aus direkt nach Hause zu fahren, von hier gibt es ja einen wunderbar bequemen Zug – ich habe den Portier gefragt, gegen sieben Uhr früh, da kannst du morgen spät nachts schon in Salzburg und übermorgen zu Hause sein. Ich kann mir denken, wie sich die Mutter freuen wird, so braun und frisch und jung, wirklich, prachtvoll siehst du aus, und es ist das Beste, du bringst diese Erholung ganz frisch nach Hause.«

»Ja, ja.« Ganz leise tropfen Christine die Silben vom Mund. Warum sitzt sie eigentlich noch da? Die beiden wollen sie doch nur fort haben, rasch fort. Aber warum? Es muß doch etwas geschehen sein, irgend etwas muß geschehen sein. Mechanisch ißt sie weiter, schmeckt in jedem Bissen das bittere Kraut Ysop und spürt, ich müßte jetzt etwas sagen, irgend etwas ganz Lockeres, nur um nicht zu zeigen, daß einem die Augen brennen vor Schmerz und die Kehle bebt von Zorn, irgend etwas Sachliches, etwas Kaltes und Gleichgiltiges!

Endlich fällt ihr etwas ein. »Ich werde dir gleich deine Kleider bringen, damit wir sie gleich einpacken können«, und schon steht sie auf. Aber die Tante schiebt sie sacht zurück.

»Laß, Kind, das hat noch Zeit. Den dritten Koffer packe ich erst morgen. Laß nur alles in deinem Zimmer, das Stubenmädchen bringt mir schon alles.« Und dann, in plötzlicher Beschämung: »Übrigens, weißt du, das eine Kleid, das rote, das behältst du nur, ja, ich brauch's wahrhaftig nicht mehr, das paßt dir so gut, und natürlich auch die Kleinigkeiten, den Sweater, die Wäsche, das ist doch selbstverständlich. Einzig die zwei andern Abendtoiletten brauche ich noch für Aix-les-Bains, dort geht's, weißt du, unerhört zu, ein fabelhaftes Hotel übrigens, hat man mir gesagt, und Anthony wird hoffentlich dort sich wohlfühlen, die warmen Bäder, und die Luft ist viel milder und ...« Die Tante redet weiter und weiter. Der schwierige Punkt ist überwunden. Sie hat Christine sanft beigebracht, daß sie morgen wegfährt. Jetzt rollt alles wieder leicht und locker im Geleise, sie erzählt und erzählt immer heiterer die ausfälligsten Geschichten von Hotels und Reisen und von Amerika, und Christine sitzt dumpf demütig und doch die Nerven gepreßt unter diesem schrillen, krampfig gleichgiltigen Schwall. Wenn es nur schon zu Ende wäre. Endlich nutzt sie eine kurze Pause. »Ich will euch jetzt nicht länger aufhalten. Der Onkel soll sich ausruhen und auch du, Tante, wirst vom Packen müde sein. Wenn ich dir vielleicht noch etwas helfen kann?«

»Nein, nein.« Die Tante steht gleichfalls auf. »Die paar Dinge packe ich leicht allein. Aber auch für dich ist's besser, du gehst heute früh zu Bett. Du mußt ja, glaube ich, schon um sechs Uhr aufstehen. Nicht wahr, du bist nicht böse, wenn wir dich nicht zur Bahn begleiten?«

»Nein, nein, das wäre doch übertrieben, Tante«, sagt Christine tonlos und sieht zu Boden.

»Und nicht wahr, du schreibst mir, wie es Mary geht, gleich schreibst du mir, wenn du ankommst. Und wie gesagt, nächstes Jahr sehen wir uns ja wieder.«

»Ja, ja«, sagt Christine. Gott sei Dank, jetzt kann sie gleich gehen, einen Kuß noch dem Onkel, der merkwürdig verlegen ist, einen Kuß der Tante, und dann geht sie nur rasch fort, nur rasch fort! – zur Tür. Aber da, im letzten Augenblick, sie hat schon die Klinke in der Hand, kommt die Tante hastig nach. Noch einmal (aber es ist der letzte Hieb) hat ihr die Angst ihren Hammer auf die Brust geschlagen: »Aber nicht wahr, Christl«, sagt sie dringlich erregt, »du gehst jetzt wirklich gleich auf dein Zimmer, gehst schlafen und ruhst dich aus. Nicht, daß du mehr hinuntergehst, weißt du, sonst ... sonst ... sonst kommen morgen früh alle Leute von uns Abschied nehmen ... und wir haben das nicht gern ... Es ist besser, man fährt einfach weg ohne langes Hin und Her und schreibt dann lieber den Leuten paar Karten ... ich kann diese Blumenspenden und ... Begleitereien nicht leiden. Also nicht wahr, du gehst nicht mehr hinunter, sondern gleich zu Bett ... nicht wahr, du versprichst mir's.«

»Ja, ja, natürlich«, sagt Christine mit letzter Stimme und zieht die Tür zu. Und erst nach Wochen erinnert sie sich, daß sie beim Abschied vergessen hat, den beiden auch nur ein einziges Wort des Dankes zu sagen.

Kaum die Tür hinter sich, verläßt Christine die mühsam zusammengestraffte Kraft. Wie ein abgeschossenes Tier noch einige Schritte taumelt und nur durch die Bewegung sich aufrecht hält, ehe es mit gelösten Gelenken niederfällt, so schleppt sie sich mit den Händen die Wand entlang bis zu ihrem Zimmer; dort fällt sie in den Sessel, starr, kalt, regungslos. Sie versteht nicht, was geschehen ist. Nur den Schmerz eines hinterrücks geführten Schlages spürt sie hinter der gelähmten Stirn, nicht wer ihn geführt. Irgend etwas war mit ihr, gegen sie geschehen. Man jagt sie fort, und sie weiß nicht warum.

Mit aller Anstrengung versucht sie zu denken. Aber das Gehirn zwischen ihren Schläfen bleibt betäubt. Dort steht etwas blaß und starr und antwortet nicht. Und die gleiche Starre steht um sie, gläserner Sarg und grausamer noch als ein schwarzer feuchter Sarg, weil höhnisch hell erleuchtet, mit Luxus blendend, mit Bequemlichkeit höhnend und still, grauenhaft still, während in ihr die Frage um Antwort schreit: »Was habe ich getan? Warum jagen sie mich hinaus?« Unerträglich ist dieses Gegeneinander, dieser dumpfe Druck von innen, als liege das ganze riesige Haus mit seinen vierhundert Menschen, seinen Steinen und Traversen und dem riesigen Dach ihr auf der Brust, und dabei dieses kalt-giftige, weiße Licht, das Bett mit geblümten Daunen zu Schlaf einladend, die Möbel zu heiterer Rast, die Spiegel zu beglückendem Blick; ihr ist, als müsse sie erfrieren, wenn sie hier sitzen bleiben müsse auf dem schmerzenden Sessel, oder plötzlich die Scheiben zerschlagen in sinnloser Wut, oder so schreien, so heulen, so weinen, daß die Schlafenden aufwachen. Nur weg! Nur heraus! Nur... sie weiß nicht was. Aber nur weg, weg, um nicht zu ersticken in dieser gräßlichen, luftleeren Lautlosigkeit.

Und plötzlich, ohne zu wissen, was sie will, springt sie auf und läuft hinaus; hinter ihr schwankt, offen gelassen, die Tür, und im elektrischen Licht leuchten Messing und Glas sinnlos einander an.

Sie läuft die Treppe hinab wie eine Traumwandlerin. Tapeten, Bilder, Geräte, Stufen, Lichtkörper, Gäste, Kellner, Dienstmädchen und Dinge und Gesichter gleiten gespenstig leer an ihr vorbei. Ein paar Leute staunen auf, man grüßt, wundert sich, daß sie es nicht merkt. Aber ihre Blicke sind versperrt, sie weiß nicht, was sie sieht und wohin sie und was sie will, nur ihre Beine hasten mit einer unerklärlichen Behendigkeit die Treppe hinab.

Irgendeine Schaltung, die sonst ihre Handlungen vernunfthaft reguliert, ist gerissen, nicht zielhaft läuft sie, sondern nur vorwärts, vorwärts gejagt von einer namenlosen, sinnlosen Angst. Am Eingang der Halle hält sie plötzlich mit einem Ruck; etwas wacht da auf, eine Erinnerung, daß man hier sitzt, tanzt, lacht, heiter beisammen ist, und sofort versucht sie zu fragen: »Wozu bin ich da? Wozu gekommen?« Und damit zerbricht die Stoßkraft des Raums. Mit einmal kann sie nicht weiter, und kaum sie stehen bleibt, beginnen mit einmal die Wände zu schwanken, der Teppich zu laufen, die Kronleuchter in wilden Ellipsen zu schwingen. Ich falle, spürt sie, der Boden schwankt weg unter mir. Instinktiv greift sie noch mit der rechten Hand in eine Portiere und rettet ihr Gleichgewicht. Aber die Kraft ist aus den Gelenken fort. Sie kann nicht mehr vor und nicht zurück. Starren, angestrengten Blicks, die ganze Schwere des Leibs an die Wand gelehnt, die Augen geschlossen, steht und atmet sie und weiß nicht weiter.

In diesem Augenblick stößt der deutsche Ingenieur auf sie, Fotografien hat er gerade rasch aus seinem Zimmer holen wollen, um sie einer Dame zu zeigen, da erblickt er an die Wand gedrückt, regungslos und gleichzeitig schwer atmend, mit offenen und doch blinden Augen die merkwürdig hingelehnte Gestalt; im ersten Augenblick erkennt er sie nicht. Aber dann bekommt seine Stimme sofort wieder den vergnügt burschikosen Ton. »Da sind Sie ja! Warum kommen Sie denn nicht in die Halle? Oder spüren Sie Geheimnissen heimlich nach? Und warum ... aber ... was ist denn ... Was haben Sie denn ...?« Er starrt sie überrascht an. Beim ersten Wort ist Christine zusammengefahren und zittert am ganzen Leib genau wie eine Schlafwandlerin, die ein unerwarteter Ruf wie ein Schuß trifft.

Ihre Augenbrauen, schreckhaft hochgezogen, geben ihrem Blick etwas Aufgerissenes und Krampfiges, wie um einen Schlag abzuwehren, hebt sie die Hand.

»Was haben Sie? Ist Ihnen nicht wohl?« Dabei stützt er sie, und es ist höchste Zeit, denn Christine schwankt merkwürdig. Blau ist ihr plötzlich vor den Augen. Aber wie sie seinen Arm fühlt, menschlich warme Berührung, zuckt sie sofort fiebrig auf.

»Ich muß Sie sprechen ... sofort sprechen ... aber nicht hier ... nicht hier vor den andern ... Allein muß ich Sie sprechen.« Sie weiß nicht, was sie ihm sagen soll, nur sprechen, mit irgendeinem Menschen sprechen, sich ausschreien.

Der Ingenieur, von der schrillen Art ihrer sonst so ruhigen Stimme etwas peinlich verblüfft, denkt: sie ist wahrscheinlich krank, man hat sie ins Bett gesteckt, darum kam sie nicht herab, und sie ist heimlich wieder aufgestanden – sicher hat sie Fieber, man merkt's an den glänzenden Augen. Oder ein hysterischer Anfall, man hat ja allerhand erlebt mit Frauen – jedenfalls zuerst beruhigen, beruhigen, nicht merken lassen, daß man sie für krank hält, scheinbar eingehen auf alles.

»Aber gern, gern, Fräulein« – wie ein Kind spricht er ihr zu – »nur vielleicht ...« (Besser man sieht uns nicht) »vielleicht gehen wir paar Schritte hinaus vor das Hotel ... in die frische Luft ... Es wird Ihnen sicher gut tun ... die Halle ist hier immer so fürchterlich überheizt ...« Nur erst beruhigen, beruhigen, denkt er, und während er ihren Arm nimmt, tastet er wie zufällig nach ihrem Handgelenk, um zu prüfen, ob sie Fieber habe. Nein, die Hand ist eiskalt. Merkwürdig, denkt er mit gesteigertem Unbehagen, merkwürdige Sache.

Vor dem Hotel schwanken grell und hoch die Bogenlampen, links steht dunkel verschattet der Wald. Dort hatte sie gestern gewartet, und es ist wie vor tausend

Jahren, nicht eine Zelle in ihrem Blut erinnert sich. Er führt sie sacht hinüber (nur lieber gleich ins Dunkel, wer weiß, was mit ihr los ist), und sie läßt sich willenlos führen. Ablenken zuerst, überlegt er, ganz gleichgültige Dinge reden, sich auf keine Konferenzen einlassen, nur so zufällig plaudern, das beruhigt am besten.

»Nicht wahr, es ist viel angenehmer ... nehmen Sie nur meinen Mantel um ... ah, eine wunderbare Nacht ... sehen Sie die Sterne ... eigentlich Unsinn, daß wir immer den ganzen Abend im Hotel sitzen.« Aber die Zitternde hört ihn nicht. Was Sterne, was Nacht, nur sich spürt sie, nur ihr seit Jahren zusammengedrücktes, gepreßtes, unterdrücktes Ich, das plötzlich sich riesenhaft im Schmerz aufbäumt und die Brust zersprengt. Und mit einmal, es geschieht jenseits des Willens, packt sie grimmig seinen Arm.

»Wir reisen fort ... morgen reisen wir fort ... für immer fort ... nie mehr werde ich hierherkommen, nie mehr ... hören Sie, nie mehr ... nie mehr ... nein, ich ertrage es nicht ... nie mehr ... nie mehr.« Sie fiebert, fürchtet sich der Ingenieur, wie es ihren ganzen Körper schüttelt, sie ist krank, ich muß gleich einen Arzt verständigen. Aber mit wilden Muskeln klammert sie sich in das Fleisch seines Arms. »Aber warum, ich weiß nicht warum ... muß ich so plötzlich weg ... es muß etwas geschehen sein ... ich weiß nicht was. Mittags waren beide noch so gut zu mir und sagten kein Wort davon, und abends ... abends sagten sie mir, ich muß morgen wegreisen ... morgen, morgen früh ... sofort, und ich weiß nicht, warum ... warum ich so plötzlich weg muß ... so weg ... so weg ... wie man etwas aus dem Fenster wirft, was man nicht mehr braucht, so ... ich weiß nicht wie, ich weiß nicht ... ich verstehe es nicht ... es muß etwas geschehen sein.«

Ach so, denkt der Ingenieur. Mit einmal ist ihm alles klar. Gerade vorhin erst hat man ihm das Geschwätz zugetragen über die van Boolen, unwillkürlich ist er erschrocken; beinahe hätte er ihr einen Heiratsantrag gemacht! Aber jetzt begreift er, Onkel und Tante schicken die Arme Hals über Kopf weg, damit sie ihnen weiter keine Unbequemlichkeiten mache. Die Bombe ist explodiert.

Nur jetzt sich nicht mehr einlassen, überlegt er rasch. Ablenken! Ablenken! Er versucht ein paar Allgemeinheiten, ach, das sei wohl nicht endgiltig, vielleicht werden sich ihre Verwandten es noch überlegen, und im nächsten Jahr ... Aber Christine hört gar nicht, denkt gar nicht, nur ihr Schmerz muß heraus, wild, vehement, ganz laut mit gestampftem Fuß, die Wut eines hilflosen Kindes. »Aber ich will nicht! Ich will nicht ... Ich gehe jetzt nicht nach Hause ... was soll ich dort, ich kann es nicht ertragen mehr ... ich kann nicht ... ich gehe zugrunde ... ich werde wahnsinnig dort ... Ich schwöre es Ihnen, ich kann nicht, ich kann nicht, und ich will nicht ... Helfen Sie mir ... Helfen Sie mir!«

Es ist der Schrei eines Ertrinkenden aus dem Wasser, grell und schon halb erstickt, denn jetzt überschwemmt plötzlich die Stimme, und so furchtbar schüttelt sie der losgebrochene Weinkrampf, daß er bis in seinen Körper die zuckenden Stöße spürt. »Nicht«, bittet er, gegen seinen Willen gerührt. »Nicht weinen! Nicht so weinen!« Und um sie zu beruhigen, zieht sein Arm sie unwillkürlich näher heran. Sie gibt nach und lehnt schlaff und schwer an seiner Brust. Aber nichts von Lust ist in diesem Hinsinken, nur grenzenlose Erschöpfung, nur namenloses Müdesein. Nur daß sie sich anlehnen kann an den lebendigen Leib eines Menschen, spürt sie, und daß irgendeine Hand über ihr Haar streicht, daß sie nicht so gräßlich, so ratlos allein und weggestoßen ist. Allmählich wird ihr Schluchzen schwächer, innerlicher, nicht mehr diese elektrisch zuckenden Stöße, sondern leise ausströmendes Weinen.

Dem fremden Mann ist es sonderbar. Da steht er plötzlich im Schatten des Waldes und doch nur zwanzig Schritte vom Hotel (jeden Augenblick kann man sie sehen, kann jemand vorbeikommen) und hält ein junges schluchzendes Mädchen im Arm, wie eine Welle warm wogend spürt er ihre hingegebene Brust. Mitleid überkommt ihn, und Mitleid eines Mannes zu einer leidenden Frau ist immer unwillkürlich Zärtlichkeit. Nur beruhigen, denkt er, nur beruhigen! Mit der freien Linken (noch immer hält sie seine Rechte, damit sie nicht falle) streicht er ihr wie magnetisierend über das Haar. Und damit das Schluchzen leiser werde, neigt er sich hinüber und küßt das Haar, dann die Schläfen und schließlich den zuckenden Mund. Da bricht etwas aus ihr unsinnig heraus.

»Nehmen Sie mich mit, nimm mich mit... Fahren wir fort... wohin Sie wollen ... wohin du willst ... nur fort hier und nicht wieder zurück... nicht nach Hause zurück ... Ich ertrage es nicht ... Überallhin, nur nicht zurück ... Alles, nur nicht zurück ... Wohin Sie wollen, wie lange Sie wollen ... Nur fort, nur fort!« In ihrem wilden Fieber rüttelt sie an ihm wie an einem Baum. »Nimm mich mit!«

Der Ingenieur erschrickt. Abstoppen, denkt der praktisch gesinnte Mann, jetzt nur rasch und energisch abstoppen. Sie irgendwie beruhigen, sie zurückführen ins Hotel, sonst wird die Sache peinlich.

»Ja, Kind«, sagt er. »Gewiß, Kind ... man darf nur nichts übereilen ... wir werden das alles noch besprechen. Überlegen Sie noch bis morgen ... vielleicht entschließen sich auch Ihre Verwandten noch anders, und es tut ihnen leid ... morgen sehen wir alles klarer.« Aber sie bebt dringend: »Nein, nicht morgen, nicht morgen! Morgen muß ich schon weg, in der Früh muß ich schon weg, schon in der Früh ... Sie stoßen mich ja fort ... wie ein Postpaket, schnell, schnell, express spedieren sie mich ... Und ich lasse mich nicht so wegschicken... Ich lasse mich nicht ...« Und ihn heftiger anfassend: »Nehmen Sie mich mit ... sofort, sofort ... helfen Sie mir ... Ich ... ich ertrage es nicht mehr.«

Man muß ein Ende machen, überlegt der Ingenieur. Nur sich in nichts einlassen. Sie ist nicht bei Sinnen, sie weiß nicht, was sie redet. »Ja, ja, ja, mein Kind«, streichelt er ihr übers Haar, »selbstverständlich, ich verstehe ja ... wir werden das alles jetzt drinnen besprechen, nicht hier, hier dürfen Sie nicht länger bleiben ... Sie könnten sich erkälten ... ohne Mantel in dem dünnen Kleid ... Kommen Sie nur, wir gehen jetzt hinein und setzen uns in die Halle ...« Dabei löst er vorsichtig seinen Arm. »Kommen Sie jetzt, Kind.«

Christine starrt ihn an. Mit einmal stockt das Schluchzen. Sie hat nichts gehört und begriffen, was er sagt. Aber mitten in ihrer sinnlosen Verzweiflung, in seiner zuckenden Unbewußtheit hat ihr Körper gespürt, daß der warme zärtliche Arm sich von ihr ängstlich löst. Der Körper hat zuerst verstanden, was jetzt erst der Instinkt und nach ihm das Gehirn schreckhaft erkennt, daß dieser Mann sich von ihr zurückzieht, feige ist, vorsichtig und sich fürchtet, daß alles sie hier weg haben will, alles. Sie wacht auf aus ihrer Trunkenheit, ein Ruck und sie sagt kurz und scharf: »Danke. Danke, ich gehe schon allein. Entschuldigen Sie, mir war nur einen Augenblick nicht ganz wohl, die Tante hat recht, mir tut die hohe Luft hier nicht gut.«

Er will etwas sagen. Aber ohne sich um ihn zu kümmern, geht sie mit harten Schultern heftig voraus. Nur sein Gesicht nicht mehr sehen, niemand mehr sehen, niemand mehr sehen, fort, fort, fort, vor keinem dieser hochmütigen, feigen, satten Menschen mehr sich erniedrigen, fort, fort, fort, nichts mehr nehmen von ihnen, nichts mehr sich schenken lassen, nicht mehr sich täuschen lassen, nicht mehr an sie sich verraten, an niemanden, an keinen, fort, fort, fort, lieber krepieren, lieber im Winkel verrecken. Und während sie das vergötterte Haus, die geliebte Halle durchschreitet, an den Menschen vorbei wie an geschmückten bemalten Steinen, spürt sie nur eines mehr: Haß gegen ihn, gegen jeden hier, gegen alle.

Die ganze Nacht bleibt Christine regungslos auf dem Sessel vor dem Tisch sitzen. Ihre Gedanken gehen dumpf im Kreise, um das einzige Gefühl herum, daß alles zu Ende ist. Es wird kein klarer und faßbarer Schmerz, es bleibt nur ein Betäubtsein, innerhalb dessen sie unterirdisch etwas geschehen schmerzhaft fühlt, so wie man bei einer Operation noch durch die Anästhesie unbestimmt das brennende Messer fühlt, das den Leib zertrennt. Denn etwas geschieht, während sie stumm sitzt, die Augen wie leere Löcher auf den Tisch gebrannt, etwas das ihr Bewußtsein in seiner Lähmung nicht versteht, und dies ist: das neue, das andere Wesen, dieses künstliche und doppelte der neun traumhaften Tage, jenes unwirkliche und doch wirkliche Fräulein von Boolen stirbt wieder in ihr ab. Noch sitzt sie im Zimmer jener andern mit dem Körper jener andern, ihre Perlen um den gefrorenen Hals, einen scharfen Strich Karmin auf den Lippen, ihr libellenleichtes geliebtes Abendkleid über den Schultern, aber schon schauert es fremd über ihrem Leib wie ein Laken auf einem Leichnam. Es gehört nicht mehr zu ihr, nichts von hier, von dieser andern, dieser obern, seligeren Welt gehört mehr zu ihr, alles ist neuerdings fremd und geborgt wie am ersten Tag. Neben ihr steht weiß und glatt gefaltet mit zarten Daunen das Bett, blühende Weiche und Wärme, aber sie legt sich nicht hin: es gehört nicht mehr ihr. Rings leuchten die Möbel, atmet stumm der Teppich, aber all dieses Rundum von Messing, Seide und Glas empfindet sie nicht mehr als sich zugehörig, nicht den Handschuh an der Hand, nicht die Perlen um den Nacken – alles gehört jener andern, jener gemordeten Doppelgängerin, Christiane von Boolen, die sie nicht mehr ist und dennoch ist. Immer wieder versucht sie wegzudenken von diesem künstlichen Ich an ihr wirkliches, sie zwingt sich zu erinnern an die Mutter, daß sie krank war oder vielleicht tot, aber so gewaltsam sie ihr Gefühl auch hinstößt, es gelingt ihr kein Schmerz, keine Sorge, ein Gefühl überschwemmt alles andere, ein Zorn, ein dumpfer, gekrampfter, ohnmächtiger Zorn, der nicht heraus kann und eingesperrt murrt, ein unermeßlicher Zorn – sie weiß nicht gegen wen, gegen die Tante, gegen die Mutter, gegen das Schicksal, Zorn eines Menschen, dem ein Unrecht geschehen. Nur daß man ihr etwas genommen hat, empfindet ihre gepeinigte Seele, nur daß sie fort muß aus diesem selig beflügelten Ich in eine dumpf am Boden kriechende blinde Larve; nur daß etwas vorbei ist, unwiderruflich vorbei.

Die ganze Nacht sitzt sie so, eingeeist in ihrem Zorn auf ihrem hölzernen Sessel. Sie hört nicht durch die gepolsterten Türen das Leben der andern in diesem Haus, den unbesorgten Atem der Schlafenden, das Stöhnen der Liebenden, das Ächzen der Kranken, das unruhige Auf- und Abwandern der Schlaflosen, sie hört nicht durch die verschlossene gläserne Tür den Wind, der schon morgendlich um das schlafende Haus geht, nur sich spürt sie, ihr Alleinsein in diesem Zimmer, diesem Haus, diesem Weltall, ein Stück atmenden zuckenden Fleisches, noch warm wie ein abgerissener Finger und doch sinnlos und ohne Kraft. Es ist ein hartes In-sich-Sterben, ein Abfrieren und Erfrieren Stück für Stück, und sie sitzt starr, als horche sie in sich selbst hinein, wann das pochende, heiße van Boolen-Herz endlich aufhört, in ihr zu hämmern. Nach tausend Jahren kommt der Morgen. In den Gängen fegen hörbar die Diener, unten scharrt der Gärtner den Kies zurecht: es beginnt unausweichlich wirklicher Tag, das Ende, die Reise. Jetzt heißt es einpacken, wegfahren, die andere sein, die Postassistentin Hoflehner aus Klein-Reifling und jene vergessen, deren Atem hier in kleinen dünnen Wellen um die verlorenen Köstlichkeiten schwang.

Beim Aufstehen spürt Christine erst die Erstarrtheit in ihren Gliedern und eine taumelige Müdigkeit des Körpers: die vier Schritte bis zum Kasten hin sind Reise von einem Kontinent zum andern. Mühsam, die toten Gelenke haben keine Kraft, öffnet sie die Kastentür, sofort erschreckt: wie ein Gehenkter, fahl, weißfarben und schlenkrig baumelt dort der Klein-Reiflinger Rock mit der verhaßten Bluse, in der sie gekommen; als die Finger ihn von der Stange heben, schauert sie in jenem widrigen Grauen, mit dem man etwas Verwestes angreift: in diesen toten Menschen Hoflehner sollte sie wieder hinein! Aber es bleibt keine Wahl. Rasch reißt sie das Abendkleid ab, leicht wie seidiges Papier knistert es ihre Hüften hinab, und weglegt sie Stück für Stück die andern Kleider, die Wäsche, den Sweater, die Perlenschnur, die zehn oder zwanzig bezaubernden Dinge, die sie empfangen: nur das ausdrückliche Geschenk nimmt sie mit, eine Handvoll, die leicht in das ärmliche Strohköfferchen geht. Es ist rasch gepackt.

Fertig! Noch einmal blickt sie sich prüfend um. Auf dem Bett liegen die Abendkleider, die Tanzschuhe, der Gürtel, das rosa Hemd, der Sweater, die Handschuhe, so wirr und quer durcheinander, als wäre durch eine Explosion das phantasmagorische Wesen, Fräulein von Boolen, in hundert Stücke zerrissen worden. Zitternd vor Grauen starrt Christine auf die Reste des Phantoms, das sie selber gewesen. Dann blickt sie sich um, ob noch etwas vergessen sei, etwas, das noch ihr gehört. Aber nichts gehört mehr ihr: andere werden hier schlafen in diesem Bett, andere durch dieses Fenster die goldene Landschaft sehen, andere sich spiegeln in diesem geschliffenen Glas, sie nie mehr, nie mehr! Es ist kein Abschied, es ist eine Art Tod.

Die Gänge liegen noch leer, als sie hinaustritt, den alten kleinen Koffer in der Hand. Automatisch geht sie zur Treppe. Aber in ihrem armen Kleid ist ihr, als habe sie, Christine Hoflehner, kein Recht mehr, diese teppichbelegten, messingeingefaßten Stufen, die Herrschaftstreppe hinabzugehen: scheu geht sie lieber die gewundene eiserne Dienertreppe neben dem Klosett hinab. In der grauen, halbaufgeräumten Halle unten taumelt der eingenickte Nachtportier mißtrauisch auf. Was war denn das? Ein Mädchen, mittelmäßig oder eher schlecht gekleidet, einen schäbigen Koffer in der Hand, schleicht sichtlich verschämt wie ein Schatten zum Ausgang, ohne sich bei ihm zu melden. Hallo, rasch springt er vor und sperrt mit drohender Schulter die Drehtür.

»Wohin wünschen Sie, bitte?«

»Ich fahre fort mit dem Siebenuhrzug.« Der Portier sieht verblüfft: zum erstenmal kommt ihm das unter, daß ein Gast, und gar Dame, in diesem Hotel ihren Koffer sich selbst zur Bahn tragen will. Er wittert sofort Unrat und fragt: »Darf ich ... darf ich um die Zimmernummer bitten?«

Jetzt erst versteht Christine. Ach so – der Mann hält sie für eine Einschleicherin – schließlich, er hat ja recht, was ist sie denn? Aber der Verdacht erbittert sie nicht, im Gegenteil, sie empfindet irgendeine böse Lust, in ihrem Frost noch gepeitscht, in ihrer Erniedrigung noch mißhandelt zu werden. Macht es mir nur widrig, macht es mir nur schwer – um so besser! Ganz ruhig antwortet sie. »Ich habe das Zimmer 286 gehabt auf Rechnung meines Onkels, Anthony van Boolen, Zimmer 281, Christine Hoflehner.«

»Einen Augenblick, bitte.« Der Nachtportier gibt die Tür frei, aber behält die Verdächtige (sie spürt es) im Auge, daß sie ihm nicht rasch wegpascht, während er im Buch nachschlägt. Dann aber kippt plötzlich sein Ton um; eine nervöse Verbeugung und sehr höflich: »Oh, gnädiges Fräulein, oh, bitte um Verzeihung, ich sehe eben, der Tagportier war von der Abreise schon verständigt ... ich meinte, nur, weil es so zeitig sei ... und dann ... gnädiges Fräulein werden doch nicht selbst den Koffer hinausnehmen, das Auto bringt ihn zwanzig Minuten vor Abfahrt des Zuges. Bitte bemühen Sie sich doch in das Frühstückszimmer, gnädiges Fräulein haben noch reichlich Zeit ein Frühstück zu nehmen.«

»Nein, ich nehme nicht mehr. Adieu!« Sie geht hinaus, ohne sich umzusehen nach dem verwundert starrenden und dann kopfschüttelnd an sein Pult wieder zurückgetretenen Mann.

Ich nehme nicht mehr. Das Wort tut ihr wohl. Nichts und von niemandem. Den Koffer in der Hand, den Schirm in der andern, die Augen krampfhaft auf den Weg geheftet, geht sie hin zur Bahn. Die Berge sind schon erhellt, unruhig quälen sich die Wolken, im nächsten Augenblick wird das Blau hervorbrechen, das göttliche, das so namenlos geliebte engadinische Enzianblau, aber krankhaft gebückt starrt Christine nur auf den Weg: nichts mehr sehen, nichts mehr sich schenken lassen, von niemandem, nicht einmal von Gott. Auf nichts mehr einen Blick tun, nicht erinnert werden, daß von jetzt für ewig diese Berge für andere sind, für andere die Spielplätze und ihre Spiele, die Hotels und ihre spiegelnden Zimmer, die donnernden Lawinen und die atmenden Wälder, und nichts davon mehr für sie, nie mehr, nie mehr! Mit abgewendetem Blick sieht sie vorbei an den Tennisplätzen, wo – sie weiß es – bronzefarben, mit weißen leuchtenden Kleidern, die Zigarette im Mund, andere heute ihre leichten gelenkigen Glieder eitel umjagen werden; vorbei an den noch geschlossenen Läden mit tausend Kostbarkeiten (für andere, für andere!), an den Hotels und Bazaren und Konditoreien, vorbei in ihrem billigen Regenmantel und ihrem alten Schirm, zum Bahnhof, zum Bahnhof. Nur fort, nur fort. Nur nichts mehr sehen, nur sich an nichts mehr erinnern.

Im Bahnhof versteckt sie sich in den Wartesaal dritter Klasse; hier in der ewigen dritten Klasse, überall gleich in der Welt, mit ihren ungepolsterten Bänken, mit ihrer armen Gleichgiltigkeit, fühlt sie sich schon halb daheim, und erst wie der Zug einrollt, geht sie hastig hinaus: niemand soll sie sehen, niemand kennen. Aber da – ist es nicht Halluzination? – hört sie plötzlich ihren Namen: Hoflehner, Hoflehner. Jemand schreit hier (ist es möglich!) ihren Namen, den verhaßten, den ganzen Zug entlang. Sie zittert. Will man sie noch höhnen zum Abschied? Aber deutlich wiederholt sich der Ruf, so beugt sie sich zum Fenster hinaus: da steht der Portier und schwenkt ein Telegramm in der Hand. Sie müsse entschuldigen, es sei

schon gestern abends gekommen, aber der Nachtportier
hätte nicht gewußt wohin damit, er habe erst jetzt erfahren,
daß das Fräulein abreise. Christine öffnet. »Plötzliche
Verschlechterung, kommet sofort, Fuchsthaler.« Und dann
fährt der Zug ... es ist vorbei. Alles ist vorbei.

Jede Materie trägt bestimmtes Maß der Spannung in
sich, über die hinaus sie Steigerung nicht mehr zuläßt, das
Wasser seinen Siedepunkt, die Metalle ihren
Schmelzpunkt, und auch die Elemente der Seele entgehen
nicht diesem unumstößlichen Gesetz. Freude kann einen
Grad erreichen, in dem jedes Dazu nicht mehr fühlbar
wird, und ebenso Schmerz, Verzweiflung,
Niedergeschlagenheit, Ekel und Angst. Einmal bis zum
Rande gefüllt nimmt das innere Gefäß keinen Tropfen
Welt mehr in sich hinein.

So empfindet Christine bei jenem Telegramm
keinerlei neuen Schmerz. Oben im Bewußtsein versteht sie
zwar deutlich, jetzt müßte ich doch erschrecken, mich
ängstigen, mich sorgen, aber trotz dieser Anschaltung vom
wachen Gehirn her funktioniert nicht das Gefühl: es nimmt
die Mitteilung nicht zur Kenntnis, es antwortet nicht. Es
ist, wie wenn ein Arzt mit einer Nadel in ein abgestorbenes
Bein sticht: der Kranke sieht die Nadel, er weiß genau, sie
ist spitz und glühend: jetzt da sie eindringt, muß es sofort
weh tun, fürchterlich weh, und er spannt sich schon, in
einem Riß der Qual alle Gelenke zusammenzureißen. Aber
die glühende Nadel dringt ein, und doch, weil abgestorben,
antwortet der Nerv nicht, und mit Grauen erkennt der
Gelähmte, daß da unten in seinem Leib etwas völlig
empfindungslos ist, daß er ein Stück Tod in seinem
eigenen warmen Leib mitträgt. Dieses Grauen empfindet
Christine, abermals und abermals das Blatt überlesend, vor
ihrer eigenen Gleichgiltigkeit. Die Mutter ist krank, gewiß
steht es verzweifelt mit ihr, sonst hätten die Sparsamen
nicht so viel Geld an ein Telegramm gewagt. Sie ist

vielleicht schon tot, wahrscheinlich sogar. Aber kein Finger bebt bei diesem Gedanken (der sie gestern noch hingeschmettert hätte) an ihrer Hand, und jener Muskel, der das Tränenwasser zwischen die Lider pumpt, hebt seinen Hebel nicht. Alles bleibt starr, und diese Starre geht von ihr über auf alles um sie. Daß der Zug mit klirrenden Takten unter ihr läuft, spürt sie nicht, daß auf der Holzbank gegenüber rotbackige Männer sitzen, Wurst essen und lachen, daß am Fenster vorbei immer neue Felsen aufspringen und sich wieder bücken zu kleinen blumigen Hügeln und ihre Füße baden in der weißsprühenden Bergmilch – all diese Prospekte, bei der ersten Fahrt als lebendigste Gestaltung empfunden und alle Sinne erregend, stehen jetzt starr vor ihrem erstarrten Auge. Erst als an der Grenze der Paßbeamte mit seiner Behelligung sie aufrüttelt, empfindet der Körper ein Gefühl: etwas Heißes trinken. Etwas, das diese fürchterliche Erfrorenheit ein wenig auftaut, das die verklemmte und wie verschwollene Kehle auflockert, daß man endlich atmen kann, endlich alles aus sich herausstöhnen.

Sie geht zum Buffet, trinkt ein Glas Tee mit heißem Rum. Das geht scharf ins Blut, selbst die starren Zellen oben im Gehirn belebend: sie kann wieder denken, und sofort fällt ihr ein, sie müsse nach Hause ihre Ankunft telegrafieren. Gleich rechts um die Ecke, sagt der Portier, und ja, ja, sie habe noch reichlich Zeit.

Christine sucht den Schalter. Die Glasscheibe war herabgelassen. Sie klopft. Ein Schritt von innen schlurft mißmutig langsam heran, die Scheibe klirrt hoch. »Was wünsche Sie?« fragt ein verdrossenes, graues, bebrilltes Frauengesicht. Christine kann nicht gleich antworten, so ist sie erschrocken. Denn ihr ist, diese verknöcherte, verwitterte alte Jungfer mit der Stahlbrille vor den abgematteten Augen, mit den pergamentenen Fingern, die jetzt automatisch das Formular herausreichen, das sei sie selbst in zehn, in zwanzig Jahren, ein Teufelsspiegel habe ihr sie selbst als ihr Postassistentin-Gespenst gezeigt; kaum kann sie schreiben, so bebt ihr die Hand. Das bin ich, das werde ich sein, schauert sie immerzu, immer wieder hinüberschielend zu der dürren fremden Frau, die geduldig gebückt vor dem Pult wartet, den Bleistift in der Hand – oh – sie kennt diese Geste, diese öden Minuten, und wie man abstirbt an einer jeden, um dann nutzlos alt zu werden, glücklos und verbraucht wie dies Spiegelgespenst. Mit zuckenden Knien schleppt Christine sich wieder in den Zug zurück. Kalter Schweiß perlt ihr über die Stirn wie einem, der im Traum sich im Sarge aufgebahrt hat liegen sehn, und mit einem großen Angstschrei erwacht ist.

In St. Pölten, müde von schlafloser Nachtfahrt, holt Christine ihre schmerzenden Glieder aus dem Zug heraus, da eilt schon quer über das Geleise der Aussteigenden jemand entgegen: der Lehrer Fuchsthaler, er muß die ganze Nacht hier gewartet haben. Beim ersten Blick weiß Christine alles – er trägt schwarzen Rock, schwarze Krawatte, und wie sie ihm jetzt die Hand reicht, schüttelt er sie teilnehmend, unter der Brille blicken hilflos gerührt seine Augen ihr entgegen. Christine fragt gar nicht mehr, seine Befangenheit hat alles gesagt. Aber merkwürdig, es erschüttert sie nicht. Sie spürt weder Schmerz noch Ergriffenheit, noch Überraschung. Die Mutter ist gestorben. Vielleicht ist es gut, gestorben zu sein.

Im Personenzug nach Klein-Reifling erzählt Fuchsthaler umständlich und rücksichtsvoll von den letzten Stunden der Mutter. Übernächtig sieht er aus, grau im grauen Morgen, voll Stoppeln das unrasierte Gesicht, die Kleider staubig und verdrückt. Jeden Tag war er dreimal, viermal bei der Mutter um ihretwillen, die Nächte hat er gewacht um ihretwillen. Rührender Freund, denkt sie im stillen. Wenn er doch schon nur aufhören wollte, ruhig sein, ihr Ruhe lassen, nicht mit dieser sentimental umflorten Stimme hinter gelben, schlechtplombierten Zähnen unaufhörlich auf sie lossprechen; ein körperlicher

Widerwille faßt sie gegen den früher so sympathischen Mann, ein Widerwille, dessen sie sich vergeblich schämt und den sie doch als Galle auf den Lippen schmeckt.

Ohne daß sie vergleichen will, vergleicht sie ihn doch mit den Männern droben, diesen schlanken, gebräunten, gesunden, geschmeidigen Kavalieren mit den gepflegten Händen, den taillierten Röcken, und mit einer Art böser Neugier betrachtet sie die lächerlichen Einzelheiten seiner Traueraufmachung, den sichtlich gewendeten schwarzen Rock mit den ausgewetzten Ellenbogen, die fertig gekaufte schwarze Krawatte über dem schmutzigen billigen Hemd. Unerträglich kleinbürgerlich, zum Schreien lächerlich scheint ihr mit einmal dies schwarz angezogene dünne Männchen, dieser Dorfschulmeister mit seinen blassen abstehenden Ohren, seinem falschgezogenen, spärlichen Scheitel, seiner stählernen Brille über den blaßblauen und rotgeränderten Augen, dies Spitzmausgesicht aus Pergament über dem zerdrückten gelben Zelluloidkragen. Und der wollte ... der ... Nie, denkt sie, nie! Unmöglich sich von ihm berühren zu lassen, sich hinzugeben an die unkühne, unwürdige, zittrige Zärtlichkeit eines solchen verkleideten Pfarramtskandidaten, unmöglich! Schon bei dem bloßen Gedanken steigt ihr Ekel derart quellend in die Kehle, daß ihr ist, als müßte sie sich erbrechen.

»Was haben Sie?« unterbricht Fuchsthaler besorgt. Er hat bemerkt, daß ein plötzliches Zucken ihren Körper überläuft.

»Nichts ... nichts ... nur, ich glaube, ich bin zu müde. Ich kann jetzt nicht sprechen. Ich kann nichts hören!«

Christine lehnt sich zurück und schließt die Augen. Sofort wird ihr wohler, sobald sie ihn nicht mehr sehen muß, nicht mehr die tröstende weiche und gerade durch ihre Demütigkeit so unerträgliche Stimme hören. Eine Schande, denkt sie, er ist so gut zu mir, er opfert sich auf. Aber ich kann ihn nicht mehr ansehen, nicht mehr ertragen, ich kann nicht. Nie diesen Menschen, nie solche Männer wie ihn! Nie! Niemals!

Der Pfarrer litaneit sehr rasch an dem offenen Grab, denn der Regen fällt senkrecht und dicht. Ungeduldig treten die Totengräber, die Schaufeln in der Hand, im dicken Lehm von einem Fuß auf den andern. Der Guß wird immer heftiger, der Pfarrer spricht immer schneller, endlich ist alles vorbei, beinahe laufend und wortlos kehren die vierzehn Menschen, die die alte Frau zum Kirchhof begleitet haben, ins Dorf zurück. Christine spürt mit einemmal Grauen vor sich selbst, weil sie während der ganzen Zeremonie, statt erschüttert zu sein, zwanghaft an winzige Widrigkeiten denken muß: daß sie keine Galoschen an hat, voriges Jahr wollte sie welche kaufen und die Mutter hatte gesagt, es sei nicht nötig, sie leihe die ihren. Daß Fuchsthalers Mantelkragen, den er aufgestülpt hat, am innern Rand aufgerauht ist und durchwetzt. Daß ihr Schwager Franz dick geworden ist und beim raschen Gehen asthmatisch stöhnt, daß der Regenschirm ihrer Schwägerin zerrissen ist, man müßte ihn überziehen lassen. Daß die Krämerin keinen Kranz geschickt hat, sondern nur paar halbwelke Blumen aus dem Vorgarten, mit Draht zusammengesteckt. Daß der Bäcker Herdlitschka eine neue Tafel in ihrer Abwesenheit hat machen lassen – alles Gräßliche, Kleinliche, Widrige der kleinen Welt, in die sie zurückgestoßen ist, dringt mit spitzen Widerhaken in sie ein und quält so, daß sie kein Gefühl hat für den eigentlichen innern Schmerz.

Vor ihrer Wohnung verabschieden sich die Trauergäste und laufen, kotbespritzt und mit breiten Regenschirmen jetzt ganz ungehemmt ihren Häusern zu: nur die Schwester, der Schwager, die Witwe des Bruders und der Tischlermeister, den sie seitdem geheiratet hat, gehen zu ihr die knirschende Treppe hinauf. Das Zimmer hat nur vier Sitzgelegenheiten, sie sind fünf: so macht

Christine den andern Platz. Ungemütlich eng und düster drückt der Raum. Von den aufgehängten nassen Mänteln und tropfenden Schirmen riecht es feucht und dumpf, an die Scheiben trommelt der Regen, leer und grau wartet im Schatten das Bett der Toten.

Keiner spricht. Aus Verlegenheit sagt Christine: »Ihr werdet's doch einen Kaffee nehmen?«

»Ja, Christl«, sagt der Schwager, »was Warmes tat jetzt gut. Aber du müßtest fix machen, denn lang' können wir nicht bleiben, um fünf geht unser Zug.« Jetzt, die Virginia im Mund, atmet er auf. Ein gutmütig jovialer Magistratsbeamter, der schon als Trainfeldwebel im Krieg und noch eiliger im Frieden sich vorzeitig ein Spitzbäuchlein zugelegt hat, fühlt er sich immer unbehaglich außer in Hemdärmeln und bei sich zu Hause; während der ganzen Zeremonie hat er mühsam ein Leichenbittergesicht aufgesetzt und sich stramm gehalten, jetzt knöpft er den schwarzen Trauerrock, in dem er wie verkleidet aussieht, ein bißchen auf und lehnt sich bequem im Sessel zurück: »War doch gescheit, daß wir die Kinder nicht mitgenommen haben. Nelly hat zwar gemeint, es gehört sich, sie müßten unbedingt beim Begräbnis der Großmutter dabei sein, aber ich hab's gleich gesagt, so was Trauriges soll man Kindern nicht zeigen, sie verstehen's eh noch nicht. Und dann schließlich, es ist ja auch furchtbar teuer, das Hin- und Herfahren, eine ganze Masse Geld, und bei diesen Zeiten...«

Christine reibt krampfhaft auf der Kaffeemühle. Fünf Stunden ist sie erst zurück, und zehnmal hat sie's schon gehört, »zu teuer«, das verfluchte, verhaßte Wort. Fuchsthaler hat gemeint, es wäre zu teuer gewesen, den Primarius vom St. Pöltener Spittel zu holen, er hätte ja ohnehin nichts richten können, die Schwägerin hat's vom Grabkreuz gesagt, man soll's nicht aus Stein bestellen, »zu teuer«, die Schwester von den Totenmessen und jetzt der Schwager von der Fahrt. Unaufhörlich fließt und tropft es von allen über die Lippen wie der Regen draußen über die Traufe und schwemmt alle Freude fort. Täglich wird das jetzt wieder so tropfen und klopfen: zu teuer, zu teuer, zu teuer! Christine zittert, mit böser Hand reibt sie ihren Zorn in die knirschende Mühle: nur weg, nur weg, nur nichts mehr hören, nichts mehr sehen! Die übrigen sitzen unterdessen in Erwartung des Kaffees still um den Tisch und versuchen ein Gespräch. Der Mann, der die Witwe des Bruders geheiratet hat, ein kleiner Tischlermeister aus Favoriten, sitzt bescheiden geduckt unter den halben Verwandten, er hat sie gar nicht gekannt, die alte Frau; zwischen Frage und Antwort holpert mühselig das Gespräch hin und her und bleibt immer wieder stehen, als läge ein Stein im Wege. Endlich unterbricht der Kaffee, Christine stellt vier Schalen hin – mehr hat sie nicht –, dann geht sie wieder zum Fenster. Das verlegene Schweigen der Vier erdrückt sie, dieses merkwürdig verhaltene Schweigen, das ungeschickt einen und denselben Gedanken versteckt. Sie weiß, was jetzt kommen wird, sie fühlt es in den Nerven, draußen im Vorzimmer hat sie gesehen, daß jeder zwei leere Rucksäcke mitgenommen hat, sie weiß, sie weiß, was jetzt kommen wird, und der Ekel schnürt ihr die Kehle zu.

Endlich beginnt der Schwager mit seiner gemütlichen Stimme: »So ein Sauregen! Und die Nelly, vergeßlich wie sie ist, hat nicht einmal einen Schirm mitgenommen. Eigentlich wär's das einfachste, du gibst ihr den von der Mutter mit, Christl! Oder brauchst ihn etwa selber?« »Nein«, sagt Christine vom Fenster aus und zittert. Jetzt kommt es, gleich wird es kommen; aber nur rasch, nur rasch!

»Überhaupt«, setzt wie auf Verabredung die Schwester ein, »wär's nicht das Gescheiteste, wir täten jetzt gleich die Sachen von der Mutter aufteilen? Wer weiß, wann wir wieder alle vier zusammenkommen, der Franz hat so furchtbar viel Dienst, und Sie« (sie wendet sich zum Tischlermeister) »gewiß auch. Und noch einmal eigens herfahren, das steht doch nicht dafür, das kost' wieder Geld. Ich glaub', wir teilen's am besten gleich auf, bist einverstanden, Christl?«

»Aber selbstverständlich.« Ihre Stimme wird plötzlich rauh. »Nur bitte ich euch, teilt alles allein unter euch auf! Ihr habt beide Kinder, ihr könnt die Sachen von der Mutter viel besser brauchen, ich hab' nichts nötig, ich nehm' nichts; teilt's nur alles zwischen euch.«

Sie sperrt den Kasten auf, holt ein paar abgetragene Kleider und legt sie (es ist kein anderer Platz in der engen Mansarde) auf das Bett der Toten (gestern war es noch warm)! Es ist nicht sehr viel, ein bißchen Wäsche, der alte Fuchspelz, der gestopfte Mantel, ein Plaid, ein Stock mit Elfenbeingriff, die eingelegte Brosche aus Venedig, der Ehering, die kleine silberne Uhr mit der Kette, der Rosenkranz und das Emaillemedaillon aus Maria Zell, dann die Strümpfe, Schuhe, die Filzpantoffel, die Unterwäsche, ein alter Fächer, ein zerknüllter Hut und das vergriffene Gebetbuch. Nichts vergißt sie, die alte Frau hat ja so wenig gehabt, von dem schlotternden Pfandhauskram, dann wendet sie sich rasch weg zum Fenster und starrt in den Regen hinaus. Hinter ihr beginnen die beiden Frauen leise zu sprechen, die einzelnen Stücke gegeneinander abzuschätzen und sich zu verständigen. Was der Schwester zufällt, legt sie rechts auf das Bett der Toten, was der Schwägerin zufällt, links, dazwischen bleibt eine unsichtbare Wand und Grenzscheide.

Christine atmet hart am Fenster. Sie hört von innen heraus das abschätzende Feilschen, so leise sie auch sprechen, sie sieht ihre Finger, obwohl sie mit dem Rücken gegen das Bett der Toten gewandt steht, Mitleid mengt sich in ihren brennenden Zorn. »Wie arm sie sind, so erbärmlich arm, und ahnen es gar nicht. Einen Kram teilen sie, den andere nicht mit dem Fuß anstoßen; diese alten Flanellrollen, diese abgetragenen Schuhe, diese wahnwitzig lächerlichen Fetzen sind ihnen noch

Kostbarkeiten! Was wissen sie von der Welt, was ahnen sie! Aber besser vielleicht, wenn man gar nicht erfährt, wie arm man ist, wie widerlich, wie ekelhaft arm und erbärmlich!«

Der Schwager tritt zu ihr heran: »Aber Christl, alles was recht ist, aber das geht doch nicht, daß du dir gar nix nimmst. Irgendwas mußt doch schon als Andenken an die Mutter behalten – die Uhr vielleicht oder wenigstens die Ketten.«

»Nein«, sagt sie hart, »ich will nichts, ich nehm' nichts. Ihr habt's Kinder, da hat's einen Sinn. Ich brauch' nichts – ich brauch' überhaupt nichts mehr.«

Wie sie sich dann umdreht, ist schon alles vorbei, die Schwägerin und die Schwester haben jede ihr Teil eingepackt und in die mitgebrachten Rucksäcke geschoben – jetzt ist die Tote erst ganz begraben. Die Vier stehen herum, betreten und etwas beschämt; sie sind froh, das peinliche Geschäft so rasch und einverständlich erledigt zu haben, und doch ist ihnen nicht recht behaglich. Man müßte jetzt, ehe der Zug abfährt, noch irgendwie was Feierliches sagen, um die Erinnerung an das Geschäftliche zu verflüchtigen, oder überhaupt untereinander wie Verwandte sprechen. Schließlich erinnert sich der Schwager und fragt Christine: »Na, du hast ja gar nichts erzählt, wie war's denn dort oben in der Schweiz?«

»Sehr schön«, stößt sie hart wie eine Messerklinge durch die Zähne.

»Das glaub ich«, seufzt der Schwager, »dort möcht' unsereins auch einmal hin, überhaupt reisen! Aber das kann man sich nicht leisten mit einer Frau und zwei Kindern, das wäre doch zu teuer, und schon gar in eine so noble Gegend. Was kost' denn in eurem Hotel dort ein Tag?«

»Ich weiß nicht«, atmet Christine mit letzter Kraft. Sie spürt, gleich werden ihre Nerven reißen. Wenn sie nur schon weg wären, nur schon weg! Glücklicherweise sieht Franz auf die Uhr. »Hallo, einsteigen, wir müssen zum Zug. Aber Christl, keine überflüssigen Höflichkeiten, du brauchst uns nicht zu begleiten, bei einem solchen Wetter. Du bleibst hier und kommst lieber einmal nach Wien! Jetzt, wo die Mutter tot ist, heißt's zusammenhalten!«

»Ja, ja«, sagt Christine ungeduldig fremd und begleitet sie nur bis zur Tür. Die Holztreppe knirscht unter schweren Tritten, jeder trägt etwas weg auf den Schultern oder in der Hand. Endlich sind sie doch fort. Kaum haben sie das Haus verlassen, so reißt Christine mit einem Ruck das Fenster auf. Der Geruch erstickt sie, Geruch von kaltem Zigarettenrauch, schlechtem Essen, nassen Kleidern, Geruch von Grauen und Sorge und Seufzern der alten Frau, der gräßliche Geruch der Armut. Entsetzlich hier leben zu müssen, und wozu und für wen? Wozu das atmen Tag für Tag und wissen, daß irgendwo außen eine andere Welt ist, die wirkliche, und in ihr selbst ein anderer Mensch, der in diesem Dunst wie ein Vergifteter erstickt. Ihre Nerven beben und zittern. Mit einem Ruck wirft sie sich angekleidet hin auf das Bett, die Zähne verbissen in die Kissen, um nicht herauszuheulen vor hilflosem, brennenden Haß. Denn mit einmal haßt sie alle und alles, sich selbst und die andern, den Reichtum und die Armut, das ganze schwere unerträgliche und unverständliche Leben.

»Aufgeblasene Gredel, blöde.« Der Krämer Michael Pointner haut die Tür hinter sich zu, daß sie kracht. »Was diese gschnappige Person sich erlaubt, ist schon unerhört. So eine Giftnudel.«

»No, no, wer wird sich gleich so aufregen, was hast scho wieder«, beruhigt ihn mit breitem Lächeln der

Bäckermeister Herdlitschka, der auf ihn vordem Postamt gewartet hat. »Hat dich wer bissen?«

»Weil's wahr ist. So eine Frechheit, so ein aufgeschraubtes Luder wie die gibt's nimmer. Jedesmal hat sie jetzt was andres. Das und das und das ist ihr nicht recht. Nur sekkieren möcht sie und sich patzig machen. Vorgestern hat's ihr nicht gepaßt, daß ich den Begleitschein zu dem Packel Kerzen mit Tintenstift geschrieben hab statt mit Tinten, heute macht's eine Red, sie sei nicht verpflichtet, schlechtverpackte Pakete anzunehmen, sie habe die Verantwortung. Zum Krenreiben brauche ich ihre Verantwortung, ich hab meiner Seel schon tausend Pakete von hier aus spediert, wie die Gans mit ihrem frechen Schnabel noch im Mist herumgestiert hat. Was die gleich für einen Ton einhängt, so von oben herab, so ›fein‹ Hochdeutsch, daß sie einem nur ja zeigt, unsereins ist ein Dreck gegen sie. Wen meint sie denn, daß sie vor sich hat. Aber jetzt hab ich's satt. Mit mir soll sie sich nicht spielen.«

Dem dicken Herdlitschka lacht behagliche Schadenfreude aus den Augen. »Na, vielleicht hätt' sie gerad dazu eine Lust, so ein fescher Kerl, was du bist. Bei solchen unfreiwilligen Jungfern kennt sich keiner aus. Vielleicht gfallst ihr gut und drum sekkiert sie dich.«

»Mach keine blöden Witz«, murrt der Krämer, »ich bin nicht der einzige, mit dem sie aufdrehen möcht. Erst gestern hat mir's der Verwalter von der Fabrik drüben gsagt, wie sie ihn angeschnauzt hat, bloß weil er ein bisserl ein Spaß gemacht hat. ›Ich verbitte mir das, ich bin hier im Amt‹, als ob er ihr Schuhputzer wär. In die ist der Teufel gefahren, mit der ist was los. Aber verlaß dich, ich werd ihn ihr schon wieder austreiben. Mit mir wird sie schon einen andern Ton einhenken müssen oder sie erlebt was, und wenn ich von hier zu Fuß bis nach Wien auf die Postdirektion müßt.«

Er hat recht, der brave Pointner, es ist etwas los mit der Postassistentin Christine Hoflehner, das ganze Dorf hat das seit vierzehn Tagen heraus. Zuerst hat keiner was gesagt – mein Gott, die Mutter ist dem braven Mädel gestorben; zuerst, da hat man gemeint, das sei ihr so nahegegangen. Der Pfarrer ist zweimal herübergekommen sie zu trösten, Fuchsthaler hat jeden Tag gefragt, ob er ihr helfen könnte, die Nachbarin hat sich abends zu ihr setzen wollen, damit sie nicht so allein ist, die Frau vom ›Goldenen Ochsen‹ drüben hat ihr sogar angeboten, ob sie jetzt nicht drüben bei ihr ein Zimmer haben wollte mit Kost und Verpflegung, statt sich allein mit der Wirtschaft zu plagen. Aber sie hat nicht einmal recht Antwort gegeben, und jeder hat gleich gespürt, sie will ihn draußen haben. Etwas ist los mit der Postassistentin Christine Hoflehner, sie fährt nicht mehr wie sonst einmal in der Woche hinüber in den Singverein und sagt, sie sei heiser. Sie geht seit drei Wochen nicht mehr in die Kirche, nicht einmal eine Messe hat sie lesen lassen für die Mutter. Dem Fuchsthaler, der ihr vorlesen will, sagt sie, sie habe Kopfschmerzen, und wenn er ihr anbietet, einen Spaziergang zu machen, sagt sie, sie sei müde. Niemand geht sie mehr zu, wenn sie einkauft, tut sie, als versäume sie den Zug und spricht kein Wort mit jemand, und im Amt ist sie, die früher sonst als gefällig und hilfsbereit bekannt war, dauernd unfreundlich, kurz angebunden und sekkant.

Etwas ist mit ihr geschehen, sie weiß es selbst. Als hätte ihr jemand heimlich im Schlaf etwas Bitteres, etwas Scharfes und Böses ins Auge geträufelt, so sieht sie jetzt mit einmal die Welt, alles ist häßlich, böse und feindselig, seit sie es bös und feindselig sieht. Mit Erbitterung beginnt sie den Tag. Der erste Blick, den sie aufschlägt nach dem Schlafe, trifft auf die schiefen verräucherten Balken der Mansarde. Alles in dem Raum, das alte Bett, die schlechte Decke, der strohgeflochtene Sessel, der Waschtisch mit dem gesprungenen Henkelkrug, die mürbe Tapete, die hölzerne Diele, alles ist ihr verhaßt, am liebsten möchte sie die Augen schließen und wieder ins Dunkel hinab. Aber der Wecker erlaubt es nicht und klirrt ihr hart in die Ohren. Zornig steht sie auf, zornig zieht sie sich an, die alte Wäsche, das widrige schwarze Kleid. Unter dem Ärmel merkt sie einen Riß, aber es ärgert sie nicht. Sie nimmt nicht die Nadel, um es zu flicken. Wozu, für wen? Für diese Bauerntrampel hier ist man noch immer viel zu gut gekleidet. Nur weiter, nur rasch hinaus aus dem häßlichen Raum und hinüber in das Amt.

Aber das Amt ist nicht mehr, was es war. Nicht mehr der gleichgiltige ruhige Raum, in dem die Stunden langsam wie auf Rädern lautlos rollen. Wie sie den Schlüssel dreht und eintritt in das schreckliche stille Zimmer, das auf sie zu lauern scheint, muß sie immer an den Film denken, den sie vor einem Jahr gesehen. ›Lebenslänglich‹ heißt er, und ein Gefängniswärter, begleitet von zwei Polizisten, vollbärtig, hart und unnahbar, führt den Gefangenen, einen schwächlichen zitternden Knaben, in die kahle vergitterte Zelle. Ein Schauer war ihr damals wie allen andern Zuschauern über den Rücken gelaufen, und wieder spürt sie den Schauer, sie selbst ist es ja, Gefangenenwärter und Gefangene in einer Person. Zum erstenmal hat sie bemerkt, daß auch hier vergitterte Fenster sind, zum erstenmal empfindet sie diese weiß getünchten, kahlen Wände des geschäftlichen Zimmers als Kerker. Alle Dinge haben einen neuen Sinn: tausendmal sieht sie den Sessel, auf dem sie gesessen hat, tausendmal den tintenfleckigen Tisch, auf dem sie ihre Papiere zusammenlegt, tausendmal die Glasscheibe, die sie jetzt zum Beginn der Dienststunde emporschiebt. Und an der Uhr sieht sie zum erstenmal, daß sie nicht vorwärts geht, sondern im Kreise läuft, von zwölf bis eins, von eins bis zwei und wieder weiter bis zwölf und von eins zu zwei und wieder zurück auf zwölf, immer den gleichen Weg, ohne einen Schritt weiterzukommen, immer neu aufgezogen für den Dienst, ohne je frei zu werden, immer eingekerkert in dasselbe rechteckige braune Gehäuse. Und wenn Christine sich niedersetzt morgens um acht Uhr, ist sie müde – müde nicht von irgend etwas Vollbrachtem und Geleistetem, sondern müde schon im voraus alles dessen, was kommen wird, immer die gleichen Gesichter, die gleichen Fragen, die gleichen Handgriffe, das gleiche Geld. Nach einer Viertelstunde bringt exakt der Briefträger Andreas Hinterfellner, grauhaarig, aber immer vergnügt, die Briefpost zum Sortieren. Früher hat sie es mechanisch getan, jetzt sieht sie lange die Briefe und Ansichtskarten an, besonders jene, die für das Schloß der Gräfin Gütersheim bestimmt sind. Sie hat drei Töchter, die eine ist verheiratet an einen italienischen Baron, die beiden Komtessen sind ledig und fahren viel in der Welt herum. Aus Sorrent sind die neuesten Karten, blaues Meer, im blühenden Bogen weit hinein ins Land geschwungen. Die Adresse Hôtel de Rome. Christine versucht sich das Hôtel de Rome vorzustellen und sucht es auf der Karte. Das Zimmer ist angekreuzt von der Komtesse, mitten zwischen Gärten, weiß leuchtend mit breiten Terrassen, von einem Spalier von Orangenbäumen umgeben. Unwillkürlich muß sie daran denken, wie es sein muß, dort abends zu gehen, wenn das Meer blau und kühl herweht und von den Steinen die Wärme des Tages atmend ausstrahlt, dort zu gehen mit ...

Aber die Post will sortiert werden, weiter, weiter. Da ist ein Brief aus Paris. Sie weiß sofort, von der Tochter des ..., der man allerhand Ungutes nacherzählt. Mit einem reichen Petroleumjuden hat sie ein Verhältnis gehabt, dann war sie Eintänzerin irgendwo und Ärgeres vielleicht, jetzt soll sie wieder jemand haben; tatsächlich, der Brief ist aus dem Hotel Maurice, vornehmstes Briefpapier. Zornig wirft ihn Christine zur Seite. Dann kommen die Drucksachen. Ein paar behält sie zurück, die für die Gräfin Gütersheim bestimmt sind. ›Die Dame‹, ›Die elegante Welt‹, und die andern Modezeitschriften mit Bildern – es macht nichts, wenn die Frau Gräfin sie erst mit der Nachmittagspost bekommt. Wenn es still wird im Dienstraum, so holt sie diese Zeitschriften aus dem Umschlag und blättert sie auf, sie sieht sich die Kleider an, die Bilder der Filmdarsteller und Aristokraten, die wohlgepflegten Landhäuser englischer Lords, Autos berühmter Künstler. Wie ein

Parfüm spürt sie das in die Nüstern eindringen, sie erinnert sich an alle die Gestalten, neugierig sieht sie die Frauen in ihren Abendkleidern an und beinahe leidenschaftlich die Männer, diese erlesenen, in Luxus polierten oder von Intelligenz überleuchteten Gesichter, und die Finger zittern ihr nervös; sie legt die Hefte weg und nimmt sie immer wieder vor, Neugierde und Haß, Lust und Neid vermengen sich wechselvoll im Anblick dieser Welt, der sie sich gleichzeitig entfernt und verbunden fühlt.

Ein Aufschrecken ist es dann immer, wenn in den Kreis der verführerischen Bilder dann plötzlich grob mit schweren Schuhen, die Pfeife eingeklemmt in den Mund, mit verschlafenen Kuhaugen ein Bauer tritt und vor dem Pult ein paar Briefmarken verlangt, und ganz unwillkürlich geschieht es ihr, daß sie ihn anfährt mit irgendeinem groben Wort. »Können Sie nicht lesen, daß man hier nicht rauchen darf?« schleudert sie ihm grob in das gutmütig verdutzte Gesicht, oder sonst eine Unfreundlichkeit. Es geschieht, ohne daß sie es weiß, es ist wie ein Zwang, sich zu rächen an diesem einzelnen für die Häßlichkeit und Niedrigkeit der Welt. Nachher schämt sie sich. Sie können ja nichts dafür, die armen Kerle, daß sie so häßlich sind, so ungehobelt, so verschmutzt von ihrer Arbeit, so ertrunken in ihrem Dorfschlamm, denkt sie, ich bin ja nicht anders, bin ja selber so. Aber so dicht ist ihr Zorn mit Verzweiflung gepaart, daß er wider ihren Willen bei jedem Anlaß herausfährt. Nach dem ewigen Gesetz von der Fortwirkung der Kraft muß sie den Druck irgendwie weitergeben, und nur von diesem einzigen Punkt Macht, von dem kleinen erbärmlichen Amtspult her, kann sie ihn gegen Unschuldige entladen. Dort oben in der andern Welt hat sie ihr Dasein bestätigt empfunden mit einem Umworben- und Begehrtsein, hier vermag sie sich nicht bemerkbar zu machen, wenn sie nicht böse ist, wenn sie nicht dieses winzige Teil Macht, das ihr als Beamtin anheimgegeben ist, spielen läßt. Es ist arm, es ist kläglich, es ist niedrig, sie weiß es, gegen diese ahnungslosen braven Menschen sich aufzuspielen, aber immer wird durch das Böse eine Sekunde etwas von ihrem Zorn frei. Ganz tief gestaut steckt in ihr dieser Zorn, und wenn sie keine Gelegenheit bei Menschen hat, ihn zu entladen, so fährt er gegen die stummen Dinge. Ein Zwirnsfaden läßt sich nicht einfädeln: sie zerreißt ihn, eine Lade geht nicht gleich zu – sie schmettert sie mit voller Kraft in den Kasten hinein, die Postdirektion hat ihr falsche Konsignationen gesandt – sie schreibt statt einem höflichen einen empört herausfordernden Brief. Am Telefon funktioniert eine Verbindung nicht gleich – sie droht der Kollegin mit sofortiger Beschwerde; es ist kläglich, sie weiß es und beobachtet selbst mit Entsetzen ihre Veränderung. Aber sie kann nicht anders, sie muß ihren Haß irgendwie heraus in die Welt stoßen, sonst erstickt sie daran.

Ist das Amt zu Ende, so flüchtet sie in ihr Zimmer. Früher ist sie öfter eine halbe Stunde spazierengegangen, wenn die Mutter schlief, oder sie hat mit der Krämerin geplaudert oder mit den Kindern der Nachbarin gespielt, jetzt schließt sie sich ein und schließt damit ihre Feindseligkeit hinter ihre vier Wände, damit sie die Leute nicht anfährt wie ein gereizter Hund. Sie kann die Straße nicht sehen mit ewig denselben Häusern, Anschriften und Gesichtern. Lächerlich scheinen ihr die Weiber in ihren weiten Kattunröcken, ihren aufgetürmten fettigen Haaren, ihren plumpberingten Händen, unerträglich die Männer, schnaufend und schmerbäuchig, und am widerlichsten die Burschen, wenn sie städtisch tun, sich Pomade ins Haar schmieren, unerträglich das Wirtshaus, wo es nach Bier riecht und schlechtem Rauch und rotbackig blöd das dralle Mädel die sinnlichen Griffe und Scherze des Forstadjunkten und des Gendarmeriewachtmeisters hinnimmt. Lieber sperrt sie sich ins Zimmer, aber sie zündet kein Licht, um die verhaßten Dinge nicht zu sehen. Stumm sitzt sie da und denkt nach, immer dasselbe. Sie erinnert sich mit einer erstaunlichen Kraft und Deutlichkeit, und es zeichnen sich jetzt unzählige Einzelheiten ab, die sie im Wirbel gar nicht bemerkt und gefühlt hatte. An jedes Wort, an jeden einzelnen Blick erinnert sie sich, jede Speise, die sie gegessen, bringt ihr mit erstaunlicher Kraft ihren Geschmack zurück, sie spürt den Wein auf der Lippe, den Likör. Sie vergegenwärtigt sich das Gefühl des leichten Seidenkleides auf den nackten Schultern und die Weiche des weißen Bettes. Eine Unzahl Dinge fällt ihr ein: daß der kleine Engländer ihr damals auf dem Gang merkwürdig zäh gefolgt und abends vor ihrer Tür stehengeblieben ist, gewisse zärtliche Striche des Mannheimer Mädels ihren Arm entlang brennen ihr plötzlich elektrisch auf der Haut, und nachträglich fällt ihr ein, gehört zu haben, daß auch Frauen ineinander verliebt sein können. Jede Sekunde, jeden Tag von damals rekapituliert sie Stunde für Stunde und weiß jetzt erst, wie voll ungenutzter und ungeahnter Möglichkeiten jene Zeit gewesen. So sitzt sie jeden Abend stumm und still und träumt sich in jene Zeit zurück, wie sie gewesen, und weiß zugleich, daß sie es nicht mehr ist, und will es doch nicht wissen und weiß es doch. Wenn es an die Tür pocht – Fuchsthaler versucht mehrmals sie zu trösten –, rührt sie sich nicht und hält den Atem an, atmet auf, wenn sie die Schritte wieder hinab die knirschende Treppe hört, ihre Träume sind das einzige, was sie noch hat, sie will sie nicht hergeben. Ausgemüdet von ihnen legt sie sich dann ins Bett und schreckt immer zusammen, so kalt und feucht legt es sich ihr an die verwöhnte Haut. Ihre Kleider, ihren Mantel muß sie noch über die Decke legen, dermaßen schüttelt sie der Frost. Spät schläft sie dann ein, aber es wird kein guter Schlaf, immer voll ängstig phantastischer Träume, immer fährt sie in diesen Träumen auf, im Auto saust sie schnell, furchtbar schnell die Berge hinauf und die Berge hinab, immer ist Angst in ihr vor dem Fall und gleichzeitig die Lust der Geschwindigkeit, und immer neben ihr ein Mann, der Deutsche oder ein anderer, der sie hält. Mit einem spürt sie erschreckt, daß sie nackt neben ihm sitzt, und schon sind alle um sie herum und lachen, das Auto stockt, sie schreit ihn an, er soll es doch wieder ankurbeln, schnell, rasch, fester, fester, und bis in die Eingeweide hinein spürt sie den Stoß des endlich ansausenden Motors, und nun die reine strömende Lust, wie es flachen Flugs über die Felder saust, in den dunklen Wald hinein, und sie ist nicht mehr nackt, aber er preßt sie an sich, eng und enger, daß sie stöhnt und zu vergehen meint. Dann wacht sie auf, geschwächt, todmüde, mit schmerzenden Gliedern und sieht die Mansarde, die geräucherten, wurmzerfressenen, schrägen Balken mit den Spinnweben über dem Dach und bleibt liegen, müde, leer, bis dann der Wecker klirrt, der unerbittliche Herold des Atems, und sie aufsteht aus dem verhaßten alten Bett in ihre verhaßten alten Kleider, in den verhaßten Tag hinein.

Vier Wochen erträgt Christine diesen grausamen, krankhaft überreizten Zustand dieser gewaltsamen und bösartigen Einsamkeit. Dann kann sie nicht mehr, der Traumstoff ist aufgezehrt, jede Sekunde der erlebten Zeit wieder erinnert, das Vergangene gibt keine Kraft. Müde, ausgeschöpft, mit einem ständigen Schmerz zwischen den Schläfen geht sie an die Arbeit und tut sie dösend und halbbewußt. Am Abend versagt sich ihr der Schlaf, unruhig sind ihre Nerven in dieser Ruhe des viereckigen Mansardensarges, so heiß der eigene Körper in dem kalten Bett. Sie kann es nicht mehr ertragen. Unerträglich wird das Verlangen, einmal von einem andern Fenster ein anderes Bild zu sehen als das widrige Wirtshausschild vom ›Goldenen Ochsen‹, in einem andern Bett zu schlafen, etwas anderes zu erleben, ein paar Stunden eine andere zu sein. Plötzlich kommt es über sie: sie holt aus der Schublade die zwei Hundertfrankenscheine, die ihr vom Spielgewinst des Onkels noch geblieben, sie nimmt ihr bestes Kleid, ihre besten Schuhe und läuft Samstag gleich nach dem Dienst hin auf den Bahnhof und nimmt eine Karte nach Wien.

Sie weiß nicht, warum sie in die Stadt fährt, sie weiß nicht deutlich, was sie will. Nur fort sein, fort aus dem Dorf, aus dem Dienst, fort aus sich selbst, aus dem

Menschen, der sie verurteilt ist, hier zu sein. Nur Räder wieder einmal unter sich rollen fühlen, nur einmal Lichter sehen, andere, hellere, geschmücktere Menschen. Nur wieder einmal fremd dem Zufall gegenüber sein, nicht hier eingestampft wie ein einzelner Stein im Pflaster. Nur einmal wieder sich bewegen, Welt spüren und sich selbst, eine andere, nicht dieselbe sein.

Es ist sieben Uhr abends, wie sie in Wien ankommt, rasch hinterlegt sie den Koffer in einem kleinen Hotel in der Mariahilfer Straße und dringt rasch, ehe er die Rollläden herabläßt, bei einem Friseur ein. Es ist ein Wiederholungszwang, der sie treibt, das gleiche zu tun wie damals, um eine andere zu sein, eine wahnwitzig wilde Hoffnung, durch ein paar flinke Hände, etwas Rot noch einmal die andere zu werden, die sie war. Wieder fühlt sie warme Wellen sich überrieseln und flinke Hände ihr Haar umschmeicheln, ein geschickter Stift zeichnet ihr neu die frühere, die so begehrte und geküßte Lippe in das blasse ermüdete Gesicht, etwas Farbe frischt ihr die Wangen, ein dunkler Puder zaubert Erinnerung an das Sonnenbraun des Engadins. Wie sie aufsteht, in eine Wolke von Duft gehüllt, spürt sie schon wieder in den Knien die alte Kraft. Aufrechter, selbstbewußter geht sie jetzt die Straße hinab. Und wäre sie ihres Kleides sicher, so meinte sie, vielleicht schon Fräulein von Boolen zu sein. Der Septemberabend gibt noch ein spätes Licht, es ist gut zu gehen, jetzt in der Abendkühle und mit einer gewissen Erregung spürt sie, daß ab und zu ein freundlicher Blick sie streift. Ich lebe noch, atmet sie, ich bin noch da. Manchmal bleibt sie vor einer Auslage stehen, sieht die Pelze an, die Kleider, die Schuhe, und ihre Blicke brennen im Spiegelglas. Vielleicht doch noch einmal, denkt sie: sie hat wieder Mut. Sie geht die Mariahilfer Straße entlang über den Ring, ihr Auge wird immer heller an den Menschen, die plaudernd und sorglos und manche mit wirklicher Anmut hier spazierengehen. Es sind die gleichen, denkt sie, und nur durch einen schmalen Luftraum ist man von ihnen getrennt. Irgendwo ist eine unsichtbare Treppe, die muß man empor, nur einen Schritt, nur einen einzigen Schritt. Bei der Oper bleibt sie stehen, anscheinend muß gleich die Vorstellung beginnen, denn Autos fahren vor, blaue, grüne, schwarze, mit spiegelnden Gläsern und leuchtendem Lack, von einem livrierten Diener am Eingang empfangen. Christine tritt ein in den Vorraum, um die Gäste zu sehen. Sonderbar, denkt sie, da schreiben sie in den Zeitungen von der Wiener Kultur, der kunstsinnigen Bevölkerung und der Oper, die sie geschaffen, und ich, achtundzwanzig Jahre bin ich alt, mein ganzes Leben habe ich hier verbracht, und jetzt stehe ich zum erstenmal hier und auch hier nur außen, auch hier nur im Vorraum. Von den zwei Millionen sehen nur hunderttausend dieses Haus, die andern lesen davon in den Zeitungen und lassen sich erzählen und sehen die Bilder, und nie dürfen sie wirklich hinein. Und wer sind diese andern? Sie sieht die Frauen an und ist beunruhigt und empört zugleich. Nein, sie sind nicht schöner als ich selbst damals gewesen, sie gehen nicht leichter und freier als ich damals, nur das Kleid haben sie und das Unsichtbare der Sicherheit. Nur einen Schritt hinauf, einen einzigen Schritt mit ihnen hinein, die marmorne Treppe hinauf in die Loge, in das Goldgehäuse der Musik, in die Sphäre der Sorglosen und des Genießens.

Die Signalglocke schwirrt, die Letztangekommenen eilen, den Mantel im Laufe ausziehend, rasch den Garderoben zu, der Raum wird wieder leer. Jetzt beginnt es drinnen, es ist aus, und in dem schmalen Raum dazwischen steigt sie wieder auf, die unsichtbare Wand. Christine geht weiter. Die Laternen lassen ihre weißen Monde über der Ringstraße schweben, der Korso ist noch belebt. Christine geht mit, ziellos den Opernring entlang. Vor einem großen Hotel macht sie halt, wie magnetisch angezogen. Eben ist ein Auto vorgefahren, die livrierten Boys stürzen heraus, nehmen Koffer und Tasche einer etwas orientalisch aussehenden Dame ab, die Drehtür schwenkt und schluckt sie auf. Christine kann nicht weiter, wie ein Trichter zieht sie diese Türe an, unwiderstehlich verlangt sie, wenigstens eine Minute die ersehnte Welt zu sehen. Ich werde hineingehen, denkt sie sich, was kann mir geschehen, wenn ich den Portier frage, ob Frau van Boolen aus New York schon angekommen ist, es wäre ja wirklich möglich. Aber einen Blick tun, einen einzigen, sich neu erinnern, sich stärker erinnern, wieder für eine Sekunde die andere sein. Sie tritt ein, der Portier parlamentiert mit der neueingelangten Dame, so kann sie ungehindert durch den Vorraum schreiten, sich alles ansehen, die Fauteuils, in denen zigarettenrauchende und plaudernde Herren sitzen in gutgeschnittenen, smarten Reisekleidern oder Smokings, mit zierlichen Lackpantoffeln. In einer Nische sitzt eine ganze Gesellschaft, drei junge Frauen, die laut französisch auf zwei junge Leute einsprechen und zwischendurch lachen, jenes sorglose lockere Lachen, jene Musik der Sorglosen, die sie selber berauscht. Rückwärts wartet eine weite Halle mit Marmorsäulen, das Restaurant. Befrackte Kellner halten am Eingang Wacht. Ich könnte doch hineingehen und hier essen, denkt Christine und fühlt automatisch die Ledertasche an, ob das Portemonnaie drin ist mit den zwei Hundertfrankenscheinen und den siebzig Schilling, die sie mitgenommen hat. Ich kann doch hier essen, was wird das kosten? Aber nur einmal wieder hier sitzen in einem Saal, bedient sein, beachtet, bewundert, verzärtelt und dazu Musik, ja auch hier hört man Musik von innen, locker und gedämpft. Aber die alte Angst ist wieder da. Sie hat nicht das Kleid, den Talisman, der diese Tür öffnet. Sie fühlt sich unsicher, plötzlich wächst sie auch hier wiederum empor, die unsichtbare Wand, das magische Pentagramm der Angst, das sie nicht zu überschreiten wagt. Die Schultern zittern ihr, rasch, wie fliehend geht sie aus dem Hotel heraus. Niemand hat sie angesehen, niemand hat sie aufgehalten, dieses Unbeachtetsein macht sie noch schwächer, als sie war, als sie hereinkam.

Und wieder weiter, die Straßen entlang. Wohin gehen? Wozu bin ich eigentlich gekommen? Die Straßen werden allmählich schütter und leer, hastig schreiten ein paar Menschen vorbei, man merkt, sie wollen zum Abendessen.

Ich werde essen gehen, denkt Christine, in irgendein Wirtshaus, nicht in ein so vornehmes Restaurant, wo mich jeder ansieht, sondern irgendwohin, wo es hell ist und wo Menschen sind. Sie findet eines und tritt ein. Fast alle Tische sind besetzt, sie findet einen leeren und setzt sich hin. Niemand beachtet sie. Der Kellner bringt ihr zu essen, sie kaut irgendwelche Speisen, gleichgiltig und nervös. Dazu bin ich hergekommen, denkt sie, was mache ich hier? Ihr ist langweilig, dazusitzen, das weiße Tischtuch anzusehen. Man kann nicht immer essen, immer bestellen, man muß auch einmal aufstehen und wieder weitergehen. Aber wohin? Es ist erst neun Uhr. Ein Zeitungsausträger – willkommene Unterbrechung – tritt an den Tisch, bietet ihr Abendblätter an, sie kauft zwei, drei, nicht um zu lesen, sondern nur, um sie anzusehen und so zu tun, als ob sie beschäftigt sei, als ob sie auf jemand warte. Gleichgiltig sieht sie die Nachrichten durch. Was kümmert sie all das, Schwierigkeiten in der Regierungsbildung, Raubmord in Berlin, Anzeigen von der Börse, was dieses Geschwätz über die Sängerin an der Oper, ob sie bleibt oder nicht, ob sie zwanzigmal oder siebzigmal im Jahr singt, ich werde sie doch niemals hören. Schon legt sie das Blatt hin, da springt ihr in dicken Lettern auf der letzten Seite die Rubrik ›Vergnügung‹ entgegen: »Wohin gehen wir heute abends?« Und darunter Unterhaltungen, Theater, Tanzlokale, Bars. Nervös nimmt sie das Blatt und liest die Annoncen. »Tanzmusik: Café Oxford«, »Die Freddi Sisters, Carltonbar«, »Ungarische Zigeunerkapelle«, »Die berühmte Neger-Jazz-Band, geöffnet bis drei Uhr, Rendez-vous der besten Gesellschaft Wiens!« Einmal noch wieder dabei sein, wo die andern sich vergnügen, tanzen, sich auflockern lassen, den Panzer zersprengen, den unerträglichen, um die Brust. Sie notiert sich ein Lokal, zwei Lokale, beide, wie sie sich vom Kellner erklären läßt, nicht weit.

In der Garderobe gibt sie ihren Mantel ab, leichter ist ihr jetzt, seit diese widerliche Hülle von ihr gefallen und Musik von unten scharf und schnell erklingt, sie geht die

Stufen hinab ins Untergeschoß der Bar. Aber Enttäuschung, es ist noch halb leer. Im Orchester trommeln in weißen Jacken ein paar Burschen auf die Instrumente los, als wollten sie gewaltsam die paar Leute, die verlegen an den Tischen sitzen, in den Tanz treiben, aber nur ein einziges Paar, sichtlich berufsmäßiger Eintänzer, ein wenig schwarz geschminkt unter den Augenlidern, ein wenig zu genau frisiert und zu affektiert künstlich im Tanz, führt eine der Bardamen ohne Animo hin und her den quadratischen Tanzraum der Mitte entlang. Von den zwanzig Tischen sind vierzehn oder fünfzehn leer. An einem sitzen drei Damen, zweifellos im Beruf, die eine das Haar zu Asche entfärbt, die andere sehr männisch adjustiert in einem schwarzen Kleid und anliegendem Rock, der wie ein Smoking wirkt, die dritte, eine fette, vollbusige Jüdin, die langsam aus einem Strohhalm Whisky trinkt. Alle drei schauen sie mit merkwürdig abschätzenden Blicken an und beginnen dann leise zu lachen und zu tuscheln, mit dem geschulten Blick langjähriger Dienstzeit vermuten sie eine Anfängerin oder eine Provinzlerin. Die Herren, an den Tischen verstreut, Geschäftsreisende anscheinend, mangelhaft rasiert, abgemüdet und auf irgend etwas wartend, das sie aus ihrem Phlegma stimuliert, lümmeln vereinzelt an ihren Tischen, trinken Kaffee oder ein kleines Glas Schnaps. Christine hat ein Gefühl beim Hereinkommen wie jemand, der, eine Treppe niedersteigend, mit dem Fuß ins Leere tritt. Am liebsten wäre sie wieder umgekehrt, aber der Kellner stürzt sich beflissen auf den Gast, fragt, wo das gnädige Fräulein Platz nehmen will, und so setzt sie sich hin, irgendwohin und wartet wie die andern in diesem unvergnüglichen Vergnügungsraum auf etwas, das kommen soll und das nicht kommt. Einmal steht einer der Herren (es war wirklich ein Manufaktursagent aus Prag) schwerfällig auf und zerrt sie im Tanz herum, dann aber stellt er sie wieder ab: er hat offenbar keinen Mut oder keine Lust, auch er spürt irgendwie das ›halb und halb‹ an dieser Fremden, das Sonderbare und Unentschiedene, das Wollen und

Nichtwollen, und der Fall ist ihm (er muß morgen um 6 Uhr 30 mit dem Schnellzug weiter nach Agram) zu kompliziert. Immerhin, eine Stunde sitzt Christine da. Zwei neueingetroffene Herren haben sich inzwischen zu den Damen hinübergesetzt und machen dort Konversation, nur sie bleibt allein. Plötzlich ruft sie den Kellner, bezahlt und geht weg, die neugierigen Blicke der andern im Rücken, wütend, erbost, verzweifelt.

Wieder auf der Straße. Es ist Nacht. Sie geht und weiß nicht wohin. Es ist alles einerlei. Alles ist jetzt einerlei, wenn man sie nehmen würde und hineinschleudern ins Wasser dort, in den Donaukanal, wenn das Auto, das beim Übergang gerade noch knapp vor der unaufmerksamen stoppt, sie niedergefahren hätte – alles ist ihr jetzt gleichgiltig. Auf einmal merkt sie, daß ein Schutzmann sie sonderbar ansieht und ihr schon nachschreiten will, als ob er sie etwas fragen wolle, da fällt ihr ein, man halte sie vielleicht für so etwas wie die Frauen da, die langsam zwischen den Schatten hervorkommen und die Männer ansprechen. Sie geht weiter und weiter. Es ist doch besser, ich kehre jetzt nach Hause zurück, was mache ich da, was tue ich denn? Plötzlich spürt sie einen Schritt hinter sich. Ein Schatten schiebt sich neben sie, der Herr des Schattens folgt nach, sieht ihr scharf ins Gesicht. »Nein, Fräulein, wirklich schon nach Hause?« Sie antwortet nicht. Aber er weicht nicht von ihrer Seite, beginnt zu sprechen, eindringlich, lustig, unwillkürlich tut es ihr wohl. Ob sie nicht noch wohingehen wolle? »Nein, keinesfalls.« »Aber ja, wer geht denn jetzt schon nach Hause? Nur in ein Café.« Sie gibt schließlich nach, nur um nicht allein zu sein. Es ist ein ganz netter Kerl, Bankbeamter, wie er erzählt, aber gewiß verheiratet, denkt sie sich. Wirklich, er hat einen Ring am Finger. Nun, gleichgiltig, sie will ja nichts von ihm, nur nicht jetzt schon allein sein, lieber da sich ein paar Spaße erzählen lassen, die man halb hört und halb nicht hört. Manchmal sieht sie ihn zwischendurch an: er ist nicht mehr jung, hat Falten unter den Augen, überarbeitet sieht er aus, abgehetzt und selber irgendwie zerknittert und zerdrückt wie sein Anzug. Aber er plaudert ganz nett. Zum erstenmal spricht sie wieder mit einem Menschen oder läßt ihn sprechen und weiß doch, es ist nicht das, was sie will. Seine Heiterkeit tut ihr irgendwie weh. Lustig ist manches, was er erzählt, aber, so spürt sie, ihre Kehle ist verätzt von Bitterkeit, und allmählich ergreift sie etwas wie Haß über diesen fremden Menschen, der sich freut und unbesorgt ist, während ihr alles sich im Zorne staut. Wie sie das Café verlassen, schiebt er ihr den Arm unter und drückt ihn an. Es ist die gleiche Geste, wie sie jener droben getan vor dem Hotel, und die Erregung, die sie verbrennt, kommt nicht von diesem kleinen plaudernden Burschen neben ihr, sondern von dem andern, von einer Erinnerung. Auf einmal faßt sie Angst. Am Ende könnte sie diesem fremden Menschen da nachgeben, sich hinwerfen an einen, den sie gar nicht will, nur aus Zorn, nur aus Ungeduld – und plötzlich, da gerade ein Taxi vorüberfährt, hebt sie den Arm, reißt sich von dem Verdutzten los und springt hinein.

Dann liegt sie noch lange wach in dem fremden Zimmer, hört draußen die Räder rollen, die Wagen fahren. Es ist vorbei, man kann nicht hinüber, man kann nicht durch die unsichtbare Wand, und so atmet sie im Bett erregt und schlaflos und weiß nicht, wozu dieser Atem geht.

Auch der Sonntagvormittag wird lang wie die wirre, schlaflose Nacht. Die meisten Geschäfte sind verschlossen und halten ihre Lockung hinter niedergelassenen Läden versteckt. So setzt sie sich, um die Zeit zu töten, in ein Café und blättert in den Zeitungen. Sie weiß schon nicht mehr, worauf sie sich gefreut hat, sie hat vergessen, warum sie nach Wien gekommen ist, wo niemand sie erwartet, wo keiner sie will. Es fällt ihr ein, die Schwester müßte sie einmal besuchen und den Schwager, sie hat es ihnen versprochen, und es gehört sich doch. Am besten, sie geht gleich nach Tisch hin, keinesfalls früher, sonst könnten sie meinen, es sei wegen des Mittagessens. Die Schwester ist ja so eigen, seit sie die Kinder hat, denkt nur an sich und spart um jeden Knochen. Bis dahin sind noch zwei Stunden, drei Stunden, sie geht dem Zufall nach über den Ring und merkt, daß der Eintritt in die Gemäldegalerie heute umsonst ist; sie geht gleichgiltig durch die Säle, setzt sich hin auf eine der Samtbänke, sieht sich die Menschen an, geht wieder weiter und dann noch in einen Park, und wie die Zeit wächst, wächst auch das Alleinsein in ihr. Wie sie endlich um zwei Uhr zum Schwager kommt, ist sie müde, als wäre sie durch tiefen Schnee gestapft. Gerade beim Haustor stößt sie auf die ganze Familie, der Schwager, die Schwester, beide Kinder, alle sichtlich sonntäglich angetan und wirklich (es tut ihr wohl) redlich erfreut über ihr Kommen. »Na, so etwas, so eine Überraschung! Vorige Woche hab ich erst Nelly gesagt, wir müssen ihr einmal schreiben, warum sie sich gar nicht sehen läßt, und wirklich, zum Mittagessen hättest du doch kommen können, aber nicht wahr, du gehst doch jetzt mit uns, wir wollen nach Schönbrunn hinaus, den Kindern die Viecher zeigen, und dann, es ist ein so schöner Tag.« »Gern«, sagt Christine. Es ist gut, ein Irgendwohin zu wissen. Es ist gut, mit Menschen zu sein. Der Schwager hakt ihr den Arm unter und erzählt ihr allerhand Geschichten, während die Schwester die Kinder führt. Der Mund steht nicht still in seinem breiten, gutmütigen Gesicht, und freundlich tätschelt er ihr den Arm. Es geht ihm gut, man sieht's ihm auf zweihundert Schritte an, er ist zufrieden und hat eine ganz naive Freude an diesem Zufriedensein. Noch sind sie nicht bei der Tramway, so hat er ihr schon das große Geheimnis anvertraut, morgen wird er zum Bezirksvorsteher gewählt von der Partei, aber darauf hat er auch ein Recht, ein Vertrauensmann war er schon, kaum daß er vom Krieg zurückgekommen ist, und wenn's gut geht und man die Schwarzen unterkriegt, kommt er in den nächsten Gemeinderat.

Christine geht an seiner Seite und hört ihm freundlich zu. Er ist sehr sympathisch seit je, dieser einfache kleine Mann, der sich an kleinen Dingen freut, ein guter Mensch, gefällig, leichtgläubig, zutraulich. Sie versteht, daß die Kameraden ihn gern zu seinem bescheidenen Amt wählen, er verdient es wahrhaftig. Aber doch, wenn sie ihn mit einem halben Blick von der Seite ansieht, klein, rotbackig, gemächlich, die Speckfalte unter dem Kinn und das Bäuchlein, das bei jedem Schritt schüttelt, denkt sie wirklich wie erschreckt an ihre Schwester: aber wie kann sie nur ... Ich würde es nicht ertragen, mich anrühren zu lassen von diesem Mann. Aber gut ist es, mit ihm zu sein am hellen Tag zwischen vielen Menschen. Vor den Gitterstäben der Menagerie wird er mit den Kindern selbst zum Kind. Mit einem heimlichen Neid denkt Christine: noch einmal sich so freuen können über solche Kleinigkeiten, nicht nur nach Unmöglichem sich verzehren. Schließlich um fünf Uhr (die Kinder müssen früh schlafen gehen) wird der Rückweg beschlossen. Zuerst stopft man die Kinder in einen der sonntäglich überfüllten Straßenbahnwagen hinein, dann sich selbst und steht da gepreßt im hastigen Geratter des Wagens. Unwillkürlich erinnert sich Christine: das spiegelnde Auto, sauber im Morgenlicht, die Luft aromatisch durchwürzt um die Schläfen fahrend, den gefederten Sitz, im Nu überflogene Landschaft. Mit geschlossenen Augen schwebt sie inmitten des Gedränges in fremder Sphäre. Wie lange dies dauert, sie weiß es nicht. Da tippt sie der Schwager mahnend an die Schulter: »Aussteigen müssen wir, du kommst doch noch zu uns bis zu deinem Zug, auf einen Kaffee. Warte, ich gehe voran, ich druck euch einen Platz durch.«

Er schiebt sich vor, und klein, feist und massig wie er ist, bohrt er wirklich glücklich mit dem vorgeschobenen Ellenbogen einen schmalen Gang durch die mühselig zurückweichenden Bäuche, Schultern und Rücken. Schon ist er bei der Tür, da bricht plötzlich ein Krach aus. »Stoßen Sie nicht so, Sie Tölpel, einen in den Magen hinein«, schreit ein schmaler hoher Mann im Havelock ihn böse und zornig an. »Wer ist ein Tölpel? Sie haben es alle gehört, nicht wahr?« fährt cholerisch der Schwager auf. »Wer ist ein Tölpel?« Mühsam quetscht sich der eingekeilte magere Mann im Havelock durch, die andern starren auf. Ein Wortgefecht will beginnen, da schlägt plötzlich dem Schwager die zornige Stimme um: »Ferdinand, nein so was, na, das wäre was gewesen, jetzt hätte ich dir beinahe Krach gemacht.« Auch der andere staunt und lacht. Plötzlich fassen sich die beiden an den Händen und sehen sich in die Augen. Gar nicht los können sie voneinander, der Kondukteur muß mahnen: »Wenn die Herrschaften aussteigen wollen, dann aber schnell! Wir haben keine Zeit.« »Komm, du mußt mit uns aussteigen, wir wohnen gleich nebenan, nein, so was! Komm nur, komm!« Der schmale hohe Mann im Havelock hat ein ganz helles Gesicht bekommen. Von oben herab legt er dem Schwager die Hand auf die Schulter. »Gern, Franzi, natürlich komm ich mit dir.« Sie steigen beide ab. An der Haltestelle bleibt der Schwager stehen und schnaubt von der Anstrengung der Überraschung, sein ganzes Gesicht glänzt wie mit Fett beschmiert. »Nein, so was, daß man sich doch noch einmal im Leben wiedersieht, wie oft habe ich mir gedacht, wo du bist, und immer hab ich mir vorgenommen, ich muß einmal schreiben hinunter ins Hotel, wo du bist. Aber du weißt ja, man vergißt immer und schiebt alles wieder auf. Und jetzt bist du doch einmal da, nein, so was, was ich für eine Freud' hab.«

Der Fremde steht ihm gegenüber, er freut sich auch, man sieht es an dem kleinen Zittern um die Lippen. Nur ist er, der Jüngere, mehr beherrscht. »Na, na, laß es gut sein, ich glaube dir schon, Franzi«, sagt er und klopft dem kleinen Mann von oben herab auf die Schulter, »aber jetzt stelle mich den Damen vor, eine wird ja wohl die Nelly sein, deine Frau, von der du mir immer erzählt hast.« »Natürlich, natürlich, warte nur, ich war nur ganz baff. Nein, wirklich, was ich für eine Freud' habe, Ferdinand!« Und dann zu den andern: »Du weißt doch, Ferdinand, der

Farmer, der, von dem ich dir immer erzählt habe. Zwei Jahre sind wir zusammen gelegen in derselben Baracken drüben in Sibirien. Der einzige – ja, wirklich, Ferdinand, du weißt es ja – der einzige, der ein anständiger Kerl war unter dem ruthenischen und serbischen Glump, mit denen man uns zusammengepfropft hat, der einzige, mit dem man hat reden können und auf den ein Verlaß war. Nein, so was! Aber jetzt kommst gleich zu uns herauf, ich bin ja furchtbar neugierig auf alles. Nein, so was, wenn mir das heute jemand gesagt hätt', daß ich noch so eine Freud' haben werde – eine Tramway später, wenn ich gnommen hätte, und man hätte sich vielleicht nie mehr im Leben gesehn.«

Nie hat Christine den behaglichen, dickblütigen Schwager so behende, so belebt gesehen, er läuft geradezu die Treppen des Hauses hinauf, schiebt als ersten den Freund hinein, der mit einer leisen, nachsichtig lächelnden Überlegenheit der immer wieder ausbrechenden Begeisterung seines Kriegskameraden nachgibt. »Da, den Rock zieh aus, mach dir's bequem, hier, setz dich her in den Fauteuil – Nelly, einen Kaffee für uns, Schnaps und Zigaretten – so, jetzt laß dich einmal anschauen. Jünger bist du nicht geworden, eigentlich siehst du verflucht schmal aus. Dich sollte man einmal gründlich auffüttern.« Der Fremde läßt sich gutwillig anblicken, die kindliche Freude tut ihm sichtlich wohl. Sein hartes, gespanntes Gesicht mit der stark vorgeschobenen Stirn und den vorgemeißelten Backenknochen lockert sich allmählich auf. Auch Christine sieht ihn an und bemüht sich zu erinnern, an irgendein Bild, das sie heute vormittag in der Galerie gesehen, Bildnis eines Mönchs von einem Spanier, sie erinnert sich nicht mehr an den Namen, nur an das gleiche asketische, knöcherne, fast fleischlose Gesicht und an den gespannten Zug um die Nasenflügel. Der Fremde klopft mit der Hand dem Schwager gutmütig auf den Arm. »Kannst schon recht haben, wir hätten halt weiter teilen sollen wie damals unsere Konserven, etwas von deinem Speck könntest du mir schon ablassen, du könntest es leicht entbehren und deine Frau hätte, so hoffe ich, auch nichts dawider.«

»Aber jetzt erzähl, Ferdinand, ich brenn' ja schon vor Neugierde: damals wie uns die vom Roten Kreuz transportiert haben, ich im ersten Schub, und du mit den siebzig andern hättest nachkommen sollen am nächsten Tag. Da sind wir noch zwei Tage an der österreichischen Grenze gesessen. Es waren keine Kohlen da für die Züge. Und die zwei Tage habe ich gewartet jede Stunde, wann du eigentlich kommst, zehnmal, zwanzigmal sind wir zum Bahnvorstand gegangen, er solle telegrafieren, aber damals war ja das heiligste Durcheinander, und nach zwei Tagen erst sind wir weitergefahren, siebzehn Stunden von der tschechischen Grenze bis Wien. Und du, was war denn mit euch?«

»Na, du hättest noch zwei Jahre an der Grenze sitzen können und auf uns warten, ihr habt eben Glück gehabt und wir sind zum Handkuß gekommen. Eine halbe Stunde nach eurem Transport sind die Telegramme geflogen: die Eisenbahnlinien gesprengt von den tschechischen Legionen, und dann ging's noch einmal zurück nach Sibirien. Das war kein Spaß, aber wir haben es nicht schwergenommen. Wir haben geglaubt acht Tage, vierzehn Tage, einen Monat. Aber daß das zwei Jahre würden, daran hat keiner gedacht, und nur ein Dutzend von uns siebzig hat's zu Ende erlebt. Die Roten, die Weißen, Wrangell, immer Krieg, immer vor und zurück, immer hin und her, wie die Körner im Sack hat man uns herumgeschüttelt. Erst 1921 hat das Rote Kreuz uns zurückgeholt über Finnland: ja, mein Lieber, man hat allerhand mitgemacht, und du verstehst, daß man nicht viel Fett dabei ansetzt.«

»So ein Pech, hörst du, Nelly! Wegen einer halben Stunde. Und ich hab' nichts gewußt davon. Keine Ahnung habe ich gehabt, daß ihr da im Dreck stehenbleiben müßt und gerade du! Gerade du! Und was hast du die ganzen zwei Jahre gemacht?«

»Mein Lieber, wenn ich dir das alles erzählen sollt', würden wir heute nimmer fertig. Ich glaube, ich habe alles gemacht, was ein Mensch überhaupt machen kann. Beim Mähen geholfen, beim Bauen in den Fabriken, Zeitungen habe ich ausgetragen und auf der Schreibmaschine gehämmert und vierzehn Tage bei den Roten gekämpft, wie sie vor unserer Stadt standen, und bei den Bauern mich durchgebettelt, wie sie in die Stadt hereinkamen. Na reden wir nicht davon; wenn ich heute darüber nachdenke, verstehe ich selbst nicht, daß ich dasitze und eine Zigarette rauchen kann.«

Der Schwager ist furchtbar aufgeregt. »Nein, so was! Nein, so was! Da weiß man gar nicht, was für ein Glück man gehabt hat, wenn ich denke, zwei Jahre wäret ihr hier noch allein gewesen, du und die Kinder, es ist gar nicht zum Ausdenken, und einen braven Kerl wie dich, den hat's so auf den Schädel geschlagen! Nein, so was! Nein, so was! Gott sei Dank, daß du wenigstens gut beieinander bist, eigentlich hast du bei all deinem Pech doch noch Glück gehabt, daß dir gar nichts geschehen ist.«

Der Fremde nimmt die brennende Zigarette und knüllt sie bös in die Aschenschale hinein. Sein Gesicht ist plötzlich dunkel geworden. »Ja, ich hab' sozusagen Glück gehabt – gar nichts ist mir geschehen, oder fast nichts, nur da, zwei Finger gebrochen, und die noch am letzten Tag, ja. ich hab sozusagen Glück gehabt. Nur ganz leicht hat's mich erwischt. Es war am letzten Tag, da haben wir es nicht mehr ausgehalten, alle die letzten, die man zusammengepfercht hat in ein Quartier, und haben noch im Bahnhof einen Getreidewagen ausgeräumt, nur um weiter, weiter zu kommen, siebzig Menschen statt der vorgeschriebenen vierzig in einem Waggon, einer neben dem andern. Nicht umdrehen hat man sich können, und wenn einer ein Bedürfnis gehabt hat – na, das kann ich vor den Damen nicht erzählen. Aber immerhin, man ist gefahren und war schon darüber froh. Bei einer nächsten Station gingen noch zwanzig herein. Mit Kolben haben sie sich geschlagen, wer zuerst vorkam, und hineingepreßt einer den andern, und immer noch einer und noch einer, obwohl man schon fünf oder sechs niedergetreten hat, und so sind wir gefahren sieben Stunden, einer hineingeschraubt in den andern, und dabei das Stöhnen, das Schreien, das Röcheln, der Schweiß und der Gestank. Ich bin mit dem Gesicht an der Wand gestanden und hab' die Hände vor mich gespreizt, daß sie mir den Brustkorb nicht eindrücken am harten Holz, zwei Finger sind mir dabei gebrochen und die Sehne zerrissen, und sechs Stunden bin ich so gestanden, kein Zoll Luft in der Brust, halb erstickt. In der nächsten Station ist es besser geworden, da hat man fünf Tote herausgeschmissen, zwei zertreten, drei erstickt, und so sind wir weitergefahren bis abends. Ja, sozusagen hab' ich Glück gehabt, nur die Sehne kaputt und zwei Finger gebrochen – eine Kleinigkeit.«

Er hebt die Hand und zeigt: der dritte Finger ist schlaff und läßt sich nicht biegen. »Eine Kleinigkeit, nicht wahr, ein einziger Finger nach einem Weltkrieg und vier Jahren Sibirien. Aber man glaubt es nicht, was so ein toter Finger macht an einer lebendigen Hand. Man kann nicht zeichnen damit, wenn man Architekt werden will, man kann nicht maschineschreiben in einem Büro, man kann nirgends zugreifen, wo es schwere Arbeit gibt. Ein kleines Luder von einer Sehne, dünn wie ein Strich, und an so einem Faden hängt die ganze Karriere. Das ist so, wie wenn man in einem Grundriß von einem Haus einen Millimeter sich verzeichnet – nur eine Kleinigkeit – und das ganze Haus kracht zusammen.«

Franz ist ganz bestürzt, immer wiederholt er sein hilfloses, ratloses: »Nein, so was! Nein, so was!« Man sieht, am liebsten würde ihm Franz über die Hand streichen; auch die Frauen sind ernst geworden und sehen interessiert den Fremden an. Endlich faßt sich der Schwager wieder und fragt: »Ja, erzähl weiter – was hast du dann gemacht, wie du zurückgekommen bist?«

»Nun, das, was ich dir immer gesagt habe. Weiter studieren hab' ich wollen auf der Technik, dort anstückeln, wo der Faden abgerissen ist, mich wieder hinsetzen auf die Schulbank mit fünfundzwanzig, wo ich mit neunzehn aufgestanden. Schließlich hätte ich es ja auch gelernt, mit der linken Hand zu zeichnen, aber da war wieder etwas im Wege, auch so eine Kleinigkeit.«

»Na, was denn?«

»Ja, das ist halt so eingerichtet in dieser Welt, daß das Studium allerhand kostet, und diese Kleinigkeit hat mir eben gefehlt – immer sind's ja Kleinigkeiten.«

»Ja, aber wie denn? Ihr habt doch immer Geld gehabt, ein Haus hattest du unten in Meran und Felder und Wirtschaft und die Tabaktrafik und die Krämerei ... und ... Du hast mir doch alles erzählt ... und dabei die Großmutter, die immer nur gespart hat und keinen Knopf hergegeben und im kalten Zimmer geschlafen, weil ihr leid war um den Span zum Anzünden und um das Papier. Was ist denn mit ihr?«

»Ja, einen schönen Garten hat sie noch und ein schönes Haus, geradezu ein Palais. Eben bin ich von dort in der Tramway gekommen, draußen von Lainz aus dem Versorgungshaus, dort hat man sie mit schwerer Mühe und Not aufgenommen. Und Geld hat sie überdies auch, einen schweren Haufen, eine ganze Kassette voll bis zum Rand. Zweihunderttausend Kronen sind darin in guten alten Tausendern. Bei Tag hat sie sie im Kasten, in der Nacht unter ihrem Bett. Alle Ärzte lachen sie aus, und die Wärter haben ihren Spaß. Zweihunderttausend Kronen, sie war ja eine gute Österreicherin und hat drunten alles verkauft, die Weingärten, die Wirtschaft und die Trafik, weil sie nicht Italienerin werden wollte, und hat alles angelegt in schönen, funkelnagelneuen Tausendkronenscheinen, wie man sie im Krieg so prächtig geboren hat. Na, und die hat sie jetzt unter dem Bett in ihrer Kassette versteckt und schwört darauf, sie werden einmal noch etwas wert sein, es könnte ja nicht möglich sein, daß so etwas, was einmal zwanzig Hektar waren oder fünfundzwanzig und ein schönes steinernes Haus und gute alte ererbte Möbel und fünfzig Jahre Arbeit oder vierzig, daß das ewig nichts sein sollte. Ja, die Gute begreift es nicht mehr mit ihren fünfundsiebzig Jahren. Sie glaubt eben noch immer an den lieben guten Gott und seine irdische Gerechtigkeit.«

Er hat eine Pfeife aus seiner Tasche geholt, stopft sie sich heftig an und beginnt stark zu paffen. Christine spürt sofort, es ist Zorn in dieser Bewegung. Diese kalte, harte, höhnische Wut ist ihr vertraut, und sie tut ihr irgendwie brüderlich wohl. Ihre Schwester sieht geärgert zur Seite. Irgendein Widerwillen wächst sichtlich in ihr gegen diesen Mann, der das Zimmer rücksichtslos vollpafft und mit ihrem Mann wie mit einem Schuljungen umspringt. Sie ärgert sich über diese Unterwürfigkeit vor diesem schlecht angezogenen, feindseligen und – sie spürt es atmosphärisch – mit dem Geiste der Revolte geladenen Menschen, der hier Steine in den Teich ihrer Gemütlichkeit wirft. Franz selbst ist wie betäubt, er schaut nur immer seinen Kameraden an, gutmütig und erschreckt zugleich, und stammelt immer sein leeres »Nein, so was! Nein, so was!« Er braucht einige Zeit, sich zu fassen, dann fängt er immer von neuem an. »Aber, ja dann – so erzähl doch weiter, was hast du dann gemacht?«

»So allerhand hin und her. Zuerst habe ich geglaubt, wenn ich etwas nebenbei verdiene, so wird das reichen, daß ich das Studium fortsetzen kann, aber es hat halt nie gereicht, kaum zum täglichen Futter. Ja, mein lieber Franzi, in Banken und Ämtern und Geschäften hat man eben nicht auf Männer gewartet, die überflüssigerweise noch zwei Winter Urlaub in Sibirien genommen haben und dann heimgekommen sind mit einer halben Hand. Überall: ›Bedaure, bedaure‹, überall sind die andern schon gesessen mit dicken Ärschen und gesunden Fingern, überall war ich mit meiner ›Kleinigkeit‹, die ich erwischt hatte, in der Hinterhand.«

»Aber – da hättest du doch ein Recht auf die Invaliditätsrente, du bist doch arbeitsunfähig oder vermindert arbeitsfähig, da mußt du doch einen Zuschuß bekommen, darauf hast du doch ein Recht.«

»Meinst du? Na, ich mein's eigentlich auch. Ich mein's auch, daß der Staat eine gewisse Pflicht hätte, einem zu helfen, wenn man ein Haus verloren hat, Weingärten und einen Finger und geschlagene sechs Jahre Zeit. Aber, mein Lieber, in Österreich gehen alle Wege krumm, ich habe auch geglaubt, es wird ausreichen, und gehe hin auf das Invalidenamt und zeige ihnen, da und dort habe ich gedient und da ist mein Finger. Aber nein, ad eins, hatte ich den Nachweis zu erbringen, daß ich diese Verletzung im Kriege bezogen habe oder sie eine Kriegsfolge darstellt. Das ist nicht ganz leicht, wenn der Krieg 1918 aus war und sie 1921 zwischen Umständen passiert war, wo keiner ein Protokoll aufgenommen hat. Aber schließlich, das wäre noch gegangen. Doch dann machten die Herrschaften eine große Entdeckung – ja, Franz, da wirst du staunen, nämlich, daß ich gar nicht österreichischer Staatsbürger bin. Ich sei nach Taufschein geboren und zuständig in der Bezirkshauptmannschaft Meran, und um österreichischer Staatsbürger zu werden, hätte ich rechtzeitig optieren müssen. No, und dann war alles futsch!«

»Ja, aber warum ... warum hast du denn wirklich nicht optiert?«

»Donnerwetter, jetzt fragst du auch schon genauso blöd wie die. Als ob die draußen in den Strohhütten und Baracken von Sibirien 1919 das deutsch-österreichische Amtsblatt plakatiert hätten. Mein Lieber, in unserem Tatarendorf haben wir nicht gewußt, ob Wien vielleicht in Böhmen liegt oder in Italien, und es war uns auch verflucht wurscht, uns hat es nur gekümmert, wo wir ein Stück Brot zwischen die Zähne kriegten und die Läuse aus dem Pelz, und wie man fünf Stunden weit ein Packel Zündhölzel kriegte oder eine Handvoll Tabak. Sehr nett da hätte ich optieren sollen für Österreich. Na, schließlich hat man mir wenigstens ein Käseblatt gegeben, ausgefüllt, daß ich voraussichtlich ›im Sinne des Artikels 65 sowie der Artikel 71 und 74 des Friedensvertrags von Saint-Germain vom 10. September 1919 österreichischer Staatsbürger‹ sei. Aber ich verkauf dir den Wisch für ein Packel Ägyptische, denn herausgekriegt habe ich bei allen Ämtern nicht einen Heller.«

Jetzt kommt in Franz Bewegung. Plötzlich wird ihm wohl, weil er fühlt, daß er hier helfen kann. »Na, das richte ich dir, da verlaß dich drauf. Das werden wir schon durchdrücken. Wenn einer, so kann ich deinen Kriegsdienst bezeugen, und die Abgeordneten kenne ich von der Partei her, die machen schon einen Weg für mich, und vom Magistrat bekommst du eine Empfehlung – ah, das setzen wir schon durch, da kannst du dich verlassen.«

»Dank dir, lieber Freund, für Speis und Trank! Aber ich geh' keinen Schritt mehr. Ich habe genug, du weißt ja nicht, was ich für Papiere hab' herschleppen müssen, Militärpapiere, Zivilpapiere, vom Bürgermeisteramt, von der italienischen Gesandtschaft, Mittellosigkeitsnachweis und ich weiß nicht was noch für papierenen Dreck. An Stempeln und Porto habe ich mehr ausgegeben, als der Bettel ausmacht in einem ganzen Jahr, und mir die Füße abgelaufen, daß es mir aufs Herz gebrannt hat. Im Bundeskanzleramt war ich, beim Heeresministerium, bei der Polizei, beim Magistrat, nirgends ist eine Tür, an die man mich nicht gewiesen hat, keine Stiege, die ich nicht auf- und niedergeklettert bin, kein Spucknapf, in den ich nicht hineingespuckt hätte. Nein, mein Lieber lieber krepieren als noch einmal diesen Eselsweg von Amt zu Amt.«

Franz sieht ihn erschrocken an, als habe er ihn bei einem Unrecht ertappt. Seine eigene Behaglichkeit drückt ihn, man spürt es, wie eine Schuld. Er rückt näher heran:

»Ja, aber was machst denn jetzt?«

»So allerhand. Was sich gerade trifft. Bis auf weiteres bin ich in Flondsdorf bei einem Bau technischer Aufseher, so halber Architekt und halb Aufpasser. Ganz leidlich bezahlt übrigens, und sie werden mich halten, bis der Bau fertig ist oder die Firma pleite. Dann werde ich schon wieder etwas anderes finden, ich sorge mich nicht. Aber mit dem, was ich dir drüben erzählt habe, drüben auf unserer Holzpritsche, mit dem Architektsein und Brückenbauen, damit ist es pritsch. Die Zeit, die ich drüben hinter dem Stacheldraht verduselt, verraucht und verblödelt habe, die hole ich nicht mehr ein. Die akademische Tür ist zu, die sperre ich nicht mehr auf, dazu haben sie mir damals mit dem Kolben bei Beginn des Kriegs den Schlüssel aus der Hand geschlagen, der liegt im sibirischen Dreck. Aber lassen wir das, gib mir lieber noch einen Cognac – der Schnaps und die Zigaretten sind das einzige, was man drüben im Krieg gelernt hat.«

Gehorsam schenkt ihm Franz sein Glas ein. Seine Hände zittern dabei. »Nein, so was, nein, so was! Ein Kerl wie du, so fleißig, so gescheit und so brav, muß sich so herumrackern. Wirklich, das ist eine Schande, auf dich hätte ich geschworen, daß du hochkommst, und wenn's einer verdient hat, bist du's. Na, aber das muß auch anders werden. Es muß sich da was ergeben.«

»Es muß sich? So! Habe ich auch geglaubt, die ganzen fünf Jahre, seit ich zurück bin. Aber das Muß ist eine harte Nuß, und auch die fällt nicht immer vom Baum, wenn man ihn noch so schüttelt. In der Welt sieht es eben doch ein bissel anders aus, als wir es im Lesebuch gelernt haben mit ›Üb immer Treu und Redlichkeit ...‹ Wir sind keine Eidechsen, denen die Schwänze prompt anwachsen, wo man sie ihnen ausgerissen hat. Mein Lieber, wenn man einem sechs Jahre, die besten, von achtzehn bis vierundzwanzig, herausgeschnitten hat aus dem lebendigen Leib, da bleibt man irgendwie ein Krüppel, auch wenn man, wie du sagst, das Glück gehabt hat, daß man glücklich nach Hause gekommen ist. Wenn ich eine Arbeit suche, weiß ich nicht mehr als irgendein besserer Lehrling oder ein verbummelter Gymnasiast, und wenn ich in den Spiegel sehe, sehe ich aus wie vierzig Jahre. Nein, wir sind in einer schlechten Zeit zur Welt gekommen, das heilt einem kein Doktor zu, diese sechs Jahre Jugend mitten aus dem Leib gerissen, und wer gibt mir etwas dafür? Der Staat? Dieser Oberlump, dieser Oberdieb? Sag mir doch eines unter euren vierzig Ministerien, für Justiz, für Volkswohlfahrt und Handel und Wandel im Frieden und im Krieg, zeige mir eines für Gerechtigkeit. Hineingejagt haben sie uns und dazu den Radetzkymarsch geblasen und das ›Gott erhalte‹, und jetzt blasen sie einem was anders vor. Ja, mein Lieber, vom Dreck aus gesehen, sieht die Welt nicht sehr lieblich aus.«

Franz sitzt noch immer betroffen, er merkt den geärgerten Blick seiner Frau, und aus Verlegenheit beginnt er den Freund zu entschuldigen. »Nein, wie du redest, Ferdl, ich erkenne dich kaum. Ihr hättet ihn drüben sehen sollen, der bravste, der geduldigste Kerl von allen, der einzige anständige unter der Bagage. Ich erinnere mich noch, wie sie ihn eingebracht haben, ein schmales Bürschel, neunzehn Jahre war er damals. Die andern waren alle mordsglücklich, daß für sie der Wirbel zu Ende war, nur er war ganz blaß vor Wut, daß sie ihn beim Rückzug abgefangen haben, gleich aus dem Waggon heraus, daß er nicht hat kämpfen können und sterben für das Vaterland. Am ersten Abend, ich erinnere mich noch, das hatten wir noch nie gesehen, frisch vom Pfarrer und von der Mutter her ist er in den Krieg gekommen – ist er hingekniet und hat gebetet. Wenn einer gespaßt hat über den Kaiser oder über die Armee, hat er ihm an die Gurgel fahren wollen. So einer war das, der anständigste unter uns allen, der hat noch geglaubt an alles, wie es in den Zeitungen gestanden ist und im Regimentsbefehl, und jetzt red't er so!«

Ferdinand sieht ihn finster an: »Ich weiß, daß ich wie ein Schulbub alles geglaubt habe. Aber ihr habt mir's ausgetrieben! Habt ihr mir nicht gleich vom ersten Tag an gesagt, daß alles nur Schwindel war, unsere Generäle Trotteln und daß die Proviantoffiziere stahlen wie die Raben, daß jeder ein Esel war, der nicht die Hände hochgeschmissen hat? Und wer war dort der Oberbolschewik, ich oder du? Wer, du Wurschtel, hat die Reden gehalten vom Weltsozialismus und der Weltrevolution? Wer hat als erster die rote Fahne genommen und ist hinüber ins Offizierslager, den Offizieren die Rosetten abzureißen? Na, erinnere dich doch ein bissel! Wer hat vom Gouverneurspalais neben dem Sowjetkommissär die große Ansprache gehalten, daß die gefangenen österreichischen Soldaten nicht mehr Söldner des Kaisers sind, sondern Soldaten der Weltrevolution, daß sie nur nach Hause marschieren werden, um die kapitalistische Ordnung zu zerschlagen, das Reich der Ordnung und Gerechtigkeit aufzubauen? Na, und was ist mit dem Aufräumen geworden, wie du erst wieder dein geliebtes Beinfleisch gekriegt hast und dein Krügel Pils? Wo, Herr Obersozialist, habt ihr sie denn gemacht, darf ich gehorsamst fragen, eure Weltrevolution?«

Nelly steht brüsk auf und macht sich am Geschirr zu schaffen. Sie verbirgt nicht mehr den Zorn, daß sich ihr Mann in seinem eigenen Zimmer von diesem Fremden wie ein Bub rüffeln läßt. Auch Christine bemerkt ihren Zorn, und es ist ihr merkwürdig wohl dabei, am liebsten hätte sie laut herausgelacht, wie sie ihren Schwager, den zukünftigen Bezirksvorsteher, ganz geduckt sitzen sieht und endlich sich verlegen entschuldigen.

»Wir haben doch alles getan, was zu tun war. Du siehst doch, gleich am ersten Tage haben wir Revolution gemacht ...«

»Revolution? Du erlaubst doch noch eine Zigarette, daß ich darauf blasen kann, auf eure Lamperlrevolution. Das k.k. Firmenschild habt's umgedreht und neu angestrichen, aber in der Butike drinnen habt ihr alles gehorsam respektvoll beim alten gelassen, das Oben schön oben und das Unten schön unten, ihr habt euch gehütet, mit der Faust da gründlich hineinzufahren und umzukrempeln. Ein Nestroystück habt ihr aufgeführt, aber keine Revolution gemacht«.

Er steht auf, geht heftig im Zimmer auf und ab, dann bleibt er plötzlich vor Franz stehen. »Nicht daß du mich mißverstehst, ich bin nicht von der Roten Fahne. Ich habe von zu nah gesehen, was ein Bürgerkrieg ist, und wenn man mir die Augen ausbrennte, könnte ich es nicht mehr vergessen. Wenn damals die Sowjets ein Dorf wieder genommen haben – dreimal ist es hin und her gegangen zwischen den Roten und den Weißen –, hat man uns alle zusammengeholt, die Leichen zu begraben. Ich habe sie mit eigenen Händen eingescharrt, verkohlte, zerfetzte Kadaver, Kinder und Weiber und Pferde, alles durcheinander, ein Grauen, ein Gestank; seitdem weiß ich, was das heißt, Bürgerkrieg, und wenn ich wüßte, ich könnte damit die ewige Gerechtigkeit vom Himmel holen und man müßte dafür lebendige Menschen so zurichten, ich täte nicht mehr mit. Mich geht es ja nichts mehr an, mich interessiert es nicht, ich bin nicht mehr für die Bolschewiken und nicht dagegen, nicht mehr Kommunist oder Kapitalist, mir ist alles einerlei, mich kümmert nur mehr eines, der Mensch, der ich bin, und der einzige Staat, dem ich dienen möchte, ist meine Arbeit. Aber wie die nächste Generation glücklich wird, ob so oder so, ob kommunistisch oder faschistisch oder sozialistisch, ist mir ganz wurscht, was kümmert es mich, wie die leben und leben werden, mich kümmert's nur, daß ich endlich einmal mein zerfetztes Leben wieder zusammenkriege und da zum Austrag bringe, zu dem ich geboren bin. Wenn ich dort einmal bin, wo ich sein will, wenn ich wieder einmal Zeit habe zu atmen, vielleicht, wenn ich mein eigenes Leben in

Ordnung habe, dann werde ich vielleicht einmal nach dem Abendessen nachdenken, wie man die Welt in Ordnung bringt. Aber erst muß ich wissen, wo ich stehe; ihr habt Zeit, euch um andere Sachen zu kümmern, ich nur um meine eigenen mehr.«

Franz macht eine Bewegung.

»Aber nein, Franz, ich meine es doch nicht gegen dich. Ich weiß, du bist ein guter Kerl, ich kenne doch jeden Faden von dir, ich weiß, wenn du es könntest, möchtest du für mich die Nationalbank ausräumen und mich zum Minister machen. Ich weiß, du bist gutmütig, das aber ist ja unsere Schuld, unser Verbrechen, daß wir so gutmütig waren, so gutgläubig, und darum haben die andern mit uns alles gemacht, was sie wollten. Nein, mein Lieber, das ist bei mir vorbei. Ich lasse mir nicht mehr etwas vormachen, daß es andern schlechter geht, ich lasse mir nicht mehr einreden, daß ich ›Glück‹ gehabt habe, weil ich noch meine Knochen beisammen habe und ohne Krücken herumgehe. Ich lasse mir nicht einreden, daß das genug ist, wenn man atmet und gerade sein Futter hat, und daß damit alles schon in Ordnung ist. Ich glaube an nichts mehr, an keinen Gott und keinen Staat und keinen Sinn der Welt, an nichts, solange ich nicht spüre, daß ich zu meinem Recht komme, zu meinem Recht auf Leben, und solange ich das nicht habe, werde ich sagen, man hat mich bestohlen und betrogen. Ich gebe nicht früher nach, als bis ich spüre, daß ich mein wirkliches Leben lebe und nicht den Abhub bekomme von dem, was die andern wegschmeißen oder auskotzen. Kannst du das verstehen?«

»Ja.«

Alle schauen brüsk auf. Jemand hat laut und leidenschaftlich »Ja« gesagt. Christine merkt, daß alle sie anblicken, und wird rot. Sie ist sich nur bewußt, dieses Ja gedacht und innen stark gefühlt zu haben; ohne daß sie es weiß, ist es ihr über die Lippen gefahren. Nun sitzt sie verlegen im Brennkreis plötzlicher Neugierde. Schweigen. In diesem Augenblick springt Nelly auf. Jetzt hat sie endlich Gelegenheit, ihren Zorn zu entladen.

»Was red'st denn du mit? Was verstehst du denn davon, als ob du je mit dem Krieg etwas zu tun gehabt hättest!«

Auf einmal brennt das Zimmer von Energien. Auch Christine ist froh, ihren Zorn abspringen lassen zu können. »Gar nichts! Gar nichts! Nur daß wir auf den Hund dadurch gekommen sind. Daß wir einen Bruder gehabt haben, hast du auch schon vergessen, und wie der Vater zugrunde gegangen ist und alles ... alles.«

»Aber du nicht, dir hat nichts gefehlt, du hast deine gute Stellung und solltest froh sein.«

»So, froh soll ich sein. Mich bedanken soll ich noch, daß ich da draußen sitze in diesem Mistnest. Dir scheint es nicht sehr gefallen zu haben, denn du bist nur alle heiligen Zeiten hinausgekommen zur Mutter. Alles ist wahr, was Herr Farmer sagt. Jahre hat man uns gestohlen und nichts gegeben, nicht einen Augenblick Ruhe, Freude, keinen Urlaub und kein Ausruhen.«

»So, keinen Urlaub. Aus der Schweiz kommt sie, aus den nobelsten Hotels, und da will sie sich beklagen.«

»Ich habe mich bei niemand beklagt, nur dich habe ich klagen gehört während dem ganzen Krieg. Das mit der Schweiz ... Gerade weil ich's gesehen habe, kann ich mitreden. Jetzt erst weiß ich, was ... was man uns genommen hat ... wie man unser Leben zugerichtet hat ... was ich für ...«

Sie wird plötzlich unsicher, Sie spürt, der fremde Mensch blickt sie eindringlich und erregt an. Verlegen spürt sie, daß sie vielleicht schon zuviel von sich verraten habe, und dämpft den Ton. »Ich möchte mich natürlich nicht vergleichen, natürlich haben die andern mehr mitgemacht. Aber jeder von uns hat genug, jeder für seinen Teil. Ich habe nie etwas gesagt, nie bin ich jemand zur Last gefallen, nie habe ich mich beklagt. Aber wenn du mir sagst ...«

»Ruhig Kinder! Nur keinen Streit«, schiebt sich Franz dazwischen. »Was habt ihr denn davon, wir vier werden es hier nicht gutmachen. Nur keine Politik, da kommt man immer gleich gegeneinander. Reden wir doch von etwas anderm, und vor allem laßt mir meine Freude. Ihr wißt ja gar nicht, wie mir's wohltut, daß ich ihn da wieder neben mir sehe, und wenn er noch so schimpft und mich zusammenrüffelt, ich freue mich doch.«

Es wird wieder Friede zwischen den paar Menschen und wie nach einem Gewitter kühlere Luft.

Einen Augenblick genießen sie alle das Schweigen, diese Entspannung, dann erhebt sich Ferdinand vom Sessel: »Ich muß jetzt gehen, ruf mir noch einmal deine Buben herein, ich möchte mir sie gern noch einmal anschauen.«

Die Kinder werden gebracht, sie schauen neugierig und verwundert auf den fremden Mann.

»Das ist der Roderich, das Vorkriegskind. Von dem weiß ich. Und da der zweite, der Baux, sozusagen der Posthumus, wie heißt er?«

»Joachim.«

»Joachim! Hätte er nicht eigentlich anders heißen sollen, Franz?« Franz erschrickt. »Mein Gott, Ferdl. Ganz habe ich daran vergessen. Denk dir, Nelly, daß mir das nicht eingefallen ist, wir haben uns versprochen, daß wir einer den andern als Paten nehmen, wenn wir noch einmal zurückkommen und ein Kind kriegen. Ganz hab' ich vergessen daran. Du bist mir doch nicht böse?«

»Mein Lieber, ich glaube, wir zwei können einander nie mehr böse sein. Wenn wir uns hätten je streiten sollen, wir hätten Zeit genug gehabt, aber siehst du, daran liegt es. Daß wir alle an die Zeit vergessen, das macht's aus. Aber vielleicht ist es besser so« – er fährt dem Kind übers Haar und ein gutes Licht läuft über seine Augen. »Vielleicht hätte ihm der Name kein Glück gebracht.«

Er ist jetzt ganz ruhig geworden. Seit der Berührung mit dem Kind ist etwas Kindliches in seinem Gesicht aufgewacht. Ganz versöhnlich, ohne jede Unruhe geht er auf die Frau zu: »Nichts für ungut, Frau ... Ich weiß, ich bin kein gemütlicher Gast und habe schon gemerkt, eine rechte Freude haben Sie nicht dran, wie ich mit dem Franz rede. Aber wenn man sich so einmal zwei Jahre lang gegenseitig die Läuse aus dem Haar geklaubt hat und einer den andern rasiert und aus demselben Trog gefressen und in demselben Dreck gelegen, dann wär's wirklich ein Schwindel, wollten wir uns einer vor dem andern aufzäumen und nobel reden. Wenn man einen alten Kameraden trifft, so ist auch die alte Rede von damals da, und wenn ich ihn auch ein bissel heruntergeputzt hab, so war's doch nur, weil es mich einen Moment geärgert hat. Aber er weiß und ich weiß, ganz kommen wir nie auseinander. Nur Sie möchte ich halt um Entschuldigung bitten, ich versteh', daß Sie froh sind, wenn ich jetzt wieder die Treppen runtergeh'. Mein Wort, ich versteh's.«

Nelly verbirgt den Ärger. Er hat genau das gesagt, was sie sich gedacht hat. »Nein, nein, wann immer Sie kommen, werde ich mich freuen, und es tut ihm nur gut, wenn er jemand hat. Kommen Sie doch einen Sonntag zum Mittagessen, wir werden uns alle immer freuen.«

Aber das Wort »Freude« hat keinen Klang, es klingt nicht ganz echt, und auch die Hand, die er fühlt, ist kühl und fremd. Dann verabschiedet er sich von Christine ohne ein Wort. Eine Sekunde nur spürt sie seine Augen, neugierig und warm, dann geht er zur Tür und Franz ihm nach.

»Ich begleite dich noch bis zur Haustür.«

Sie sind kaum draußen, so stößt Nelly heftig die Fenster auf. »Wie sie das Zimmer vollgedampft haben, es ist zum Ersticken«, sagt sie entschuldigend zu Christine und klopft die volle Aschenschale auf das Fensterblech, daß es scharf klingt und schrill wie ihre Stimme. Christine versteht ihre Bewegung. Alles, was von diesem Menschen hereingeströmt ist, will sie draußen haben mit diesem Fensteraufreißen. Wie eine Fremde sieht sie die Schwester an: wie hart sie geworden ist, wie mager, wie dürr, und war doch früher so leicht und flink. Das kommt von der Gier, jetzt krallt sie sich an diesen Mann heran wie ans Geld. Nicht einmal an einen Freund will sie etwas hergeben von ihm. Ganz muß er ihr bleiben, ganz untertänig und brav arbeiten und sparen, damit sie nur bald Frau Bezirksvorsteher wird. Zum erstenmal in ihrem Leben sieht sie die Schwester, der sie immer respektvoll untergeordnet war, mit Verächtlichkeit an und mit Haß, weil sie nicht versteht, was sie nicht verstehen will.

Glücklicherweise kommt jetzt Franz herauf. Die Stille steht zwischen ihnen schon wieder gefährlich und dick im Zimmer. Unsicher nähert er sich den beiden Frauen. Mit weichen kleinen Schritten, so wie man auf unsichern Boden tritt.

»Ein langes Standerl hast noch unten mit ihm gemacht, na, mir kann's recht sein, wir werden wahrscheinlich noch öfter jetzt das Vergnügen haben. Wenn einer drunten ist, kommt er gern die Stiegen zu den andern herauf.« Franz steht ganz erschrocken da. »Aber Nelly ... was fällt dir denn ein, du weißt ja gar nicht, was das für ein Mensch ist. Wenn er hätte kommen wollen und was haben, wäre er doch schon längst gekommen. Meine

Adresse hätte er doch gewußt aus dem Amtskalender. Verstehst du denn nicht, daß er gerade deshalb nicht gekommen ist, weil es ihm schlecht geht. Er weiß doch, daß ich ihm alles geben täte, was er braucht.«

»Ja, großer Hergeber bist schon, wenn's solche Leute gilt. Von mir aus kannst ihn ja treffen, ich verbiete es dir nicht. Aber hier im Haus hab' ich genug, da schau her, das Loch, das er mit seiner Zigarette gebrannt hat, und da schau, auf dem Fußboden, nicht einmal die Stiefel hat er sich abgeputzt, dein Freund, da kann man dann zusammenfegen. Na, wenn's dir Vergnügen macht, ich hindere dich nicht.«

Christine hält die Finger geballt, sie schämt sich für die Schwester, sie schämt sich für den Schwager, der da unterwürfig steht und in den harten Rücken seiner Frau hinein erklären will. Die Luft wird unerträglich. Sie steht auf. »Jetzt muß ich auch gehen, ich krieg' sonst den Zug nicht mehr, seid nicht böse, daß ich euch so lang aufgehalten hab'.«

»Aber nein«, sagt die Schwester, »komm nur bald wieder.«

Sie sagt es, wie man einem Fremden guten Tag oder guten Abend sagt. Irgendein Fremdes steht zwischen den beiden, die eine haßt die Revolte, die andere die Bequemlichkeit bei der andern.

Während Christine die Treppen hinabsteigt, überkommt sie plötzlich ein unbestimmtes Gefühl, unten werde jener Fremde auf sie warten. Vergebens sucht sie diesen Gedanken zu entkräften, jener Mann hat sie ja nur flüchtig neugierig angeblickt und kein einziges Wort zu ihr gesprochen – und sie weiß gar nicht, ob sie eine solche Begegnung wünscht oder nicht, aber der Gedanke hakt sich mit einer merkwürdigen Festigkeit ein und dringt von Stufe zu Stufe, die sie niedersteigt, beinahe als eine Gewißheit immer tiefer in sie ein.

So ist sie eigentlich gar nicht überrascht, als unten, kaum daß sie aus dem Haustor getreten ist, der graue Havelock über die Straße weht und mit unruhigem, verschüchterten Gesicht der Fremde vor ihr steht.

»Verzeihen Sie, Fräulein, daß ich auf Sie gewartet habe«, spricht er plötzlich mit einer andern, einer gleichsam zweiten Stimme, einer schüchternen, verlegenen, zurückhaltend betroffenen, und nicht wie vordem mit jener kahlharten, energischen und aggressiven – »aber ich habe mir die ganze Zeit schon Sorge gemacht, ob Sie nicht ... ob Ihre Schwester nicht auf Sie ungehalten ist ... Ich meine, weil ich so grob mit dem Franzi geredet hab und weil Sie ... weil Sie mir recht gegeben haben ... Es tut mir ja selber leid, daß ich ihn so scharf angegangen bin ... Ich weiß, es hat sich nicht gehört, wenn man in ein fremdes Haus kommt und vor fremde Leute, und, mein Wort, ich hab's gar nicht bös gemeint, im Gegenteil ... er ist ja so ein guter, braver Kerl, ein so famoser Freund, ein ganz, ganz guter Mensch, wie man ihn kaum wiederfindet ... Wirklich, es hat mich gerissen, wie ich ihn so plötzlich vor mir gesehen hab', daß ich ihm um den Hals falle und ihn abküsse oder ihm irgendwie meine Freude zeige, so wie er sie mir gezeigt hat ... Aber, Sie müssen es verstehn, ich habe mich geniert ... geniert vor Ihnen und Ihrer Schwester, es sieht ja so komisch aus vor andern, wenn man voreinander sentimental tut ... eben weil ich mich geniert hab', nur darum bin ich so dumm aufsässig gewesen gegen ihn ... ich kann nichts dafür, ich kann wirklich nichts dafür. Aber gegen meinen Willen hat's mich gerissen, wie ich ihn da sitzen gesehen hab', rund und zufrieden mit seiner braven Wampen, seiner Schale Kaffee und seinem Grammophon, daß ich ihn ein bissel frotzeln und kitzeln hab' müssen ... Sie haben ihn ja nicht gekannt da draußen, der allerwütigste ist er gewesen, von früh bis spät abends hat er nichts geredet als Revolution und

Zusammenschlagen und Ordnungmachen, und jetzt, wie ich ihn so brav hab' sitzen gesehn, so schlafhäuberisch und so mollert, so zufrieden mit allem, seiner Frau, seinen Kindern, seiner Partei und seiner Gemeindehauswohnung mit den Blumen am Balkon, so gottzufrieden und kleinbürgerisch ... da hat 's mich halt packt, ihn ein bissel zu zwiefeln und zu zwicken, und Ihre Schwester hat natürlich geglaubt, ich bin ihm neidig, weil er es so gut hat ... Aber ich schwöre es Ihnen, ich hab' mich nur gefreut, daß er es so gut hat, und wenn ich ihn ein bissel angepfiffen hab' ... so war's ... so war's gerade, weil ich solche Lust hatte, ihm auf die Schulter zu klopfen oder ihn unter den Arm zu nehmen oder auf sein Bäucherl zu klopfen, dem Franzi, und ich habe mich nur geniert vor Ihnen ...«

Christine muß lächeln. Sie versteht alles, auch die Lust, den braven dicken Schwager ein bißchen gutmütig höhnisch auf sein Bäuchlein zu klopfen. »Nein«, sagt sie, um ihn zu beruhigen, »ich habe das sofort verstanden. Es war ja ein bissel peinlich, daß er so stürmisch war in seiner Freude, am liebsten hätte er Sie in Watte eingewickelt, und ich verstehe, daß man sich da geniert.«

»Das ... das freut mich, daß Sie das sagen. Ihre Schwester, die hat es nicht gemerkt, oder vielleicht hat sie es richtig gemerkt, daß er sofort, wie er mich gesehen hat, irgendein anderer geworden ist ... Einer, den sie gar nicht kennt und von dem sie gar nicht weiß, daß wir aus der Zeit, wo wir zusammengesperrt waren wie zwei Sträflinge in einer Zelle, Tag und Nacht und Nacht und Tag, so viel voneinander wissen, wie die eigene Frau nicht von ihm weiß, und daß, wenn ich wollte, ich ihn zu allem kriegen könnte und er mich. Das hat sie gespürt, obwohl ich es verstecken wollte und so tun, als ob ich einen Zorn auf ihn hätt' oder einen Neid ... Es ist wahr, ich stecke vielleicht voller Zorn ... aber Neid hab' ich auf niemanden, ich mein' so einen Neid, daß ich sagen möchte, ich will's gut haben und die andern sollen's schlecht haben ... Ich gönne jedem seine Freude, nur das natürlich ... dafür kann ich nichts, dafür kann niemand, daß er sich manchmal sagt, wenn er die andern warm in der Wolle sieht ... warum nicht auch ich ... Sie verstehen mich recht ... Ich meine nicht, warum nicht ich statt dem ... nur, warum nicht ich auch.«

Christine bleibt unwillkürlich stehen. Der Mann neben ihr hat schon genau gesagt, was sie denkt, die ganze Zeit schon. Ganz klar hat er ausgesprochen, was sie nur dumpf gefühlt hat. Niemand etwas wegnehmen, nur auch sein Recht haben, sein Stück Leben, nur nicht immer draußen stehen und drunten, die Füße im Schnee, während die andern drinnen sitzen.

Er mißversteht ihr Stehenbleiben, er meint, sie habe genug von seiner Begleitung, sie wolle ihn verabschieden. Unentschlossen steht er vor ihr und macht schon eine Bewegung, zum Hut zu greifen. Sie verfolgt den ganzen Körper entlang die Geste, die aus ihm wächst, und dann mit einem rapiden Blick die schlechten, zertretenen Schuhe, die ungebügelte, an ihren Rändern zerfranste Hose, sie versteht, daß es nur die Abgetragenheit und Armut ist, die diesen energischen Mann vor ihr so unsicher macht. In dieser einen Sekunde sieht sie sich selbst vor dem Hotel und spürt das Zittern von damals in ihrer koffertragenden Hand, und sie versteht seine Unsicherheit, so als ob sie den Körper mit ihm getauscht hätte. Und sofort hat sie das Bedürfnis, ihm selbst – das heißt sich in diesem Menschen – zur Hilfe zu kommen.

»Ich muß jetzt zur Bahn«, sagt sie und merkt mit einem kleinen Stolz, wie er erschrickt. »Aber wenn Sie mich begleiten wollen ...«

»Oh, bitte, mit größtem Vergnügen«, und in diesem glücklich erschreckten Aufglimmen der Stimme ist wieder etwas, was ihr wohl tut.

Er darf jetzt an ihrer Seite gehen. Aber noch immer entschuldigt er sich. »Es war doch ein Unsinn von mir, und ich ärgere mich, ich hätte es nicht tun sollen. Ich hätte nicht so vorbeireden dürfen an Ihrer Schwester und so vorbeidenken, sie ist doch seine Frau, und ich bin ihr doch ganz fremd. Es hätte sich doch gehört, daß ich zuerst nach den Kindern gefragt hätte, und ob sie gute Zeugnisse haben, und in welche Klasse sie gehen und überhaupt etwas, was sie beide angeht. Aber mich hat's eben so gepackt, wie ich ihn gesehen hab', da hab' ich alles vergessen, mir war auf einmal so voll und warm, schließlich ist er doch der einzige Mensch, der von mir etwas weiß und mich versteht ... nicht daß wir eigentlich zusammenpassen... Er ist ganz anders als ich, viel besser, viel anständiger ... und dann ganz von woanders her, und alles, was ich will und eigentlich möchte, davon versteht er nichts ... Aber doch, es hat uns eben einmal zusammengeschmissen, zwei Jahre, Tag für Tag und Nacht für Nacht, und so ganz außer der Welt wie auf einer Insel... Nichts könnte ich ihm wahrscheinlich erklären von all dem, was mich angeht, aber doch, er möchte es irgendwo besser spüren als jeder andere. Wir brauchten gar nicht zu reden miteinander, wir müßten uns nur gegenübersitzen. In dem einen Augenblick, wo ich ins Zimmer getreten bin, hab' ich alles gewußt von ihm – mehr vielleicht, als er selber von sich weiß, und er hat wieder gewußt... und darum war er ja auch so verlegen, als ob ich ihn ertappt hätte bei etwas, und hat sich geschämt... ich weiß nicht über was, vielleicht über sein Bäucherl, oder daß er so bürgerbrav geworden ist ... In dem einen Augenblick war er doch wieder der andere, und die Frau war nicht da, und Sie waren nicht da, und beide hätten wir gern euch beide weggehabt, nur um zu sprechen, die ganze Nacht hätten wir uns erzählt – ja, und natürlich, das hat Ihre Schwester gespürt, und doch, seit er weiß, daß ich da bin, und ich weiß, daß er da ist, ist uns wärmer allen beiden. Beide spüren wir, daß, wenn einen jetzt was drückt, man hätte jemand, zu dem man hingehen und sich ausplaudern kann. Denn die andern – nein, das können Sie nicht begreifen, ich kann's auch vielleicht nicht recht erklären, aber seit ich zurück bin von diesen sechs Jahren in einer andern Welt, da ist mir, als wäre ich zurückgekommen vom Mond. Irgend etwas ist mir fremd an den Menschen, mit denen ich früher gelebt habe. Wenn ich mit den Verwandten oder der Großmutter am Tisch sitze, weiß ich nicht, was ich mit ihnen reden soll, ich verstehe nicht, woran sie sich freuen, und alles kommt mir so fremd vor, was sie tun, so sinnlos. Es ist so wie ... wie wenn man von der Straße aus hinter einer Glaswand im Café Tanz sieht, und man hört nicht die Musik. Man weiß nicht, warum sie sich so drehen zu einem Takt, den man nicht hört, und so verzückte Gesichter machen. Irgend etwas an ihnen begreift man nicht und sie nicht an einem, und sie halten einen dann für neidisch oder für böse, und es ist doch nur, weil man sie nicht versteht und sie einen nicht mehr verstehen... Es ist, als redete man eine andere Sprache und wollte etwas anderes, als sie wollen... Aber verzeihen Sie, Fräulein, ich rede da so hin, und das ist ja alles Unsinn, und ich verlange gar nicht, daß Sie es verstehen können.«

Christine bleibt wieder stehen und sieht ihn an. »Sie irren«, sagt sie, »ich verstehe das ganz genau, was Sie sagen. Ich verstehe jedes Wort. Das heißt... vor einem Jahr, vor ein paar Monaten noch, hätte ich Sie vielleicht nicht verstanden, aber seit ich zurück bin von...«

Sie besinnt sich und reißt sich im letzten Augenblick zurück.

Beinahe hätte sie angefangen, alles diesem Fremden zu erzählen. So wechselt sie schnell den Ton: »Übrigens – ich muß Ihnen noch etwas sagen, ich gehe gar nicht direkt zur Bahn, ich muß noch zuvor meinen Koffer abholen in dem Hotel, wo ich heute übernachtet habe. Ich bin nämlich schon gestern abends gekommen, und nicht, wie sie dort meinten, heute früh... Meiner Schwester wollte ich es nicht sagen, sie wäre beleidigt gewesen, daß ich nicht bei ihnen übernachtet habe, aber ich falle niemand gern zur Last, ich wollte Sie nur bitten... wenn Sie meinen Schwager sprechen, so sagen Sie ihm nichts davon.«

»Aber selbstverständlich.«

Sofort spürt sie die Freude und Dankbarkeit für ihr Vertrauen. Sie holen gemeinsam den Koffer ab, er will ihn tragen, aber sie verbietet es ihm: »Nein, nicht mit ihrer Hand, Sie haben doch selbst erzählt...« Sie schweigt, denn sie merkt seine Beschämung. Ich hätte es nicht sagen sollen, denkt sie sofort, nicht zeigen, daß ich mich daran erinnere, daß es ihm vielleicht schwerfällt. So überläßt sie ihm doch den Koffer. Auf dem Bahnhof sind noch dreiviertel Stunden Zeit bis zum Personenzug. Sie setzen sich in den Wartesaal und plaudern miteinander. Über ganz sachliche Dinge sprechen sie, über ihren Schwager, über das Postamt, über die politischen Verhältnisse in Österreich, über Kleinigkeiten und Äußerlichkeiten. Sie sind ganz ohne Intimität, nur klar und einverständlich, und sie merkt mit Respekt seine scharf abgrenzende, rasch begreifende Intelligenz. Schließlich ist es so weit, sie steht auf und sagt: »Ich glaube, ich muß jetzt gehen.«

Auch er steht auf, in einer gewissen erschrockenen Art, und daß es ihm sichtlich schwerfällt, das Gespräch abzubrechen, ist ihr ergreifend und wohltuend zugleich. Er wird heute abend ganz allein sein, denkt sie und spürt gleichzeitig mit einem gewissen Stolz, daß endlich wieder unvermuteterweise ein Mensch da ist, der sich um sie bemüht, daß sie, das zwecklose Wesen, Postassistentin, angestellt um Marken zu verkaufen, Telegramme zu stempeln und Kontakte auf Anrufe einzuschalten, irgend jemand irgend etwas gilt. Sein bestürztes Gesicht weckt bei ihr ein plötzliches Mitleid und mit einem plötzlichen Erinnern sagt sie: »Übrigens, ich könnte auch noch den späteren Zug nehmen. Um zehn Uhr zwanzig geht noch ein Zug, da könnte man noch spazierengehen und hier irgendwo zu Abend essen... Das heißt, wenn Sie nichts vorhaben...«

Während sie es sagt, genießt sie die unvermutete Freude, die von den erhellten Augen dieses Menschen auf das ganze Gesicht überschwemmt und dann den vokalisch jubelnden Aufschlag: »Oh, aber nicht das geringste.«

Sie verstauen den Koffer an der Bahn und gehen noch eine Zeit planlos die Gassen und Straßen entlang. Ein blauer Nebel, dunkelt allmählich der Septemberabend heran, Laternen schweben wie kleine weiße Monde zwischen den Häusern. Sie gehen mit langsamen, schlendernden Schritten nebeneinander und sprechen ein gewichtloses und gleichsam spaziergängerisches Gespräch. Irgendwo in der Vorstadt entdecken sie ein kleines billiges Gasthaus, man kann noch im Freien sitzen, in einem Hinterhof mit kleinen künstlichen Lauben, die einen Tisch vom andern mittels einer halb durchsichtigen Efeuwand abteilen. Man ist da allein und doch nicht allein, von den andern gesehen und doch nicht belauscht; beide freuen sie sich, als sie solch eine Ecke im Gasthausgarten noch frei finden. Rings um den Hof erheben sich die andern Häuser, ein Fenster steht auf, ein Grammophon klimpert undeutlich einen Walzer, von den Nebentischen hört man Lachen oder sieht das stille friedliche Glucksen behäbig einsamer Trinker, und auf jedem Tisch steht, wie eine gläserne Blüte, ein Windlicht, um das neugierig und schwarz kleine Insekten brummen. Angenehm kühl ist es. Er legt den Hut nieder, und da er ihr gerade gegenüber sitzt, sieht sie, abgehellt von der ruhigen Kerze, ganz deutlich sein Gesicht: tirolerisch hart und holzschnitzerisch die Knochen herausgemeißelt, an den Augenwinkeln und um den Mund kleine Strichel und Falten, ein straffes, strenges und doch irgendwie abgenütztes Gesicht. Aber hinter diesem Gesicht steht gewissermaßen ein zweites, wie hinter seiner Stimme im Zorn eine zweite ist, und dieses zweite beginnt, wenn er lächelt, wenn diese Falten sich spannen und das Stoßhafte in den Augen einer Helligkeit weicht. Dann kommt etwas knabenhaft Weiches hervor, beinahe ein Kindergesicht, zutraulich, zart und unwillkürlich muß sie sich erinnern, so hat ihn der Schwager gekannt, so muß er damals gewesen sein. Diese beiden Gesichter wechseln sonderbar im Gespräch durcheinander. Sofort wenn er die Brauen anspannt oder den Mund bitter zusammenzieht, fallen plötzlich Schatten herein, und es ist wie wenn eine Wolke plötzlich über das Grün einer Wiese hingeht und sie verdunkelt. Sonderbar, denkt sie, wie kann es möglich sein, als ob zwei Menschen in diesem Menschen wären. Dann erinnert sie sich an ihre eigene Verwandlung und an den vergessenen Spiegel, der irgendwo jetzt für andere Menschen in einem meilenweit entfernten Zimmer steht.

Der Kellner bringt ihnen die bestellten einfachen Speisen und in zwei Gläsern hellen Gumpoldskirchner Wein. Er nimmt sein Glas, glänzt ihr mit dem Blick entgegen und hebt es hoch, um mit ihr anzustoßen. Aber wie er sich aufrichtet, um es zu heben, gibt es einen kleinen, trocken klappernden Laut. Ein loser Knopf hat sich abgelöst von seinem Rock, kollert und kreiselt boshaft auf dem Tisch herum, ehe er hinabfällt. Der kleine Zwischenfall verdunkelt sofort sein Gesicht. Er bemüht sich, den Knopf zu haschen, ihn zu verstecken, aber sobald er merkt, daß ihr der kleine Unfall nicht entgangen ist, wird er verlegen, düster und verwirrt. Christine versucht, nicht hinzusehen. Das winzige Zeichen ergreift sie. Niemand denkt und sorgt für ihn! Aus dem Instinkt heraus merkt sie sofort, keine Frau kümmert sich um ihn. Schon früher hat sie mit geschultem Blick bemerkt, daß sein Hut unausgebürstet ist und dicke Krusten Staub das Band belagern, die bauchig zerknitterte, ungebügelte Hose ist ihr nicht entgangen, und sie versteht aus eigenem Erlebnis seine Verwirrung.

»Heben Sie ihn nur auf«, sagt sie. »Ich habe in meiner Tasche immer Nadel und Zwirn, unsereins muß sich ja alles selber machen, ich nähe ihn Ihnen hier gleich an.«

»Aber nein«, sagt er ganz erschrocken. Doch immerhin, er gehorcht und bückt sich hinab, den entlaufenen Verräter aus dem Kies zu holen, dann aber hält er ihn in der Hand versteckt, ungewiß und voll Widerstand.

»Nein, nein«, entschuldigt er sich, »das lasse ich schon zu Hause machen.« Und als sie noch einmal darauf besteht, wird er plötzlich heftig. »Nein, ich will nicht! Ich will nicht!« und krampfhaft macht er die beiden andern Knöpfe des Rockes zu. Christine drängt nicht mehr. Sie merkt, er schämt sich. Es ist etwas zerstört in ihrem guten Beisammensein, und plötzlich spürt sie an seinen gekniffenen Lippen: jetzt wird er etwas Böses sagen. Er wird irgendwie ausfallend werden, weil er sich schämt.

Und wirklich, es kommt. Er duckt sich gewissermaßen in sich zusammen und sieht sie herausfordernd an. »Ich weiß, ich bin nicht ordentlich angezogen, aber ich habe ja nicht gewußt, daß mich jemand anschauen wird. Für den Besuch im Versorgungshaus war es gerade gut genug. Wenn ich es gewußt hätte, hätte ich mich besser angezogen, oder übrigens – es ist gar nicht wahr. Die Wahrheit zu sagen, ich hab' kein Geld, um mich anständig anzuziehen, ich hab's nun einmal nicht, oder wenigstens nicht auf einmal. Einmal kauf ich mir neue Schuhe, inzwischen ist der Hut hin, einmal einen Hut, dann ist der Rock abgeschunden, und einmal das und einmal das, aber ich komme nicht nach. Ob es meine Schuld ist oder nicht, das ist mir gleichgiltig. Nehmen Sie es also zur Kenntnis, daß ich schlecht angezogen bin.«

Christine regt die Lippe, aber ehe sie noch sprechen kann, fährt er schon wieder drein. »Bitte, keine Tröstungen, ich weiß schon alles im voraus, Sie werden mir sagen, Armut ist keine Schande. Aber das ist nicht wahr, wenn man's nicht verstecken kann, ist es doch eine Schand', es hilft nichts, man schämt sich ja doch, so wie man sich schämt, wenn man einen Schmutzfleck macht auf einen fremden Tisch. Ist es verdient oder unverdient, redlich oder lumpig, Armut stinkt. Ja, sie stinkt, stinkt so wie ein Zimmer stinkt, das ebenerdig in einen Lichthof geht, und die Kleider, die man nicht oft genug wechselt. Man riecht es selber, als ob man selber Jauche wäre. Das läßt sich nicht abwischen. Das hilft so wenig, wenn man sich einen neuen Hut aufsetzt, wie wenn sich einer den Mund ausspült, der vom Magen her aus dem Munde riecht. Das sitzt um einen und hängt an einem und jeder spürt's, der einen nur anstreift oder einen ansieht. Gleich hat's Ihre Schwester gespürt, ich kenne diese zerfransenden Blicke der Frauen, wenn sie einem auf die zerfranste Manschette schauen, ich weiß, es ist peinlich für die andern, aber zum Teufel, es ist noch peinlicher für einen selbst. Da kann man nicht heraus, da kann man nicht darüber hinweg, höchstens daß man sich besauft, und hier«, er greift nach dem Glas und trinkt es demonstrativ schnell und wild – »hier liegt das große soziale Problem, warum die sogenannten niedern Klassen verhältnismäßig mehr dem Alkohol zusprechen. Das ganze Problem, über das sich dann die Gräfinnen, Patronessen in Wohltätigkeitsvereinen beim Tee den Kopf zerbrechen. Die paar Minuten, die paar Stunden spürt man's nicht, daß man den andern lästig ist und sich selbst. Ich weiß, daß es keine sonderliche Ehre ist, mit jemand in einem solchen Aufzug gesehen zu werden, aber mir selbst ist es auch kein Vergnügen. Wenn Sie sich genieren, so sagen Sie es bitte, aber keine Höflichkeit und kein Mitleid!«

Er stößt den Sessel zurück, in der Hand zuckt die Drohung, aufzustehen. Christine legt ihm rasch die Hand auf den Arm: »Nicht so laut! Was geht das die Leute da an? Rücken Sie näher her.«

Er gehorcht. Das Herausfordernde schlägt sofort wieder um in Ängstlichkeit. Christine bemüht sich, ihr Mitleid zu verbergen. »Wozu quälen Sie sich, und warum wollen Sie mich quälen? Es ist doch alles Unsinn. Halten Sie mich wirklich für eine ›Dame‹, wie man so sagt? Wenn ich es wäre, so würde ich kein Wort verstehen von dem, was Sie jetzt gesagt haben, und Sie für überreizt, ungerecht und gehässig halten. Aber ich verstehe es und will Ihnen erzählen warum. Rücken Sie nur näher, die Leute brauchen es nebenan nicht zu hören.«

Sie erzählt ihm ihre Reise, alles erzählt sie: die Erbitterung, die Beschämung, die Begeisterung, die Verwandlung; es ist ihr eine Lust, zum erstenmal von diesem Rausch des Reichtums sprechen zu dürfen, und wieder eine andere, eine böse und selbstquälerische Lust, zu schildern, wie beim Weggehen der Portier sie anhielt wie eine Diebin, nur weil sie selbst ihren Koffer trug und das schlechte, schäbige Kleid. Er sitzt still und stumm, nur seine Nüstern spannen sich auf und zittern. Sie spürt, er atmet alles in sich hinein. Er versteht sie, so wie sie ihn versteht mit der Solidarität des Zorns und der Zurückgesetztheit. Und da sie den Damm aufgeschlossen, kann sie ihn nicht mehr schließen. Sie erzählt mehr als sie eigentlich will von sich, der Haß gegen das Dorf, die Wut wegen der vergeudeten Jahre, sie strömt stark und bildhaft heraus. Niemand hat sie sich jemals so sehr aufgeschlossen.

Er sitzt stumm, ohne sie anzusehen. Er beugt sich immer tiefer in sich hinein. »Verzeihen Sie«, sagt er schließlich gleichsam von unten her, »daß ich Sie so töricht angefahren habe. Ich könnte mich schlagen, daß ich immer gleich so tölpisch werde, so zornig, so aggressiv, als ob der erste beste, dem ich begegne, Schuld hätte an allem und allem. Und als ob ich der einzige wäre. Ich weiß doch, daß ich nur einer bin aus Legionen und Millionen. Jeden Morgen, wenn ich in meinen Dienst gehe, sehe ich die andern, wie sie aus den Haustoren treten, unausgeschlafen, unfreudig, mit ausgelöschten Gesichtern, wie sie zu einer Arbeit gehen, die sie nicht wollen und lieben und die sie nichts angeht, und ich sehe sie wieder abends in den Straßenbahnen, wie sie zurückkommen, Blei in den Blicken und Blei in den Füßen, alle sinnlos abgemüdet, oder um einen Sinn, den sie nicht verstehen. Nur, sie wissen es alle nicht, glauben und spüren es alle nicht so stark wie ich, diese grauenhafte Sinnlosigkeit. Für sie heißt

Vorwärtskommen schon zehn Schilling mehr im Monat haben oder einen andern Titel bekommen, eine andere Hundemarke, oder sie gehen abends in ihre Versammlungen und lassen sich vorreden, die kapitalistische Welt stünde vor ihrem Untergang, der sozialistische Gedanke würde die Welt erobern, nur ein Jahrzehnt noch, zwei Jahrzehnte, und man werde sie schon unterkriegen, aber ich bin nicht so geduldig. Ich kann nicht warten, ein Jahrzehnt, zwei Jahrzehnte. Ich bin dreißig Jahre, davon sind elf vertan. Ich bin dreißig Jahre und weiß noch nicht, wer ich bin, und weiß noch nicht, wozu die Welt da ist, habe nichts gesehen als Dreck und Blut und Schweiß. Ich habe nichts getan als gewartet, gewartet und wieder gewartet. Ich kann es nicht mehr ertragen, dieses Untensein, dieses Außensein, es macht mich rasend, es macht mich krank, und ich spüre, die Zeit läuft mir weg unter den zerrissenen Schuhen, wenn man immer nur Handlanger ist von andern und dabei weiß, man ist nicht weniger als der Architekt, der einen kommandiert, man versteht ebensoviel von allem wie die andern, die oben sitzen, und hat dieselben Lungen, das gleiche Blut und ist nur zu spät gekommen; man ist vom Wagen gefallen und holt ihn nicht mehr ein, soviel man auch rennt und rennt. Man weiß, man könnte alles – ich habe einiges gelernt, bin vielleicht nicht dumm, war der Erste im Gymnasium, in der Klosterschule, habe ganz gut Musik gemacht, nebenbei bei einem Pater aus der Auvergne französisch gelernt. Aber ich habe kein Klavier und kann nicht darauf spielen und verlern's, ich habe niemand, mit dem ich französisch sprechen kann, und verlern's. Ich habe anständig auf der Technik gelernt in den zwei Jahren, während die andern in Burschenschaften sich herumgeschlagen haben, und weitergearbeitet in der Gefangenschaft im sibirischen Hundekotter, und doch, ich komme nicht vorwärts. Ein Jahr brauchte ich, ein freies Jahr, so wie man einen Anlauf braucht, um einen Sprung zu tun ... Ein Jahr und ich wäre droben, ich weiß nicht wo, ich weiß nicht wie, nur das weiß ich, heute könnte ich noch die Zähne zusammenbeißen und alle Muskeln straffen, zehn Stunden lernen, vierzehn Stunden, – aber noch paar solche Jahre, und ich bin wie die andern, ich werde müde sein und zufrieden, werde mich abfinden und sagen: erledigt! Vorbei! Aber heute kann ich es noch nicht, heute hasse ich sie alle, diese Zufriedenen, sie reizen mich auf, daß ich manchmal gewaltsam die Faust in der Tasche ballen muß, um ihnen nicht in ihre Behaglichkeit hineinzuschlagen. Da sehen Sie, die drei nebenan. Die ganze Zeit, während ich mit Ihnen spreche, ärgern sie mich, ich weiß nicht warum, vielleicht aus Neid, weil sie so blöd lustig sind, so bürgerlich vergnügt. Sehen Sie sie an, das sind sie, Kommis wahrscheinlich der eine, in einem Kurzwarengeschäft, den ganzen Tag holt der die Ballen vom Laden und bückt sich und schwätzt ›Neueste Mode, der Meter 1.80, echt englische Ware, haltbar, dauerhaft‹, und dann schmeißt er den Ballen wieder hinauf und holt einen neuen und wieder einen andern und dann ein paar Litzen und Fransen, und geht abends heim und glaubt, er hat gelebt; und die andern, vielleicht ist der eine beim Zoll oder bei der Postsparkasse, den ganzen Tag hämmert er Zahlen, Zahlen, hunderttausend, Millionen Zahlen, Zinsen, Zinseszinsen, Debet und Kredit und weiß nicht, wem es gehört, wer zahlt und bezahlt, wer schuldet und warum, wer besitzt und warum, nichts weiß er und geht abends nach Hause und glaubt, daß er gelebt; und der dritte, wo ist er, ich weiß nicht, bei einem Magistrat oder irgendwo, aber an seinem Hemd sehe ich es, auch er schreibt den ganzen Tag Papier, Papier, Papier an demselben Holztisch mit derselben lebendigen Hand. Aber heute, weil es Sonntag ist, haben sie sich Pomade ins Haar und Vergnügen auf die Gesichter geschmiert. Sie waren beim Fußball oder beim Rennen oder mit einem Mädel und jetzt erzählen sie sich's, und einer schmalzt sich vor dem andern groß, wie klug, wie geschickt, wie tüchtig er ist – da hören Sie nur, wie sie lachen, breit, bequem, selbstzufrieden, diese Maschinen auf Sonntagsurlaub, diese ausgeborgten Arbeitskadaver, hören Sie nur, wie sie lachen, heiß und fett, die armen

Hunde, weil man sie einmal von der Kette losgelassen hat, glauben sie, ihnen gehört das Haus und die Welt; ins Gesicht könnte ich ihnen schlagen.«

Er atmet schwer. »Ich weiß, daß das Unsinn ist, immer wird der Falsche geschlagen, immer geht es auf die Unrechten. Ich weiß, sie sind arme Hunde und gar nicht dumm, sie tun das Klügste: sie finden sich ab. Sie lassen sich absterben, dann spürt man nichts mehr, aber mich Dummkopf reißt's immer, jedem dieser kleinen Zufriedenen eins überzuziehen, ihn herauszuhetzen aus sich selbst – vielleicht nur, damit man selber innerhalb einer Meute ist und nicht so allein mit sich selbst. Ich weiß, es ist dumm, ich weiß, ich schneide mir damit ins eigene Fleisch, aber ich kann nicht anders, von diesen elf giftigen Jahren bin ich so vollgequollen von Haß, daß er mir die Kehle abdrückt bis an die Lippen. Gleich stößt es herauf bis an den Mund, und überall wo ich bin, laufe ich rasch nach Hause oder hinüber in die Volksbibliothek. Aber es freut mich nicht mehr, zu lesen. Die Romane, die sie heute schreiben, gehen mich nichts an. Die kleinen Geschichten, wie Hans die Grete kriegt und die Grete den Hans und wie die Paula den Johann betrügt und Johann die Paula, das Kotzen kommt mich an – und die Bücher vom Krieg – die braucht mir niemand zu erzählen, und auch zum Lernen habe ich nicht die rechte Kraft, seit ich weiß, es hilft nichts, und man kommt nicht weiter, wenn man nicht die akademische Hundemarke kriegt, und für die habe ich kein Geld, und weil ich kein Geld habe, komm ich nicht zu Geld, und so wächst einem die Wut im Leib, und man sperrt sich selber aus wie ein bissiges Tier. Nichts macht einen wütender, als wenn man wehrlos ist gegen irgend etwas, das man nicht fassen kann, gegen das, was von den Menschen kommt und doch nicht von einem einzelnen, dem man an die Gurgel fahren kann. Der Franzl, der weiß davon. Ich brauchte ihn nur zu erinnern, wie wir manchmal nachts in unserer Baracke am Boden gelegen sind und geheult haben und die Finger in die Erde gekrallt vor Wut, wie wir aus blöder Bosheit die Flaschen zerschlagen haben und wie wir überlegt haben, ob wir nicht mit der Hacke den armen Nikolai umlegen sollten, den braven Wachsoldaten, der eigentlich unser Freund war, gutmütig, still, aber nur weil er der einzige Faßbare war von ihnen allen, die uns da eingesperrt hielten, nur darum. Ja, nicht wahr, jetzt begreifen Sie auch, warum es mich so aufgezogen hat, wie ich den Franzl gesehen habe. Ich konnte mich gar nicht mehr erinnern, daß irgendeiner da ist, der mich begreifen könnte, aber gleich habe ich gespürt, er versteht mich – und dann Sie.«

Sie blickt auf und fühlt sich von seinem Blick überschwemmt. Und gleich schämt er sich wieder.

»Verzeihen Sie«, sagt er wieder mit der andern, der weichen, der ängstlichen, der kleinen Stimme, die so merkwürdig mit der harten und herausfordernden seines Zorns kontrastiert, »verzeihen Sie, ich sollte nicht so viel von mir sprechen, ich weiß, es ist ungezogen. Aber vielleicht den ganzen Monat habe ich mit allen zusammen nicht so viel gesprochen als mit Ihnen.«

Christine sieht vor sich in das Windlicht hinein. Es zittert leicht, ein kühler Wind läßt die Flamme erbeben und ihr blauer, herzförmiger Kern lodert plötzlich schmal nach oben. Dann antwortet sie: »Ich auch nicht.«

Sie sprechen eine Zeit nicht, das unvermutet schmerzhaft gespannte Gespräch hat beide erschöpft. Bei den Nachbartischen löschen schon die Lichter, die Hoffenster sind dunkel geworden, das Grammophon schweigt. Auffällig dringlich kommt der Kellner vorbei. Er räumt die Tische nebenan ab, und jetzt erinnert sie sich der Zeit.

»Ich glaube, ich muß jetzt gehen«, mahnt sie ihn, »um zehn Uhr zwanzig geht mein letzter Zug, wieviel Uhr ist es denn?«

Er sieht sie böse an, aber nur einen Augenblick, dann beginnt er zu lächeln.

»Sehen Sie, ich bessere mich schon«, sagt er beinahe heiter. »Wenn Sie mich das vor einer Stunde gefragt hätten, wäre der bissige Köter in mir gleich auf Sie losgefahren, aber jetzt kann ich es Ihnen schon wie einem Kameraden, so wie dem Franzi sagen: Ich habe meine Uhr versetzt. Nicht einmal so sehr wegen dem Geld, es ist nämlich eine schöne Uhr, Gold mit Brillanten. Mein Vater hat sie einmal gekriegt, wie er auf einer Jagd, wo der Erzherzog dabei war, die ganzen Fressalien zur höchsten Zufriedenheit besorgte und selbst die Küche geleitet hat, und Sie werden verstehen – Sie verstehen ja alles –, wenn man so auf einem Bau eine goldene Uhr mit Brillanten herauszieht, das sieht aus wie ein Neger im Frack. Und außerdem, dort wo ich wohne, wäre es nicht geheuer mit einer solchen Uhr, aber verkaufen hab' ich sie nicht wollen, es ist so gewissermaßen noch eine eiserne Ration. So habe ich sie halt versetzt.«

Er lächelt sie an, wie wenn ihm eine große Leistung gelungen sei. »Sehen Sie – das habe ich Ihnen doch jetzt ganz ruhig erzählt, ich mache doch schon Fortschritte.«

Die Luft zwischen ihnen steht wieder klar wie nach einem Regen. Die krampfige Spannung ist gewichen, eine gute Erschöpfung kommt. Sie beobachten sich nicht mehr vorsichtig und ängstlich, sondern vertrauen einander. Etwas wie Freundschaft und Beruhigung ist plötzlich da. Sie gehen die Straße dem Bahnhof zu, und es ist gut, jetzt zu gehen, das Dunkel hat den Häusern die neugierigen schwarzen Augen zugestrichen und die ausgebrannten Steine atmen wieder Kühle. Aber je mehr sie sich dem Ziele nähern, desto nervöser und hastiger werden ihre Schritte: über dem weichen und eng geflochtenen Gewebe ihres Zusammenseins hängt schon das blitzende Schwert des Abschieds.

Sie kauft ihre Fahrkarte. Als sie sich umwendet, sieht sie sein Gesicht. Es ist plötzlich wieder ganz anders, von der Stirn nieder fallen Schatten über die Augen, das dankbare Leuchten, das sie so beglückt gespürt hat, ist erloschen, und eben zieht er – er hat sich noch unbeachtet gemeint, den Havelock mit einer Bewegung zusammen, als ob ihn friere. Mitleid ergreift sie: »Ich komme bald wieder herein«, sagt sie, »wahrscheinlich schon nächsten Sonntag. Und wenn Sie dann Zeit haben ...«

»Ich habe immer Zeit. Und es ist so ziemlich das einzige, was ich habe, und das im Überfluß, aber ich möchte nicht ... Ich möchte nicht ...« Er stockt.

»Was möchten Sie nicht?«

»Ich möchte nicht ... ich meine nur ... nicht daß Sie sich meinetwegen inkommodieren ... Sie waren so gut zu mir ... ich weiß, es ist kein Vergnügen, mit mir zu sein ... Aber vielleicht schon im Zuge oder morgen sagen Sie sich, wozu sich da anhalten lassen von fremdem Gejammer, ich weiß, mir geht es selbst so – höre zu und es ergreift mich, wenn jemand mir was Schweres von seinem Leben erzählt; aber dann, wenn er weg ist, sage ich mir: hole ihn der Teufel, was packt er mir noch seine Sorgen auf, wir haben genug jeder an uns selbst ... Also nicht, daß Sie sich zwingen oder sich denken, dem muß man helfen, ich mach' es schon allein mit mir aus ...«

Christine sieht weg. Sie kann es nicht vertragen, ihn anzusehen, wenn er so gegen sich selbst wütet. Es quält sie. Aber er mißversteht ihre Bewegung. Er meint, sie sei beleidigt, und sofort kommt klein und schüchtern wieder die zweite, die Knabenstimme der zornigen und bösen nach. »Ich meine natürlich ... es würde mich sehr freuen ... aber ich dachte nur für den Fall ... ich wollte damit nur sagen ...«

Er stammen ganz unsicher und versucht sie anzusehen mit einem kindlich bestürzten Gesicht, das um Verzeihung bittet. Und sie begreift sein Stammern, sie versteht, daß dieser harte, leidenschaftliche von Scham verbogene Mensch sie bitten will, wiederzukommen, und daß er doch nicht den Mut hat.

Etwas wächst jetzt in ihr mächtig auf, mütterliche Wärme und Mitleid zugleich, ein Bedürfnis, diesen so wild Demütigen zu trösten, seinen harten Stolz zu wölben mit irgendeiner Geste, mit irgendeinem Wort. Am liebsten würde sie ihm über die Stirn streichen oder sagen: »Sie dummer Bub«, aber sie fürchtet sich, weil er so verletzlich ist. Aus Verlegenheit sagt sie: »Es tut mir leid – aber ich glaube, ich muß jetzt wirklich schon gehen.«

»Tut es Ihnen ... tut es Ihnen wirklich leid?« Trotzig fragt er sie und sieht sie verlangend an, und dabei ist in seinem hilflosen Dastehn schon die Verzweiflung des Alleinseins, er steht schon da, sie fühlt es voraus, allein in der Halle, verzweifelt nachsehend dem Zug, der sie fortträgt, allein in der Stadt, allein in der Welt, und sie spürt, wie er mit dem ganzen Gewicht seines Gefühls an ihr hängt. Erschüttert spürt die Frau, spürt der Mensch in ihr sich zum erstenmal wieder begehrt und tiefer begehrt als von irgend jemand bisher, und herrlich fühlt sie sich bestätigt in ihrem Sein und Sinn. Wundervoll ist das, endlich sich so geliebt zu fühlen, und plötzlich bricht in ihr das Verlangen auf, die Lust zu entgelten.

Eine Entscheidung geschieht in ihr, blitzschnell und dem Gedanken voraus. Ein Ruck ist es, ein Riß. Sie wendet sich um, geht auf ihn zu und sagt, scheinbar überlegend (aber dies war schon unbewußt beschlossen): »Eigentlich ... ich könnte ja noch mit Ihnen bleiben und dann morgen mit dem Frühzug fahren um fünf Uhr dreißig, da komme ich auch noch in meinen dummen Dienst zurecht.«

Er starrt sie an. Nie hat sie geahnt, daß Augen so plötzlich aufleuchten können. Es ist, wie wenn ein Zündholz aufflammt in einem dunklen Zimmer, so ist jetzt alles licht, alles lebt in seinen Zügen. Er hat verstanden, alles verstanden mit der hellsichtigen Intuition des Gefühls. Plötzlich hat er Mut und faßt ihren Arm. »Ja«, sagt er, glänzt er, »ja, bleiben Sie, bleiben Sie ...«

Sie wehrt ihm nicht, daß er ihren Arm nimmt und sie wegzieht. Er ist warm und stark, dieser Arm, er bebt, er zittert vor Freude, und unwillkürlich geht dieses Beben in sie hinüber. Sie fragt nicht, wohin sie gehen, wozu fragen, es ist jetzt alles einerlei, sie hat sich entschieden. Sie hat ihren Willen weggegeben, freiwillig, und genießt dieses Hingegebensein. Alles ist entspannt in ihr und gleichsam ausgeschaltet, der Wille, das Denken, sie überlegt nicht, ob sie etwa diesen Mann liebt, den sie kaum kennt, ob sie ihn männlich will, nur das Losgelöstsein des Willens, das Unverantwortliche des Gefühls genießt sie, die Lust des Gelöstseins.

Sie kümmert sich nicht, was nun geschehen wird, nur einen Arm spürt sie, der sie führt, und überläßt sich der Führung, willenlos, wie Holz, das im Wasser treibt und an den rasenden Geschwindigkeiten die schwindelnde Lust des Stürzens spürt. Manchmal schließt sie die Augen, um es völliger zu empfinden, dieses Geführtwerden, dieses Gewolltsein.

Dann kommt noch einmal ein gespannter Augenblick. Er bleibt stehen und wird klein. »Ich hätte Sie so gern ... so gern gebeten, zu mir zu kommen ... aber ... das geht nicht ... ich wohne nicht allein ... man muß durch ein anderes Zimmer gehn ... wir können ja woanders ... in irgendein Hotel ... nicht in dem Ihren, wo Sie gestern ... wir können ja ...«

»Ja«, sagt sie, »ja«, und weiß nicht wozu. Das Wort Hotel schafft ihr kein Grauen, es gibt ihr neuen Glanz. Wie durch eine Wolke sieht sie das spiegelnde Zimmer, die funkelnden Möbel, die brausende Stille der Nacht und den mächtigen Atem des Engadins auftauchen.

»Ja«, sagt sie, »ja«, aus Träumen gewölbter, gehorsamer Liebe.

Sie gehen wieder weiter durch immer engere Straßen. Er scheint nicht sehr sicher und prüft ängstlich die Häuser. Endlich sieht er eines in einem kleinen versteckten Licht träumen, mit einer erleuchteten Aufschrift. Unmerklich lenkt er sie hin, sie wehrt sich nicht. Und dann gehen sie durch die Tür wie in einen finstern Schacht.

Sie treten in einen Korridor, der wahrscheinlich mit Absicht nur mit einer einzigen mattkerzigen Glühbirne beleuchtet ist. Ein Portier, schmutzig und verschmiert, kommt in Hemdärmeln hinter der Glastür heraus. Die beiden Männer flüstern miteinander, als machten sie verbotene Geschäfte. Etwas klirrt leise zwischen ihren Händen, Geld oder Schlüssel. Christine steht unterdessen allein im halbdunklen Korridor und starrt die grindige Wand an, unsäglich enttäuschungsvoll über diese erbärmliche Höhle. Sie will nicht daran denken, aber wie ein Zwang kommt die Erinnerung an den Eingang jenes andern Hotels (die Assoziation des Wortes reißt die Erinnerung her), die spiegelnden Scheiben, gekühltes, flutendes Licht, Reichtum und Bequemlichkeit.

»Nummer neun«, trompetet der Portier laut und fügt ebenso stark bei, »im ersten Stock«, als ob er will, daß es jemand bis hinauf hört. Ferdinand tritt zu ihr und nimmt ihren Arm. Sie sieht ihn flehend an: »Kann man denn nicht ...« Sie weiß nicht, was sie sagen will. Aber er sieht in ihren Augen das Grauen und den Willen zur Flucht. »Nein, sie sind alle so ... Ich weiß eben kein anderes ... ich kenne es ja nicht.« Dann nimmt er ihren Arm und stützt sie die Treppe hinauf. Es ist nötig, denn ihr ist, als habe ein Messer ihre Kniekehlen durchschnitten und jede Sehne im Leib gelähmt.

Eine Zimmertür steht offen. Das Dienstmädchen tritt heraus, gleichfalls schmutzig, mit übernächtigtem Gesicht:

»Gleich bitte, ich hole nur rasch frische Handtücher.« Sie treten inzwischen ein, ziehen rasch die Tür hinter sich zu. Grauenhaft eng ist dies einfenstrige Rechteck, ein einziger Sessel steht darin, ein Kleiderhaken, ein Waschtisch, sonst nur niederträchtig absichtsvoll, als wisse es, daß es hier das einzige wichtige Möbelstück ist, ein breites aufgeschlagenes Bett. Unsäglich schamlos in seiner Zweckhaftigkeit steht es da und füllt das enge Geviert. Man kann ihm nicht ausweichen, man kann nicht daran vorbeigehen, man kann es nicht übersehen. Die Luft ist stockig und säuerlich von kaltem Zigarettenrauch, schlechter Seife und irgend etwas anderem, das falsch und säuerlich riecht. Unwillkürlich preßt sie den Mund zu, um nichts davon einzuatmen. Dann kommt die Angst über sie, ohnmächtig zu werden vor Widerwillen und Ekel. Hastig macht sie einen Schritt auf das Fenster zu, reißt den Flügel auf und atmet, wie aus einer vergasten Mine gerettet, die kühl einströmende, neue und unverbrauchte Luft.

Es klopft leise. Sie schrickt zusammen, aber es ist nur das Stubenmädchen, das die frischen Handtücher hereinbringt und auf den Waschtisch legt. Wie sie merkt, daß die fremde Frau das Fenster im beleuchteten Zimmer geöffnet hat, äußert sie sich mit einer gewissen Ängstlichkeit: »Bitte dann die Vorhänge herabzulassen.« Dann geht sie höflich hinaus.

Christine bleibt am Fenster stehen, dieses »dann« hat sie getroffen, dazu kommt man ja in solche Seitengassenhäuser, in solche stinkenden Höhlen; nur dazu. Vielleicht – sie erschrickt – könnte er glauben, sie sei auch nur deswegen gekommen, nur deswegen.

Obwohl er ihr Gesicht nicht sieht, das beharrlich verbissen der Straße zugewandt ist, sieht er doch an der krampfig vorgebeugten Silhouette ihrer Gestalt, wie sehr ihre Schultern beben, und er versteht ihr Grauen. Zart tritt er an sie heran, er hat Angst, sie mit einem Wort zu verletzen, streift ihr mit der Hand zart die Schultern herab, immer tiefer hinab, bis er die Finger findet, die kalt sind und zittern. Sie spürt, daß er sie beruhigen will. »Verzeihen Sie mir«, sagt sie, ohne sich umzuwenden, »aber mir ist plötzlich ganz schwindlig geworden. Es wird gleich besser werden. Nur noch ein bißchen frische Luft ... es ist nur, weil ...«

Sie will eigentlich unwillkürlich sagen: weil es das erstemal ist, daß ich so ein Haus, so ein Zimmer sehe. Aber sie beißt die Lippen zusammen, was braucht er es zu wissen. Sie wendet sich plötzlich um, schließt das Fenster und befiehlt: »Machen Sie dunkel.«

Er dreht den Kontakt, mit einem Sprung tritt Nacht herein und löscht die Konturen aus. Das Schrecklichste ist fort, das Bett wartet nicht mehr so frech, sondern glänzt nur weiß und ungewiß im aufgelösten Raum. Aber das Grauen bleibt. Jetzt hört sie mit einem Mal in der Stille kleine Geräusche, Knacken, Seufzen, Lachen, Knirschen, den Hauch nackter Schritte und das Rieseln von Wasser von irgendwoher. Sie spürt, daß das Haus voll von fremdem und unzüchtigem Geschehen ist, einzig zweckhaft der Paarung bestimmt. Wie einen feinen Frost, Schicht um Schicht fühlt sie dieses Grauen in sich eindringen. Erst schauert es nur über die Haut, dann greift es schon an die Gelenke und macht sie starr, jetzt muß es schon nahe sein am Hirn, am Herzen, denn sie spürt, sie kann nichts mehr denken, nichts mehr fühlen, alles ist gleichgiltig, sinnlos und fremd, und auch dieser fremde Atem des fremden Mannes, der hier ihr ganz nahe ist. Glücklicherweise ist er zart und bedrängt sie nicht, er zieht sie nur nieder, und sie setzen sich beide angezogen nebeneinander auf den Bettrand, ohne zu sprechen, nur seine Hand streift immer wieder über den Stoff des Ärmels und über die nackte Hand. Er wartet geduldig, ob das Grauen nicht von ihr weichen will, das Entsetzen nicht auftauen, das sie umfrostet hält. Und diese Demut, diese Unterwürfigkeit ergreift sie. Und als er sie schließlich umfaßt, wehrt sie sich nicht.

Auch seine heiße und leidenschaftliche Umarmung kann ihr Grauen nicht ganz zerbrechen. Der Frost sitzt schon zu tief, er vermag ihn nicht zu erreichen. Etwas in ihr löst sich nicht, etwas ist nicht ganz trunken, sondern widersteht. Und als er ihr die Kleider nimmt und sie seinen Körper fühlt, nackt, stark, warm und glühend, spürt sie zugleich das fremd feuchte Laken wie einen nassen Schwamm. Überströmt von seiner Zärtlichkeit, fühlt sie sich gleichzeitig beschmutzt von der Ärmlichkeit und Erbärmlichkeit, innerhalb der es geschieht. Ihre Nerven beben, und während er sie an sich zieht, spürt sie, daß sie gleichzeitig weg will, nicht von ihm, nicht von diesem brennenden Menschen, sondern nur weg aus diesem Haus, wo sich die Menschen gegen Geld wie Tiere paaren – rasch, rasch, der Nächste, der Nächste –, wo sich Arme verkaufen wie eine Briefmarke oder eine Zeitung, die man wegwirft, an den nächsten Gast. Die Luft erdrückt ihr die Lungen, diese dicke, ölige, feuchte, eingesperrte Luft, dieser Dunst von fremder Haut, von fremder Hitze, von fremder Lust. Und sie schämt sich, nicht daß sie sich hingibt, sondern daß dies Festliche hier geschieht, wo alles widerlich und schmachvoll ist. Immer tiefer spannen sich ihre Nerven unter diesem Widerstand. Und plötzlich bricht es aus ihr, ein Stöhnen, ein niedergepreßtes Weinen der Enttäuschung, der Erbitterung, das in kleinen zitternden Stößen ihren nackten Körper durchreißt. Ferdinand liegt neben ihr, und dieses Schluchzen stößt bis an seinen Körper heran. Er spürt es wie einen Vorwurf. Um sie zu beruhigen, streichelt er immer wieder mit der Hand über ihre Schultern herab, er wagt kein Wort. Sie merkt, wie sehr er verzweifelt ist. »Sorg dich nicht um mich«, sagt sie, »es ist ein dummer Krampf. Sorg dich nicht, es geht gleich wieder vorbei, es ist nur weil ...« Sie hält wieder inne und atmet nur. »Aber laß, du kannst ja nichts dafür.«

Er schweigt, auch er versteht alles. Er begreift ihre Enttäuschung, ihre wilde und körperliche Verzweiflung. Aber er schämt sich, die Wahrheit zu sagen, daß er kein besseres Hotel gesucht und kein besseres Zimmer genommen, weil er im ganzen nicht mehr bei sich gehabt hat als acht Schillinge, und daß er schon gedacht hat, seinen Ring dem Portier zu geben, im Falle das Zimmer höher im Preis gewesen wäre. Aber er kann und will nicht von Geld sprechen, so schweigt er lieber und wartet, wartet geduldig, demütig betroffen und stumm, ob der Schauer nicht endlich von ihr weichen will.

Mit der Feinhörigkeit überreizter Sinne hört sie immer wieder die Geräusche nebenan, von oben und unten und aus den Gängen, Schritte und Lachen, Husten und Stöhnen. Nebenan muß jemand mit einem leicht Betrunkenen sein, der grölt immer, und dann hört man wieder ein Klatschen auf nacktes Fleisch und das gekitzelte Lachen einer ordinären Frauenstimme. Es ist unerträglich, und sie hört es immer mehr, je mehr der einzig Verbundene neben ihr schweigt. Eine Angst kommt über sie und plötzlich fährt sie ihn an: »Bitte, sprich! Erzähl mir etwas. Nur damit ich es nicht höre, das von nebenan, oh, es ist so gräßlich hier. Welch ein furchtbares Haus, ich weiß nicht, was es ist, aber mir graut so vor allem, ich bitte dich, sprich, erzähl mir etwas, nur daß ich das ... daß ich das nicht höre ... Oh, es ist so schrecklich hier!«

»Ja«, er atmet tief, »es ist schrecklich, und ich schäme mich, daß ich dich hierher geführt habe. Ich hätte es nicht tun dürfen ... ich habe es selbst nicht gewußt.«

Er streicht ihr mit zarter Liebkosung über den Körper, und sie fühlt es gütig und warm. Aber es tötet ihr nicht die Angst, die sie immer wieder erschauern läßt. Sie weiß nicht, warum sie so bebt und sich wehrt. Sie bemüht sich, es niederzuhalten, dieses Zucken in ihren Gelenken, diesen immer wieder erneuten Schauer des Ekels vor dem feuchten Bett und dem geilen Geschwätz von nebenan, dem ganzen furchtbaren Haus, aber es gelingt ihr nicht. Immer wieder laufen die Schauer über ihren Leib.

Er beugt sich zu ihr: »Glaube mir – ich verstehe, wie dir das schrecklich sein muß. Ich habe das selbst erlebt einmal ... und gerade das erstemal, wie ich mit einer Frau war ... das vergißt man nicht. Damals, wie ich zum Regiment kam und gleich in die Gefangenschaft, da wußte ich noch nichts, und die andern, auch dein Schwager, sie spotteten immer mich deswegen aus ... Die Jungfer nannten sie mich immer und immer, ich weiß nicht ob aus Bosheit, ich weiß nicht ob aus Verzweiflung, aber immer redeten sie davon zu mir ... Ja, von nichts anderem konnten sie sprechen Tag und Nacht, immer wieder redeten sie von Weibern, immer erzählten sie von der und von der und der und wie das gewesen war, und jeder erzählte es hundertmal, man wußte es schon auswendig. Und Bilder hatten sie oder zeichneten sie sich, gräßliche Bilder, wie sie die eingesperrten Gefangenen im Zuchthaus sich an die Wand zeichnen. Es ekelte mich immer zu hören, und doch, natürlich doch ... ich war ja schon neunzehn Jahre, zwanzig Jahre, es reizt einen und macht einen krank. Dann kam die Revolution, und man transportierte uns weiter nach Sibirien, da war dein Schwager schon fort – und führte uns herum wie einen Trupp Schafe, bis einmal abends, da setzte sich ein Soldat zu uns ... Er sollte uns eigentlich bewachen, aber wohin hätte man laufen können? ... Er sorgte für uns und hatte uns gern ... heute sehe ich noch sein wie mit dem Hammer breitgeschlagenes Gesicht mit der dicken Kartoffelnase, mit dem breiten, gutmütigen, gedehnten Mund ... Ja, was wollte ich sagen ... Ja, eines Abends also setzte er sich zu mir wie ein Bruder und fragte mich, wie lange ich keine Frau gehabt ... Ich schämte mich natürlich zu sagen, ›Noch nie‹ ... Jeder Mann schämt sich« (und jede Frau, dachte sie) »so sagte ich: ›Zwei Jahre‹. ›Boze moi ...‹ Der Mund ging ihm auf vor Schrecken, heute sehe ich ihn noch, wie der Brave erschrak ... Gleich rückte er näher und streichelte mich wie ein Lamm: ›Oh, du Armer, du Armer ... Krank wirst du werden ...‹ Er streichelte mich noch immer, und ich merkte, wie er krampfhaft dabei nachdachte. Denken, einen Gedanken hinter den andern zu schieben, war für diesen dickstirnigen schweren Sergej eine schwere Anstrengung, schwerer als einen Baumstamm zu heben. Sein ganzes Gesicht wurde dunkel dabei und seine Augen ganz innerlich. Endlich sagte er: ›Warte, Brüderchen, ich werde es schon machen. Ich finde eine für dich. Es sind viele im Dorf, Kriegerfrauen und Witwen, ich bringe dich zu einer, nachts. Ich weiß, du reißt mir nicht aus.‹ Ich sagte nicht ja, ich sagte nicht nein, ich hatte keine Lust, keine Gier... was konnte es sein ... ein einfältiges tierisches Bauernweib, aber doch, nur einmal das Warme zu spüren, das Verbundensein mit einem Menschen ... Nur nicht so gräßlich allein, nur ... ich weiß nicht, ob du es verstehst? ...«

»Ja«, atmet sie, »ich verstehe.«

»Und wirklich, abends kam er zu uns in die Baracke. Er pfiff leise, wie wir es verabredet hatten, im Dunkel stand draußen neben ihm eine Frau, breit und klein, das Haar fettig wie Öl unter buntem Kopftuch. ›Das ist er‹, sagte Sergej. ›Willst du ihn?‹ Mich sah im Dunkel die kleine schlitzäugige Frau scharf an. Dann antwortete sie ›Ja‹. Wir gingen ein Stück zu dritt, er begleitete uns. ›Wie weit sie ihn geschleppt haben, den Armen‹, sagte sie bedauernd zu Sergej. ›Und nie eine Frau, immer allein unter Männern, der Arme ... Oh, oh, oh.‹ Es klang gut und tief, warm und gut hörte es sich an. Ich verstand, daß sie mich aus Mitleid zu sich nahm und nicht aus Liebe. ›Mir haben sie den Mann erschossen‹, erzählte sie dann, ›groß wie eine Esche, stark wie ein junger Bär war er. Nie hat er getrunken und nie mich geschlagen, er war der Beste im Dorf, jetzt lebe ich unter den Kindern und mit der Schwiegermutter, Gott ist streng mit uns.‹ Ich ging mit ihr zu ihrem Haus ... mit Stroh weiß gedeckt, eine Hütte mit winzigen verschlossenen Fenstern, und als ich eintrat, von ihrer Hand gezogen, beizte mir der Rauch ins Gesicht. Dick war und heiß die Luft wie in einer giftigen Mine. Sie zog mich weiter, auf dem Ofen war das Lager, dort mußte ich hinauf; plötzlich rührte sich etwas, ich erschrak. ›Die Kinder sind es‹, sagte sie beruhigend. Jetzt erst spürte ich, daß das Zimmer voll von fremdem Atem war. Einmal hustete es, und wieder beruhigte sie mein Erschrecken: ›Die Großmutter, sie ist krank, die Brust löscht ihr aus.‹ All das Atmen, der Stank in diesem Raum, ich weiß nicht, ob ich mit fünf oder sechs oder mit wievielen ich beisammen war, und all das machte mir das Herz starr. Und es war mir grauenhaft, etwas mit einer Frau zu tun zu haben, grauenhaft, unsagbar grauenhaft, während nebenan im Zimmer die Kinder lagen und die Mutter, ich weiß nicht, die ihre oder die seine. Sie verstand mein Zögern nicht und kauerte sich an mich heran. Sie zog mich aus, wehmütig die Schuhe, sanft und zärtlich den Rock, sie streichelte mir über die Haut wie einem Kinde, rührend gut war sie zu mir ... dann, ganz langsam verlangend zog sie mich an sich. Sie hatte Brüste, weich und warm und groß wie frisch gebackenes Brot, einen zärtlichen Mund, der still an dem meinen sog und rührende Bewegungen, demütig unterwürfig... Rührend war sie, wirklich, ich habe sie gern gehabt, dankbar war ich ihr, aber das Grauen krampfte mir den Hals. Ich konnte es nicht ertragen, wenn ein Kind sich rührte im Schlaf, wenn die Großmutter, die kranke, stöhnte, und ehe es recht zu dämmern begann, flüchtete ich hinaus ... Ich hatte so eine tierische Angst vor dem Blick der Kinder, vor dem kranken Auge der Uralten ... sie hätte das alles gewiß natürlich gefunden, daß da ein Mann bei der Frau lag, aber ich ... ich konnte das nicht, ich flüchtete weg. Sie begleitete mich vor das Tor, demütig wie ein Haustier, rührend zeigte sie mir, daß sie von nun ab mir gehörte, in den Stall führte sie mich noch und melkte mir Milch, warm und frisch, gab mir Brot auf den Weg mit und eine Pfeife, sie mußte noch von ihrem Mann sein, und dann fragte sie mich noch, nein, sie bat... es war eine demütige und ehrerbietige Bitte. ›Du kommst doch wieder heute nacht?‹ ... Aber ich kam nicht mehr, grauenhaft war mir die Erinnerung an diese Hütte mit dem Rauch und den Kindern und der Großmutter und dem Ungeziefer, das über den Boden rannte ... Und dabei war ich dankbar, heute denke ich noch mit, ja, mit einer Art Liebe an sie ... wie sie die Milch aus dem Euter melkte, wie sie mir das Brot gab, wie sie mir ihren Körper gab... Und ich weiß, ich habe sie gekränkt, daß ich nicht mehr kam ... Und die andern ... die haben es nicht verstanden ... Alle haben sie mich beneidet, so arm waren sie, so verlassen, daß sie mir das noch neideten. Jeden Tag nahm ich mir vor, heute gehe ich zu ihr, und jedesmal ...«

»Um Gottes willen«, ruft sie, »was ist denn los?« Christine ist mit einem Ruck aufgefahren und horcht.

»Nichts«, will er sagen. Aber er erschrickt selbst. Plötzlich ist da draußen etwas im Gange, laute Stimmen, Lärmen, Geschrei, ein helles Durcheinander, jemand schreit, jemand lacht, jemand befiehlt. Etwas ist geschehen. »Warte«, sagt er und springt aus dem Bett. In einer Minute hat er sich die Kleider übergeworfen und steht an der Tür und horcht: »Ich werde sehen, was geschehen ist.«

Etwas ist geschehen. Wie ein Schlafender plötzlich ächzend, schreiend, stöhnend auffährt aus einem schreckhaften Traum, murrt die bislang nur leise raunende Hotelspelunke plötzlich auf, in unerklärlichen und fremden Lauten. Es läutet, es klopft, es läuft Treppen auf und Treppen ab, ein Telefon klirrt, Schritte tappen, Fenster klirren. Es ruft, es redet, es fragt mit einmal wirr durcheinander, fremde Stimmen sind da, die nicht zum Haus gehören, fremde Knöchel, die hämmern an die Türen und klopfen, harte Schritte statt der bloßen und unbeschuhten. Etwas ist geschehen. Eine Frau schreit wild, Männer streiten laut und erregt, irgend etwas fällt um, ein Sessel, draußen poltert ein Automobil. Durch das ganze Haus muß die Erregung beben, über der Decke hört Christine rasche Schritte gehen, nebenan spricht der

Betrunkene laut und ängstlich zu seiner Freundin, auch rechts und links nebenan rückt ein Sessel, schnarrt ein Schlüssel, vom Keller bis zum First surrt das enge Haus, jede Zimmerwabe des menschlichen Bienenkorbs.

Ferdinand kommt zurück, blaß, nervös, zwei scharfe Falten schneiden rechts und links um den Mund. Er bebt vor Erregung.

»Was ist?« fragt Christine, noch ins Bett gekauert. Als er jetzt Licht macht, erschrickt sie, daß sie halbnackt ist, und sie zieht unwillkürlich die Decke hoch.

»Nichts«, fährt es wie ein böser Pfiff durch die Zähne. »Eine Streife, sie kontrollieren das Hotel.«

»Wer?«

»Die Polizei!«

»Kommen sie auch zu uns?«

»Vielleicht, wahrscheinlich. Aber hab keine Angst.«

»Können sie uns etwas tun?... Weil ich mit dir bin?...«

»Nein, hab keine Angst, ich habe meine Legitimation mit mir, und unten habe ich mich richtig gemeldet, habe keine Angst, ich mache schon alles ab. Ich kenne das vom Männerheim in Favoriten, wo ich wohnte, es ist nur eine Formalität... Allerdings...« wieder wird sein Gesicht ganz dunkel und kantig, »allerdings, diese Formalitäten gelten immer nur für uns. Und manchmal brechen sie einem armen Teufel den Hals. Nur unsereinen stöbern sie auf in der Nacht, nur uns hetzen sie wie die Hunde herum... Aber keine Angst, ich bringe schon alles in Ordnung, nur ... zieh dich an jetzt...«

»Mach dunkel.« Noch immer schämt sie sich, sie braucht alle Kräfte, um die paar leichten Dinge überzuziehen. Blei liegt in ihren Gelenken. Dann setzen sie sich wieder hin auf das Bett, es ist keine Kraft mehr in ihr. Von der ersten Sekunde in diesem gräßlichen Haus hat sie es wie ein Gewitter von Angst über sich gespürt, jetzt ist es da.

Immer wieder kommt von unten dieses Klopfen. Sie gehen das Parterre ab, man hört es von Zimmer zu Zimmer. Immer wenn der fremde Knöchel unten an das harte Holz pocht, spürt sie den Stoß bis in das erschrockene Herz. Er setzt sich zu ihr und streichelt ihre Hände. »Es ist meine Schuld, verzeihe mir. Ich hätte daran denken sollen, aber ... ich wußte ja nichts anderes, und ich wollte ... ich wollte so sehr gern mit dir sein. Verzeih mir.«

Er streichelt immer wieder ihre Hände, sie bleiben noch immer kalt und empfangen Schauer von ihrem jäh geschüttelten Leib.

»Habe keine Angst«, beruhigt er sie, »sie können dir nichts tun. Und wenn ... wenn einer frech wird von diesen verfluchten Hunden, dann werde ich es ihnen zeigen. So leicht lasse ich mir nichts gefallen, dazu hat man nicht im Dreck gelegen, vier Jahre, daß man sich dann von solchen uniformierten Nachtwächtern kujonieren läßt, ich werde ihnen eines geigen.«

»Nein«, bittet sie ängstlich, wie sie sieht, daß er rückwärts an der Revolvertasche nestelt. »Ich beschwöre dich, bleibe ruhig. Wenn du mich nur ein bißchen lieb hast, bleibe ruhig, lieber will ich ...« Sie kann nicht weitersprechen.

Jetzt kommen die Schritte die Treppe herauf. Ganz nahe scheinen sie zu sein. Ihr Zimmer ist das dritte, und bei dem ersten beginnt das Klopfen. Beide halten den Atem an, man hört jeden Laut durch die dünne Tür. Es geht rasch beim ersten Zimmer, jetzt sind sie nebenan. Poch, poch, poch, dreimal hört man den Schlag gegen das Holz, und jetzt, wie wer von nebenan die Tür aufreißt und mit stark betrunkener Stimme ruft: »Habt ihr nichts anderes zu tun, als anständige Menschen in der Nacht zu sekkieren? Schaut lieber, daß ihr die Raubmörder fangt!« Eine tiefe Stimme sagt streng: »Ihre Legitimation!« Dann fragt sie etwas leiser. »Meine Braut, jawohl, meine Braut«, sagt laut und herausfordernd die betrunkene Stimme, »ich kann es beweisen. Zwei Jahre gehen wir schon miteinander.« Es scheint zu genügen, die Türe schließt sich mit einem kräftigen Ruck nebenan.

Jetzt müssen sie kommen. Nur vier, fünf Schritte ist eine Tür von der andern, und sie kommen, tapp, tapp, tapp ... Christine ist das Herz starr. Dann klopft es an. Ferdinand geht ruhig dem Polizeiinspektor entgegen, der diskret an der offenen Tür stehengeblieben ist. Er hat eigentlich ein freundliches Gesicht, rund, breit, mit einem kleinen koketten Schnurrbart, nur der enge Uniformkragen pumpt ihm zuviel Blut in das eigentlich gemütliche Gesicht. In Zivil oder in Hemdärmeln kann man sich ihn denken, wie er duselig den Kopf zu einem Walzergstanzl wiegt, jetzt zieht er gewaltsam die Brauen stramm und sagt: »Haben Sie Ihre Papiere bei sich?« Ferdinand geht näher zu ihm hin: »Da, und wenn Sie wünschen, meine Militärpapiere auch noch, wer die hat, wundert sich nicht, wenn einem allerhand Dreckiges passiert, der ist daran gewöhnt.« Der Inspektor überhört den scharfen Ton, vergleicht die Legitimation mit dem Meldezettel, dann tut er einen kleinen Blick auf Christine, die, das Antlitz weggewendet, ganz in sich gedrückt auf dem Sessel sitzt wie auf einer Anklagebank. Er dämpft die Stimme: »Sie kennen die Dame persönlich ... ich meine ... Sie kennen sie seit länger ...?« Man sieht, er will es ihm leicht machen. »Ja«, sagt Ferdinand. Da dankt und salutiert der Kommissär und will sich entfernen. Aber Ferdinand, der vor Zorn bebt, wie er Christine so sitzen sieht, erniedrigt und nur mit seinem Versprechen losgekauft, geht ihm einen Schritt nach.

»Ich möchte nur fragen, ob ... ob solche Nachtstreifungen auch im Hotel Bristol und andern Ringstraßenhotels abgehalten werden oder nur hier?« Der

Inspektor zieht sein Dienstgesicht kalt über und antwortet wegwerfend: »Ich habe Ihnen keine Auskunft zu geben, ich befolge meinen Auftrag. Seien Sie lieber froh, daß ich meine Nachforschungen nicht allzu genau vornehme, es könnte doch sein, daß die Angabe in Ihrem Meldezettel, die Ihre Frau betrifft« – er betonte das Wort – »nicht so ganz stichhältig ist.« Ferdinand beißt die Zähne, es würgt ihn, und er nimmt beide Hände hinter sich und preßt sie zusammen, um nicht dem Staatsabgesandten ins Gesicht zu schlagen, aber der Kommissär scheint an derartige Ausbrüche bereits gewöhnt und schließt ruhig, ohne ihn weiter eines Blickes zu würdigen, die Tür. Ferdinand bleibt stehen und starrt die Tür an, die Wut zerbricht ihn fast. Dann erst erinnert er sich Christines, die über ihrem Sessel mehr liegt als sitzt. Es ist, als ob sie gestorben wäre vor Angst und noch nicht zurückgekehrt in ihren Körper. Leise streichelt er ihr über die Schulter.

»Da sieh, nicht einmal nach deinem Namen hat er dich gefragt... Es war wirklich nur eine Formalität, nur ... nur daß sie mit diesen Formalitäten einem das Leben verstören und einen hinmachen. Vor acht Tagen hab' ich es gelesen, jetzt erinnere ich mich, da hat sich eine vom Fenster hinuntergeworfen, weil sie Angst hatte, man führe sie zur Polizei, und daß es die Mutter erfahren könne oder ... daß man sie untersucht auf Geschlechtskrankheiten... Da ist sie lieber hinuntergesprungen, drei Stock tief... Ich habe es gelesen in der Zeitung, zwei Zeilen, zwei Zeilen... Es ist ja wirklich nur eine Kleinigkeit, wir sind ja nicht verwöhnt ... dafür kriegt wenigstens so einer ein eigenes Grab und nicht mehr ein Massengrab wie früher, man ist es ja gewöhnt ... zehntausend Tote pro Tag, was ist da ein Mensch, das heißt, wenn er so einer ist wie wir, einer von denen, mit denen man sich alles erlaubt. Ja, in den guten Hotels, da salutieren sie und schicken nur Detektive ins Haus, damit den Damen der Schmuck nicht gestohlen wird, aber dort schnüffelt niemand einem sogenannten Bürger nachts in das Zimmer. – Doch ich brauche mich nicht zu genieren.« Christine beugt sich noch tiefer. Unbewußt erinnert sie sich, wie hatte die kleine Mannheimerin gesagt... Von Tür zu Tür geht's da zu in der Nacht. Sie erinnert sich: die hellweißen, breiten Betten und Morgenlicht, die Türen, die wie auf Gummi schließen, leicht und geräuschlos, und die weichen Teppiche und die Blumenvase beim Bett. Dort konnte ja alles schön sein und gut und leicht, und hier... Sie schüttelt sich vor Ekel. Er steht verzweifelt neben ihr und sagt ganz sinnlos: »Beruhige dich, beruhige dich, beruhige dich. Es ist schon vorbei.« Aber der kalte Körper zuckt und zuckt immer wieder aufs neue unter seiner Hand. Etwas in ihr ist zerrissen, und die Nerven schwingen nach, wie ein in übermäßiger Spannung zerfetztes Seil. Sie hört nicht auf ihn, sie horcht nur dem Klopfen, das immer weitergeht, von Tür zu Tür, von Mensch zu Mensch. Noch ist das Gräßliche im Haus.

Jetzt sind sie schon im obern Stock. Plötzlich wird das Klopfen heftig. Heftiger und heftiger wird es: »Aufmachen! Im Namen des Gesetzes!« Beide horchen in die momentane Stille hinein. Wieder hämmert es oben, jetzt nicht mehr die Knöchel, sondern die ganze Faust. Es schallt dumpf und hart von der fremden Tür herab, zu allen Türen, zu allen Herzen. »Aufmachen! Aufmachen!« brüllt oben die Stimme befehlerisch. Offenbar weigert sich dort oben jemand. Dann kommt ein Pfiff, Schritte laufen die Stufen hinauf, vier, sechs, acht Fäuste hämmern gegen die Tür da droben. »Aufmachen! Sofort!« Dann ein Stoß, der durch das ganze Haus geht – ein schleifender Ton von zerbrochenem Holz und dann ein Frauenschrei, hoch, gell, in höchster Angst, ein Schrei, der wie ein Messer durchs ganze Haus schneidet. Dann poltern Stühle, irgend jemand ringt mit irgend jemand, Körper fallen um, wie Säcke mit Steinen gefüllt, dumpf schrillt und immer heulender der Schrei.

Sie horchen beide, als geschehe ihnen alles selbst. *Er* ist der Mann, der droben wütend mit den Wachleuten ringt, *sie* ist die Frau, die halbnackt und zornig schreit, angefaßt am Handgelenk und sich heulend windend unter dem polizeimäßig geübten Griff, und jetzt gellt schrecklich deutlich der Schrei: »Ich gehe nicht, ich gehe nicht!« heulend, brüllend, mit aufgeschäumtem Mund. Ein Fenster klirrt, sie muß es zerschlagen haben oder jemand hat es eingestoßen, dieses fremde gejagte Tier Frau. Und jetzt haben sie sie (beide spüren sie es) zu zweit, zu dritt gefaßt und schleifen sie. Sie muß sich zu Boden geworfen haben, man hört Strampeln, das Keuchen durch Kalk und Stein und Wand. Und jetzt – jetzt schleppt man sie den Gang und die Stiegen herab und immer erstickter, immer ersterbender klingt das Falsett der Angst, das Schreien: »Ich gehe nicht, ich gehe nicht! Loslassen! Zu Hilfe!« Dann sind sie unten. Das Automobil kurbelt an, man hat sie verstaut. Ein Tier ist im Sack gefangen.

Es wird wieder still, und viel stiller als früher. Wie eine dicke Wolke liegt das Grauen über dem Haus. Er versucht, sie in die Arme zu nehmen, er hebt sie vom Sessel auf und küßt sie auf die kalte Stirn. Aber sie liegt in seinem Arm, schlaff, feucht und tot wie eine Ertrunkene. Er küßt sie. Aber ihre Lippen sind dürr und werden nicht wach. Er versucht, sie hinzusetzen auf das Bett: sie fällt nieder, ausgeleert, matt und verstört. Er beugt sich über sie und streicht ihr übers Haar. Endlich schlägt sie die Augen auf: »Weg!« haucht sie. »Führ mich weg, ich ertrag' es nicht, ich ertrag' es nicht eine Sekunde länger.« Und plötzlich, in einem hysterischen Ausbruch, fällt sie vor ihm in die Knie: »Führ mich weg, ich bitte dich, nur weg aus diesem verfluchten Haus.«

Er sucht sie zu beruhigen. »Kind, wohin denn ... wir haben jetzt noch nicht halb vier, und dein Zug geht erst um halb sechs. Wohin sollen wir gehen, willst du dich nicht lieber ausruhen?«

»Nein, nein, nein.« Sie wirft einen Blick wahnwitzigen Abscheus auf das zerknüllte Bett. »Nur weg, nur weg von hier, nur weg! Und nie mehr ... nie mehr ... so ... wohin, nie mehr!«

Er gehorcht. In der Portiersloge steht noch ein Polizist, die Meldezettel vor sich, und macht sich Notizen. Er wirft einen kurzen, scharfen Blick herüber wie einen Hieb. Christine wankt, Ferdinand muß sie halten. Aber schon beugt sich wieder der Kommissär über die Papiere, und im Augenblick, wo sie die Gasse spürt, Luft, Freiheit, atmet sie tief, als sei ihr noch einmal das Leben geschenkt.

Es ist lange noch nicht Morgen. Aber die Laternen scheinen schon müde gebrannt. Alles scheint müde, die Gassen in ihrer Leere, die Häuser in ihrer Dumpfheit, die Geschäfte in ihrer Verschlossenheit und die paar herumirrenden Menschen ihres eigenen Körpers; in schwerem Trott und die Köpfe gesenkt, ziehen die Pferde die länglichen Bauernwagen mit Gemüse zum Markt, es riecht einen Augenblick feucht und säuerlich, wenn man an ihnen vorüberkommt, dann klappern die Milchwagen über das Pflaster, die zinnenen Behälter schlagen klirrend aneinander, dann ist es wieder still, grau und grauenhaft. Die wenigen Menschen, Bäckerburschen, Kanalräumer und undefinierbare Arbeiter haben Gesichter von Schatten und Mohn, grau und bleich, ein trübes Gemisch von Unausgeschlafenheit und Unwilligkeit, und die beiden spüren diesen Unwillen der schlafenden Stadt gegen die Lebendigen und der Lebendigen gegen die schlafende Stadt unwillkürlich mit. Sie sprechen nichts, sondern gehen stumm durch die Finsternis dem Bahnhof zu. Dort kann man sitzen, ausruhen, vier Wände um sich haben: Heimat für Heimatlose.

Im Warteraum setzen sie sich in eine Ecke, auf den Bänken liegen Männer und Weiber und schlafen mit offenem Mund, Pakete neben sich und sehen selbst aus wie zerknüllte, von irgendeinem Schicksal ins Leere fallengelassene Pakete. Von außen kommt manchmal ein unwilliges Keuchen, Pusten und Stöhnen: die Maschinen werden verschoben, die angeheizten Kessel geprobt. Sonst ist es still.

»Denk nicht immer dran«, sagt er zu ihr, »es ist nichts geschehen, das nächstemal will ich sorgen, daß uns nicht mehr so etwas passiert. Ich spüre, du trägst es mir nach, ohne daß du es willst, und es ist doch nicht meine Schuld.«

»Ja«, sagt sie vor sich hin, »ich weiß ja, ich weiß ... Du hast keine Schuld. Aber wer hat die Schuld? Warum fällt es immer auf uns. Man hat doch nichts getan, niemand hat man etwas getan, und wo man nur einen Schritt tut, springt es einen an. Nie habe ich viel verlangt in meinem Leben, einmal bin ich auf Urlaub gefahren, einmal habe ich es gut haben wollen wie die andern, heiter und leicht, acht Tage, vierzehn Tage, und da war das mit der Mutter ... Und einmal habe ...« Sie spricht nicht weiter.

Er versucht sie zu beruhigen. »Aber Kind, was ist denn geschehen, so denk doch vernünftig ... man hat irgend jemanden gesucht, und da haben sie halt die Personalien aufgenommen, es war doch ein Zufall.«

»Ich weiß, ich weiß. Nur ein Zufall. Aber was da geschehen ist ... das verstehst du nicht, – nein, Ferdinand, das verstehst du nicht, dazu muß man eine Frau sein. Du weißt nicht, wie das ist, als junges Mädel, als Kind schon, noch ehe man etwas versteht, da träumt es in einem schon, wie das wäre, wenn man einmal mit einem Mann, den man liebt, beisammen ist ... Alle träumen davon ... und man weiß nicht, wie es ist und wie es sein wird, man kann sich nichts vorstellen, auch wenn die Freundinnen noch so viel erzählt haben. Aber jedes Mädel, jede Frau, jede denkt sich das festlich aus ... als etwas Schönes... als das Schönste in ihrem Leben ... Irgendwie, ich kann es dir nicht genau sagen, als das, ja als das, wofür man eigentlich lebt ... als das, das einen wegträgt über alles Sinnlose... Jahrelang, jahrelang träumt man davon und malt sich's aus ... nein, man malt sich's gar nicht aus, man will es nicht ausdenken und kann es auch nicht, nur träumen tut man davon und wie von etwas Schönem, so ganz, ganz undeutlich, so wie man ... und dann ... dann wird's so ... so gräßlich, so grauenhaft, so fürchterlich... Nein, das kann man nicht verstehen, wenn einem das zerstört wird, denn das, das kann uns niemand mehr ersetzen, wenn es einmal verdorben, einmal beschmutzt ist ...«

Er streichelt ihre Hand, aber sie starrt, ohne auf ihn zu achten, auf die schmutzige Diele.

»Und zu denken, daß das nur an dem Gelde liegt, an dem dreckigen, gemeinen, an diesem niederträchtigen niedrigen Geld. Mit ein bißchen Geld, zwei Banknoten, drei Banknoten, wäre man selig gewesen und wäre hinausgefahren, irgendwohin hinaus mit einem Auto ... Irgendwohin, wo einem niemand nachfolgt, wo man allein ist und frei ... Ach, wie das schön gewesen wäre, wie man sich ausgespannt hätte, auch du ... Auch du wärest anders gewesen, nicht so verstört und bedrückt ... Aber unsereins muß sich verkriechen wie ein Hund in einem fremden Stall, wo man ihn aufknallt mit der Peitsche ... Ah, ich habe nicht geahnt, daß alles so gräßlich sein kann.« Und wie sie aufschaut und sein Gesicht sieht, fügt sie rasch bei: »Ich weiß, ich weiß, du kannst nichts dafür, und ich habe es vielleicht noch in mir, das Grauen ... Du mußt ja verstehen, was mich so gräßlich gepackt hat. Laß mir ein bissel Zeit, es geht schon wieder vorbei ...«

»Aber du kommst ... du kommst doch wieder?« Die Angst in seiner Frage tut ihr wohl. Es ist das erste warme Wort.

»Ja«, sagt sie. »Ich komme wieder, verlaß dich darauf. Nächsten Sonntag, nur ... Du weißt schon ... nur das bitte ich dich ...«

»Ja«, atmet er, »ich verstehe dich schon, ich verstehe schon.«

Sie fährt ab, er tritt ans Büffet und trinkt rasch ein paar kleine Gläser Branntwein, die Kehle ist ihm wie ausgedörrt, wie Feuer fließt es ihm durch den Schlund. Mit einmal kann er wieder die Glieder regen, und er geht die ganze Straße entlang, rasch, immer rascher, die Arme schwingend gegen einen unsichtbaren Feind, den er anrennen will. Die Leute sehen ihm verwundert nach, und auch beim Bau fällt er auf, wie zornig er mit allen herumschafft, wie gehässig er, der sonst Bescheidene, jede Frage abschnauzt. Sie sitzt im Postamt wie immer, still, bedrückt, schweigsam, abwartend. Und wenn sie aneinander denken, so geschieht es nicht mit Leidenschaft und Liebe, sondern mit einer Art Ergriffenheit. Nicht wie man eines Geliebten, sondern wie man an einen Kameraden im Unglück denkt.

Nach dieser ersten Begegnung fährt Christine jeden Sonntag nach Wien. Es ist der einzige Tag, an dem sie dienstfrei ist, und der Sommerurlaub ist verbraucht. Sie verstehen einander gut. Aber zu ermüdet, zu enttäuscht beide für eine leidenschaftlich begehrende, für eine überschwenglich hoffnungsvolle Liebe, sind sie schon glücklich, jemand zu finden, dem sie sich eröffnen können. Die ganze Woche sparen sie für diesen Sonntag. Sie sparen mit Geld, denn diesen einen Tag wollen sie doch zusammen, abgehalftert von der ewigen Sparerei, verbringen, in eine Gastwirtschaft gehen, in Kaffeehäuser, in ein Kino, ein paar Schillinge ausgeben, ohne ununterbrochen zu zählen und zu rechnen. Und sie sparen die ganze Woche mit Worten und Gefühlen, überlegen, was sie sich erzählen wollen, und freuen sich bei allem, was ihnen zustößt, jemand zu haben, der von innen her zuhört, anteilnehmend und verstehend. Schon dies ist ihnen viel nach Monaten der Entbehrung, und diesem kleinen Glück warten sie ungeduldig zu, den Montag, den Dienstag, den Mittwoch, und immer ungeduldiger dann den Donnerstag, den Freitag und Samstag. Eine gewisse

Verhaltenheit bleibt zwischen ihnen. Sie sprechen gewisse Worte nicht aus, die sonst Liebenden leicht vom Munde fließen: sie sprechen nicht vom Heiraten und ewigen Zusammenbleiben – alles ist ja so unwirklich und fern und hat noch nicht recht begonnen, wahr zu sein. Gegen neun Uhr kommt sie gewöhnlich an (die Samstagnacht will sie nicht in Wien verbringen, es ist zu teuer, allein sich ein Hotel zu nehmen, und vor einer Gemeinsamkeit schreckt sie zurück, noch hat sie das Grauen nicht überwunden). Er holt sie ab, sie gehen durch die Straßen, sitzen auf Bänken im Volksgarten, fahren mit der Stadtbahn irgendwo hinaus, essen zu Mittag, streifen durch die Wälder. Das ist schön, und sie werden nicht müde, sich dankbar anzusehen, wenn sie einander gegenübersitzen. Sie sind glücklich, einmal zu zweien über eine Wiese zu gehen und all die kleinen Dinge des Lebens zu haben, die allen, auch den Ärmsten gehören: einen herbstblauen Himmel in goldener Septembersonne, ein paar Blumen und den freien, festlich erfüllten Tag. Schon das ist ihnen viel, und sie freuen sich von Sonntag auf Sonntag auf diese, mit der guten Geduld geprüfter und bescheiden gewordener Menschen. Am letzten Oktobersonntag wird der Herbst müde, freundlich zu den Menschen zu sein, er wirft starken Wind durch die Straßen und zieht Wolken über, es regnet von früh bis abends, und mit einmal spüren sie sich fremd und unnütz in der Welt. Sie können nicht den ganzen Tag im Havelock und ohne Schirm durch die Straßen trotten, und es ist sinnlos und schmerzhaft, in Kaffeehäusern an überfüllten Tischen beisammenzusitzen und nur manchmal unter dem Tisch das fremde Knie als Zeichen der Vertrautheit zu spüren, nicht sprechen zu können vor den fremden Leuten, nicht zu wissen wohin und die Zeit zu spüren, die kostbare Zeit, wie einen Alp. Sie wissen beide, was ihnen fehlt. Es ist lächerlich wenig – ein kleines Zimmer, ein kleiner eigener Raum, drei Meter, vier Meter Abgeschlossenheit, vier Wände, die ihnen gehören an diesem Tag. Sie spüren die Unsinnigkeit, zwei junge Körper, die sich wollen und begehren, zwecklos in nassen Kleidern durch den Tag zu tragen oder auf Sesseln in überfüllten Räumen zu sitzen, und nochmals sich eine Nacht einen solchen Raum zu kaufen, wagen sie nicht. Das einfachste würde sein, Ferdinand würde sich ein Zimmer nehmen, wo sie ihn besuchen könnte. Aber er verdient nur 170 Schilling und wohnt bei einer alten Frau, durch deren Zimmer er gehen muß, in einer kleinen Kammer, die er nicht aufkündigen kann. Sie hat ihm in den Monaten, wo er arbeitslos gewesen ist, gutwillig und vertrauensvoll das Zinsgeld und Kost vorgestreckt, er ist noch mit zweihundert Schilling in ihrer Schuld, die er monatlich abzahlt, und vor einem Vierteljahr kann er nicht hoffen, aus ihrer Schuld zu sein. Alles das sagt er und erklärt er Christine nicht, trotz aller Vertrautheit beharrt bei ihm eben eine Scham, seine letzte Armut zu zeigen und sein Verschuldetsein zu bekennen. Christine wiederum ahnt, daß irgendwelche geldliche Art ihn hindert, dort auszuziehen und ein Zimmer zu nehmen. Sie würde ihm gern Geld bieten, aber die Frau in ihr fürchtet, ihn zu verletzen, wenn sie sich die Möglichkeit innigen, freien und restlosen Beisammenseins kaufen will. So spricht sie nicht davon, und sie sitzen verzweifelt in den verrauchten Lokalen und sehen immer wieder zu den Scheiben, ob der Regen nicht aufhören will. Wie noch nie empfinden sie beide die unermeßliche Macht des Geldes, das mächtig ist, wenn es da ist, und noch mächtiger, wenn es fehlt, das Göttliche der Freiheit, die es zu geben vermag, und das Teuflische seines Hohns, wenn es zum Verzicht zwingt. Eine Wut der Erbitterung kommt über sie, wenn sie in der Früh, in der Dunkelheit die Fenster erleuchtet sehen und dahinter, hinter golden angestrahlten Gardinen Hunderttausende Menschen wissen, jeden mit der Frau, die er begehrt, geschützt und frei, und selber heimatlos, sinnlos durch die Straßen, durch den Regen trotten – eine Grausamkeit, wie sie in der Natur nur das Meer hat, in dem man verdursten kann. Zimmer sind da mit Licht und Wärme und weichen Betten in Stille und Abgeschlossenheit, Zehntausende, Hunderttausende, vielleicht sogar unzählige, die niemand benützt und bewohnt, und sie allein haben nichts, nur um sich einen Augenblick aneinanderzulehnen und die Lippen zu vereinen, nichts, diesen rasenden Durst und den Zorn gegen das Sinnlose in sich zu löschen, als sich zu betrügen, daß dies nicht ewig so dauern könne, und so beginnen sie beide zu lügen. Er liest mit ihr im Kaffeehaus die Annoncen, schreibt und erzählt, daß er glänzende Aussichten habe auf eine glänzende Stellung. Ein Freund von ihm, ein Kriegskamerad, wolle ihn unterbringen in dem Sekretariat einer großen Baufirma, er werde dort so viel Geld verdienen, daß er an der Technik nachstudieren könne und dann selbst Architekt werden; sie wieder erzählt – und dies ist keine Lüge –, daß sie an die Postdirektion ein Gesuch gerichtet habe, man möge sie nach Wien versetzen, und sie sei zu ihrem Onkel gegangen, der dort große Protektion habe. In acht Tagen, in vierzehn Tagen werde sie gewiß schon guten Bescheid haben. Aber was sie nicht erzählt, ist, daß sie tatsächlich zum Onkel gegangen ist, einmal an einem Abend, ohne daß er es wußte. Sie hat angeläutet um halb neun Uhr, nachdem sie zuvor aus den Fenstern hörte, sie seien alle sicher zu Hause, sie hatte im Vorzimmer die Teller klirren gehört, und schließlich war auch wirklich der Onkel herausgekommen, etwas nervös, es sei schade, daß sie gerade heute komme, die Tante und die Kousinen seien verreist (an den Mänteln im Vorzimmer hatte sie gesehen, daß es eine Unwahrheit war) und er hätte zwei Freunde zum Abendessen, sonst hätte er sie hereingebeten, und ob er ihr mit etwas dienen könne. Da hatte sie zu ihm, und er hatte ihr zugehört, ein »Ja, ja, ja gewiß« gesagt, und sie hatte deutlich gespürt, er fürchte, sie käme um Geld, und wolle sie nur rasch los haben. Aber das erzählt sie Ferdinand nicht, wozu ihn entmutigen, der selbst so entmutigt ist. Und auch nicht, daß sie sich ein Los gekauft hat, von dem sie, wie alle Armen, das Wunder erhofft. Sie lügt ihn lieber an, sie habe ihrer Tante geschrieben, ob sie ihr nicht helfen könne zu einem Beruf oder sie mit hinüber nach Amerika nehmen, dann würde sie ihn mitnehmen und ihm drüben eine Stellung verschaffen, dort brauche man ja tüchtige Leute. Er hört zu und glaubt ihr nicht, so wie sie ihm nicht glaubt. So sitzen sie leer herum, die Freude wie weggewaschen vom Regen, die Augen verdunkelt von der Dunkelheit und wissen um die völlige Ausweglosigkeit. Dann wieder erzählen sie einander von Weihnachten und vom Nationalfeiertag, da habe sie zwei Tage frei, da wollten sie irgendwohin gemeinsam hinausfahren, aber das war weit im November, weit im Dezember und noch lange, leere, hoffnungslose Zeit.

So täuschen sie sich mit Worten, aber im Tiefsten täuschen sie sich nicht, sie wissen beide, wie fragvoll es ist, in einem lärmenden Raum unter Menschen zu sitzen, wenn man allein sein will, und leise lügenhafte Dinge zu erzählen, während Leib und Seele nach Wahrheit und tiefer Vertraulichkeit begehren.

»Nächsten Sonntag wird es gewiß schön sein«, sagt sie, »der Regen kann ja nicht immer dauern.«

Und: »Ja«, antwortet er, »es wird sicher schön sein.« Aber beide haben sie nicht den Mut mehr, sich zu freuen, sie wissen, daß der Winter kommt, der Feind der Heimatlosen, und wissen, es wird nicht besser werden mit ihnen. Von Sonntag zu Sonntag warten sie auf ein Wunder, aber es geschieht kein Wunder, sie gehen nur nebeneinander, essen zusammen und reden zusammen, und dies Beisammensein wird allmählich mehr Qual als Lust. Einige Male streiten sie miteinander und wissen dabei selbst, es ist nicht Zorn eines gegen den andern, sondern Zorn gegen das Sinnlose, dem sie verfallen sind, und sie schämen sich einer vor dem andern; die ganze Woche freuen sie sich auf den gemeinsamen Tag, und am Sonntagabend spüren sie immer, daß etwas in ihrem Leben falsch und widersinnig ist. Die Armut erdrückt beinahe ganz die Leidenschaft ihres Gefühls, und sie ertragen ihr Beisammensein und ertragen es doch nicht.

An einem griesligen Novembertag, ein mattes Mittaglicht hinter den schlecht geputzten Scheiben des Dienstraums, sitzt Christine vor ihrem Pult und rechnet. Es geht eng aus mit ihrem Gehalt, seit sie jeden Sonntag nach Wien fährt; die Fahrkarte, Kaffeehäuser, die Straßenbahn, das Mittagessen, die Kleinigkeiten, all das summiert sich. Ein Schirm ist ihr zerrissen worden beim Einsteigen, einen Handschuh hat sie verloren, und schließlich doch (man ist eine Frau) für das Beisammensein mit dem Freund hat sie sich ein paar Kleinigkeiten gekauft, eine neue Bluse, ein Paar feinere Schuhe. Die Rechnung weist einen kleinen Fehlbetrag, nicht viel, 12 Schilling im ganzen, und sie sind reichlich gedeckt durch die Reste der aus der Schweiz mitgebrachten Franken, aber immerhin, sie fragt sich, ob sich das wird aufrechthalten lassen, dieses allsonntäglich in die Stadt Fahren, ohne Vorschuß zu nehmen oder Schulden zu machen. Und vor beidem graut ihr, aus bürgerlichem, durch drei Generationen vererbtem Instinkt. Sie sitzt und sinnt vor sich: wie soll das werden? Von dem letzten Beisammensein vor zwei Tagen – es hat wieder so fürchterlich geregnet und gestürmt, die ganze Zeit sind sie in Kaffeehäusern gesessen und unter Vordächern gestanden, und sogar in die Kirche haben sie sich geflüchtet – hat sie nasse zerdrückte Kleider heimgebracht – eine grenzenlose Müdigkeit und Traurigkeit. Ferdinand ist so merkwürdig verstört gewesen, er mußte Ärger gehabt haben in seinem Bau oder sonst irgend etwas, beinahe hart ist er zu ihr gewesen und unfreundlich. Manchmal hat es eine halbe Stunde gedauert, ehe er ein Wort sagte, und stumm, wie verfeindet, waren sie nebeneinander gegangen. Sie versucht nachzudenken, was ihn verstimmt haben könnte. War er erbittert, daß sie sich nicht überwinden konnte, noch einmal mit ihm in ein solches gräßliches Hotel zu gehen, Erinnerung voll Grauen und Verstörung, oder war es nur das Wetter und die Verzweiflung dieses planlosen Irrens von Lokal zu Lokal, diese entnervende und entseelte Heimatlosigkeit, die ihrem Beisammensein allen Sinn und alle Freude nimmt? Etwas, das spürt sie, beginnt zwischen ihnen zu erlöschen: nicht die Freundschaft, nicht die Kameradschaft, aber irgendeine Kraft läßt fast gleichzeitig in beiden nach: sie haben nicht mehr den Mut, einander mit Hoffnungen zu belügen. Anfangs haben sie den Wahn gehabt, einer dem andern helfen zu können, einer den andern glauben zu machen, man könne einen Ausweg finden aus diesem Engpaß ihrer Armut, nun glauben sie es selber nicht mehr, und der Winter kommt näher, wie in einen nassen Mantel gehüllt und wie ein böser Feind.

Sie weiß nicht mehr, woher noch eine Hoffnung nehmen. In der linken Lade ihres Schreibtisches liegt ein schreibmaschiniertes Blatt, gestern hat sie es bekommen von der Postdirektion Wien: »Antwortlich Ihres Ansuchens vom 17.9. 1926 sind wir leider genötigt mitzuteilen, daß die von Ihnen erbetene Versetzung in den Postrayon Wiens derzeit nicht möglich ist, da im Sinne des Ministerialerlasses B. D. Z. 1794 eine Vermehrung in den Wiener Postamtsstellungen nicht in Aussicht genommen ist und derzeit keine Stelle vakant ist.«

Sie hat es nicht anders erwartet, vielleicht hat der Hofrat interveniert, vielleicht hat er vergessen: jedenfalls, er ist der einzige gewesen, der hätte helfen können. Außer ihm hat sie niemanden, und so heißt es hierbleiben, ein Jahr, fünf Jahre, und vielleicht das ganze Leben; sinnlos ist die ganze Welt.

Sie sitzt und überlegt, den Rechenstift noch in der Hand, ob sie es Ferdinand sagen soll. Merkwürdig, er hat sie nie gefragt, was aus ihrem Gesuch geworden ist, wahrscheinlich hat er ohnehin nicht daran geglaubt. Nein, lieber es ihm nicht sagen, er wird es auch so verstehen, wenn sie nie mehr davon spricht. Es könnte ihn nur quälen. Es hat ja keinen Sinn. Nichts mehr hat jetzt einen Sinn, nichts.

Die Tür geht. Instinktiv richtet sich Christine auf und rückt die Postsachen zurecht, es ist schon ein gewisser mechanischer Ruck, immer wenn jemand kommt, sich aus der Träumerei in die Arbeit hineinzureißen. Aber sofort fällt ihr auf: die Tür wird anders geöffnet als sonst, so merkwürdig zaghaft und vorsichtig, während die Bauern sie sonst aufpoltern wie eine Stalltür und hinter sich krachend ins Schloß fallen lassen. Diesmal aber geht sie wie von einem kleinen Wind aufgeweht, ganz langsam, nur die Angeln murren ein wenig; unwillkürlich sieht sie neugierig hinter die Glasscheibe und erschrickt. Der Mensch, den sie am wenigsten hier vermutet, steht hinter der gläsernen Wand vor ihr: Ferdinand.

Christine erschrickt bis in die Kinnladen, und es ist kein gutes Erschrecken. Manchmal hat ihr Ferdinand schon angeboten, sie solle doch die Mühe sparen, nach Wien zu kommen, er wolle sie draußen besuchen. Aber immer wieder hat sie abgewehrt, vielleicht aus Scham, sich in der abgenutzten kleinen Amtsstube, in der selbstgenähten Arbeitsschürze zu zeigen, vielleicht Eitelkeit der Frau, Scham der Seele. Vielleicht auch aus Ängstlichkeit vor dem Geschwätz der Nachbarn; was würden sie sagen, die Wirtin nebenan, die Nachbarin, wenn sie sie mit einem Fremden aus Wien irgendwo im Walde sähen, und Fuchsthaler, den würde es kränken. Jetzt ist er doch gekommen, es kann nichts Gutes sein.

»Na, da staunst du, das hättest du dir nicht gedacht!« Es soll heiter klingen, aber in der Kehle knarrt etwas mit wie eine harte Deichsel.

»Was ist denn? ... Was ist? ...« fragt sie erschreckt.

»Nichts. Was soll denn sein. Ich habe gerade frei gehabt, und da dachte ich mir, fährst einmal heraus. Freut es dich nicht?«

»Ja, ja«, stottert sie, »natürlich.«

Er sieht sich um. »Also, das ist dein Königreich? Der Schönbrunner Empfangssaal ist schöner, nobler, aber immerhin, du bist allein und hast keinen Pascha über dir. Das ist schon viel!«

Sie antwortet nicht und denkt nur immer: was will er?

»Hast du jetzt nicht Mittagspause? Ich habe gedacht, wir könnten vielleicht mittags ein bißchen zusammen gehen und reden.«

Christine sieht auf die Uhr. Es war 3/4 12 vorbei. »Noch nicht, aber gleich. Nur... nur glaube ich... es ist besser... Es ist besser, wir gehen nicht zusammen fort; du weißt ja nicht, wie das hier ist, wenn sie einen mit jemand sehen, gleich fragen sie mich, der Krämer, die Weiber und jeder und jeder, wer das war und mit wem ich hier bin; und lügen mag ich nicht gern. Es ist besser, du gehst voraus, da rechts entlang, den Pfarrweg, und du kannst es nicht verfehlen, bis dort, wo der Hügel beginnt. Dort geht ein Passionsweg hinauf, nein, du kannst es nicht verfehlen, zur Michaelskirche droben auf dem Berg. Und wo der Wald beginnt, steht ein großes Kruzifix, das siehst du gleich, wenn du aus dem Dorf herauskommst, davor stehen Bänke für Wallfahrer, dort warte auf mich. Mittags ist dort niemand, da sind sie alle beim Essen. Und dann, dort fällt es nicht auf, wenn ein Fremder dort ist, dort wartest du auf mich, nicht wahr, ich komme in fünf Minuten nach, und dann haben wir Zeit bis zwei Uhr.«

»Gut«, sagt er. »Ich werde es schon finden, lebe wohl.«

Er schließt halb hinter sich die Tür, der scharfe knappe Ton schlägt ihr durch und durch. Es muß etwas geschehen sein. Ohne Grund ist er nicht gekommen, er muß doch Dienst haben. Und dann – die Fahrt kostet doch Geld ... Sechs Schilling und wieder zurück. Er muß einen Grund haben.

Sie läßt die Glasscheibe herab, die Hände zittern ihr, kaum kann sie den Schlüssel umdrehen, um abzuschließen. Wie Blei sind ihr die Knie.

»Na, wohin denn?« fragt sie die Huberbäuerin, die gerade vom Felde zurückkommt, als sie das Postfräulein ausnahmsweise um die Mittagszeit dem Wald zuwandern sieht.

»Spazieren«, antwortet sie der Neugierigen. Für jeden Schritt muß man sich entschuldigen, in jeder Sekunde ist man überwacht. Immer hastiger geht sie in ihre Angst hinein, die letzten Schritte den Passionsweg hinauf läuft sie beinahe. Ferdinand sitzt auf einer steinernen Bank vor dem Kreuz. Der Schmerzensmann schwebt hoch in der Luft, die Arme verkrümmt von den eingetriebenen Nägeln, in tragischer Ergebenheit hängt der Kopf mit der Dornenkrone zur Seite herab. Der Schattenriß Ferdinands, der auf der Steinbank unterhalb des überlebensgroßen Kruzifixes sitzt, scheint zu diesem tragischen Bildwerke zu gehören. Sein Haupt ist düster zur Erde gebeugt und seine Gestalt gleich starr in einem fanatischen, konzentrierten Nachdenken. Seine Hand hat einen Stock tief in die Erde gebaut. Er hört zuerst nicht, wie sie kommt, dann zuckt er auf, zieht den Stock an sich, wendet sich um und sieht sie an, nicht neugierig, nicht freudig, nicht zärtlich.

»Da bist du ja schon«, sagt er nur. »Setz dich doch her, es ist niemand da.«

In ihr bebt die Angst bis an die Lippen, sie kann sie nicht länger niederdrücken.

»So sag doch, was ist, was ist geschehen?«

»Nichts«, antwortet er und sieht vor sich hin. »Was soll geschehen sein?«

»Quäl mich doch nicht. Ich sehe dir's an. Es muß etwas geschehen sein, daß du heute frei hast.«

»Frei – ja eigentlich hast du recht. Eigentlich bin ich frei.«

»Ja wieso denn ... Man hat dir doch nicht gekündigt?«

Er lacht böse. »Gekündigt, nein, eigentlich nicht, kündigen kann man das nicht gut nennen. Es ist nur Schluß mit dem Bau.«

»Wieso Schluß, so sag mir's doch, was heißt das, wieso Schluß ...?«

»Schluß heißt Schluß. Unsere Firma ist pleite, und der Herr Bauunternehmer ist verschwunden. Ein Schwindler, sagen sie jetzt, ein Betrüger, und vorgestern war er noch der gnädige Herr. Schon Samstag ist mir so allerhand aufgefallen, er hat so lange hin und her telefoniert, bis das Lohngeld gekommen ist für die Arbeiter, und uns hat er nur die Hälfte gezahlt – ein Irrtum in der Verrechnung, hieß es, so hat der Prokurist gesagt, sie hätten zu wenig behoben, der Rest käme gleich Montag. Na, und Montag ist nichts gekommen und Dienstag nichts und Mittwoch, heute war Schluß, der Herr ist verreist, der Bau wird vorläufig unterbrochen, na, und so kann unsereins einmal sich den Luxus erlauben, spazierenzugehen.«

Sie sieht ihn starr an. Was sie am meisten erschreckt, ist, daß er so höhnisch und ruhig darüber spricht. »Ja, aber da muß dir doch eine Abfindung gezahlt werden nach dem Gesetz?«

Er lacht. »Ja, ja, ich glaube, im Gesetz steht so was, nun wir werden ja sehen. Jetzt vorläufig ist keine Briefmarke da, der Hypothekarkredit verputzt und sogar die Schreibmaschinen verpfändet. Wir können ja warten, wir haben ja Zeit.«

»Und was ... was wirst du jetzt machen? ...«

Er sieht vor sich hin und gibt keine Antwort. Nur mit dem Stock stochert er in der Erde herum. Sehr kunstvoll bohrt er einen kleinen Stein nach dem andern heraus und schichtet sie zusammen. Es ist ihr fürchterlich.

»So sag doch ... was hast du ...was hast du jetzt vor ... Was wirst du tun?«

»Was ich tun werde?« Er lacht wieder, dieses merkwürdige knappe Lachen. »Nun, was man in solchen Fällen tut. Ich werde mein Bankkonto angreifen. Ich werde von meinen ›Ersparnissen‹ leben. Ich weiß zwar noch nicht wie. Dann nach sechs Wochen wird es ja wahrscheinlich erlaubt sein, die segensreiche Institution unserer Republik in Anspruch zu nehmen, die man Arbeitslosenunterstützung nennt. Davon werde ich versuchen zu leben, so wie eben auch die andern dreihunderttausend in unserem gesegneten Donaustaat. Und wenn der glorreiche Versuch mißlingt, so werde ich eben krepieren.«

»Unsinn.« Seine kalte Ruhe macht sie rasend. »Rede nicht solchen Unsinn. Wie kann man das alles so schwernehmen. Ein Mensch wie du ... du wirst doch eine Anstellung finden, hundert für eine.«

Er fährt plötzlich auf und schlägt den Stock auf die Erde.

»Aber ich will keine Anstellung mehr! Ich habe genug! Das Wort macht mich rasend, elf Jahre schon werde ich jetzt immer wieder und wieder angestellt, immer an irgend etwas anderes heran und nie hinein, immer nur dabei und nie darin. Vier Jahre war ich angestellt in der Mordfabrik, und dann in andern Fabriken und andern Geschäften. Immer habe ich zugepackt für einen fremden Willen, nie für den eigenen, und dann immer dieser Pfiff: Hinaus! Genug! Anderswohin! Neu anfangen, immer und immer wieder von Anfang an. Aber jetzt kann ich nicht mehr. Ich habe genug, ich will nicht mehr.«

Christine macht eine Bewegung, ihn zu unterbrechen, aber er läßt sie nicht zu Wort kommen.

»Ich kann nicht mehr, Christine, glaub es mir, ich hab' genug, ich kann nicht mehr, ich schwöre dir's, ich kann nicht mehr. Lieber krepieren, als da noch einmal hin ins Vermittlungsamt und wie ein Bettler in der Doppelreihe stehen und warten, bis man einen Zettel bekommt und dann wieder einen Zettel. Und dann laufen, stockauf und -ab und Briefe schreiben, auf die keiner antwortet, und Offerten, die morgens der Straßenkehrer aus dem Mist aufknüllt. Nein, ich ertrag's nicht mehr, dieses hündische Dasein und Dastehen im Vorzimmer und dann endlich Hineingelassenwerden zu irgendeinem kleinen Beamten, der sich großtut und einen anschaut mit diesem gelernten, kühlen, gleichgiltigen Lächeln, nur damit man sofort weiß, er kann Hunderte haben und tut einem eine Gnade, wenn er einen nur anhört. Und dann das Herzzucken zu spüren, jedesmal neu, wenn einer die Papiere nachlässig durchblättert und die Zeugnisse ansieht, als ob er darauf spuckte, und dann sagt: ›Ich werde Sie in Vormerkung nehmen, vielleicht schauen Sie morgen wieder vorbei.‹ Und dann wieder morgen vergeblich und übermorgen, bis man dann endlich irgendwo unterkommt, angestellt wird und wieder weggestellt. Nein, ich ertrag's nicht mehr. Ich habe viel vertragen, mit zerrissenen Schuhen und zerfetzten Sohlen bin ich sieben Stunden auf russischen Landstraßen marschiert, habe Schlammwasser gesoffen und drei Maschinengewehre auf dem Rücken getragen, Brot gebettelt in der Gefangenschaft und Menschen eingeschaufelt und mich prügeln lassen von einem betrunkenen Aufseher. Ich habe Stiefel geputzt für die ganze Kompanie und schweinische Fotografien verkauft, nur um noch Futter zu haben für drei Tage, alles habe ich getan und alles ertragen, weil ich geglaubt habe, einmal nimmt's ein Ende, einmal kriegt man eine Anstellung, erklimmt die erste Stufe, die zweite hinauf. Aber immer stößt es einen wieder hinunter, jetzt bin ich so weit, daß ich eher jemand umbringen könnte, ihn niederschießen, als vor ihm betteln. Ich kann nicht mehr heute. Ich kann nicht mehr in Vorzimmern lungern und auf den Arbeitsämtern herumstehen. Ich bin heute dreißig Jahre, ich kann es nicht mehr.«

Sie rührt ihn an. Unermeßliches Mitleid ist in ihr, und sie will es ihn nicht spüren lassen, aber er merkt es gar nicht, es ist, wie wenn ein Kind an einem Baum rüttelt, so starr bleibt er, so hölzern in sich verdrossen.

»So, jetzt weißt du's, aber hab keine Angst, ich bin nicht gekommen, dich anzujammern. Ich will kein Mitleid. Spare es für andere, denen hilft es vielleicht. Mir hilft es nicht mehr. Ich bin gekommen, um dir Adieu zu sagen. Es hat keinen Sinn mehr mit uns beiden. So weit darf es nicht kommen, daß ich dir in der Tasche liege, den Stolz habe ich noch. Lieber verhungern! Besser, man geht anständig auseinander und lädt nicht einer dem andern seinen Packen auf den Rücken. Das wollte ich dir sagen und noch für alles danken ..«

»Aber Ferdinand.« Sie faßt ihn heftiger an. Sie hängt sich an ihn mit aller Gewalt, daß nun der Leib wirklich bebt: »Ferdinand, Ferdinand, Ferdinand«, sie weiß kein anderes Wort. Sie weiß nichts zu sagen als immer dieses Wort in ihrer sinnlosen, ratlosen Angst.

»So sag doch ehrlich, hat's denn einen Sinn? Tut es dir nicht selber weh, wenn wir so verschmutzt in den Straßen, in den Kaffeehäusern sitzen, und einer kann dem andern nicht helfen und lügt den andern an? Wie lange soll denn das noch dauern, worauf sollen wir warten? Ich bin jetzt dreißig und habe noch nichts je tun können von dem, was ich gewollt habe. Immer nur angestellt, weggestellt, und jeden Monat werde ich älter um ein Jahr. Ich habe nichts gesehen von der Welt, habe nichts vom Leben gehabt als nur das, daß ich immer geglaubt habe: jetzt kommt es endlich, jetzt fängt es an. Aber jetzt weiß ich schon, es kommt nichts mehr, es kommt nichts Gutes mehr. Ich bin fertig, ich komme nicht mehr auf. Und so einem soll man ausweichen ... Ich weiß, es tut niemand gut, deine Schwester hat es gleich richtig gespürt und hat sich vor den Franzl gestellt, daß ich ihn nicht anfasse und mitreiße, und dich würde ich auch nur mitreißen. Es hat keinen Sinn. Machen wir wenigstens anständig Schluß, wie zwei Kameraden.«

»Ja, aber ... Was willst du tun?«

Er antwortet nicht. Er bleibt starr und stumm und wartet.

Da sieht sie hin und erschrickt. Er hat den Stock fest in die Faust genommen und mit der Spitze ein kleines Loch vor sich hingegraben in die Erde. Auf dieses Loch starrt er so, als wolle er sich mit dem ganzen Körper hineinstürzen, als risse es ihn hinab. Plötzlich versteht Christine, plötzlich wird ihr alles klar.

»Du willst doch nicht ...«

»Ja«, antwortet er ruhig. »Ja, es ist das einzig Vernünftige, ich habe genug. Ich habe nicht Lust, noch einmal anzufangen, aber Schluß zu machen, dazu reicht es noch aus. Vier von uns haben es schon draußen getan. Es geht rasch und ich habe dann ihre Gesichter gesehen, gut, zufrieden, klar. Es ist nicht schwer. Es ist leichter, als so weiterzuleben!«

Sie hängt noch immer an ihm, so wie sie ihn gefaßt hat. aber plötzlich werden ihre Arme lahm, sie läßt sie lose herunterfallen und sagt nichts.

»Verstehst du das nicht?« fragt er, den Blick ruhig aufhebend. »Du bist doch sonst ehrlich zu mir?«

Sie denkt nach, dann sagt sie einfach: »Ich habe auch alle drei Tage das gleiche gedacht. Nur getraut habe ich mich nicht, so klar zu denken. Du hast recht, es hat keinen Sinn so weiter.«

Er blickt sie an, ungewiß, und es ist wie eine verzweifelte Lockung, wie er fragt: »Du würdest auch ...?«

»Ja, mit dir.«

Ganz ruhig sagt sie es und entschlossen, als gelte es einen Spaziergang. »Allein habe ich nicht den Mut, ich weiß nicht ... ich habe noch nicht darüber nachgedacht, wie man es tut, vielleicht hätte ich es sonst schon längst getan.«

»Du würdest ...« Beglückt stammert er und nimmt ihre Hände.

»Ja«, sagt sie ganz ruhig, »wann du willst, aber zusammen. Es hat keinen Sinn, dich mehr anzulügen. Die Versetzung nach Wien ist nicht bewilligt, und da in dem Dorf gehe ich zugrunde. Besser schnell als langsam. Und nach Amerika habe ich gar nicht geschrieben. Ich weiß, sie helfen mir nicht, sie würden mir zehn Dollar schicken oder zwanzig Dollar – was hilft das? Lieber rasch, als sich quälen, du hast recht!«

Er sieht sie lange an. Nie hat er sie so leidenschaftlich betrachtet. Sein hartes Gesicht ist gelöst, und nach und nach kommt ein Lächeln hinter den verhärteten Augen heraus. Er streichelt ihr die Hände. »Daran hab' ich gar nicht gedacht, daß du... daß du mich so weit begleiten willst. Jetzt ist mir doppelt so leicht, ich habe doch Sorge um dich gehabt.«

Sie sitzen da, die Hände verschränkt. Würde jemand vorbeigehen, er würde meinen, ein neues Liebespaar, eben verbunden, eben verlobt, sei den kleinen Passionsweg hinaufgewandelt, um das Verlöbnis zu bekräftigen vor dem Kruzifix. Nie sind sie so sorglos, so sicher nebeneinander gesessen. Und erstmalig spüren sie Sicherheit einer an dem andern und in die Zukunft. Und sie sitzen lange und sehen sich an, zufrieden und klar und gut das Gesicht, mit verschmolzenen Händen, dann fragt sie ruhig: »Wie ... wie willst du es tun?«

Er greift in die rückwärtige Tasche und holt einen Armeerevolver heraus. Die Novembersonne springt auf den blanken Lauf und er leuchtet auf. Gar nicht schreckhaft scheint ihr die Waffe.

»In die Schläfe«, sagt er. »Du mußt dich nicht fürchten, ich habe eine sichere Hand, ich werde nicht zittern... Und mir dann ins Herz. Es ist ein Armeerevolver schwersten Kalibers, man kann ganz sicher sein. Ehe sie im Dorfe die zwei Schüsse hören, ist alles vorbei. Du mußt keine Angst haben.«

Sie sieht sich den Revolver an, ruhig, ohne Erregung, mit einer sachlichen Neugier. Dann sieht sie auf. Vor ihr, drei Meter vor der Steinbank, auf der sie sitzen, erhebt sich aus dunklem Holz riesig groß das Kruzifix mit dem Schmerzensmann, der drei Tage am Kreuz gelitten.

»Nicht hier«, sagt sie hastig, »nicht hier und nicht jetzt. Denn ...« Sie sieht ihn an, und ihre Hand faßt dabei wärmer als die seine, »ich möchte, daß wir zuvor noch einmal beisammen sind ... wirklich beisammen, ohne Angst und ohne Grauen ... Eine ganze Nacht ... vielleicht hat man sich noch manches zu sagen ... so dieses Letzte, das man sich sonst im Leben nie sagt ... Und dann ... ich möchte einmal mit dir sein, ganz mit dir sein eine Nacht... Am Morgen sollen sie uns dann finden.«

»Ja«, antwortet er. »Du hast recht, man soll noch das Beste vom Leben nehmen, ehe man es wegwirft. Verzeih mir, daß ich nicht daran gedacht habe.«

Sie sitzen wieder stumm, und um sie ist ein leise streichender Wind. Sie spüren die Sonne weich, gut und lau. Es ist schön, dazusitzen. Einmal froh und auf wunderbare Weise sorglos. Da schlägt es drüben an, einmal, zweimal, dreimal, die Glocke vom Turm. Sie schrickt auf. »Dreiviertel zwei!«

Ein helles Lachen hellt ihm das Antlitz auf. »Siehst du, so sind wir. Du bist tapfer und hast keine Angst zu sterben. Aber ins Amt zu spät zu kommen, hast du Angst. So verknechtet sind wir, so tief steckt es uns schon im Blut. Es ist wirklich Zeit, frei zu werden von all dem Unsinn. Willst du wirklich noch hinübergehen?«

»Ja«, sagt sie, »es ist besser so. Ich möchte noch zuvor alles in Ordnung bringen. Es ist dumm, aber ich weiß nicht ... es wird mir dann leichter sein, wenn ich alles zurechtgemacht habe und noch ein paar Briefe geschrieben. Und dann ... wenn ich heute da drinnen bin, bis abends um sechs Uhr, dann ahnt es niemand und sucht mich niemand. Und abends fahren wir nach Krems oder nach St. Pölten oder nach Wien. Ich habe noch Geld für ein gutes Zimmer, und wir essen zu Abend und leben einmal so, wie wir wollen ... nur schön soll es sein, ganz schön und morgen früh, wenn sie uns dann finden, das ist dann alles gleichgiltig. Um sechs Uhr holst du mich dann ab, jetzt liegt ja nichts mehr daran, wenn sie mich sehen, sollen sie reden, sollen sie denken, was sie wollen ... Dann sperre ich die Tür zu hinter mir und hinter allem, allem ... Dann bin ich frei ... dann sind wir wirklich frei.«

Er blickt sie immer wieder an, diese unvermutete Festigkeit beglückt ihn.

»Ja«, sagt er, »ich komme um sechs Uhr. Bis dahin gehe ich spazieren und schaue mir noch einmal die Welt an. Also – auf Wiedersehen.«

Heiter, leicht wie noch nie, läuft sie rasch den Passionsweg hinunter und blickt noch einmal zurück. Er steht da, sieht ihr nach, dann zieht er sein Taschentuch und winkt ihr. »Auf Wiedersehen! Auf Wiedersehen!«

Christine geht in ihr Amt. Plötzlich ist alles leicht. Nicht länger mehr feindselig warten die Gegenstände,

Schreibtisch, Sessel, Pult, Waage, Telefon und das gehäufte Papier. Sie höhnen nicht stumm und boshaft ihr: »Tausendmal, tausendmal, tausendmal«, denn sie weiß, die Tür steht offen, ein Schritt und sie wird frei sein.

Eine wunderbare Ruhe ist plötzlich in ihr, eine heitere Ruhe wie die einer Wiese, wenn es Abend wird und schon die Schatten über sie fallen. Alles geht ihr leicht von der Hand und wie im Spiel. Sie schreibt ein paar Briefe, einen an die Schwester, einen ans Amt, einen an Fuchsthaler, um Abschied zu nehmen, und wundert sich selbst, wie klar ihre Schrift ist, wie jede Zeile beginnt, genau über der andern, kalligraphisch ist der Abstand gewahrt von Wort zu Wort. So sauber wie in den Schultagen die Hausarbeiten, die sie unbewußt schrieb. Dazwischen kommen Leute, geben Briefe auf, wollen telefonisch verbunden sein, stapeln Pakete, zahlen Geld ein. Und mit besonderer Sorgfalt und Höflichkeit erledigt sie jede Handreichung. Unbewußt ist schon in ihr der Wille, diese fremden, gleichgiltigen Leute, der Thomas, die Huberbäuerin, der Forstadjunkt, der Lehrbub von der Kramerei, die Fleischersfrau, sollen alle eine angenehme Erinnerung an sie haben: es ist die letzte kleine weibliche Eitelkeit. Leicht muß sie lächeln, wenn einer sagt: »Auf Wiedersehen«, und sie antwortet dann doppelt herzlich: »Auf Wiedersehen!«, weil in ihr schon alles andere Luft atmet, die, erlöst zu sein. Dann nimmt sie die unaufgearbeiteten Rückstände, zählt, rechnet, ordnet: nie ist ihr Pult so sauber geordnet, selbst die Tintenflecke putzt sie weg und den Kalender hängt sie gerade – die Nachfolgerin soll sich nicht zu beklagen haben. Niemand soll sich zu beklagen haben, nun da sie froh ist. Wie sie jetzt Ordnung in ihrem Leben macht, soll auch hier alles in Ordnung sein.

So freudig arbeitet sie, so flink und emsig richtet sie alles zurecht, daß sie die Zeit nicht spürt und wirklich überrascht ist, als die Tür geht.

»Ist es wirklich schon sechs Uhr? Mein Gott, ich habe es gar nicht bemerkt. Zehn Minuten noch, zwanzig Minuten und ich bin mit allem fertig, ich möchte gern, du verstehst, alles tadellos zurücklassen. Nur den Abschluß muß ich noch machen und dann die Kasse, dann gehöre ich dir.«

Er will draußen warten. »Aber nein, setze dich nur herein, ich laß draußen die Rolläden hernieder, und wenn sie uns auch zusammen dann fortgehen sehen, jetzt ist es schon gleichgiltig, morgen wissen sie ohnehin schon mehr.«

»Morgen«, lächelt er. »Ich freue mich, daß es kein Morgen mehr gibt. Wenigstens für uns nicht. Wunderbar war dieser Spaziergang, der Himmel, die Farben, der Wald; hm, er war doch ein ganz guter Architekt, der liebe alte Gott, etwas unmodern, aber doch besser als ich je einer geworden wäre.«

Sie führt ihn in den geheiligten Raum hinter der Glasscheibe, den nie sonst ein Fremder betritt. »Ich habe keinen Sessel dir anzubieten, so splendid ist unsere Republik nicht, aber setz dich aufs Fensterbrett und rauche eine Zigarette, in zehn Minuten bin ich fertig« – sie atmet wie befreit –, »mit allem fertig.«

Sie addiert Kolonnen um Kolonnen. Es geht leicht und flink. Dann holt sie zum Vergleich aus der Kasse die schwarze Tasche, ähnlich einem Dudelsack, und vergleicht. Sie stapelt die Noten auf, am Schreibtisch nebeneinander, die Fünfer, Zehner, die Hunderter und die Tausender, feuchtet den Finger am Schwamm und zählt mit eingelernter Hurtigkeit die blauen Blätter mit dem nassen Zeigefinger. Es geht schnell und mechanisch, zehn, zwanzig, dreißig, vierzig, fünfzig, sechzig, dazwischen notiert sie rasch mit dem Bleistift immer die Gesamtzahl der einzelnen Banknotensorte, ungeduldig schon, die Zahl in den Büchern, den Barbestand zu vergleichen und dann den Strich zu ziehen, jenen letzten, befreienden Bleistiftstrich.

Plötzlich hört sie jemand atmen neben sich, stark und gepreßt, sie sieht empor. Ferdinand muß leise aufgestanden und durch das Zimmer gegangen sein. Jetzt steht er und sieht ihr über die Schulter.

»Was ist?« schreckt sie auf.

»Erlaubst du« – seine Stimme ist stark beledert –, »erlaubst du, daß ich da einen Augenblick eine nehme. Ich habe so lange keine Tausendschillingnote gesehen und in meinem Leben noch nicht so viel beisammen.«

Er nimmt eine vorsichtig in die Finger, wie etwas Zerbrechliches, und sie merkt, wie die Hand dabei bebt. Was hat er? Er starrt so merkwürdig das blaue Blatt an, seine schmalen Nasenflügel beben, in den Augen ist ein merkwürdiges Licht.

»So viel Geld ... So viel Geld hast du immer hier?«

»Ja, natürlich, heute ist es sogar wenig, 11570 Schilling. Aber so am Ende des Quartals, wenn die Weinbauern ihre Steuern einzahlen oder von der Fabrik der Arbeitslohn angewiesen wird, dann sind's oft vierzig-, fünfzig-, ja sechzigtausend – einmal waren es sogar achtzigtausend.«

Er sieht starr auf das Pult. Er hat die Hände auf den Rücken gelegt, als habe er Furcht

»Und das ist dir ... das ist dir nicht unbehaglich, so viel Geld da im Pult zu haben? Hast du gar keine Angst?«

»Angst, wovor? Das Lokal ist doch vergittert, schau da, ganz dicke eiserne Stäbe, und nebenan ist doch die Kramerei, oben wohnt der Weidenhofbauer, sie würden es doch hören, wenn da einer einbricht. Und abends ist es immer in der Tasche, nein, da geschieht nichts.«

»Ich hätte Angst gehabt«, antwortet er gepreßt.

»Unsinn, wovor denn?«

»Vor mir selbst.«

Sie blickt auf und trifft einen halbverschlossenen Mund, einen weggewandten Blick. Dann beginnt er im Zimmer auf und ab zu gehen.

»Ich könnte es nicht ertragen, nicht eine Stunde, ich könnte nicht atmen neben so viel Geld. Ich würde immer rechnen, da tausend Schilling, ein Blatt ein viereckiges, ein blödes Blatt Papier, und wenn ich es nehme und in die Tasche stecke, bin ich frei, drei Monate, ein halbes Jahr, ein Jahr frei, kann tun, was ich will, und mein eigenes Leben leben, und mit dem, was da liegt – wieviel hast du gesagt? –, 11570 Schilling, davon könnten wir leben, zwei Jahre, drei Jahre, die Welt sehen und jede Minute wirklich leben, nicht so wie wir gelebt haben, sondern wirklich, so wie man will, den Menschen leben, zu dem man geboren ist, ihn aus sich wachsen lassen und werden, nicht angenagelt sein. Ein Griff, so nur, diese fünf Muskeln spannen und fort und frei – nein, ich hätte es nicht ertragen können, ich wäre wahnsinnig geworden davon, es anzuschauen, es so nahe zu haben, es zu riechen, zu spüren und zu wissen, es gehört diesem sinnlosen Popanz, dem Staat, ihm, der nicht atmet und nicht lebt und nichts will und nichts weiß, dieser stupidesten Erfindung der Menschheit, die den Menschen zermalmt. Wahnsinnig wäre ich geworden ... Ich hätte mich eingesperrt in der Nacht, nur damit ich nicht den Schlüssel nehme und die Lade aufsperre, und du konntest damit leben! Hast du noch niemals daran gedacht?«

»Nein«, sagt sie ganz erschrocken. »Daran habe ich niemals gedacht.«

»Da hat eben der Staat Glück gehabt. Schurken haben immer Glück. Aber mach dich fertig jetzt« – er sagt es beinahe zornig–, »mach fertig, tu schon weg das Geld. Ich kann es nicht mehr sehen.«

Sie verschließt rasch die Lade. Jetzt zittern ihr mit einmal die Finger. Dann gehen sie hinaus in der Richtung zur Bahn. Es ist schon dunkel, man sieht in die erleuchteten Fenster hinein, die Leute sitzen beim Abendessen, und wie sie an dem einen letzten vorübergehen, rollt ein leises, rhythmisches Murmeln heraus: das Abendgebet. Er spricht nicht, sie spricht nicht, als wären sie nicht allein. Der Gedanke geht mit ihnen wie ein Schatten. Sie spüren ihn vor sich und hinter sich, in sich und, wie sie jetzt vom Dorfe wegbiegend, die Straße verlassen und unwillkürlich rascher gehen, geht er mit.

Hinter den letzten Häusern stehen sie plötzlich in vollkommener Nacht. Der Himmel ist heller als die Erde, in sein gläsernes helles Licht schneidet sich die Allee in schwarzer Silhouette ein. Wie verbrannte Finger greifen, schwarze Skelette, die entlaubten Äste in die reglose Luft. Auf der Straße kommen und gehen einzelne Bauern und Gefährte, man hört sie mehr, als man sie sieht, das Rollen der schweren Wagen, Schritte im Dunkel – man ist nicht allein.

»Gibt es hier nicht einen Feldweg zum Bahnhof? Irgendeinen Weg, wo man niemanden trifft?«

»Ja«, antwortet Christine, »hier rechts.« Ihr ist wohl, daß er gesprochen hat, so muß sie eine Minute den Gedanken nicht denken, der sie verfolgt, vom Postamt her, unhörbar und zäh, Schritt für Schritt, der gefährliche Schatten.

Er geht eine Zeitlang schweigsam neben ihr, als habe er sie vergessen. Nicht einmal seine Hand berührt ihre Hand. Plötzlich – es fällt wie ein Stein aus seiner

Stummheit – fragt er: »Du meinst, daß du dreißigtausend am Ende des Monats beisammen haben könntest?«

Sie versteht sofort, was er meint, aber sie rückt ihre Stimme ganz fest zusammen, um es nicht merken zu lassen: »Ja, ich glaube schon.«

»Und wenn du außerdem noch die Ablieferungen verzögerst ... Wenn du die Steuern oder was du da hast, noch ein paar Tage zurückbehältst, ich kenne doch mein Österreich, da kontrolliert man nicht so scharf – wieviel könntest du da zusammenbringen?«

Sie denkt nach. »Vierzigtausend gewiß. Vielleicht sogar fünfzigtausend ... Aber warum ...?«

Er antwortet beinahe streng: »Du weißt schon warum.«

Sie wagt keinen Widerspruch. Er hat recht, sie weiß warum. Sie gehen still und stumm, in einem nahen Teich quaken die Frösche wie toll, und es tut geradezu weh, plötzlich dieser schnarchende, höhnische Laut. Plötzlich bleibt er stehen.

»Christine, wir haben keinen Grund, uns etwas vorzumachen. Die Sache steht verflucht ernst mit uns beiden, und da muß man verflucht aufrichtig zueinander sein. Überlegen wir zusammen ruhig und klar.«

Er zündet sich eine Zigarette an. Einen Augenblick sieht sie im weißen Licht sein gespanntes Gesicht. »Überlegen wir, ja, wir waren heute entschlossen, Schluß zu machen, wir wollten, wie es im Zeitungsdeutsch so schön heißt, ›aus dem Leben flüchten‹. Das ist gar nicht wahr. Wir wollten gar nicht aus dem Leben flüchten, du nicht und ich nicht. Nur aus unserem verpfuschten Leben wollten wir endlich heraus, und da war kein anderer Ausweg. Nicht aus dem Leben wollten wir flüchten, sondern aus unserer Armut, aus dieser stupiden, widerlichen, unerträglichen und unentrinnbaren Armut. Nur das. Und da glaubten wir, der Revolver sei der letzte, der einzige Weg. Das war aber falsch gesehen. Jetzt wissen wir's beide, es gibt allenfalls noch einen andern Weg, einen vorletzten. Jetzt ist nur die Frage, ob wir den Mut haben, ihn zu gehen, und wie?«

Sie schweigt und er zieht an der Zigarette.

»Ganz ruhig und ganz sachlich muß das erwogen und überlegt sein, wie eine Rechenaufgabe... Ich mache dir natürlich nichts vor. Ich sage dir offen, daß wahrscheinlich mehr Mut dazugehört als zum andern. Die andere Sache war leicht. Ein Fingerzug, ein Muskel, den man spannt, ein Blitz, und es ist vorbei. Der andere Weg ist schwerer, weil er länger ist. Da spannt man sich nicht eine Sekunde lang, da dauert es Wochen, Monate, und unablässig muß man sich decken und verstecken. Das Unbestimmte ist immer schwerer, als das Bestimmte durchzuhalten, kurze scharfe Angst leichter als die lange unfaßbare. Da muß man zuvor überlegen, ob man dazu Kraft genug hat, ob man diese Spannungen durchhalten kann und ob es dafürsteht. Ob man glatt und schnell Schluß machen soll mit dem Leben oder noch einmal anfangen. Das ist mein Bedenken.«

Er geht wieder weiter, sie folgt ihm automatisch. Ihre Knie gehen für sie, ihr ganzes Denken harrt wie hilflos auf sein Wort, auf das, was er sagen will Aus sich selbst heraus hat sie keine Kraft, zu denken, in ihr ist alles so tödlich erschrocken und willenlos.

Er bleibt wieder stehen. »Mißversteh mich nicht. Ich habe keine Spur sittlicher Bedenken, ich fühle mich vollkommen frei gegen den Staat. Er hat an uns allen, an unserer Generation, so ungeheure Verbrechen begangen, daß wir zu allem recht haben. Wir können ihn schädigen, soviel wir wollen, wir, unser ganzes geschlagenes Geschlecht, es wird immer nur Schadenersatz bleiben, was wir tun. Wenn ich stehle, wer hat's mich gelehrt, wer hat mich dazu angehalten, als er im Krieg: requirieren hat man's damals genannt, oder expropriieren oder regressieren, wie es im Friedensvertrag steht. Wenn wir betrügen, wem haben wir es zu danken, diese Kunst, als ihm, der uns erzogen hat, wie man durch drei Generationen erspartes Geld in vierzehn Tagen zu Dreck macht, wie man Wiesen, Häuser, Felder, seit hundert Jahren in einem Geschlecht, einem wegschwindelt? Und selbst wenn ich jemand morde, wer hat mich dazu gedrillt und abgerichtet? Sechs Monate im Kasernenhof und dann Jahre an der Front! Beim lieben Gott steht unser Prozeß gegen den Staat ausgezeichnet, wir werden ihn in allen Instanzen gewinnen, nie kann er die ungeheure Schuld tilgen, nie das zurückgeben, was er uns genommen hat. Gewissen gegen den Staat zu haben, das war giltig in früheren Zeiten, wo der Staat ein gütiger Vormund war, sparsam, anständig, korrekt. Jetzt, wo er wie ein Lump an uns gehandelt hat, haben wir jeder das Recht, Lumpen zu sein. Nicht wahr, du verstehst mich? – Ich habe nicht den Schatten einer Hemmung und glaube, du brauchst auch keine zu haben, wenn wir für unsere Person Revanche nehmen, wenn ich mir nun meine Invalidenrente, die mir nach Fug und Recht zugehört und die mir das hochlöbliche Ärar verweigert, nun selber nehme und dazu das, was man deinem Vater und meinem Vater an Geld, was man uns und meinesgleichen an lebendigem Lebensrecht gestohlen hat. Nein, ich schwöre dir's, mein Gewissen ist dabei so gleichgiltig wie ihm unser Leben oder Sterben und Krepieren, und kein einziger Armer dieses Staates wird vermehrt, ob wir da hundert blaue Zettel stehlen oder tausend oder zehntausend, er spürt es so wenig wie die Wiese, der die Kuh ein paar Halme wegfrißt. Das beunruhigt mich also gar nicht, und ich glaube, wenn ich ihm zehn Millionen gestohlen hätte, würde ich so gut schlafen wie ein Bankdirektor oder ein General mit dreißig verlorenen Schlachten. Ich denke nur an uns, an dich und mich. Wir dürfen nichts unüberlegt tun, wie ein fünfzehnjähriger Kommis, der zehn Schilling aus der

Portokasse stiehlt und sie nach einer Stunde verpulvert und nicht weiß, wozu und warum er es getan hat. Zu solchen Experimenten sind wir zu alt. Wir haben nur zwei Karten mehr in der Hand, die eine oder die andere. Eine solche Entscheidung will überlegt sein.«

Er geht wieder weiter, um sich Luft zu machen. Sie spürt, wie konzentriert sein ganzes Denken arbeitet, und gleichzeitig ergreift sie ein Schauer, wie ruhig und logisch er redet. Nie hat sie seine Überlegenheit so stark, ihre eigene Hingegebenheit so mächtig gefühlt.

»Also ganz langsam, Christine, Schritt für Schritt. Keine Sprünge bei einem solchen Entschluß. Nur keine falschen Hoffnungen und Phantastereien. Überlegen wir. Wenn wir heute Schluß machen, sind wir alles los. Ein Ruck und das Leben ist hinter uns – eigentlich ein wunderbarer Gedanke, immer erinnere ich mich an unseren Lehrer im Gymnasium, wie er dozierte, es sei die einzige Überlegenheit des Menschen über das Tier, daß er auch sterben kann, wann er will, nicht nur wenn er muß. Es ist vielleicht das einzige Stück Freiheit, das man sein ganzes Leben lang ununterbrochen besitzt, die Freiheit, das Leben wegzuwerfen. Aber wir beide, wir sind eigentlich noch jung, wir wissen noch gar nicht, was wir wegwerfen. Wir werfen eigentlich nur ein Leben weg, das wir nicht gewollt haben, das wir verneinen, und vielleicht ist doch noch eines denkbar, zu dem wir Ja sagen könnten. Mit Geld ist das Leben anders, ich glaube es wenigstens, und du glaubst es auch. Sobald wir aber noch irgend etwas glauben – nicht wahr, du verstehst mich? –, so ist dieses Nein zum Leben eigentlich nicht ganz wahr, und wir zerstören etwas, wozu wir gar kein Recht haben, nämlich das noch nicht gelebte Leben in uns, eine neue und vielleicht großartige Möglichkeit. Vielleicht könnte wirklich mit der Handvoll Geld noch etwas aus mir werden, etwas, das in mir da ist und noch nicht da ist und doch da ist, etwas das so nur nicht heraus kann, das zugrunde geht wie der Halm, den ich da abreiße, aber eben weil ich ihn abreiße. Etwas, das in mir noch gewachsen wäre, und du? – Du könntest vielleicht noch Kinder haben, du könntest... Man weiß es ja nicht ... Und eben daß man es nicht weiß, ist das Wunderbare ... Nicht wahr, du verstehst mich, ich meine ... eine Art Leben, wie das hinter uns liegt, das war nicht wert, daß man es fortsetzte, eine solche klägliche Fretterei von Woche zu Woche, von Urlaub zu Urlaub. Aber vielleicht, vielleicht könnte man noch irgend etwas daraus machen, nur Mut gehört dazu, mehr Mut als zum andern. Und schließlich, wenn es schiefgeht, einen Revolver bekommt man noch immer zu kaufen. Meinst du also nicht, man sollte ... man sollte, wenn einem das Geld so geradezu in die Hand gesteckt wird, es einfach nehmen?«

»Ja, aber ... Aber wohin sollte man mit dem Geld?«

»Ins Ausland. Ich kann Sprachen, ich kann französisch, sehr gut sogar, ich kann russisch, ausgezeichnet, auch englisch ein bißchen, und das andere lernt man.«

»Ja, aber ... Sie werden einem doch nachforschen, glaubst du nicht, daß sie einen finden würden?«

»Das weiß ich nicht, das kann niemand wissen. Vielleicht, wahrscheinlich sogar, vielleicht auch nicht. Ich glaube, es liegt mehr an einem selbst, ob man durchhalten kann, ob man klug genug ist, vorsichtig genug und wachsam, ob man sich's richtig überdacht hat. Aber natürlich, es erfordert ungeheure Spannung. Ein gutes Leben wird's wahrscheinlich nicht sein, vielleicht ein Gejagtsein, eine ewige Flucht. Da kann ich dir keine Antwort geben, du mußt selbst wissen, ob du den Mut hast.«

Christine denkt nach. Es ist so schwer, all das plötzlich zu überdenken. Dann sagt sie: »Allein habe ich zu gar nichts Mut. Ich bin eine Frau – für mich allein kann ich gar nichts, nur für jemand andern, mit jemand anderm kann ich etwas tun. Für zwei, für dich, da kann ich alles. Wenn du also willst ...«

Er geht rascher.

»Das ist es ja, ich weiß nicht, ob ich will. Du sagst, es sei dir zu zweit leicht. Mir wäre es wieder leichter, es allein zu tun. Da wüßte ich, was setze ich ein, ein verpfuschtes, ein verstümmeltes Leben – gut, weg damit. Aber ich habe Angst, dich mitzureißen, du hast den Gedanken ja gar nicht gedacht, er ist von mir. Ich will dich in nichts hineinreißen, ich will dich zu nichts verleiten, und wenn du etwas tun willst, mußt du es aus dir tun und nicht aus mir.«

Hinter den Bäumen kommen kleine Lichter hervor. Der Feldweg ist zu Ende, sie müssen gleich am Bahnhof sein.

Christine geht noch immer wie betäubt. »Aber ... wie willst du das machen«, sagt sie ganz ängstlich. »Ich begreife es nicht. Wohin sollen wir denn damit? Ich lese doch immer in der Zeitung, daß sie alle diese Menschen abfassen. Wie denkst du dir denn das?«

»Ich habe noch gar nicht angefangen, darüber nachzudenken. Du überschätzt mich. Die Idee, die hat man in einer Sekunde, und nur die Dummköpfe führen sie ebenso hastig aus. Darum werden sie auch immer gefaßt. Es gibt zweierlei Verbrechen – was man so im üblichen Sinne als Verbrechen nennt – diejenigen aus Leidenschaft und die überlegten und durchdachten. Die aus Leidenschaft sind vielleicht die schöneren, aber sie mißlingen meist. So machen es die kleinen Kommis, sie greifen in die Portokasse und fahren auf den Rennplatz und glauben, sie gewinnen oder der Chef wird's nicht merken, alle glauben sie an ein Wunder. Aber ich glaube an kein Wunder, ich weiß, daß wir zwei da ganz allein sind, ganz allein einer ungeheuren Organisation gegenüberstehen, die seit Jahrhunderten aufgebaut ist und die Intelligenz, die

Erfahrung von Tausenden einzelnen Spürhunden in sich birgt, ich weiß, der einzelne Detektiv ist ein Dummkopf und ich bin hundertmal klüger und gerissener als er, aber sie haben die Erfahrung, das System. Wenn wir – du siehst, ich sage noch ›wenn‹ – uns wirklich entschließen, diesen Coup zu wagen, so denke ich nicht an eine leichtsinnige Kinderei. Was man rasch macht, macht man falsch. So ein Plan muß durchdacht sein bis ins kleinste, jede Möglichkeit errechnet. Es ist eine Wahrscheinlichkeitsrechnung. Laß uns alles durchdenken, konzentriert und genau, und komme dann Sonntag nach Wien, dann wollen wir uns entscheiden, nicht heute.«

Er bleibt stehen. Mit einmal wird seine Stimme wieder hell. Es ist die andere, die verschüttete Kinderstimme in ihm, die sie so liebt.

»Ist es nicht sonderbar, heute nachmittag, als du in dein Amt gingst, bin ich noch spazierengegangen. Ich habe mir noch einmal die Welt angesehen und dachte, es sei das letztemal. Sie war da, schön und hell, voll des warmen sonnigen Lebens, und ich war da, ziemlich jung und frisch noch und lebendig. Da habe ich es alles zusammengerechnet und mich gefragt, was habe ich eigentlich in dieser Welt getan, und die Antwort war bitter. Es ist traurig, daß ich eigentlich für mich gar nichts getan und gedacht habe. In der Schule habe ich gedacht und gelernt, was die Lehrer wollten. Im Krieg habe ich die Griffe und Schritte gemacht, die man mir kommandierte, in der Gefangenschaft hat man nur wild geträumt: einmal heraus! und ist müde geworden vor lauter Untätigkeit, und dann nachher habe ich immer nur für andere geschuftet, sinnlos, zwecklos, nur für das bißchen Futter und daß man die Luft bezahlen kann, die man in die Nase zieht. Jetzt werde ich zum erstenmal drei Tage, bis Sonntag, an etwas denken, was mich allein angeht, mich und dich; eigentlich freue ich mich darauf. Weißt du, ich möchte, daß wir es so konstruieren, wie man eine Brücke baut, wo jeder Nagel und jede Schraube an ihrem Platz sein muß, und ein

Millimeter, falsch gestellt, die ganzen Gesetze der Statik zuschanden macht. Ich möchte diese Sache so bauen, daß sie hält für Jahre. Ich weiß, es ist eine große Verantwortung, aber zum erstenmal Verantwortung für mich und für dich, nicht diese kleine dreckige Verantwortung wie beim Militär oder in diesen Betrieben, wo man doch nur eine Null ist, angehängt einem Nenner, den man selber nicht kennt. Ob wir es tun oder nicht, das wird sich entscheiden, aber schon eine Idee ausdenken, durchdenken, bis in die letzte Weiterung durchrechnen und kombinieren, das ist eine Freude, auf die ich gar nicht mehr gerechnet habe. Es war doch gut, daß ich heute zu dir gekommen bin.«

Der Bahnhof ist ganz nahe, man unterscheidet schon die einzelnen Lichter. Sie bleiben stehen.

»Es ist besser, du begleitest mich nicht. Vor einer halben Stunde war es noch gleichgiltig, ob man uns zusammen sah. Jetzt darf dich niemand mit mir sehen, das gehört schon« – er lacht – »zu unserem großen Plan. Niemand darf vermuten, daß du einen Helfer hast und eine Beschreibung meiner Person wäre nicht förderlich. Ja, Christine, jetzt müssen wir anfangen, an alles zu denken, das wird nicht leicht sein, ich habe es dir gleich gesagt, das andere wäre leichter gewesen. Aber anderseits habe ich, haben wir noch nie das gekannt, was man wirklich Sein nennt. Ich habe nie das Meer gesehen, bin nie im Ausland gewesen. Ich habe nie gekannt, was das Leben ist, wenn man nicht unablässig denken muß bei jedem Ding, was es kostet, wir sind nie frei gewesen. Vielleicht weiß man erst dann, was diese Sache wert ist, die man Leben nennt. Warte es ruhig ab, quäl dich nicht, ich will alles ausarbeiten bis ins kleinste, schriftlich sogar, und dann gehen wir es zusammen durch, Punkt für Punkt, dann wägen wir's ab, Möglichkeit gegen Unmöglichkeit. Und dann wollen wir uns entscheiden. Willst du?«

»Ja«, sagt sie stark und fest.

Die Tage bis zum Sonntag sind unerträglich für Christine. Sie hat zum erstenmal Furcht vor sich selbst, Furcht vor den Menschen, Furcht vor den Dingen. Die kleine Kasse morgens aufzusperren, Banknoten anzufassen, wird ihr zur Qual. Gehören sie ihr, gehören sie dem Staat? Sind sie noch alle da? Und immer und immer wieder zählt sie die blauen Blätter und kommt nie zu einem Ende. Entweder zittert ihr die Hand oder sie verliert beim Addieren die Zahl. Alle Sicherheit ist von ihr gefallen und mit ihr alle Unbefangenheit. Ein unsicheres Gefühl im Unterbewußtsein macht sie wirr: Sie bildet sich ein, alle Menschen müssen ihre Absicht merken, alle ihre Bedenken mitdenken, alle sie beobachten und belauern. Vergeblich sagt sie sich mit klarer Vernunft: es ist doch Irrsinn. Ich habe doch nichts getan. Wir haben doch nichts getan. Alles ist in Ordnung, jede Note liegt noch im Schrank, die Rechnung stimmt Ziffer für Ziffer, ich kann jeder Kontrolle standhalten. Aber doch, sie erträgt keinen Blick, und wenn das Telefon anklingelt, zuckt sie zusammen und ihre Gelenke benötigen die ganze Kraft, um den Hörer bis ans Ohr zu heben. Und als Freitag morgen schweren Schritts, mit klirrendem Bajonett der Gendarm plötzlich eintritt, wird es ihr blau vor den Augen, mit beiden Händen klammert sie sich an den Tisch, als wolle sie sich nicht wegreißen lassen, aber der Gendarm, die Virginia quer im Munde, will nur eine Postanweisung aufgeben an ein Mädel, von dem er ein uneheliches Kind hat, die Monatsalimentation, und er spaßt gutmütig bitter über diese langfristige Schuld für ein so kurzes Vergnügen. Aber sie kann nicht lachen, die Schrift ist zittrig auf der Anweisung, mit der sie die Zahlung bestätigt. Sie kann erst wieder atmen, als die Tür hinter ihm zukracht und sie mit einem Ruck aus der Lade sich überzeugt hat, daß das Geld noch da ist, 32712 Schilling und 40 Groschen, genau wie auf dem Rechnungsblatt. In der Nacht kann sie nicht schlafen, und wenn sie schläft, sind die Träume fürchterlich, denn der Gedanke ist immer grauenhafter als die Tat, das Ungeschehene erregender als das Geschehene.

Am Sonntagmorgen erwartet sie Ferdinand an der Bahn. Er sieht sie prüfend an. »Du Arme! Wie du schlecht aussiehst, ganz verquält. Du hast Angst gehabt, nicht wahr, ich habe es gleich gefürchtet. Es war vielleicht ein Fehler, daß ich es dir vorher sagte. Aber es ist bald vorbei, heute können wir alles entscheiden, ob ja oder nein!«

Sie blickt ihn an von der Seite. Er hat helle Augen, merkwürdig frische Bewegungen, ihre ganze Schwere scheint sonderbar entspannt. Er merkt den Blick.

»Ja, es geht mir gut. Seit Wochen und Monaten habe ich mich nicht so wohl gefühlt als in den drei Tagen, jetzt weiß ich eigentlich erst, wie herrlich es ist, einmal etwas für sich allein durchdenken zu können, nur für sich und ganz allein ... Nicht nur immer ein kleines Stück an einem Ganzen zu tun, an etwas, das einen gar nichts angeht, sondern von Grund auf bis zum First etwas aufzubauen, nur für sich. Ein Luftschloß meinetwegen, und vielleicht bricht es schon in einer Stunde. Vielleicht bläst du es um mit einem Wort, vielleicht hauen wir es selber zusammen. Aber immerhin, es war einmal Arbeit für mich und hat mir Spaß gemacht. Es war verflucht lustig, es einmal durchzudenken bis in die letzte Möglichkeit hinein, so einen Feldzugsplan auszuarbeiten gegen alle die Armeen, Staat, Polizei, Zeitung, gegen alle die Mächte der Erde, einmal seine Gedanken manövrieren zu lassen, und jetzt habe ich eigentlich Lust auf den wirklichen Krieg. Höchstens wird man besiegt, und das sind wir reichlich schon lange. Nun, du wirst gleich alles sehen!«

Sie verlassen den Bahnhof. Nebel umhüllt die Häuser mit grauem Frost, mit erloschenen Mienen stehen die Träger und Dienstmänner und warten. Alles atmet Nässe, und vor den Lippen verwandelt die feuchte Kälte jedes Wort in einen leichten Rauch. Die Welt ist ohne Wärme. Er faßt ihren Arm, um sie zwischen den Automobilen durch über die Straße zu geleiten, und spürt, wie sie unter der Berührung nervös zusammenschreckt.

»Was hast du, was ist dir?«

»Nichts«, sagt sie. »Ich bin nur so verschreckt alle diese Tage. Bei jedem, der mich anruft, glaube ich, er beobachtet mich. Von jedem glaube ich, daß er an das denkt, woran ich selber denke. Ich weiß ja, es ist eine dumme Angst, aber mir ist, als könnte mir's jeder von der Stirn absehen, als müßten die Leute im Dorf schon alles wissen und wittern. Wie mich der Forstadjunkt in der Bahn gefragt hat ›Was machen's denn in Wien?‹, bin ich so rot geworden, daß er angefangen hat zu lachen, und dann war ich froh. Besser er denkt das als das andere. Aber sag mir, Ferdinand« – und sie preßt sich plötzlich an ihn –, »das wird doch nicht immer so sein, wenn wir... wenn wir das wirklich tun? Denn dazu, das spüre ich jetzt, hätte ich nicht die Kraft. Das könnte ich nicht durchhalten, so immer in Angst zu leben, sich vor jedem Menschen zu fürchten und nicht schlafen zu können, nicht schlafen aus Furcht, es klopft an die Tür. Nicht wahr, das wird nicht immer so sein?«

»Nein«, antwortet er, »ich glaube nicht. Das ist nur hier, wo du als die lebst, die du gewesen bist. Bist du einmal draußen in andern Kleidern mit einem andern Namen, in einer andern Welt, so vergißt du die von hier in dir. – Du hast es mir ja selbst erzählt, wie du schon einmal völlig eine andere warst. Gefährlich wäre nur eines, wenn du das, was wir tun wollen, mit schlechtem Gewissen tust. Wenn du das Gefühl hast, ein Unrecht zu begehen, wenn wir diesen Hauptstehler, den Staat, bestehlen, dann steht es freilich schlecht, dann lasse ich die Hände davon. Was mich betrifft, ich fühle mich vollkommen im Recht. Ich weiß, mir ist Unrecht getan worden, hier wage ich meine Haut in eigener Sache und nicht im Krieg für eine verstorbene Idee, für den habsburgischen Hausgedanken oder für ein Mitropa oder sonst eine politische Konstruktion, die mich nichts angeht. Aber wie gesagt, es ist noch nichts entschieden, wir spielen doch erst mit dem Gedanken, wie man so sagt, und beim Spielen soll man froh sein. Kopf hoch, ich weiß doch, daß du tapfer sein kannst.«

Sie atmet tief. »Ich glaube, daß ich einiges durchhalten kann, du hast recht, und dann, ich weiß, wir haben nichts zu verlieren. Ich habe schon manches durchgehalten, aber nur das ist so schwer, das Unsichersein. Wenn es einmal getan ist, kannst du dich wieder auf mich verlassen.«

Sie gehen weiter. »Wohin gehen wir?« fragt sie.

Er lächelt. »Sonderbar, die ganze Sache hat mir gar keine Mühe gemacht, es war geradezu ein Spaß für mich, alle die Möglichkeiten durchzudenken, wie wir uns flüchten und verstecken und sicherstellen, und ich glaube wirklich, ich habe jede Einzelheit ausgeknobelt, ich kann ruhig sagen: es stimmt, es klappt. Ich habe alles berechnet, alles war so kinderleicht einzuteilen, wie wir leben und uns verteidigen, wenn wir einmal Geld haben, nur eines konnte ich nicht – den Ort, die vier Wände, das Zimmer bestimmen, wo wir jetzt ruhig die ganze Sache durchsprechen können. Ich habe wieder gesehen, daß es leichter ist, mit Geld zehn Jahre zu leben als ohne Geld einen einzigen Tag, wirklich Christine« – er lächelt sie beinahe stolz an –, »es war schwerer, diese vier Wände für uns ausfindig zu machen, wo uns niemand hört und sieht, als unser ganzes Abenteuer. Ich habe mir alle Möglichkeiten durchdacht. Aufs Land hinauszufahren, ist es zu kalt, in einem Hotel kann uns jemand hören von nebenan, und dann, ich weiß, du wirst doch unruhig und verstört, und wir brauchen Klarheit. In einem Gasthaus, gerade wenn's leer ist, beobachten einen die Kellner, im Freien fällt man auf, wenn man bei dieser Kälte irgendwo sitzt, ja, Christine man sollte nicht glauben, wie schwer es ist, wenn man kein Geld hat, in einer Millionenstadt wirklich allein zu sein. Ich habe die tollsten Möglichkeiten ausgedacht – ja wirklich, ich habe sogar daran gedacht, ob wir nicht auf den Stephansturm steigen sollten. Dort geht bei solchem Nebelwetter kein Mensch hinauf, aber ich finde es zu absurd. Schließlich habe ich mich herangemacht an den Bauwächter, der an unserem verkrachten Bau Dienst hat. Es ist eine Holzhütte mit einem eisernen Ofen, einem Tisch und, ich glaube, nur einem Sessel, eine Baracke. Ich kenne den Mann gut, ich habe ihm ein Langes und Breites vorgeschwafelt von einer polnischen vornehmen Dame, die ich vom Krieg her kenne und die mit ihrem Mann im Sacher wohnt und zu nobel ist und zu bekannt, als daß sie sich mit mir auf der Straße zeigen kann. Du kannst dir denken, wie der dumme Kerl gestaunt hat, und selbstverständlich machte er sich eine große Ehre daraus, mir zu dienen. Wir kennen uns lange, und ich habe ihm zweimal aus der Patsche geholfen. Der legt mir den Schlüssel an einer bestimmten Stelle unter den Balken und hinterläßt mir seine Legitimation, damit wir selbst im äußersten Fall gesichert sind, und den Ofen, hat er mir versprochen, in der Früh noch anzuzünden. Dort sind wir allein, es wird nicht bequem sein, aber es geht ja um ein besseres Leben, und so werden wir auf zwei Stunden zusammen in diese Hundehütte kriechen. Dort hört uns niemand, dort sieht uns niemand. Dort können wir uns in Ruhe entscheiden.« Der Bauplatz, weit draußen in Floridsdorf, liegt eingeplankt und leer, mit hundert blinden, fensterlosen Augen steht der Rohbau in sinnloser Verlassenheit. Teerfässer, Karren, Zementhaufen und gehäufte Ziegel lagern in wilder Unordnung auf dem durchweichten Grund, es ist, als hätte irgendein katastrophales Naturereignis das schaffende Getümmel unterbrochen, und die Stille ist unnatürlich für einen Werkplatz. Der Schlüssel liegt unter der Planke, der nasse Nebel deckt vor jeder Sicht. Er schließt die kleine Holzhütte auf, und tatsächlich, der Ofen brennt, es ist weich und warm und riecht nach gutem Holz. Ferdinand schließt die Tür hinter sich zu und wirft noch ein paar Stücke Holz in den Ofen. »Wenn jemand kommen sollte, so werfe ich rasch die ganzen Papiere in den Ofen, es kann nichts geschehen, habe keine Angst, und überdies, niemand kann kommen, niemand kann uns hören, wir sind allein.«

Christine steht fremd in dem Raum, alles scheint ihr phantastisch, nur das einzige ist wirklich, dieser Mann hier. Ferdinand zieht einige Lagen Foliobögen aus der Tasche, entfaltet sie und sagt:

»Bitte setz dich, Christine, und höre jetzt gut zu. Das ist der Plan der ganzen Sache, ich habe ihn genau ausgearbeitet, dreimal, viermal, fünfmal geschrieben, ich glaube, jetzt ist er völlig klar. Ich bitte dich, ihn genauest durchzulesen, Punkt für Punkt, wo dir etwas nicht richtig scheint, schreibe immer rechts mit Bleistift deine Fragen oder Bedenken hin, und dann sprechen wir sie alle zusammen durch. Es geht um viel, es darf nichts improvisiert sein. Aber zuerst noch etwas anderes, was in diesem Entwurf nicht geschrieben steht. Das können wir nur zusammen besprechen. Das geht nur uns an. Also – wir tun diese Sache zusammen, du und ich. Wir werden damit gleich schuldig, obwohl nach dem Gesetz, wie ich fürchte, du als die eigentliche Täterin giltst. Du bist als Beamtin verantwortlich, nach dir wird gefahndet, du wirst verfolgt, du giltst als die Verbrecherin vor deiner Familie, vor den Menschen, während, solange man uns nicht beide faßt, niemand von mir als Mittäter und Anstifter weiß. Dein Einsatz ist also größer als der meine. Du hast eine Stellung, die dir Lebensunterhalt und Pension bis an dein Ende sichert, ich habe nichts. Ich riskiere also viel weniger im Sinne des Gesetzes und vor – wie soll ich es ausdrücken, sagen wir vor Gott. Unsere Partie ist also ungleich. Du trägst die höhere Gefahr, meine Pflicht ist, dir das zu sagen und dich zu warnen.« Er merkt, wie sie den Blick senkt.

»Das mußte ich dir ganz hart sagen, und ich werde auch weiterhin dir keine Gefahr verschweigen. Vor allem: was du tust, was wir tun, es ist unwiderruflich. Es gibt da kein Zurück mehr. Selbst wenn wir mit diesem Geld uns Millionen erarbeiten und den Schaden fünfmal ersetzen, kannst du niemals mehr hierher zurück und niemand dich pardonieren. Wir sind damit endgiltig ausgestoßen aus der Reihe der gesicherten Menschen, der braven verläßlichen

Staatsbürger, wir sind ein Leben lang in Gefahr. Das mußt du wissen. Und wenn wir uns noch so sehr sichern, immer kann ein Zufall, ein wirklich unerrechenbarer und unberechenbarer Zufall uns aus der herrlichen Sorglosigkeit herausholen und ins Gefängnis werfen und in das, was die Leute Schande nennen. Sicherung gibt es bei einem solchen Wagnis keine, wir sind nicht sicher, wenn wir drüben sind, über der Grenze, heute nicht und morgen nicht und nie. Das mußt du sehen, so wie man bei einem Duell auf die Pistole seines Gegners sieht. Der Schuß kann vorbeigehen, er kann treffen, aber man steht vor der Pistole.«

Er macht wieder eine Pause und bemüht sich, ihren Blick zu sehen. Er sieht zur Erde, und man merkt, die Hand, die auf dem Tisch liegt, zittert nicht.

»Nochmals also, ich will dir gar keine falschen Hoffnungen machen. Ich kann dir gar keine Sicherung geben, gar keine, auch nicht für mich. Wenn wir dieses Wagnis gemeinsam unternehmen, soll das nicht sagen, daß wir lebenslänglich aneinander gebunden sind. Wir tun diese Sache, um frei zu werden, frei zu leben – vielleicht wollen wir auch eines Tages frei voneinander sein. Vielleicht schon gar bald. Ich kann nicht einstehen für mich, ich weiß nicht, wie ich bin, ich weiß noch weniger, wie ich sein werde, wenn ich einmal Freiheit geatmet habe. Vielleicht ist die Unruhe, die heute in mir steckt, nur davon, daß etwas in mir steckt, das heraus will, vielleicht bleibt sie aber auch, vielleicht wächst sie sogar. Wir kennen uns noch nicht sehr, wir sind nur immer ein paar Stunden beisammen gewesen, es wäre Wahnwitz zu sagen, wir können und wollen ewig miteinander leben. Was ich dir versprechen kann, ist einzig, daß ich ein guter Kamerad sein werde in dem Sinn, daß ich dich nie verrate und nie versuchen werde, dich zu etwas zu zwingen, was du nicht selber willst. Wenn du wirst von mir gehen wollen, werde ich dich nicht halten. Aber ich kann dir nicht versprechen, bei dir zu bleiben. Ich kann gar nichts versprechen. Weder daß die Sache gelingt, noch daß du nachher glücklich oder sorglos sein wirst, nicht einmal, daß wir zusammenbleiben – nichts kann ich dir versprechen. Ich rede dir also nicht zu, im Gegenteil, ich warne dich: denn deine Situation ist ungünstiger, du giltst als die Täterin, überdies bist du eine Frau und dadurch abhängiger. Du wagst viel, furchtbar viel, ich möchte dich nicht verleiten. Ich rede dir nicht zu. Bitte, lies den Plan, überlege dir's dann und entscheide dich, aber wie gesagt: du mußt wissen, daß diese Entscheidung dann eine unwiderrufliche ist.«

Er legt ihr das Blatt hin. »Bitte, lies es mit dem äußersten Mißtrauen, mit der äußersten Wachsamkeit, so als ob dir jemand ein schlechtes Geschäft anbieten würde und einen gefährlichen Kontrakt vorlegte. Ich selbst gehe inzwischen draußen auf und ab und schaue mir noch einmal den Bau an. Ich will nicht dabei sein. Du sollst nicht das Gefühl haben, ich bedrücke dich durch meine Gegenwart.«

Er steht auf und geht hinaus, ohne sie anzusehen. Vor Christine liegen, sauber geschrieben, die ineinandergefalteten Folioblätter. Ein paar Minuten muß sie warten, so heftig schlägt ihr das Herz, dann beginnt sie zu lesen.

Das Manuskript ist sauber ausgefertigt wie ein Aktenstück eines früheren Jahrhunderts und in den Bügen gefaltet. Es trägt Kapitelüberschriften, die mit rotem Bleistift unterstrichen sind:

    1. Durchführung der eigentlichen Tat

    2. Verwischung der Spuren

    3. Verhalten im Ausland und weitere Pläne

    4. Verhalten im Falle eines Mißgeschicks oder Entdeckung

5. Zusammenfassung

Das erste Kapitel »Durchführung der eigentlichen Tat« zerfällt abermals in Unterabteilungen, wie die anderen. Jede dieser Rubriken, die mit a, b, c markiert sind, ist übersichtlich gehalten wie ein Vertrag.

Christine nimmt es auf und liest es von einem bis zum andern Ende.

I. Durchführung der eigentlichen Tat

a) Wahl des Tages: Für den Tag der Ausführung kommt selbstverständlich nur der Tag vor einem Sonntag oder einem Feiertag in Betracht. Damit ist die Entdeckung des Mankos um mindestens 24 Stunden verzögert und der für die Flucht unbedingt nötige Vorsprung geschaffen. Da das Amt um sechs Uhr schließt, ist die Möglichkeit gegeben, noch den Nachtschnellzug in die Schweiz oder nach Frankreich zu erreichen, wobei noch außerdem der Vorteil der frühen Dunkelheit im November weiteren Vorteil bietet. November ist der schlechteste Reisemonat, man kann beinahe mit Sicherheit erwarten, während der Nacht innerhalb Österreichs im Coupé allein zu sein, so daß nach erfolgter Zeitungsverständigung kaum Zeugen vorhanden sind, die Personenbeschreibungen liefern können. Besonders vorteilhaft wäre ferner der 10. November, der Tag vor dem (postfreien) Nationalfeiertag, weil man dadurch im Ausland an einem Wochentag anlangen würde, was wiederum den Vorteil bietet, unauffälliger die ersten Anschaffungen und persönlichen Veränderungen vornehmen zu können. Es wäre also die Ablieferung der eingelaufenen Gelder möglichst auf unauffällige Weise zu verzögern, um möglichst viel für dieses Datum zusammenzubekommen.

b) Abreise: Die Abreise muß selbstverständlich getrennt erfolgen. Fahrkarten nehmen wir uns beide nur auf kurze Strecken, bis Linz, von Linz wieder weiter bis Innsbruck oder Grenze und von der Grenze weiter bis Zürich. Du mußt womöglich deine Karte nach Linz schon einige Tage vorher besorgen, oder besser ich besorge sie für dich, damit der Schalterbeamte, der dich zweifellos kennt, nichts über die wirkliche Richtung aussagen kann. Über die andern Maßnahmen zur Irreführung und Verwischung der Spuren Abteilung II. Ich steige in Wien ein, du in St. Pölten, und während der ganzen Nacht innerhalb Österreichs sprechen wir kein Wort miteinander. Das ist wichtig für die späteren Nachforschungen, daß niemand weiß oder vermutet, die Tat sei mit einem Helfer ausgeführt, weil sich dann alle Nachforschungen immer nur auf Name und Signalement deiner Person richten und nicht auf das Ehepaar, als das wir im Ausland auftreten. Auch vor Kondukteuren und Beamten ist bis tief ins Ausland hinein jeder Schein einer Zusammengehörigkeit zu vermeiden. Außer vor dem Grenzbeamten, wo wir uns durch gemeinsamen Paß legitimieren.

c) Dokumente: Das richtige wäre selbstverständlich, sich zu unsern echten Pässen noch falsche zu besorgen. Dazu bleibt keine Zeit. Dies kann später im Ausland versucht werden. Selbstverständlich darf aber an keiner Grenzstelle der Name Hoflehner aufscheinen, während ich mich als völlig unbescholten überall unter meinem richtigen Namen eintragen kann. Ich bringe also an meinem Paß folgende kleine Änderung an, daß ich auch deinen Namen und deine Fotografie einfüge. Den Kautschukstempel kann ich mir selbst anfertigen, ich habe seinerzeit die Holzschneiderei gelernt. Außerdem kann ich (ich habe nachgesehen) das F in meinem Namen Farmer mit einem kleinen Strich so verändern, daß man es für »Karrner« lesen kann, und unter diesem Namen kommt er ja selbst für den Fall, den ich aber für ausgeschlossen halte (siehe Abteilung II), in eine ganz andere Rubrik. Der Paß gilt dann für uns beide als Mann und Frau und genügt insolange, als wir uns dann in irgendeiner Hafenstadt wirklich falsche Pässe besorgen. In zwei oder drei Jahren, wenn unser Geld reicht, wird es ohne Schwierigkeiten gelingen.

d) Mitnehmen des Geldes: Wenn es irgendwie möglich ist, müssen in den letzten Tagen Vorkehrungen getroffen werden, möglichst große Noten, Tausender oder Zehntausender an sich zu ziehen, um sich nicht zu belasten. Die etwa fünfzig bis zweihundert Noten (je nachdem, ob es Tausender oder Hunderter sind) verteilst du während der Reise im Koffer, in der Tasche und nähst allenfalls einen Teil in den Hut ein, was für die einfache Zollrevision, wie sie an der Grenze jetzt geübt wird, selbstverständlich genügt. Einige Noten wechsle ich unterwegs auf den Bahnhöfen Zürich und Basel, damit wir bereits mit ausländischem Geld in Frankreich ankommen und nicht dorten an einer Stelle für die wichtigen ersten Anschaffungen zu auffällig viel österreichisches Geld wechseln müssen.

e) Erstes Fluchtziel: Ich schlage vor: Paris. Es hat den Vorteil, daß es leicht und in einem Zuge zu erreichen ist und wir sechzehn Stunden vor der Entdeckung und wohl vierundzwanzig Stunden vor jeder steckbrieflichen Verfolgung dort eingetroffen sind und Zeit gehabt haben, uns durch andere Adjustierung gegenüber dem Signalement (das nur dich betreffen wird) völlig zu verändern. Ich spreche fließend französisch, so daß wir die typischen Fremdenhotels vermeiden und uns unauffälliger in ein Vorstadthotel begeben können. Paris hat den Vorteil eines ungeheuren Reiseverkehrs, der die einzelne Überwachung beinahe unmöglich macht, auch wird das Meldewesen, nachdem was mir Freunde erzählten, lässig geübt, im Gegensatz zu Deutschland, wo die Hauswirte, selbst die ganze Nation von Natur aus neugierig sind und Exaktheit fordern. Außerdem bringen vermutlich die Zeitungen in Deutschland über einen österreichischen Postdiebstahl ausführlichere Details als die französischen. Und bis die Zeitungen diese ersten Nachrichten bringen, sind wir von Paris wahrscheinlich schon wieder fort (darüber in Abteilung III).

II. Verwischung der Spuren

Das Wichtigste ist, es müssen die Nachforschungen der Behörden erschwert und möglichst auf falsche Spuren geleitet werden, jede unrichtige Fährte verzögert die Nachforschungen, und nach einigen Tagen ist dann das Signalement im Inland und insbesondere im Ausland völlig in Vergessenheit geraten. Es ist also wichtig, gleich von Anfang an sich alle Maßnahmen der Behörde zu vergegenwärtigen und die entsprechenden Gegenmaßnahmen zu treffen.

Die Behörden werden ihre Nachforschungen wie gewöhnlich in drei Richtungen erstrecken, a) genaue Hausdurchsuchung, b) Ausfragen bei allen Bekannten, c) Nachforschungen nach andern an dem Delikt beteiligten Personen. Es genügt also nicht, bloß alle Papiere im Hause zu vernichten, sondern es müssen im Gegenteil Maßnahmen getroffen werden, um die Nachforschungen zu verwirren und auf ein falsches Geleise zu schieben. Dazu gehört:

a) Paßvisum: Sofort bei jedem sonstigen Delikt hält die Polizei Nachforschungen bei allen Konsulaten, ob der betreffenden Person in diesem Falle H) in den letzten Tagen ein Visum erteilt worden ist. Da ich nun das französische Visum nicht für den Paß H, sondern für meine eigene Person einhole (meine Person vergleiche Abteilung V), also wenigstens vorläufig gar nicht in Betracht komme, würde es eigentlich genügen, daß für den Paß H überhaupt kein Visum eingeholt wird. Da wir aber die Spuren nach Osten lenken wollen, werde ich für deinen Paß um ein rumänisches Visum einkommen, was natürlich zur Folge haben wird, daß sich die Nachforschungen der Polizei in erster Linie auf die Richtung Rumänien und überhaupt Balkan konzentrieren.

b) Zur Verstärkung dieser Annahme wird es gut sein, daß du am Tage vor dem Nationalfeiertag ein Telegramm aufgibst an Branco Riczitsch, Bukarest Bahnhof – postlagernd. »Eintreffe morgen nachmittag mit ganzem Gepäck, erwarte mich Station.« Es ist mit Sicherheit anzunehmen, daß die Behörde sämtliche in den letzten Tagen von deinem Postamt ausgegebenen Depeschen und

Telefonanrufe revidiert, dabei stößt sie sofort auf diese höchst verdächtige Mitteilung, die sie erstens glauben läßt, auch den Mithelfer zu kennen und, zweitens, die Fluchtrichtung ganz sicher zu haben.

c) Um diesen für uns wichtigen Irrtum zu verstärken, schreibe ich dir in verstellter Schrift einen langen Brief, den du sorgfältig in kleine Stücke zerreißt und diese wiederum in den Papierkorb wirfst. Der Kriminalbeamte wird selbstverständlich den Papierkorb untersuchen, die Stücke zusammensetzen, und damit ist eine neue Bekräftigung für die falsche Spur geschaffen.

d) Du erkundigst dich am Tage vor der Abfahrt unauffällig, ob auch direkte Billette nach Bukarest ausgeliefert werden und wieviel der Preis dafür beträgt. Es unterliegt keinem Zweifel, daß sich der Bahnbeamte als Zeuge meldet und damit abermals zur Verwirrung beiträgt.

e) Um meine Person, als dessen Gattin du reist und gemeldet bist, gänzlich aus der Kombination zu ziehen, ist nur eine Kleinigkeit nötig: meines Wissens hat uns niemand zusammen gesehen und weiß überhaupt niemand, daß wir uns kennen als dein Schwager. Um diesen irrezuführen, will ich noch heute zu ihm und mich verabschieden. Ich hätte endlich eine passende Stellung in Deutschland bekommen und reise dorthin ab. Auch meiner Wirtin bezahle ich alles Restliche und zeige ihr ein Telegramm. Da ich acht Tage vorher verschwinde, ist dann so jede Kombination zwischen uns beiden völlig ausgeschlossen.

III. Verhalten im Ausland und weitere Pläne

Eine genaue Feststellung läßt sich erst an Ort und Stelle vornehmen, hier nur einige allgemeine Punkte:

a) Aussehen: Wir müssen in Kleidung, Benehmen und Gehaben Angehörige einer mäßig bemittelten Mittelschicht darstellen, weil diese am unauffälligsten ist. Nicht zu elegant, nicht zu ärmlich, und vor allem werde ich mich als Angehöriger einer Klasse ausgeben, die am wenigsten in

Verdacht steht, mit Geldaffairen gebunden zu sein: ich werde den Maler spielen. Ich kaufe in Paris eine kleine Handstaffelei, einen Klappsessel, Leinwand, Palette, so daß überall, wo wir hinkommen, mein Beruf auf den ersten Blick offenkundig wird und jede weitere Frage überflüssig. Und in Frankreich, an allen romantischen Ecken treiben sich Tausende Maler das ganze Jahr herum. Es fällt nicht weiter auf und erregt von Anfang her eine gewisse Sympathie wie zu eigenartigen und ungefährlichen Menschen.

b) Dementsprechend muß auch unsere Kleidung sein. Samt oder ein Leinenrock, den Künstler ein wenig betonend, sonst völlige Unauffälligkeit. Du trittst als Helferin auf, trägst mir die Kassette und den Kodak. Solche Leute fragt man nicht um ihr Warum und Woher, man wundert sich nicht, daß sie sich kleine versteckte Nester aussuchen, und auch das Fremdsprachige fällt bei ihnen nicht weiter auf.

c) Sprache: Es ist von äußerster Wichtigkeit, daß wir nur miteinander sprechen, wenn möglichst niemand dabei ist. Es muß auf jeden Fall vermieden werden, daß die Leute merken, daß wir miteinander deutsch sprechen. Am besten wählen wir zur Verständigung vor den Leuten zwischen uns die alte Kindersprache, die Be-Sprache, die es Ausländern nicht nur unmöglich macht, etwas zu verstehen, sondern auch rätselhaft macht, in welcher Sprache man spricht. In Hotels sind womöglich Eckzimmer zu nehmen oder solche, von denen ein Nachbar nicht zuhören kann.

d) Häufiger Wechsel des Orts: Ein häufiger Wechsel des Aufenthaltsortes ist geboten, weil nach einer gewissen Frist Steuerpflicht oder irgendwelche Nachforschungen von Behörden eintreten können, die zwar mit unserer Sache nichts zu tun haben, aber immerhin Unannehmlichkeiten schaffen können. Zehn bis vierzehn Tage, in kleineren Orten vier Wochen, ist die richtige Frist, auch weil sie verhindert, mit den Hotelleuten zu bekannt zu werden.

e) Geld: Das Geld ist von uns ständig geteilt zu tragen, insolange wir nicht an irgendeiner Stelle ein geschlossenes Bankfach mieten können, was zumindest in den ersten Monaten gefährlich ist. Selbstverständlich ist es nicht in der Brieftasche oder offen zu tragen, sondern eingenäht in die Schuhfütterung, in Hüte oder Kleider, so daß bei einer zufälligen Visitation oder bei irgendeinem unberechenbaren Unglücksfall sich durch die Auffindung größerer Beträge in österreichischem Geld keine Verdachtsmomente ergeben. Die Umwechslung des Geldes ist langsam und vorsichtig und immer nur an größeren Orten, Paris, Monte Carlo, Nizza, vorzunehmen, niemals in kleineren Städten.

f) Bekanntschaften sind möglichst zu vermeiden, zumindest in der ersten Zeit, bis wir uns auf irgendeinem Weg neue Papiere verschaffen können (was in Hafenstädten leicht sein soll) und Frankreich wieder verlassen können, um nach Deutschland oder einem andern beliebigen Land zu gehen.

g) Ziele und Pläne über unsere zukünftige Lebensform jetzt im voraus anzustellen, ist überflüssig. Nach meinen bisherigen Berechnungen reicht die Summe bei mittlerer unauffälliger Lebensführung vier bis fünf Jahre, innerhalb welcher Zeit sich alles Weitere entscheiden muß. Es muß möglichst früh getrachtet werden, die immerhin gefährliche Form, das ganze Geld bei sich zu tragen, durch eine Deponierung zu ersetzen, doch darf dies erst unternommen werden, sobald ganz sichere und unauffällige Möglichkeiten gefunden werden. Die erste Zeit ist strikteste Vorsicht, strengste Unauffälligkeit und ständige Selbstüberwachung nötig, in einem halben Jahre können wir uns ungehindert frei bewegen und sind allfällige Steckbriefe bereits in Vergessenheit geraten. Diese Zeit muß man dann auch ausnützen, um sich in Sprachen zu verbessern, die eigene Handschrift

systematisch zu verändern und innerlich selbst das Gefühl
der Fremdheit und Unsicherheit zu überwinden.
Womöglich ist auch eine gewisse Fertigkeit zu erwerben,
die eine andere Lebensform und Betätigung ermöglicht.

IV. Verhalten im Falle eines Mißgeschicks oder
Entdeckung

Bei einem so ins Ungewisse hineingebauten
Unternehmen muß von allem Anfang an mit Mißlingen
gerechnet werden. In welchem Zeitpunkt und von welcher
Seite her sich gefährliche Situationen einstellen können,
läßt sich im voraus nicht berechnen, und es wird immer
von Fall zu Fall in gemeinsamer Überlegung dem begegnet
werden müssen. Als gewisse Grundprinzipien wären nur
festzuhalten:

a) Wenn wir durch irgendeinen Zufall oder Irrtum auf
der Reise oder bei unseren wechselnden Aufenthalten
voneinander getrennt werden, reisen wir jeder sofort in
jenen Ort zurück, wo wir zuletzt gemeinsam übernachtet
haben, und warten entweder dort auf dem Bahnhof
aufeinander oder schreiben uns an die Hauptpost der
betreffenden Stadt.

b) Sollte man uns durch irgendein Mißgeschick auf die
Spur kommen und eine Festnahme erfolgen, so müssen wir
im voraus alle Maßnahmen getroffen haben, um die letzten
Konsequenzen zu ziehen. Ich lasse meinen Revolver nicht
aus der Tasche und werde ihn immer beim Bette neben mir
liegen haben. Für dich bereite ich auf alle Fälle Gift vor,
Cyankali, das du unauffällig in einer Puderdose ständig bei
dir tragen kannst. Mit diesem Gefühl, jederzeit vorbereitet
zu sein, unseren vorher gefaßten Entschluß durchzuführen,
haben wir jeden Augenblick erhöhte Lebenssicherheit. Ich
für meinen Teil bin jedenfalls völlig entschlossen, nicht
noch einmal hinter Stacheldraht oder vergitterte Fenster zu
gehen.

Sollte dagegen einer von uns beiden in der
Abwesenheit des andern festgenommen werden, so
übernimmt der andere die kameradschaftliche Pflicht,

sofort zu flüchten. Es wäre der gröbste Fehler, aus falscher Sentimentalität sich selbst zu stellen, um das Schicksal des Kameraden zu teilen, denn der einzelne ist immer weniger belastet und kann sich bei einer bloßen Untersuchung leichter herausreden. Außerdem hat der andere, der in Freiheit ist, die Möglichkeit, zu helfen, die Spuren zu verwischen, ihm Nachricht zukommen zu lassen und allenfalls bei der Flucht behilflich zu sein. Es wäre Wahnwitz, freiwillig die Freiheit aufzugeben, um derentwillen man alles unternommen hat. Zum Selbstmord bleibt immer Zeit genug.

V. Zusammenfassung

Wir unternehmen dieses Wagnis und setzen dafür unser Leben ein, um frei zu leben, zumindest eine Zeitlang. Zu diesem Begriffe der Freiheit gehört auch menschliche Freiheit gegeneinander. Sollte aus innern oder äußern Gründen einem von uns beiden das Zusammenleben drückend oder unerträglich sein, so soll er sich klar von dem andern lösen. Jeder von uns unternimmt dieses Wagnis aus freiem Entschluß ohne Nötigung und ausgeübten Zwang auf den andern, jeder ist nur vor sich selbst verantwortlich, keiner darf je darum dem andern äußerlich oder innerlich einen Vorwurf machen. So wie wir das Geld von der ersten Minute an teilen, damit jeder frei bleibt, teilen wir auch die Verantwortung, die Gefahr, und übernehmen jeder für sich die Konsequenzen.

Für die ganze zukünftige Gestaltung bleibt dies die Verantwortung vor uns selbst, daß wir in jedem Augenblick die Überzeugung haben, nichts Unrechtes gegen den Staat und gegeneinander getan zu haben, sondern nur das einzige, was in unserer Situation das Richtige und Natürliche war. Mit schlechtem Gewissen uns in eine solche Gefahr zu wagen, wäre sinnlos. Nur wenn jeder von uns, unabhängig vom andern, nach reiflicher Erwägung zu der Überzeugung kommt, daß dieser Weg der einzige und richtige ist, dürfen und müssen wir ihn einschlagen.

Sie legt die Blätter hin und sieht auf. Er ist zurückgekommen und raucht eine Zigarette. »Lies es noch einmal durch.« Sie gehorcht, und erst als sie es noch einmal gelesen hat, fragt er sie: »Ist alles klar und übersichtlich?«

»Ja.«

»Fehlt dir irgend etwas darin?«

»Nein, ich glaube, du hast an alles gedacht.«

»An alles? Nein« – er lächelt –, »etwas habe ich vergessen.«

»Was?«

»Ja, wenn ich das wüßte. Etwas fehlt in jedem Plan. Irgendeine offene Naht ist bei jedem Verbrechen, man weiß nur im voraus nicht, welche. Jeder Verbrecher, so raffiniert er ist, begeht fast immer einen kleinen winzigen Fehler. Er räumt alle seine Papiere weg, nur seinen Paß läßt er liegen; er berechnet alle Widerstände, nur den offenkundigsten und selbstverständlichsten übersieht er. Immer vergißt jeder an etwas. Und wahrscheinlich habe auch ich das wichtigste zu denken vergessen.«

Ihre Stimme ist voll Überraschung. »So glaubst du... du glaubst, daß es nicht gelingen wird ...?«

»Ich weiß es nicht. Ich weiß nur, daß es schwer ist. Das andere wäre leichter gewesen. Es mißlingt fast immer, wenn man sich auflehnt gegen sein eigenes Gesetz – ich meine nicht die Paragraphen der Juristerei, nicht das Staatsgrundgesetz und die Polizei. Mit dem würde man fertig. Aber jeder hat sein inneres Gesetz: der eine geht nach oben, der andere nach unten, und wer steigen soll, wird steigen, und wer fallen soll, wird fallen. Mir ist bisher noch nichts gelungen. Dir ist bisher noch nichts gelungen, vielleicht ist es schon verschworen, wahrscheinlich sogar, daß wir untergehen müssen. Wenn du mich ehrlich fragst, so sage ich dir, ich glaube nicht, daß ich so einer bin, der einmal ganz glücklich sein wird, vielleicht paßt es auch gar nicht zu mir, ich bin schon zufrieden mit einem Monat, mit einem Jahr, mit zwei Jahren. Wenn wir's wagen, so denke ich nicht an ein seliges Ende mit weißem Haar und an ein trautes Heim im Grünen, ich denke nur an ein paar Wochen, ein paar Monate, ein paar Jahre über den Revolver hinaus, den wir nehmen wollten.«

Sie blickt ihn ruhig an. »Ich danke dir, Ferdinand, daß du so aufrichtig bist. Hättest du begeistert geredet, ich wäre mißtrauisch geworden gegen dich. Ich glaube auch nicht daran, daß es uns lange gelingt. Immer wenn ich unterwegs war, hat's mich zurückgerissen. Wahrscheinlich ist es vergeblich, was wir tun, und es hat keinen Sinn. Aber es nicht zu tun und so weiter zu leben, wäre noch sinnloser. Ich sehe nichts Besseres. Also – du kannst auf mich zählen.«

Er blickt sie an, hell, klar, aber ohne Heiterkeit. »Unwiderruflich?«

»Ja.«

»Und Mittwoch, den 10., um sechs Uhr?«

Sie hält seinen Blick aus und hält ihm die Hand entgegen.

»Ja.«

DIE UNSICHTBARE SAMMLUNG

DIE UNSICHTBARE SAMMLUNG

BUCHMENDEL

UNVERMUTETE BEKANNTSCHAFT MIT EINEM HANDWERK

Die unsichtbare Sammlung

Eine Episode aus der deutschen Inflation

Zwei Stationen hinter Dresden stieg ein älterer Herr in unser Abteil, grüßte höflich und nickte mir dann, aufblickend, noch einmal ausdrücklich zu wie einem guten Bekannten. Ich vermochte mich seiner im ersten Augenblick nicht zu entsinnen; kaum nannte er aber dann mit einem leichten Lächeln seinen Namen, erinnerte ich mich sofort: Es war einer der angesehensten Kunstantiquare Berlins, bei dem ich in Friedenszeit öfters alte Bücher und Autographen besehen und gekauft. Wir plauderten zunächst von gleichgültigen Dingen. Plötzlich sagte er unvermittelt:

»Ich muß Ihnen doch erzählen, woher ich gerade komme. Denn diese Episode ist so ziemlich das Sonderbarste, was mir altem Kunstkrämer in den siebenunddreißig Jahren meiner Tätigkeit begegnet ist. Sie wissen wahrscheinlich selbst, wie es im Kunsthandel jetzt zugeht, seit sich der Wert des Geldes wie Gas verflüchtigt: Die neuen Reichen haben plötzlich ihr Herz entdeckt für gotische Madonnen und Inkunabeln und alte Stiche und Bilder; man kann ihnen gar nicht genug herzaubern, ja wehren muß man sich sogar, daß einem nicht Haus und Stube kahl ausgeräumt wird. Am liebsten kauften sie einem noch den Manschettenknopf vom Ärmel weg und die Lampe vom Schreibtisch. Da wird es nun eine immer härtere Not, stets neue Waren herbeizuschaffen – verzeihen Sie, daß ich für diese

Dinge, die unsereinem sonst etwas Ehrfürchtiges bedeuteten, plötzlich Ware sage –, aber diese üble Rasse hat einen ja selbst daran gewöhnt, einen wunderbaren Venezianer Wiegendruck nur als Überzug von soundsoviel Dollars zu betrachten und eine Handzeichnung des Guercino als Inkarnation von ein paar Hundertfrankenscheinen. Gegen die penetrante Eindringlichkeit dieser plötzlich Kaufwütigen hilft kein Widerstand. Und so war ich über Nacht wieder einmal ganz ausgepowert und hätte am liebsten die Rolladen heruntergelassen, so schämte ich mich, in unserem alten Geschäft, das schon mein Vater vom Großvater übernommen, nur noch erbärmlichen Schund herumkümmeln zu sehen, den früher kein Straßentrödler im Norden sich auf den Karren gelegt hätte.

In dieser Verlegenheit kam ich auf den Gedanken, unsere alten Geschäftsbücher durchzusehen, um einstige Kunden aufzustöbern, denen ich vielleicht ein paar Dubletten wieder abluchsen könnte. Eine solche alte Kundenliste ist immer eine Art Leichenfeld, besonders in jetziger Zeit, und sie lehrte mich eigentlich nicht viel: Die meisten unserer früheren Käufer hatten längst ihren Besitz in Auktionen abgeben müssen oder waren gestorben, und von den wenigen Aufrechten war nichts zu erhoffen. Aber da stieß ich plötzlich auf ein ganzes Bündel Briefe von unserem wohl ältesten Kunden, der mir nur darum aus dem Gedächtnis gekommen war, weil er seit Anbruch des Weltkrieges, seit 1914, sich nie mehr mit irgendeiner Bestellung oder Anfrage an uns gewandt hatte. Die Korrespondenz reichte – wahrhaftig keine Übertreibung! – auf beinahe sechzig Jahre zurück; er hatte schon von meinem Vater und Großvater gekauft, dennoch konnte ich mich nicht entsinnen, daß er in den siebenunddreißig Jahren meiner persönlichen Tätigkeit jemals unser Geschäft betreten hätte. Alles deutete darauf hin, daß er ein sonderbarer, altväterischer, skurriler Mensch gewesen sein mußte, einer jener verschollenen Menzel- oder Spitzweg-Deutschen, wie sie sich noch knapp bis in unsere Zeit hinein in kleinen Provinzstädten als seltene Unika hier und da erhalten haben. Seine Schriftstücke waren Kalligraphika, säuberlich geschrieben, die Beträge mit dem Lineal und roter Tinte unterstrichen, auch wiederholte er immer zweimal die Ziffer, um ja keinen Irrtum zu erwecken: Dies sowie die ausschließliche Verwendung von abgelösten Respektblättern und Sparkuverts deuteten auf die Kleinlichkeit und fanatische Sparwut eines rettungslosen Provinzlers. Unterzeichnet waren diese sonderbaren Dokumente außer mit seinem Namen stets noch mit dem umständlichen Titel: Forst- und Ökonomierat a. D., Leutnant a. D., Inhaber des Eisernen Kreuzes erster Klasse. Als Veteran aus dem siebenziger Jahr mußte er also, wenn er noch lebte, zumindest seine guten achtzig Jahre auf dem Rücken haben. Aber dieser skurrile, lächerliche Sparmensch zeigte als Sammler alter Graphiken eine ganz ungewöhnliche Klugheit, vorzügliche Kenntnis und feinsten Geschmack: Als ich mir so langsam seine Bestellungen aus beinahe sechzig Jahren zusammenlegte, deren erste noch auf Silbergroschen lautete, wurde ich gewahr, daß sich dieser kleine Provinzmann in den Zeiten, da man für einen Taler noch ein Schock schönster deutscher Holzschnitte kaufen konnte, ganz im stillen eine Kupferstichsammlung zusammengetragen haben mußte, die wohl neben den lärmend genannten der neuen Reichen in höchsten Ehren bestehen konnte.

Denn schon was er bei uns allein in kleinen Mark- und Pfennigbeträgen im Laufe eines halben Jahrhunderts erstanden hatte, stellte heute einen erstaunlichen Wert dar, und außerdem ließ sich's erwarten, daß er auch bei Auktionen und anderen Händlern nicht minder wohlfeil gescheffelt. Seit 1914 war allerdings keine Bestellung mehr von ihm gekommen, ich jedoch wiederum zu vertraut mit allen Vorgängen im Kunsthandel, als daß mir die Versteigerung oder der geschlossene Verkauf eines solchen Stapels hätte entgehen können: So mußte dieser sonderbare Mann wohl noch am Leben oder die Sammlung in den Händen seiner Erben sein.

Die Sache interessierte mich, und ich fuhr sofort am nächsten Tage, gestern abend, direkt drauflos, geradewegs in eine der unmöglichsten Provinzstädte, die es in Sachsen gibt; und als ich so vom kleinen Bahnhof durch die Hauptstraße schlenderte, schien es mir fast unmöglich, daß da, inmitten dieser banalen Kitschhäuser mit ihrem Kleinbürgerplunder, in irgendeiner dieser Stuben ein Mensch wohnen sollte, der die herrlichsten Blätter Rembrandts neben Stichen Dürers und Mantegnas in tadelloser Vollständigkeit besitzen könnte. Zu meinem Erstaunen erfuhr ich aber im Postamt auf die Frage, ob hier ein Forst- oder Ökonomierat dieses Namens wohne, daß tatsächlich der alte Herr noch lebe, und machte mich – offen gestanden, nicht ohne etwas Herzklopfen – noch vor Mittag auf den Weg zu ihm.

Ich hatte keine Mühe, seine Wohnung zu finden. Sie war im zweiten Stock eines jener sparsamen Provinzhäuser, die irgendein spekulativer Maurerarchitekt in den sechziger Jahren hastig aufgekellert haben mochte. Den ersten Stock bewohnte ein biederer Schneidermeister, links glänzte im zweiten Stock das Schild eines Postverwalters, rechts endlich das Porzellantäfelchen mit dem Namen des Forst- und Ökonomierates. Auf mein zaghaftes Läuten tat sofort eine ganz alte, weißhaarige Frau mit sauberem schwarzem Häubchen auf. Ich überreichte ihr meine Karte und fragte, ob Herr Forstrat zu sprechen sei. Erstaunt und mit einem gewissen Mißtrauen sah sie zuerst mich und dann die Karte an: In diesem weltverlorenen Städtchen, in diesem altväterischen Haus schien ein Besuch von außen her ein Ereignis zu sein. Aber sie bat mich freundlich, zu warten, nahm die Karte, ging hinein ins Zimmer; leise hörte ich sie flüstern und dann plötzlich eine laute, polternde Männerstimme: ›Ah, der Herr R. ... aus Berlin, von dem großen Antiquariat ... soll nur kommen, soll nur kommen ... freue mich sehr!‹ Und schon trippelte das alte Mütterchen wieder heran und bat mich in die gute Stube.

Ich legte ab und trat ein. In der Mitte des bescheidenen Zimmers stand hochaufgerichtet ein alter, aber noch markiger Mann, mit buschigem Schnurrbart in verschnürtem, halb militärischem Hausrock und hielt mir herzlich beide Hände entgegen. Doch dieser offenen Geste unverkennbar freudiger und spontaner Begrüßung widersprach eine merkwürdige Starre in seinem Dastehen. Er kam mir nicht einen Schritt entgegen, und ich mußte – ein wenig befremdet – bis an ihn heran, um seine Hand zu fassen. Doch als ich sie fassen wollte, merkte ich an der waagerecht unbeweglichen Haltung dieser Hände, daß sie die meinen nicht suchten, sondern erwarteten. Im nächsten Augenblick wußte ich alles: Dieser Mann war blind.

Schon von Kindheit an, immer war es mir unbehaglich, einem Blinden gegenüberzustehen, niemals konnte ich mich einer gewissen Scham und Verlegenheit erwehren, einen Menschen ganz als lebendig zu fühlen und gleichzeitig zu wissen, daß er mich nicht so fühlte wie ich ihn. Auch jetzt hatte ich ein erstes Erschrecken zu überwinden, als ich diese toten, starr ins Leere hineingestellten Augen unter den aufgesträubten weißbuschigen Brauen sah. Aber der Blinde ließ mir nicht lange Zeit zu solcher Befremdung, denn kaum daß meine Hand die seine berührte, schüttelte er sie auf das kräftigste und erneute den Gruß mit stürmischer, behaglich-polternder Art. ›Ein seltener Besuch‹, lachte er mir breit entgegen, ›wirklich ein Wunder, daß sich einmal einer der Berliner großen Herren in unser Nest verirrt ... Aber da heißt es vorsichtig sein, wenn sich einer der Herren Händler auf die Bahn setzt ... Bei uns zu Hause sagt man immer: Tore und Taschen zu, wenn die Zigeuner kommen ... Ja, ich kann mir's schon denken, warum Sie mich aufsuchen ... Die Geschäfte gehen jetzt schlecht in unserem armen, heruntergekommenen Deutschland, es gibt keine Käufer mehr, und da besinnen sich die großen Herren wieder einmal auf ihre alten Kunden und suchen ihre Schäflein auf ... Aber bei mir, fürchte ich, werden Sie kein Glück haben, wir armen, alten Pensionisten sind froh, wenn wir unser Stück Brot auf dem Tische haben. Wir können nicht mehr mittun bei den irrsinnigen Preisen, die ihr jetzt macht ... unsereins ist ausgeschaltet für immer.‹

Ich berichtigte sofort, er habe mich mißverstanden, ich sei nicht gekommen, ihm etwas zu verkaufen, ich sei nur gerade hier in der Nähe gewesen und hätte die Gelegenheit nicht versäumen wollen, ihm als vieljährigem Kunden unseres Hauses und einem der größten Sammler Deutschlands meine

Aufwartung zu machen. Kaum hatte ich das Wort ›einer der größten Sammler Deutschlands‹ ausgesprochen, so ging eine seltsame Verwandlung im Gesicht des alten Mannes vor. Noch immer stand er aufrecht und starr inmitten des Zimmers, aber jetzt kam ein Ausdruck plötzlicher Helligkeit und innersten Stolzes in seine Haltung, er wandte sich in die Richtung, wo er seine Frau vermutete, als wollte er sagen: ›Hörst du‹, und voll Freudigkeit in der Stimme, ohne eine Spur jenes militärisch barschen Tones, in dem er sich noch eben gefallen, sondern weich, geradezu zärtlich, wandte er sich zu mir:

›Das ist wirklich sehr, sehr schön von Ihnen ... Aber Sie sollen auch nicht umsonst gekommen sein. Sie sollen etwas sehen, was Sie nicht jeden Tag zu sehen bekommen, selbst nicht in Ihrem protzigen Berlin ... ein paar Stücke, wie sie nicht schöner in der »Albertina« und in dem gottverfluchten Paris zu finden sind ... Ja, wenn man sechzig Jahre sammelt, da kommen allerhand Dinge zustande, die sonst nicht gerade auf der Straße liegen. Luise, gib mir mal den Schlüssel zum Schrank!‹

Jetzt aber geschah etwas Unerwartetes. Das alte Mütterchen, das neben ihm stand und höflich, mit einer lächelnden, leise lauschenden Freundlichkeit an unserem Gespräch teilgenommen, hob plötzlich zu mir bittend beide Hände auf, und gleichzeitig machte sie mit dem Kopfe eine heftig verneinende Bewegung, ein Zeichen, das ich zunächst nicht verstand. Dann erst ging sie auf ihren Mann zu und legte ihm leicht beide Hände auf die Schultern: ›Aber Herwarth‹, mahnte sie, ›du fragst ja den Herrn gar nicht, ob er jetzt Zeit hat, die Sammlung zu besehen, es geht doch schon auf Mittag. Und nach Tisch mußt du eine Stunde ruhen, das hat der Arzt ausdrücklich verlangt.

Ist es nicht besser, du zeigst dem Herrn alle die Sachen nach Tisch, und wir trinken dann gemeinsam Kaffee? Dann ist auch Annemarie hier, die versteht ja alles viel besser und kann dir helfen!‹

Und nochmals, kaum daß sie die Worte ausgesprochen hatte, wiederholte sie gleichsam über den Ahnungslosen hinweg jene bittend eindringliche Gebärde. Nun verstand ich sie. Ich wußte, daß sie wünschte, ich solle eine sofortige Besichtigung ablehnen, und erfand schnell eine Verabredung zu Tisch. Es wäre mir ein Vergnügen und eine Ehre, seine Sammlung besehen zu dürfen, aber dies sei mir kaum vor drei Uhr möglich, aber dann würde ich mich gern einfinden.

Ärgerlich wie ein Kind, dem man sein liebstes Spielzeug genommen, wandte sich der alte Mann herum. ›Natürlich‹, brummte er, ›die Herren Berliner, die haben nie für etwas Zeit. Aber diesmal werden Sie sich schon Zeit nehmen müssen, denn das sind nicht drei oder fünf Stücke, das sind siebenundzwanzig Mappen, jede für einen anderen Meister, und keine davon halbleer. Also um drei Uhr; aber pünktlich sein, wir werden sonst nicht fertig.‹

Wieder streckte er mir die Hand ins Leere entgegen. ›Passen Sie auf, Sie dürfen sich freuen – oder ärgern. Und je mehr Sie sich ärgern, desto mehr freue ich mich. So sind wir Sammler ja schon: alles für uns selbst und nichts für die andern!‹ Und nochmals schüttelte er mir kräftig die Hand.

Das alte Frauchen begleitete mich zur Tür. Ich hatte ihr schon die ganze Zeit eine gewisse Unbehaglichkeit angemerkt, einen Ausdruck verlegener Ängstlichkeit. Nun aber, schon knapp am Ausgang, stotterte sie mit einer ganz niedergedrückten Stimme: ›Dürfte Sie ... dürfte Sie ... meine Tochter

Annemarie abholen, ehe Sie zu uns kommen? ... Es ist besser ... aus mehreren Gründen ... Sie speisen doch wohl im Hotel?‹

›Gewiß, ich werde mich freuen, es wird mir ein Vergnügen sein‹, sagte ich.

Und tatsächlich, eine Stunde später, als ich in der kleinen Gaststube des Hotels am Marktplatz die Mittagsmahlzeit gerade beendet hatte, trat ein ältliches Mädchen, einfach gekleidet, mit suchendem Blick ein. Ich ging auf sie zu, stellte mich vor und erklärte mich bereit, gleich mitzugehen, um die Sammlung zu besichtigen. Aber mit einem plötzlichen Erröten und der gleichen wirren Verlegenheit, die ihre Mutter gezeigt hatte, bat sie mich, ob sie nicht zuvor noch einige Worte mit mir sprechen könnte. Und ich sah sofort, es wurde ihr schwer. Immer, wenn sie sich einen Ruck gab und zu sprechen versuchte, stieg diese unruhige, diese flatternde Röte ihr bis zur Stirn empor, und die Hand verbastelte sich im Kleid. Endlich begann sie, stockend und immer wieder von neuem verwirrt:

›Meine Mutter hat mich zu Ihnen geschickt ... Sie hat mir alles erzählt, und ... wir haben eine große Bitte an Sie ... Wir möchten Sie nämlich informieren, ehe Sie zu Vater kommen ... Vater wird Ihnen natürlich seine Sammlung zeigen wollen, und die Sammlung ... die Sammlung ... ist nicht mehr ganz vollständig ... es fehlen eine Reihe Stücke daraus ... leider sogar ziemlich viele ...‹

Wieder mußte sie Atem holen, dann sah sie mich plötzlich an und sagte hastig:

›Ich muß ganz aufrichtig zu Ihnen reden ... Sie kennen die Zeit, Sie werden alles verstehen ... Vater ist nach dem Ausbruch des Krieges vollkommen erblindet. Schon vorher war seine Sehkraft öfters gestört, die Aufregung hat ihn dann gänzlich des Lichtes beraubt – er wollte nämlich durchaus, trotz seinen sechsundsiebzig Jahren, noch nach Frankreich mit, und als die Armee nicht gleich wie 1870 vorwärts kam, da hat er sich entsetzlich aufgeregt, und da ging es furchtbar rasch abwärts mit seiner Sehkraft, Sonst ist er ja noch vollkommen rüstig, er konnte bis vor kurzem noch stundenlang gehen, sogar auf seine geliebte Jagd. Jetzt ist es aber mit seinen Spaziergängen aus, und da blieb ihm als einzige Freude die Sammlung, die sieht er sich jeden Tag an ... das heißt, er sieht sie ja nicht, er sieht ja nichts mehr, aber er holt sich doch jeden Nachmittag alle Mappen hervor, um wenigstens die Stücke anzutasten, eins nach dem andern, in der immer gleichen Reihenfolge, die er seit Jahrzehnten auswendig kennt ... Nichts anderes interessiert ihn heute mehr, und ich muß ihm immer aus der Zeitung vorlesen von allen Versteigerungen, und je höhere Preise er hört, desto glücklicher ist er ... denn ... das ist ja das Furchtbare, Vater versteht nichts mehr von den Preisen und von der Zeit ... er weiß nicht, daß wir alles verloren haben und daß man von seiner Pension nicht mehr zwei Tage im Monat leben kann ... Dazu kam noch, daß der Mann meiner Schwester gefallen ist und sie mit vier kleinen Kindern zurückblieb ... Doch Vater weiß nichts von allen unseren materiellen Schwierigkeiten. Zuerst haben wir gespart, noch mehr gespart als früher, aber das half nichts. Dann begannen wir zu verkaufen – wir rührten natürlich nicht an seine geliebte Sammlung ... Man verkaufte das bißchen Schmuck, das man hatte, doch, mein Gott, was war das, hatte doch Vater seit sechzig Jahren jeden Pfennig, den er erübrigen konnte, einzig für seine Blätter ausgegeben. Und eines Tages war nichts mehr da ... wir wußten nicht weiter ... und da ... da ... haben Mutter und ich ein Stück verkauft. Vater hätte es nie erlaubt, er weiß ja nicht, wie schlecht es geht, er ahnt nicht, wie schwer es ist, im Schleichhandel das bißchen Nahrung aufzutreiben, er weiß auch nicht, daß wir den Krieg verloren haben und daß Elsaß und Lothringen abgetreten sind, wir lesen ihm aus der Zeitung alle diese Dinge nicht mehr vor, damit er sich nicht aufregt.

Es war ein sehr kostbares Stück, das wir verkauften, eine Rembrandt-Radierung. Der Händler bot uns viele, viele tausend Mark dafür, und wir hofften, damit auf Jahre versorgt zu sein. Aber Sie wissen ja, wie das Geld einschmilzt ... Wir hatten den ganzen Rest auf die Bank gelegt, doch nach zwei Monaten war alles weg. So mußten wir noch ein Stück verkaufen und noch eins, und der Händler sandte das Geld immer so spät, daß es schon entwertet war. Dann versuchten wir es bei Auktionen, aber auch da betrog man uns trotz den Millionenpreisen ... Bis die Millionen zu uns kamen, waren sie immer schon wertloses Papier. So ist allmählich das Beste seiner Sammlung bis auf ein paar gute Stücke weggewandert, nur um das nackte, kärglichste Leben zu fristen, und Vater ahnt nichts davon.

Deshalb erschrak auch meine Mutter so, als Sie heute kamen ... denn wenn er Ihnen die Mappen aufmacht, so ist alles verraten ... wir haben ihm nämlich in die altcn Passepartouts, deren jedes er beim Anfühlen kennt, Nachdrucke oder ähnliche Blätter statt der verkauften eingelegt, so daß er nichts merkt, wenn er sie antastet. Und wenn er sie nur antasten und nachzählen kann (er hat die Reihenfolge genau in Erinnerung), so hat er genau dieselbe Freude, wie wenn er sie früher mit seinen offenen Augen sah.

Sonst ist ja niemand in diesem kleinen Städtchen, den Vater je für würdig gehalten hätte, ihm seine Schätze zu zeigen ... und er liebt jedes einzelne Blatt mit einer so fanatischen Liebe, ich glaube, das Herz würde ihm brechen, wenn er ahnte, daß alles das unter seinen Händen längst weggewandert ist. Sie sind der erste in all diesen Jahren, seit der frühere Vorstand des Dresdner Kupferstichkabinetts tot ist, dem er seine Mappen zu zeigen meint. Darum bitte ich Sie ...‹

Und plötzlich hob das alternde Mädchen die Hände auf, und ihre Augen schimmerten feucht.

›... bitten wir Sie ... machen Sie ihn nicht unglücklich ... nicht uns unglücklich ... zerstören Sie ihm nicht diese letzte Illusion, helfen Sie uns, ihn glauben zu machen, daß alle diese Blätter, die er Ihnen beschreiben wird, noch vorhanden sind ... er würde es nicht überleben, wenn er es nur mutmaßte. Vielleicht haben wir ein Unrecht an ihm getan, aber wir konnten nicht anders: man mußte leben ... und Menschenleben, vier verwaiste Kinder, wie die meiner Schwester, sind doch wichtiger als bedruckte Blätter ... Bis zum heutigen Tage haben wir ihm ja auch keine Freude genommen damit; er ist glücklich, jeden Nachmittag drei Stunden seine Mappen durchblättern zu dürfen, mit jedem Stück wie mit einem Menschen zu sprechen. Und heute ... heute wäre vielleicht sein glücklichster Tag, wartet er doch seit Jahren darauf, einmal einem Kenner seine Lieblinge zeigen zu dürfen; bitte ... ich bitte Sie mit aufgehobenen Händen, zerstören Sie ihm diese Freude nicht!‹

Das war alles so erschütternd gesagt, wie es mein Nacherzählen gar nicht ausdrücken kann. Mein Gott, als Händler hat man ja viele dieser niederträchtig ausgeplünderten, von der Inflation hundsföttisch betrogenen Menschen gesehen, denen kostbarster jahrhundertealter Familienbesitz um ein Butterbrot weggegaunert war – aber hier schuf das Schicksal ein Besonderes, das mich besonders ergriff. Selbstverständlich versprach ich ihr, zu schweigen und mein Bestes zu tun.

Wir gingen nun zusammen hin – unterwegs erfuhr ich noch voll Erbitterung, mit welchen Kinkerlitzchen von Beträgen man diese armen, unwissenden Frauen betrogen hatte, aber das festigte nur meinen Entschluß, ihnen bis zum Letzten zu helfen. Wir gingen die Treppe hinauf, und kaum daß wir die Türe aufklinkten, hörten wir von der Stube drinnen schon die freudig-polternde Stimme des alten Mannes: ›Herein! Herein!‹ Mit der Feinhörigkeit eines Blinden mußte er unsere Schritte schon von der Treppe vernommen haben.

›Herwarth hat heute gar nicht schlafen können vor Ungeduld, Ihnen seine Schätze zu zeigen‹, sagte lächelnd das alte Mütterchen. Ein einziger Blick ihrer Tochter hatte sie bereits über mein Einverständnis beruhigt. Auf dem Tische lagen ausgebreitet und wartend die Stöße der Mappen, und kaum daß der Blinde meine Hand fühlte, faßte er schon ohne weitere Begrüßung meinen Arm und drückte mich auf den Sessel.

›So, und jetzt wollen wir gleich anfangen – es ist viel zu sehen, und die Herren aus Berlin haben ja niemals Zeit. Diese erste Mappe da ist Meister Dürer und, wie Sie sich überzeugen werden, ziemlich komplett – dabei ein Exemplar schöner als das andere. Na, Sie werden ja selber urteilen, da sehen Sie einmal!‹ Er schlug das erste Blatt der Mappe auf. ›Das große Pferd.‹

Und nun entnahm er mit jener zärtlichen Vorsicht, wie man sonst etwas Zerbrechliches berührt, mit ganz behutsam anfassenden schonenden Fingerspitzen der Mappe ein Passepartout, in dem ein leeres vergilbtes Papierblatt eingerahmt lag, und hielt den wertlosen Wisch begeistert vor sich hin. Er sah es an, minutenlang, ohne doch wirklich zu sehen, aber er hielt ekstatisch das leere Blatt mit ausgespreizter Hand in Augenhöhe, sein ganzes Gesicht drückte magisch die angespannte Geste eines Schauenden aus. Und in seine Augen, die starren mit ihren toten Sternen, kam mit einemmal – schuf dies der Reflex des Papiers oder ein Glanz von innen her? – eine spiegelnde Helligkeit, ein wissendes Licht.

›Nun‹, sagte er stolz, ›haben Sie schon jemals einen schöneren Abzug gesehen? Wie scharf, wie klar da jedes Detail herauswächst – ich habe das Blatt verglichen mit dem Dresdner Exemplar, aber das wirkte ganz flau und stumpf dagegen. Und dazu das Pedigree! Da‹ – und er wandte das Blatt um und zeigte mit dem Fingernagel auf der Rückseite haargenau auf einzelne Stellen des leeren Blattes, so daß ich unwillkürlich hinsah, ob die Zeichen nicht doch noch da waren –, ›da haben Sie den Stempel der Sammlung Nagler, hier den von Remy und Esdaile; die haben auch nicht geahnt, diese illustren Vorbesitzer, daß ihr Blatt einmal hierher in die kleine Stube käme.‹

Mir lief es kalt über den Rücken, als der Ahnungslose ein vollkommen leeres Blatt so begeistert rühmte, und es war gespenstisch mitanzusehen, wie er mit dem Fingernagel bis zum Millimeter genau auf alle die nur in seiner Phantasie noch vorhandenen unsichtbaren Sammlerzeichen hindeutete. Mir war die Kehle vor Grauen zugeschnürt, ich wußte nichts zu antworten; aber als ich verwirrt zu den beiden aufsah, begegnete ich wieder den flehentlich aufgehobenen Händen der zitternden und aufgeregten Frau. Da faßte ich mich und begann mit meiner Rolle.

›Unerhört!‹ stammelte ich endlich heraus. ›Ein herrlicher Abzug.‹ Und sofort erstrahlte sein ganzes Gesicht vor Stolz. ›Das ist aber noch gar nichts‹, triumphierte er, ›da müssen Sie erst die »Melancholia« sehen oder da die »Passion«, ein illuminiertes Exemplar, wie es kaum ein zweites Mal vorkommt in gleicher Qualität. Da sehen Sie nur‹ – und wieder strichen zärtlich seine Finger über eine imaginäre Darstellung hin – ›diese Frische, dieser körnige, warme Ton. Da würde Berlin kopfstehen mit allen seinen Herren Händlern und Museumsdoktoren.‹

Und so ging dieser rauschende, redende Triumph weiter, zwei ganze geschlagene Stunden lang. Nein, ich kann es Ihnen nicht schildern, wie gespenstisch das war, mit ihm diese hundert oder zweihundert leeren Papierfetzen oder schäbigen Reproduktionen anzusehen, die aber in der Erinnerung dieses tragisch Ahnungslosen so unerhört wirklich waren, daß er ohne Irrtum in fehlerloser Aufeinanderfolge jedes einzelne mit den präzisesten Details rühmte und beschrieb: die unsichtbare Sammlung, die längst in alle Winde zerstreut sein mußte, sie war für diesen Blinden, für diesen rührend betrogenen Menschen noch unverstellt da, und die Leidenschaft seiner Vision so überwältigend, daß beinahe auch ich schon an sie zu glauben begann. Nur einmal unterbrach schreckhaft die Gefahr eines Erwachens die somnambule Sicherheit seiner schauenden Begeisterung: Er hatte bei der Rembrandtschen ›Antiope‹ (einem Probeabzug, der tatsächlich einen unermeßlichen Wert gehabt haben mußte) wieder die Schärfe des Druckes gerühmt, und dabei war sein nervös hellsichtiger Finger, liebevoll nachzeichnend, die Linie des Eindruckes nachgefahren, ohne daß aber die geschärften Tastnerven jene Vertiefung auf dem fremden Blatte fanden. Da ging es plötzlich wie ein Schatten über seine Stirn hin, die Stimme verwirrte sich. ›Das ist doch ... das ist doch die »Antiope«?‹ murmelte er, ein wenig verlegen, worauf ich mich sofort ankurbelte, ihm eilig das gerahmte Blatt aus den Händen nahm und die auch mir gegenwärtige Radierung in allen möglichen Einzelheiten begeistert beschrieb. Da entspannte sich das verlegen gewordene Gesicht des Blinden wieder. Und je mehr ich rühmte, desto mehr glühte in diesem knorrigen, vermorschten Manne eine joviale Herzlichkeit, eine biederheitere Innigkeit auf. ›Da ist einmal einer, der etwas versteht‹, jubelte er, triumphierend zu den Seinen hingewandt. ›Endlich, endlich einmal einer, von dem auch ihr hört, was meine Blätter da wert sind. Da habt ihr mich immer mißtrauisch gescholten, weil ich alles Geld in meine Sammlung gesteckt: Es ist ja wahr, in sechzig Jahren kein Bier, kein Wein, kein Tabak, keine Reise, kein Theater, kein Buch, nur immer gespart und gespart für diese Blätter. Aber ihr werdet einmal sehen, wenn ich nicht mehr da bin – dann seid ihr reich, reicher als alle in der Stadt, und so reich wie die Reichsten in Dresden, dann werdet ihr meiner Narrheit noch einmal froh sein. Doch solange ich lebe, kommt kein einziges Blatt aus dem Haus – erst müssen sie mich hinaustragen, dann erst meine Sammlung.‹

Und dabei strich seine Hand zärtlich, wie über etwas Lebendiges, über die längst geleerten Mappen – es war grauenhaft und doch gleichzeitig rührend für mich, denn in all den Jahren des Krieges hatte ich nicht einen so vollkommenen, so reinen Ausdruck von Seligkeit auf einem deutschen Gesichte gesehen. Neben ihm standen die Frauen, geheimnisvoll ähnlich den weiblichen Gestalten auf jener Radierung des deutschen Meisters, die, gekommen, um das Grab des Heilands zu besuchen, vor dem erbrochenen, leeren Gewölbe mit einem Ausdruck fürchtigen Schreckens und zugleich gläubiger, wunderfreudiger Ekstase stehen. Wie dort auf jenem Bilde die Jüngerinnen von der himmlischen Ahnung des Heilands, so waren diese beiden alternden, zermürbten, armseligen Kleinbürgerinnen angestrahlt von der kindlich-seligen Freude des Greises, halb in Lachen, halb in Tränen, ein Anblick, wie ich ihn nie ähnlich erschütternd erlebt. Aber der alte Mann konnte nicht satt werden an meinem Lob, immer wieder häufte und wendete er die Blätter, durstig jedes Wort eintrinkend: So war es für mich eine Erholung, als endlich die lügnerischen Mappen zur Seite geschoben wurden und er widerstrebend den Tisch freigeben mußte für den Kaffee. Doch was war dies mein schuldbewußtes Aufatmen gegen die aufgeschwellte, tumultuöse Freudigkeit, gegen den Übermut des wie um dreißig Jahre verjüngten Mannes! Er erzählte tausend Anekdoten von seinen Käufen und Fischzügen, tappte, jede Hilfe abweisend, immer wieder auf, um noch und noch ein Blatt herauszuholen: Wie von Wein war er übermütig und trunken. Als ich aber endlich sagte, ich müsse Abschied nehmen, erschrak er geradezu, tat verdrossen wie ein eigensinniges Kind und stampfte trotzig mit dem Fuße auf, das ginge nicht an, ich hätte kaum die Hälfte gesehen. Und die Frauen hatten harte Not, seinem starrsinnigen Unmut begreiflich zu machen, daß er mich nicht länger zurückhalten dürfe, weil ich sonst meinen Zug versäume.

Als er sich endlich nach verzweifeltem Widerstand gefügt hatte und es an den Abschied ging, wurde seine Stimme ganz weich. Er nahm meine beiden Hände, und seine Finger strichen liebkosend mit der ganzen Ausdrucksfähigkeit eines Blinden an ihnen entlang bis zu den Gelenken, als wollten sie mehr von mir wissen und mir mehr Liebe sagen, als es Worte vermochten. ›Sie haben mir eine große, große Freude gemacht mit Ihrem Besuch‹, begann er mit einer von innen her aufgewühlten Erschütterung, die ich nie vergessen werde. ›Das war mir eine wirkliche Wohltat, endlich, endlich, endlich einmal wieder mit einem Kenner meine geliebten Blätter durchsehen zu können. Doch Sie sollen sehen, daß Sie nicht vergebens zu mir altem, blindem Manne gekommen sind. Ich verspreche Ihnen hier vor meiner Frau als Zeugin, daß ich in meine Verfügungen noch eine Klausel einsetzen will, die Ihrem altbewährten Hause die Auktion meiner Sammlung überträgt. Sie sollen die Ehre haben, diesen unbekannten Schatz‹ – und dabei legte er die Hand liebevoll auf die ausgeraubten Mappen – ›verwalten zu dürfen bis an den Tag, da er sich in die Welt zerstreut. Versprechen Sie mir nur, einen schönen Katalog zu machen: Er soll mein Grabstein sein, ich brauche keinen besseren.‹

Ich sah auf Frau und Tochter, sie hielten sich eng zusammen, und manchmal lief ein Zittern hinüber von einer zur andern, als wären sie ein einziger Körper, der da bebte in einmütiger Erschütterung. Mir selbst war es ganz feierlich zumute, da mir der rührend Ahnungslose seine unsichtbare, längst zerstobene Sammlung wie eine Kostbarkeit zur Verwaltung zuteilte. Ergriffen versprach ich ihm, was ich niemals erfüllen konnte; wieder ging ein Leuchten in den toten Augensternen auf, ich spürte, wie seine Sehnsucht von innen suchte, mich leibhaftig zu fühlen: Ich spürte es an der Zärtlichkeit, an dem liebenden Anpressen seiner Finger, die die meinen hielten in Dank und Gelöbnis.

Die Frauen begleiteten mich zur Türe. Sie wagten nicht zu sprechen, weil seine Feinhörigkeit jedes Wort erlauscht hätte, aber wie heiß in Tränen, wie strömend voll Dankbarkeit strahlten ihre Blicke mich an! Ganz betäubt tastete ich mich die Treppe hinunter. Eigentlich schämte ich mich: Da war ich wie der Engel des Märchens in eine Armeleutestube getreten, hatte einen Blinden sehend gemacht für eine Stunde nur dadurch, daß ich einem frommen Betrug Helferdienst bot und unverschämt log, ich, der in Wahrheit doch als ein schäbiger Krämer gekommen war, um ein paar kostbare Stücke listig abzujagen. Was ich aber mitnahm, war mehr: Ich hatte wieder einmal reine Begeisterung lebendig spüren dürfen in dumpfer, freudloser Zeit, eine Art geistig durchleuchteter, ganz auf die Kunst gewandter Ekstase, wie sie unsere Menschen längst verlernt zu haben scheinen. Und mir war – ich kann es nicht anders sagen – ehrfürchtig zumute, obgleich ich mich noch immer schämte, ohne eigentlich zu wissen, warum.

Schon stand ich unten auf der Straße, da klirrte oben ein Fenster, und ich hörte meinen Namen rufen: Wirklich, der alte Mann hatte es sich nicht nehmen lassen, mit seinen blinden Augen mir in der Richtung nachzusehen, in der er mich vermutete. Er beugte sich so weit vor, daß die beiden Frauen ihn vorsorglich stützen mußten, schwenkte sein Taschentuch und rief: ›Reisen Sie gut!‹ mit der heiteren, aufgefrischten

Stimme eines Knaben. Unvergeßlich war mir der Anblick: dies frohe Gesicht des weißhaarigen Greises da oben im Fenster, hoch schwebend über all den mürrischen, gehetzten, geschäftigen Menschen der Straße, sanft aufgehoben aus unserer wirklichen widerlichen Welt von der weißen Wolke eines gütigen Wahns. Und ich mußte wieder an das alte wahre Wort denken – ich glaube, Goethe hat es gesagt –: ›Sammler sind glückliche Menschen.‹«

BUCHMENDEL

Wieder einmal in Wien und heimkehrend von einem Besuch, in den äußeren Bezirken, geriet ich unvermutet in einen Regenguß, der mit nasser Peitsche die Menschen hurtig in Haustore und Unterstände jagte, und auch ich selbst suchte schleunig nach einem schützenden Obdach. Glücklicherweise wartet nun in Wien an jeder Ecke ein Kaffeehaus – so flüchtete ich in das gerade gegenüberliegende, mit schon tropfendem Hut und arg durchnäßten Schultern. Es erwies sich von innen als Vorstadtcafé hergebrachter, fast schematischer Art, ohne die neumodischen Attrappen der Deutschland nachgeahmten innerstädtischen Musikdielen, altwienerisch bürgerlich und vollgefüllt mit kleinen Leuten, die mehr Zeitungen konsumierten als Gebäck. Jetzt um die Abendstunde war zwar die ohnehin schon stickige Luft mit blauen Rauchkringeln dick marmoriert, dennoch wirkte dies Kaffeehaus sauber mit seinen sichtlich neuen Samtsofas und seiner aluminiumhellen Zahlkasse: In der Eile hatte ich mir gar nicht die Mühe genommen, seinen Namen außen abzulesen, wozu auch? – Und nun saß ich warm und blickte ungeduldig durch die blauüberflossenen Scheiben, wann es dem lästigen Regen belieben würde, sich ein paar Kilometer weiter zu verziehen.

Unbeschäftigt saß ich also da und begann schon jener trägen Passivität zu verfallen, die narkotisch jedem wirklichen Wiener Kaffeehaus unsichtbar entströmt. Aus diesem leeren Gefühl blickte ich mir einzeln die Leute an, denen das künstliche Licht dieses Rauchraums ein ungesundes Grau um die Augen schattete, schaute dem Fräulein an der Kasse zu, wie sie mechanisch Zucker und Löffel für jede Kaffeetasse dem Kellner austeilte, las halbwach und unbewußt die höchst gleichgültigen Plakate an den Wänden, und diese Art Verdumpfung tat beinahe wohl. Aber plötzlich ward ich auf merkwürdige Weise aus meiner Halbschläferei gerissen, eine innere Bewegung begann unbestimmt unruhig in mir, so wie ein kleiner Zahnschmerz beginnt, von dem man noch nicht weiß, ob er von links, von rechts, vom untern oder obern Kiefer seinen Ausgang nimmt; nur ein dumpfes Spannen fühlte ich, eine geistige Unruhe. Denn plötzlich – ich hätte es nicht sagen können, wodurch – wurde mir bewußt, hier mußte ich schon einmal vor Jahren gewesen und durch irgendeine Erinnerung diesen Wänden, diesen Stühlen, diesen Tischen, diesem fremden, rauchigen Raum verbunden sein.

Aber je mehr ich den Willen vortrieb, diese Erinnerung zu fassen, desto boshafter und glitschiger wich sie zurück – wie eine Qualle ungewiß leuchtend auf dem untersten Grund des Bewußtseins und doch nicht zu greifen, nicht zu packen. Vergeblich klammerte ich den Blick an jeden Gegenstand der Einrichtung; gewiß, manches kannte ich nicht, wie die Kasse zum Beispiel mit ihrem klirrenden Zahlungsautomaten und nicht diesen braunen Wandbelag aus falschem Palisanderholz, alles das mußte erst später aufmontiert worden sein. Aber doch, aber doch, hier war ich einmal gewesen vor zwanzig Jahren und länger, hier haftete, im Unsichtbaren versteckt wie der Nagel im Holz, etwas von meinem eigenen, längst überwachsenen Ich. Gewaltsam streckte und stieß ich alle meine Sinne vor in den Raum und gleichzeitig in mich hinein – und doch, verdammt, ich konnte sie nicht erreichen, diese verschollene, in mir selbst ertrunkene Erinnerung.

Ich ärgerte mich, wie man sich immer ärgert, wenn irgendein Versagen einen die Unzulänglichkeit und Unvollkommenheit der geistigen Kräfte gewahr werden läßt. Aber ich gab die Hoffnung nicht auf, diese Erinnerung doch noch zu erreichen. Nur einen winzigen Haken, das wußte ich, mußte ich in die Hand kriegen, denn mein Gedächtnis ist sonderbar geartet, gut und schlecht zugleich, einerseits trotzig und eigenwillig, aber dann wieder unbeschreiblich getreu. Es schluckt das Wichtigste sowohl an Geschehnissen als auch an Gesichtern, an Gelesenem wie an Erlebtem oft völlig hinab in seine Dunkelheiten und gibt nichts aus dieser Unterwelt ohne Zwang, bloß auf den Anruf des Willens heraus. Aber nur den flüchtigsten Halt muß ich fassen, eine Ansichtskarte, ein paar Schriftzüge auf einem Briefkuvert, ein verräuchertes Zeitungsblatt, und sofort zuckt das Vergessene wie an der Angel der Fisch aus der dunkel strömenden Fläche völlig leibhaft und sinnlich wieder hervor. Jede Einzelheit weiß ich dann eines Menschen, seinen Mund und im Mund wieder die Zahnlücke links bei seinem Lachen, und den brüchigen Tonfall dieses Lachens und wie dabei der Schnurrbart ins Zucken kommt und wie ein anderes, neues Antlitz heraustaucht aus diesem Lachen – alles das sehe ich dann sofort in völliger Vision und weiß auf Jahre zurück jedes Wort, das dieser Mensch mir jemals erzählte. Immer aber bedarf ich, um Vergangenes sinnlich zu sehen und zu fühlen, eines sinnlichen Anreizes, eines winzigen Helfers aus der Wirklichkeit. So schloß ich die Augen, um angestrengter nachdenken zu können, um jenen geheimnisvollen Angelhaken zu formen und zu fassen. Aber nichts! Abermals nichts! Verschüttet und vergessen! Und ich erbitterte mich derart über den schlechten, eigenwilligen Gedächtnisapparat zwischen meinen Schläfen, daß ich mit den Fäusten mir die Stirne hätte schlagen können, so wie man einen verdorbenen Automaten anrüttelt, der widerrechtlich das Geforderte zurückbehält. Nein, ich konnte nicht länger ruhig sitzen bleiben, so erregte mich dieses innere Versagen, und ich stand vor lauter Ärger auf, mir Luft zu machen. Aber sonderbar – kaum daß ich die ersten Schritte durch das Lokal getan, da begann es schon, flirrend und funkelnd, dieses erste phosphoreszierende Dämmern in mir. Rechts von der Zahlkasse, erinnerte ich mich, mußte es hinübergehen in einen fensterlosen und nur von künstlichem Licht erhellten Raum. Und tatsächlich: es stimmte. Da war es, anders tapeziert als damals, aber doch genau in den Proportionen, dies in seinen Konturen verschwimmende rechteckige Hinterzimmer, das Spielzimmer. Instinktiv sah ich mich um nach den einzelnen Gegenständen, mit schon freudig vibrierenden Nerven (gleich würde ich alles wissen, fühlte ich). Zwei Billarde lungerten als grüne lautlose Schlammteiche darin, in den Ecken hockten Spieltische, an deren einem zwei Hofräte oder Professoren Schach spielten. Und in der Ecke, knapp beim eisernen Ofen, dort, wo man zur Telephonzelle ging, stand ein kleiner viereckiger Tisch. Und da blitzte es mich plötzlich durch und durch. Ich wußte sofort, sofort, mit einem einzigen heißen, beglückt erschütterten Ruck: Mein Gott, das war ja Mendels Platz, Jakob Mendels, Buchmendels, und ich war nach zwanzig Jahren wieder in sein Hauptquartier, in das Café Gluck in der obern Alserstraße, geraten. Jakob Mendel, wie hatte ich ihn vergessen können, so unbegreiflich lange, diesen sonderbarsten Menschen und sagenhaften Mann, dieses abseitige Weltwunder, berühmt an der Universität und in einem engen, ehrfürchtigen Kreis – wie ihn aus der Erinnerung verlieren, ihn, den Magier und Makler der Bücher, der hier täglich unentwegt saß von morgens bis abends, ein Wahrzeichen des Wissens, Ruhm und Ehre des Café Gluck!

Und nur diese eine Sekunde lang mußte ich den Blick nach innen wenden hinter die Lider, und auf stieg schon aus dem bildnerisch erhellten Blut seine unverkennbare, plastische Gestalt. Ich sah ihn sofort leibhaftig, wie er dort immer saß an dem viereckigen Tischchen mit der grauschmutzigen Marmorplatte, der allzeit mit Büchern und Schriften überhäuften. Wie er dort unentwegt und unerschütterlich saß, den bebrillten Blick hypnotisch starr auf ein Buch geheftet, wie er dort saß und im Lesen summend und brummend seinen Körper und die schlechtpolierte, fleckige Glatze vor- und zurückschaukelte, eine Gewohnheit, mitgebracht aus dem Cheder, der jüdischen Kleinkinderschule des Ostens. Hier an diesem Tisch und nur an ihm las er seine Kataloge und Bücher, so wie man ihn das Lesen in der Talmudschule gelehrt, leise singend und sich schwingend, eine schwarze, schaukelnde Wiege. Denn wie ein Kind in Schlaf fällt und der Welt entsinkt durch dieses rhythmisch hypnotische Auf und Nieder, so geht nach der Meinung jener Frommen auch der Geist leichter ein in die Gnade der Versenkung dank diesem Sichschwingen des müßigen Leibes. Und tatsächlich, dieser Jakob Mendel sah und hörte nichts von allem um sich her. Neben ihm lärmten und krakeelten die Billardspieler, liefen die Marköre, rasselte das Telefon; man scheuerte den Boden, man heizte den Ofen, er merkte nichts davon. Einmal war eine glühende Kohle aus dem Ofen gefallen, schon brenzelte und qualmte zwei Schritte von ihm das Parkett, da erst, am infernalischen Gestank, bemerkte ein Gast die Gefahr und stürzte zu, hastig das Qualmen zu löschen: Er selbst aber, Jakob Mendel, nur zwei Zoll weit und schon angebeizt vom Rauch, er hatte nichts wahrgenommen. Denn er las, wie andere beten, wie Spieler spielen und Trunkene betäubt ins Leere starren, er las mit einer so rührenden Versunkenheit, daß alles Lesen von anderen Menschen mir seither immer profan erschien. In diesem kleinen galizischen Büchertrödler Jakob Mendel hatte ich zum erstenmal als junger Mensch das große Geheimnis der restlosen Konzentration gesehen, das den Künstler macht wie den Gelehrten, den wahrhaft Weisen wie den vollkommen Irrwitzigen, dieses tragische Glück und Unglück vollkommener Besessenheit.

Hingeführt zu ihm hatte mich ein älterer Kollege von der Universität. Ich forschte damals dem selbst heute noch nur wenig erkannten paracelsischen Arzt und Magnetiseur Mesmer nach, allerdings mit wenig Glück; denn die einschlägigen Werke erwiesen sich als unzulänglich, und der Bibliothekar, den ich argloser Neuling um Auskunft gebeten, murrte mich unfreundlich an, Literaturnachweise seien meine Sache, nicht die seine. Damals nannte mir nun jener Kollege zum erstenmal seinen Namen. »Ich geh mit dir zu Mendel«, versprach er mir, »der weiß alles und verschafft alles, der holt dir das entlegenste Buch aus dem vergessensten deutschen Antiquariat heran. Der tüchtigste

Mann in Wien und überdies noch ein Original, ein vorweltlicher Bücher-Saurier aussterbender Rasse.«

So gingen wir zu zweit ins Café Gluck, und siehe, da saß er, Buchmendel, bebrillt, bartumschludert, schwarz angetan, und wiegte sich lesend wie ein dunkler Busch im Wind. Wir traten heran, er merkte es nicht. Er saß nur und las und wiegte den Oberkörper pagodenhaft hin und zurück über den Tisch, und hinter ihm pendelte am Haken sein brüchiger schwarzer Paletot, gleichfalls breit angestopft mit Zeitschriften und Zettelwerk. Um uns anzukündigen, hustete mein Freund kräftig. Aber Mendel, die dicke Brille hart ans Buch gedrückt, merkte noch nichts. Endlich klopfte mein Freund auf die Tischplatte, genauso laut und kräftig, wie man an eine Tür pocht – da starrte Mendel endlich auf, schob die ungefüge stahlgeränderte Brille mechanisch rasch die Stirn empor, und unter den weggesträubten aschgrauen Brauen stachen uns zwei merkwürdige Augen entgegen, kleine, schwarze, wache Augen, flink, spitz und flippend wie eine Schlangenzunge. Mein Freund präsentierte mich, und ich erläuterte mein Anliegen, wobei ich zuerst – diese List hatte mein Freund ausdrücklich anempfohlen – mich scheinzornig über den Bibliothekar beklagte, der mir keine Auskunft hatte geben wollen. Mendel lehnte sich zurück und spuckte sorgfältig aus. Dann lachte er nur kurz mit stark östlichem Jargon: »Nicht gewollt hat er? Nein – nicht gekonnt hat er! Ein Parch is er, ein geschlagener Esel mit graue Haar. Ich kenn ihn, Gott sei's geklagt, zu gutem schon zwanzig Jahr, aber gelernt hat er seitdem noch immer nix. Gehalt einstecken, dos is das einzige, was die können! Ziegelsteine sollten sie lieber schupfen, diese Herrn Doktors, statt bei die Bücher sitzen.«

Mit dieser kräftigen Herzentladung war das Eis gebrochen, und eine gutmütige Handbewegung lud mich zum erstenmal an den viereckigen, mit Notizen überschmierten Marmortisch, diesen mir noch unbekannten Altar bibliophiler Offenbarungen. Ich erklärte rasch meine Wünsche: die zeitgenössischen Werke über Magnetismus sowie alle späteren Bücher und Polemiken für und gegen Mesmer; sobald ich fertig war, kniff Mendel eine Sekunde das linke Auge zusammen, genau wie ein Schütze vor dem Schuß. Aber wahrhaftig, nur eine Sekunde dauerte diese Geste konzentrierter Aufmerksamkeit, dann zählte er sofort, wie aus einem unsichtbaren Katalog lesend, zwei oder drei Dutzend Bücher fließend auf, jedes mit Verlagsort, Jahreszahl und ungefährem Preis. Ich war verblüfft. Obwohl vorbereitet, dies hatte ich nicht erwartet. Aber meine Verdutztheit schien ihm wohlzutun; denn sofort spielte er auf der Klaviatur seines Gedächtnisses die wunderbarsten bibliothekarischen Paraphrasen meines Themas weiter. Ob ich auch über die Somnambulisten etwas wissen wolle und über die ersten Versuche mit Hypnose und über Gaßner, die Teufelsbeschwörungen und die Christian Science und die Blavatsky? Wieder prasselten die Namen, die Titel, die Beschreibungen; jetzt erst begriff ich, an ein wie einzigartiges Wunder von Gedächtnis ich bei Jakob Mendel geraten war, tatsächlich an ein Lexikon, an einen Universalkatalog auf zwei Beinen. Ganz benommen starrte ich dieses bibliographische Phänomen an, eingespult in die unansehnliche, sogar etwas schmierige Hülle eines galizischen kleinen Buchtrödlers, der, nachdem er mir etwa achtzig Namen heruntergerasselt, scheinbar achtlos, aber innerlich wohlgefällig über seinen ausgespielten Trumpf, sich die Brille mit einem vormals vielleicht weiß gewesenen Taschentuch putzte. Um mein Staunen ein wenig zu bemänteln, fragte ich zaghaft, welche von diesen Büchern er mir allenfalls besorgen könne. »Nu, man wird ja sehen, was sich machen läßt«, brummte er. »Kommen Sie nur morgen wieder her, der Mendel wird Ihnen inzwischen schon eppes auftreiben, und was sich nicht findet, werd ich anderswo finden. Wenn einer Sechel hat, hat er auch Glück.« Ich dankte höflich und stolperte aus lauter Höflichkeit sofort in eine dicke Dummheit hinein, indem ich vorschlug, ihm meine gewünschten Buchtitel auf einen Zettel zu notieren. Im gleichen Augenblick spürte ich schon einen warnenden Ellbogenstoß meines Freundes. Aber zu spät! Schon hatte mir Mendel einen Blick zugeworfen – welch einen Blick! –, einen gleichzeitig triumphierenden und beleidigten, einen höhnischen und überlegenen, einen geradezu königlichen Blick, den shakespearischen Blick Macbeths, wenn Macduff dem unbesiegbaren Helden zumutet, sich kampflos zu ergeben. Dann lachte er abermals kurz, der große Adamsapfel an seiner Kehle kollerte merkwürdig hin und her, anscheinend hatte er ein grobes Wort mühsam verschluckt. Und er wäre im Recht gewesen mit jeder erdenklichen Grobheit, der gute, brave Buchmendel; denn nur ein Fremder, ein Ahnungsloser (ein »Amhorez«, wie er sagte) konnte eine derart beleidigende Zumutung stellen, ihm, Jakob Mendel, ihm, Jakob Mendel, einen Buchtitel aufzunotieren wie einem Buchhandlungslehrling oder Bibliotheksdiener, als ob dieses unvergleichliche, dieses diamantene Buchgehirn solch grober Hilfsmittel jemals bedurft hätte. Erst später begriff ich, wie sehr ich sein abseitiges Genie mit diesem höflichen Angebot gekränkt haben mußte; denn dieser kleine, zerdrückte, ganz in seinen Bart eingewickelte und überdies bucklige galizische Jude Jakob Mendel war ein Titan des Gedächtnisses. Hinter dieser kalkigen, schmutzigen, von grauem Moos überwucherten Stirn stand in der unsichtbaren Geisterschrift jeder Name und Titel wie mit Stahlguß eingestanzt, der je auf einem Titelblatt eines Buches gedruckt war. Er wußte von jedem Werk, dem gestern erschienenen wie von einem zweihundert Jahre alten, auf den ersten Hieb genau den Erscheinungsort, den Verfasser, den Preis, neu und antiquarisch, und erinnerte sich bei jedem Buch mit fehlerloser Vision zugleich an Einband und Illustrationen und Faksimilebeigaben, er sah jedes Werk, ob er es selbst in den Händen gehabt oder nur von fern in einer Auslage oder Bibliothek einmal erspäht hatte, mit der gleichen optischen Deutlichkeit wie der schaffende Künstler sein inneres und der andern Welt noch unsichtbares Gebilde. Er erinnerte sich, wenn etwa ein Buch im Katalog eines Regensburger Antiquariats um sechs Mark angeboten wurde, sofort, daß ebendasselbe in einem anderen Exemplar vor zwei Jahren in einer Wiener Auktion um vier Kronen zu haben gewesen war, und zugleich auch des Erstehers; nein: Jakob Mendel vergaß nie einen Titel, eine Zahl, er kannte jede Pflanze, jedes Infusorium, jeden Stern in dem ewig schwingenden und ständig umgerüttelten Kosmos des Bücherweltalls. Er wußte in jedem Fach mehr als die Fachleute, er beherrschte die Bibliotheken besser als die Bibliothekare, er kannte die Lager der meisten Firmen auswendig besser als ihre Besitzer, trotz ihren Zetteln und Kartotheken, indes ihm nichts zu Gebote stand als Magie des Erinnerns, als dies unvergleichliche, dies nur an hundert einzelnen Beispielen wahrhaft zu explizierende Gedächtnis. Freilich, dieses Gedächtnis hatte nur so dämonisch unfehlbar sich schulen und gestalten können durch das ewige Geheimnis jeder Vollendung: durch Konzentration. Außerhalb der Bücher wußte dieser merkwürdige Mensch nichts von der Welt; denn alle Phänomene des Daseins begannen für ihn erst wirklich zu werden, wenn sie in Lettern sich umgossen, wenn sie in einem Buch sich gesammelt und gleichsam sterilisiert hatten. Aber auch diese Bücher selbst las er nicht auf ihren Sinn, auf ihren geistigen und erzählerischen Gehalt: Nur ihr Name, ihr Preis, ihre Erscheinungsform, ihr erstes Titelblatt zog seine Leidenschaft an. Unproduktiv und unschöpferisch im letzten, bloß ein hunderttausendstelliges Verzeichnis von Titeln und Namen, in die weiche Gehirnrinde eines Säugetieres eingestempelt, statt wie sonst in einen Buchkatalog geschrieben, war dies spezifisch antiquarische Gedächtnis Jakob Mendels jedoch in seiner einmaligen Vollendung als Phänomen nicht geringer als jenes Napoleons für Physiognomien, Mezzofantis für Sprachen, eines Lasker für Schachanfänge, eines Busoni für Musik. Eingesetzt in ein Seminar, an eine öffentliche Stelle, hätte das Gehirn Tausende, Hunderttausende von Studenten und Gelehrten belehrt und erstaunt, fruchtbar für die Wissenschaften, ein unvergleichlicher Gewinn für jene öffentlichen

Schatzkammern, die wir Bibliotheken nennen. Aber diese obere Welt war ihm, dem kleinen, ungebildeten galizischen Buchtrödler, der nicht viel mehr als seine Talmudschule bewältigt, für ewig verschlossen; so vermochten diese phantastischen Fähigkeiten sich nur als Geheimwissenschaft auszuwirken an jenem Marmortisch des Café Gluck. Doch wenn einmal der große Psychologe kommt (dies Werk fehlt noch immer unserer geistigen Welt), der so beharrlich und geduldig, wie Buffon die Abarten der Tiere ordnete und klassierte, seinerseits alle Spielarten, Spezies und Urformen der magischen Macht, die wir Gedächtnis nennen, vereinzelt schildert und in ihren Varianten darlegt, dann müßte er Jakob Mendels gedenken, dieses Genies der Preise und Titel, dieses namenlosen Meisters der antiquarischen Wissenschaft.

Dem Berufe nach und für die Unwissenden galt Jakob Mendel freilich nur als kleiner Buchschacherer. Allsonntags erschienen in der »Neuen Freien Presse« und im »Neuen Wiener Tagblatt« dieselben stereotypen Anzeigen: »Kaufe alte Bücher, zahle beste Preise, komme sofort, Mendel, obere Alserstraße«, und dann eine Telephonnummer, die in Wirklichkeit jene des Café Gluck war. Er stöberte Lager durch, schleppte mit einem alten kaiserbärtigen Dienstmann allwöchentlich neue Beute in sein Hauptquartier und von dort wieder weg, denn für einen ordnungsgemäßen Buchhandel fehlte ihm die Konzession. So blieb es beim kleinen Schacher, bei einer wenig einträglichen Tätigkeit. Studenten verkauften ihm ihre Lehrbücher, durch seine Hände wanderten sie vom älteren Jahrgang zum jeweils jüngeren, außerdem vermittelte und besorgte er jedes gesuchte Werk mit geringem Zuschlag. Bei ihm war guter Rat billig. Aber das Geld hatte keinen Raum innerhalb seiner Welt; denn nie hatte man ihn anders gesehen als im gleichen abgeschabten Rock, früh, nachmittags und abends seine Milch verzehrend und zwei Brote, mittags eine Kleinigkeit essend, die man ihm vom Gasthaus herüberholte. Er rauchte nicht, er spielte nicht, ja man darf sagen, er lebte nicht, nur die beiden Augen lebten hinter der Brille und fütterten jenes rätselhafte Wesen Gehirn unablässig mit Worten, Titeln und Namen. Und die weiche, fruchtbare Masse sog diese Fülle gierig in sich ein wie eine Wiese die tausend und aber tausend Tropfen eines Regens. Die Menschen interessierten ihn nicht, und von allen menschlichen Leidenschaften kannte er vielleicht nur die eine, freilich allermenschlichste, die Eitelkeit. Wenn jemand zu ihm um eine Auskunft kam, an hundert andern Stellen schon müde gesucht, und er konnte auf den ersten Hieb ihm Bescheid geben, dies allein wirkte auf ihn als Genugtuung, als Lust, und vielleicht noch dies, daß in Wien und auswärts ein paar Dutzend Menschen lebten, die seine Kenntnisse ehrten und brauchten. In jedem dieser ungefügen Millionenkonglomerate, die wir Großstadt nennen, sind immer an wenigen Punkten einige kleine Facetten eingesprengt, die ein und dasselbe Weltall auf kleinwinziger Fläche spiegeln, unsichtbar für die meisten, kostbar bloß dem Kenner, dem Bruder in der Leidenschaft. Und diese Kenner der Bücher kannten alle Jakob Mendel. So wie man, wenn man über ein Musikblatt Rat holen wollte, zu Eusebius Mandyczewski in die Gesellschaft der Musikfreunde ging, der dort mit grauem Käppchen freundlich inmitten seiner Akten und Noten saß und mit dem ersten aufschauenden Blick die schwierigsten Probleme lächelnd löste, so wie heute noch jeder, der über Altwiener Theater und Kultur Aufschluß braucht, unfehlbar sich an den allwissenden Vater Glossy wendet, so pilgerten mit der gleichen vertrauenden Selbstverständlichkeit die paar strenggläubigen Wiener Bibliophilen, sobald es eine besonders harte Nuß zu knacken gab, ins Café Gluck zu Jakob Mendel. Bei einer solchen Konsultation Mendel zuzusehen, bereitete mir jungem neugierigem Menschen eine Wollust besonderer Art. Während er sonst, wenn man ihm ein minderes Buch vorlegte, den Deckel verächtlich zuklappte und nur murrte: »Zwei Kronen«, rückte er vor irgendeiner Rarität oder einem Unikum respektvoll zurück, legte ein Papierblatt unter, und man sah, daß er sich auf einmal seiner schmutzigen, tintigen, schwarznägeligen Finger schämte. Dann begann er zärtlich-vorsichtig, mit einer ungeheuren Hochachtung das Rarum anzublättern, Seite für Seite. Niemand konnte ihn in einer solchen Sekunde stören, so wenig wie einen wirklich Gläubigen im Gebet, und tatsächlich hatte dies Anschauen, Berühren, Beriechen und Abwägen, hatte jede dieser Einzelhandlungen etwas, von dem Zeremoniell, von der kultisch geregelten Aufeinanderfolge eines religiösen Aktes. Der krumme Rücken schob sich hin und her, dabei murrte und knurrte er, kratzte sich im Haar, stieß merkwürdige vokalische Urlaute aus, ein gedehntes, fast erschrockenes »Ah« und »Oh« hingerissener Bewunderung und dann wieder ein rapid erschrecktes »Oi« oder »Oiweh«, wenn sich eine Seite als fehlend oder ein Blatt als vom Holzwurm zerfressen erwies. Schließlich wog er die Schwarte respektvoll auf der Hand, beschnüffelte und beroch das ungefügige Quadrat mit halbgeschlossenen Augen nicht minder ergriffen als ein sentimentalisches Mädchen eine Tuberose. Während dieser etwas umständlichen Prozedur mußte selbstredend der Besitzer seine Geduld zusammenhalten. Nach beendetem Examen aber gab Mendel bereitwillig, ja geradezu begeistert, jede Auskunft, an die sich unfehlbar weitspurige Anekdoten und dramatische Preisberichte von ähnlichen Exemplaren anschlossen. Er schien heller, jünger, lebendiger zu werden in solchen Sekunden, und nur eines konnte ihn maßlos erbittern: wenn etwa ein Neuling ihm für diese Schätzung Geld anbieten wollte. Dann wich er gekränkt zurück wie etwa ein Galeriehofrat, dem ein durchreisender Amerikaner für seine Erklärung ein Trinkgeld in die Hand drücken will; denn ein kostbares Buch in der Hand haben zu dürfen bedeutete für Mendel, was für einen andern die Begegnung mit einer Frau. Diese Augenblicke waren seine platonischen Liebesnächte. Nur das Buch, niemals Geld hatte über ihn Macht. Vergebens versuchten darum große Sammler, darunter auch der Gründer der Universität in

Princeton, ihn für ihre Bibliothek als Berater und Einkäufer zu gewinnen – Jakob Mendel lehnte ab; er war nicht anders zu denken als im Café Gluck. Vor dreiunddreißig Jahren, mit noch weichem, schwarzflaumigem Bart und geringelten Stirnlocken, war er, ein kleines schiefes Jüngel, aus dem Osten nach Wien gekommen, um Rabbinat zu studieren; aber bald hatte er den harten Eingott Jehova verlassen, um sich der funkelnden und tausendfältigen Vielgötterei der Bücher zu ergeben. Damals hatte er zuerst ins Café Gluck gefunden, und allmählich wurde es seine Werkstatt, sein Hauptquartier, sein Postamt, seine Welt. Wie ein Astronom einsam auf seiner Sternwarte durch den winzigen Rundspalt des Teleskops allnächtlich die Myriaden Sterne betrachtet, ihre geheimnisvollen Gänge, ihr wandelndes Durcheinander, ihr Verlöschen und Sichwiederentzünden, so blickte Jakob Mendel durch seine Brille von diesem viereckigen Tisch in das andere Universum der Bücher, das gleichfalls ewig kreisende und sich um gebärende, in diese Welt über unserer Welt.

Selbstverständlich war er hoch angesehen im Café Gluck, dessen Ruhm sich für uns mehr an sein unsichtbares Katheder knüpfte als an die Patenschaft des hohen Musikers, des Schöpfers der »Alceste« und der »Iphigenia«: Christoph Willibald Gluck. Er gehörte dort ebenso zum Inventar wie die alte Kirschholzkasse, wie die beiden arg geflickten Billarde, der kupferne Kaffeekessel, und sein Tisch wurde gehütet wie ein Heiligtum. Denn seine zahlreichen Kundschaften und Auskundschafter wurden von dem Personal jedesmal freundlich zu irgendeiner Bestellung gedrängt, so daß der größere Gewinnteil seiner Wissenschaft eigentlich dem Oberkellner Deubler in die breite, hüftwärts getragene Ledertasche floß. Dafür genoß Buchmendel vielfache Privilegien. Das Telephon stand ihm frei, man hob ihm seine Briefe auf und besorgte alle Bestellungen; die alte, brave Toilettenfrau bürstete ihm den Mantel, nähte Knöpfe an und trug ihm jede Woche ein kleines Bündel zur Wäsche. Ihm allein durfte aus dem nachbarlichen Gasthaus ein Mittagsmahl geholt werden, und jeden Morgen kam der Herr Standhartner, der Besitzer, in persona an seinen Tisch und begrüßte ihn (freilich meist, ohne daß Jakob Mendel, in seine Bücher vertieft, diesen Gruß bemerkte). Punkt halb acht Uhr morgens trat er ein, und erst wenn man die Lichter auslöschte, verließ er das Lokal. Zu den andern Gästen sprach er nie, er las keine Zeitung, bemerkte keine Veränderung, und als der Herr Standhartner ihn einmal höflich fragte, ob er bei dem elektrischen Licht nicht besser lese als früher bei dem fahlen, zuckenden Schein der Auerlampen, starrte er verwundert zu den Glühbirnen auf: Diese Veränderung war trotz dem Lärm und Gehämmer einer mehrtägigen Installation vollkommen an ihm vorbeigegangen. Nur durch die zwei runden Löcher der Brille, durch diese beiden blitzenden und saugenden Linsen filterten sich die Milliarden schwarzer Infusorien der Lettern in sein Gehirn, alles andere Geschehen strömte als leerer Lärm an ihm vorbei. Eigentlich hatte er mehr als dreißig Jahre, als den ganzen wachen Teil seines Lebens, einzig hier an diesem viereckigen Tisch lesend, vergleichend, kalkulierend verbracht, in einem unablässig fortgesetzten, nur vom Schlaf unterbrochenen Dauertraum.

Deshalb überkam mich eine Art Schrecken, als ich den orakelspendenden Marmortisch Jakob Mendels leer wie eine Grabplatte in diesem Raum dämmern sah. Jetzt erst, älter geworden, verstand ich, wieviel mit jedem solchen Menschen verschwindet, erstlich weil alles Einmalige von Tag zu Tag kostbarer wird in unserer rettungslos einförmiger werdenden Welt. Und dann: der junge, unerfahrene Mensch in mir hatte aus einer tiefen Ahnung diesen Jakob Mendel sehr liebgehabt. Und doch, ich hatte vergessen können – allerdings in den Jahren des Krieges und in einer der seinen ähnlichen Hingabe an das eigene Werk. Jetzt aber, vor diesem leeren Tische, fühlte ich eine Art Scham vor ihm und eine erneuerte Neugier zugleich.

Denn wo war er hin, was war mit ihm geschehen? Ich rief den Kellner und fragte. Nein, einen Herrn Mendel, bedaure, den kenne er nicht, ein Herr dieses Namens verkehre nicht im Café. Aber vielleicht wisse der Oberkellner Bescheid. Dieser schob seinen Spitzbauch schwerfällig heran, zögerte, dachte nach, nein, auch ihm sei ein Herr Mendel nicht bekannt. Aber ob ich vielleicht den Herrn Mandl meine, den Herrn Mandl vom Kurzwarengeschäft in der Floriangasse? Ein bitterer Geschmack kam mir auf die Lippen, Geschmack von Vergänglichkeit: Wozu lebt man, wenn der Wind hinter unserm Schuh schon die letzte Spur von uns wegträgt? Dreißig Jahre, vierzig vielleicht, hatte ein Mensch in diesen paar Quadratmetern Raum geatmet, gelesen, gedacht, gesprochen, und bloß drei Jahre, vier Jahre mußten hingehen, ein neuer Pharao kommen, und man wußte nichts mehr von Joseph, man wußte im Café Gluck nichts mehr von Jakob Mendel, dem Buchmendel! Beinahe zornig fragte ich den Oberkellner, ob ich nicht Herrn Standhartner sprechen könne oder ob nicht sonst wer im Hause sei vom alten Personal. Oh, der Herr Standhartner, o mein Gott, der habe längst das Café verkauft, der sei gestorben, und der alte Oberkellner, der lebe jetzt auf seinem Gütel bei Krems. Nein, niemand sei mehr da ... oder doch! Ja doch – die Frau Sporschil sei noch da, die Toilettenfrau (vulgo Schokoladefrau). Aber die könne sich gewiß nicht mehr an die einzelnen Gäste erinnern. Ich dachte gleich: einen Jakob Mendel vergißt man nicht, und ließ sie mir kommen.

Sie kam, die Frau Sporschil, weißhaarig, zerrauft, mit ein wenig wassersüchtigen Schritten aus ihren hintergründigen Gemächern und rieb sich noch hastig die roten Hände mit einem Tuch: Offenbar hatte sie gerade ihr trübes Gelaß gefegt oder Fenster geputzt. An ihrer unsicheren Art merkte ich sofort: Ihr war's unbehaglich, so plötzlich nach vorn unter die großen Glühbirnen in den noblen Teil des Cafés gerufen zu werden. So sah sie mich zunächst mißtrauisch an, mit einem Blick von unten herauf, einem sehr vorsichtig geduckten Blick. Was konnte ich Gutes von ihr wollen? Aber kaum daß ich nach Jakob Mendel fragte, starrte sie mich mit vollen, geradezu

strömenden Augen an, die Schultern fuhren ihr ruckhaft
auf. »Mein Gott, der arme Herr Mendel, daß an den noch
jemand denkt! Ja, der arme Herr Mendel!« – fast weinte
sie, so gerührt war sie, wie alte Leute es immer werden,
wenn man sie an ihre Jugend, an irgendeine gute
vergessene Gemeinsamkeit erinnert. Ich fragte, ob er noch
lebe. »O mein Gott, der arme Herr Mendel, fünf oder sechs
Jahre, nein, sieben Jahre muß der schon tot sein. So a
lieber, guter Mensch, und wenn ich denk, wie lang ich ihn
kennt hab, mehr als fünfundzwanzig Jahr, er war doch
schon da, wie ich eintreten bin. Und eine Schand war's, wie
man ihn hat sterben lassen.« Sie wurde immer aufgeregter,
fragte, ob ich ein Verwandter sei. Es hätte sich ja nie
jemand um ihn gekümmert, nie jemand nach ihm erkundigt
– und ob ich denn nicht wisse, was mit ihm passiert sei.

Nein, ich wüßte nichts, versicherte ich; sie solle mir
erzählen, alles erzählen. Die gute Person tat scheu und
geniert und wischte immer wieder an ihren nassen Händen.
Ich begriff: Ihr war es peinlich, als Toilettenfrau mit ihrer
schmutzigen Schürze und ihren zerstrubbelten weißen
Haaren hier mitten im Kaffeehausraum zu stehen,
außerdem blickte sie immer ängstlich nach rechts und
links, ob nicht einer der Kellner zuhöre. So schlug ich ihr
vor, wir wollten hinein in das Spielzimmer, an Mendels
alten Platz: Dort solle sie mir alles berichten. Gerührt
nickte sie mir zu, dankbar, daß ich sie verstand, und ging
voraus, die alte, schon ein wenig schwankende Frau, und
ich hinter ihr. Die beiden Kellner staunten uns nach, sie
spürten da einen Zusammenhang, und auch einige Gäste
verwunderten sich über uns ungleiches Paar. Und drüben
an seinem Tisch erzählte sie mir (manche Einzelheit
ergänzte mir später anderer Bericht) von Jakob Mendels,
von Buchmendels Untergang.

Ja also, er sei, so erzählte sie, auch nachher noch, als
der Krieg schon begonnen, immer noch gekommen, Tag
um Tag um halb acht Uhr früh, und genauso sei er
gesessen und habe er den ganzen Tag studiert wie immer,
ja, sie hätten alle das Gefühl gehabt und oft darüber

geredet, ihm sei's gar nicht zum Bewußtsein gekommen, daß Krieg sei. Ich wisse doch, in eine Zeitung habe er nie geschaut und nie mit wem andern gesprochen; aber auch wenn die Ausrufer ihren Mordslärm mit den Extrablättern machten und alle andern zusammenliefen, nie sei er da aufgestanden oder hätte zugehört. Er habe auch gar nicht gemerkt, daß der Franz fehle, der Kellner (der bei Gorlice gefallen sei), und nicht gewußt, daß sie den Sohn von Herrn Standhartner bei Przemysl gefangen hatten, und nie kein Wort habe er gesagt, wie das Brot immer miserabler geworden ist und man ihm statt der Milch das elende Feigenkaffeegschlader hat geben müssen. Nur einmal habe er sich gewundert, daß jetzt so wenig Studenten kämen, das war alles. – »Mein Gott, der arme Mensch, den hat doch nichts gefreut und gekümmert als seine Bücher.«

Aber dann eines Tages, da sei das Unglück geschehen. Um elf Uhr vormittags, am hellichten Tag, sei ein Wachmann gekommen mit einem Geheimpolizisten, der hätte die Rosette gezeigt am Knopfloch und gefragt, ob hier ein Jakob Mendel verkehre. Dann wären sie gleich an den Tisch gegangen zum Mendel, und der hätte ahnungslos noch geglaubt, sie wollten Bücher verkaufen oder ihn was fragen. Aber gleich hätten sie ihn aufgefordert, mitzukommen, und ihn weggeführt. Eine rechte Schande sei es für das Kaffeehaus gewesen, alle Leute hätten sich herumgestellt um den alten Herrn Mendel, wie er dagestanden ist zwischen den beiden, die Brille unterm Haar, und hin und her geschaut hat von einem zum andern und nicht recht gewußt, was sie eigentlich von ihm wollten. Sie aber habe stante pede dem Gendarmen gesagt, das müsse ein Irrtum sein, ein Mann wie Herr Mendel könne keiner Fliege was tun; aber da habe der Geheimpolizist sie gleich angeschrien, sie solle sich nicht in Amtshandlungen einmischen. Und dann hätten sie ihn weggeführt, und er sei lange nicht mehr gekommen, zwei Jahre lang. Noch heute wisse sie nicht recht, was die damals von ihm gewollt hätten. »Aber ich leist ein Jurament«, sagte sie erregt, die alte Frau, »der Herr Mendel kann nichts Unrechtes getan haben. Die haben sich geirrt, da leg ich meine Hand ins Feuer. Es war ein Verbrechen an dem armen, unschuldigen Menschen, ein Verbrechen!«

Und sie hatte recht, die gute, rührende Frau Sporschil. Unser Freund Jakob Mendel hatte wahrhaftig nichts Unrechtes begangen, sondern nur (erst später erfuhr ich alle Einzelheiten) eine rasende, eine rührende, eine selbst in jenen irrwitzigen Zeiten ganz unwahrscheinliche Dummheit, erklärbar bloß aus der vollkommenen Versunkenheit, aus der Mondfernheit seiner einmaligen Erscheinung. Folgendes hatte sich ereignet: Auf dem militärischen Zensuramt, das verpflichtet war, jede Korrespondenz mit dem Ausland zu überwachen, war eines Tages eine Postkarte abgefangen worden, geschrieben und unterschrieben von einem gewissen Jakob Mendel, ordnungsgemäß nach dem Ausland frankiert, aber – unglaublicher Fall – in das feindliche Ausland gerichtet, eine Postkarte an Jean Labourdaire, Buchhändler, Paris, Quai de Grenelle, adressiert, in der ein gewisser Jakob Mendel sich beschwerte, die letzten acht Nummern des monatlichen »Bulletin bibliographique de la France« trotz vorausgezahltem Jahresabonnement nicht erhalten zu haben. Der eingestellte untere Zensurbeamte, ein Gymnasialprofessor, in Privatneigung Romanist, dem man einen blauen Landsturmrock umgestülpt hatte, staunte, als ihm dieses Schriftstück in die Hände kam. Ein dummer Spaß, dachte er. Unter den zweitausend Briefen, die er allwöchentlich auf dubiose Mitteilungen und spionageverdächtige Wendungen durchstöberte und durchleuchtete, war ihm ein so absurdes Faktum noch nie unter die Finger gekommen, daß jemand aus Österreich einen Brief nach Frankreich ganz sorglos adressierte, also ganz gemütlich eine Karte in das kriegführende Ausland so einfach in den Postkasten warf, als ob diese Grenzen seit 1914 nicht umnäht wären mit Stacheldraht und an jedem von Gott geschaffenen Tage Frankreich, Deutschland, Österreich und Rußland ihre männliche Einwohnerzahl gegenseitig um ein paar tausend Menschen kürzten.

Zunächst legte er deshalb die Postkarte als Kuriosum in seine Schreibtischlade, ohne von dieser Absurdität weitere Meldung zu erstatten. Aber nach einigen Wochen kam abermals eine Karte desselben Jakob Mendel an einen Bookseller John Aldridge, London, Holborn Square, ob er ihm nicht die letzten Nummern des »Antiquarian« besorgen könnte, und abermals war sie unterfertigt von ebendemselben merkwürdigen Individuum Jakob Mendel, das mit rührender Naivität seine volle Adresse beischrieb. Nun wurde es dem in die Uniform eingenähten Gymnasialprofessor doch ein wenig eng unter dem Rock. Steckte am Ende irgendein rätselhafter chiffrierter Sinn hinter diesem vertölpelten Spaß? Jedenfalls, er stand auf, klappte die Hacken zusammen und legte dem Major die beiden Karten auf den Tisch. Der zog beide Schultern hoch: sonderbarer Fall! Zunächst avisierte er die Polizei, sie solle ausforschen, ob es diesen Jakob Mendel tatsächlich gäbe, und eine Stunde später war Jakob Mendel bereits dingfest gemacht und wurde, noch ganz taumelig von der Überraschung, vor den Major geführt. Der legte ihm die mysteriösen Postkarten vor, ob er sich als Absender erkenne. Erregt durch den strengen Ton und vor allem, weil man ihn bei der Lektüre eines wichtigen Katalogs aufgestöbert hatte, polterte Mendel beinahe grob, natürlich habe er diese Karten geschrieben. Man habe wohl noch das Recht, ein Abonnement für sein bezahltes Geld zu reklamieren. Der Major drehte sich im Sessel schief hinüber zu dem Leutnant am Nebentisch. Die beiden blinzelten sich einverständlich an: ein gebrannter Narr! Dann überlegte der Major, ob er den Einfaltspinsel nur scharf anbrummen und wegjagen sollte oder den Fall ernst aufziehen. In solchen unschlüssigen Verlegenheiten entschließt man sich bei jedem Amt fast immer, zunächst ein Protokoll aufzunehmen. Ein Protokoll ist immer gut. Nützt es nichts, so schadet es nichts, und nur ein sinnloser Papierbogen mehr unter Millionen ist vollgeschrieben.

In diesem Falle aber schadete es leider einem armen, ahnungslosen Menschen, denn schon bei der dritten Frage kam etwas sehr Verhängnisvolles zutage. Man forderte zuerst seinen Namen: Jakob, recte Jainkeff Mendel. Beruf: Hausierer (er besaß nämlich keine Buchhändlerlizenz, nur einen Hausierschein). Die dritte Frage wurde zur Katastrophe: der Geburtsort. Jakob Mendel nannte einen kleinen Ort bei Petrikau. Der Major zog die Brauen hoch. Petrikau, lag das nicht in Russisch-Polen, nahe der Grenze! Verdächtig! Sehr verdächtig! So inquirierte er nun strenger, wann er die österreichische Staatsbürgerschaft erworben habe. Mendels Brille starrte ihn dunkel und verwundert an: Er verstand nicht recht. Zum Teufel, ob und wo er seine Papiere habe, seine Dokumente? Er habe keine andern als den Hausierschein. Der Major schob die Stirnfalten immer höher. Also wie es mit seiner Staatsbürgerschaft stehe, solle er endlich einmal erklären. Was sein Vater gewesen sei, ob Österreicher oder Russe? Seelenruhig erwiderte Jakob Mendel: natürlich Russe. Und er selbst? Ach, er hätte sich schon vor dreiunddreißig Jahren über die russische Grenze geschmuggelt, seither lebe er in Wien. Der Major wurde immer unruhiger. Wann er hier das österreichische Staatsbürgerrecht erworben habe? Wozu? fragte Mendel. Er habe sich um solche Sachen nie gekümmert. So sei er also noch russischer Staatsbürger? Und Mendel, den diese öde Fragerei innerlich längst langweilte, antwortete gleichgültig: »Eigentlich ja.«

Der Major warf sich so brüsk erschrocken zurück, daß der Sessel knackte. Das gab es also! In Wien, in der Hauptstadt Österreichs, ging mitten im Krieg, Ende 1915, nach Tarnow und der großen Offensive ein Russe unbehelligt spazieren, schrieb Briefe nach Frankreich und England, und die Polizei kümmerte sich um nichts. Und da wundern sich die Dummköpfe in den Zeitungen, daß Conrad von Hötzendorf nicht gleich nach Warschau vorwärts gekommen ist, da staunen sie im Generalstab, wenn jede Truppenbewegung durch Spione nach Rußland weitergemeldet wird. Auch der Leutnant war aufgestanden und stellte sich an den Tisch: Das Gespräch schaltete sich scharf um zum Verhör. Warum er sich nicht sofort gemeldet habe als Ausländer? Mendel, noch immer arglos, antwortete in seinem singenden jüdischen Jargon: »Wozu hart ich mich melden sollen auf einmal?« In dieser umgedrehten Frage erblickte der Major eine Herausforderung und fragte drohend, ob er nicht die Ankündigungen gelesen habe. Nein! Ob er etwa keine Zeitungen lese. Nein!

Die beiden starrten den vor Unsicherheit schon leicht schwitzenden Jakob Mendel an, als sei der Mond mitten in ihr Bürozimmer gefallen. Dann rasselte das Telephon, knackten die Schreibmaschinen, liefen die Ordonnanzen, und Jakob Mendel wurde dem Garnisonsgefängnis überantwortet, um mit dem nächsten Schub in ein Konzentrationslager abgeführt zu werden. Als man ihm bedeutete, den beiden Soldaten zu folgen, starrte er ungewiß. Er verstand nicht, was man von ihm wollte, aber eigentlich hatte er keinerlei Sorge. Was konnte der Mann mit dem goldenen Kragen und der groben Stimme schließlich Böses mit ihm vorhaben? In seiner obern Welt der Bücher gab es keinen Krieg, kein Nichtverstehen, sondern nur das ewige Wissen und Nochmehrwissenwollen von Zahlen und Worten, von Titeln und Namen. So trollte er gutmütig zwischen den beiden Soldaten die Treppe hinunter. Erst als man ihm auf der Polizei alle Bücher aus den Manteltaschen nahm und die Brieftasche abforderte, in der er hundert wichtige Zettel und Kundenadressen stecken hatte, da erst begann er wütend um sich zu schlagen. Man mußte ihn bändigen. Aber dabei klirrte leider seine Brille zu Boden, und dies sein magisches Teleskop in die geistige Welt brach in mehrere Stücke. Zwei Tage später expedierte man ihn im dünnen Sommerrock in ein Konzentrationslager russischer Zivilgefangener bei Komorn.

Was Jakob Mendel in diesen zwei Jahren Konzentrationslager an seelischer Schrecknis erfahren, ohne Bücher, seine geliebten Bücher, ohne Geld, inmitten der gleichgültigen, groben, meist analphabetischen

Gefährten dieses riesigen Menschenkotters, was er dort leidend erlebte, von seiner obern und einzigen Bücherwelt abgetrennt wie ein Adler mit zerschnittenen Schwingen von seinem ätherischen Element – hierüber fehlt jede Zeugenschaft. Aber allmählich weiß schon die von ihrer Tollheit ernüchterte Welt, daß von allen Grausamkeiten und verbrecherischen Übergriffen dieses Krieges keine sinnloser, überflüssiger und darum moralisch unentschuldbarer gewesen als das Zusammenfangen und Einhürden hinter Stacheldraht von ahnungslosen, längst dem Dienstalter entwachsenen Zivilpersonen, die viele Jahre in dem fremden Lande als in einer Heimat gewohnt und aus Treugläubigkeit an das selbst bei Tungusen und Araukanern geheiligte Gastrecht versäumt hatten, rechtzeitig zu fliehen – ein Verbrechen an der Zivilisation, gleich sinnlos begangen in Frankreich, Deutschland und England, auf jeder Scholle unseres irrwitzig gewordenen Europa. Und vielleicht wäre Jakob Mendel wie hundert andere Unschuldige in dieser Hürde dem Wahnsinn verfallen oder an Ruhr, an Entkräftung, an seelischer Zerrüttung erbärmlich zugrunde gegangen, hätte nicht knapp rechtzeitig ein Zufall, ein echt österreichischer, ihn noch einmal in seine Welt zurückgeholt. Es waren nämlich mehrmals nach seinem Verschwinden an seine Adresse Briefe von vornehmen Kunden gekommen; der Graf Schönberg, der ehemalige Statthalter von Steiermark, fanatischer Sammler heraldischer Werke, der frühere Dekan der Theologischen Fakultät Siegenfeld, der an einem Kommentar des Augustinus arbeitete, der achtzigjährige pensionierte Flottenadmiral Edler von Pisek, der noch immer an seinen Erinnerungen herumbesserte – sie alle, seine treuen Klienten, hatten wiederholt an Jakob Mendel ins Café Gluck geschrieben, und von diesen Briefen wurden dem Verschollenen einige in das Konzentrationslager nachgeschickt. Dort fielen sie dem zufällig gutgesinnten Hauptmann in die Hände, und der erstaunte, was für vornehme Bekanntschaften dieser kleine, halbblinde schmutzige Jude habe, der, seit man ihm seine

Brille zerschlagen (er hatte kein Geld, sich eine neue zu verschaffen), wie ein Maulwurf, grau, augenlos und stumm in einer Ecke hockte. Wer solche Freunde besaß, mußte immerhin etwas Besonderes sein. So erlaubte er Mendel, diese Briefe zu beantworten und seine Gönner um Fürsprache zu bitten. Die blieb nicht aus. Mit der leidenschaftlichen Solidarität aller Sammler kurbelten die Exzellenz sowie der Dekan ihre Verbindungen kräftig an, und ihre vereinte Bürgschaft erreichte, daß Buchmendel im Jahre 1917 nach mehr als zweijähriger Konfinierung wieder nach Wien zurück durfte, freilich unter der Bedingung, sich täglich bei der Polizei zu melden. Aber doch, er durfte wieder in die freie Welt, in seinen alten, kleinen, engen Mansardenraum, er konnte wieder an seinen geliebten Bücherauslagen vorbei und vor allem zurück in sein Café Gluck.

Diese Rückkehr Mendels aus seiner höllischen Unterwelt in das Café Gluck konnte mir die brave Frau Sporschil aus eigener Erfahrung schildern. »Eines Tages – Jessas, Marand Joseph, ich glaub, ich trau meine Augen nicht –, da schiebt sich die Tür auf, Sie wissen ja, in der gewissen schiefen Art, nur grad einen Spalt weit, wie er immer hereingekommen ist, und schon stolpert er ins Café, der arme Herr Mendel. Einen zerschundenen Militärmantel voller Stopfen hat er angehabt und irgendwas am Kopf, was vielleicht einmal ein Hut war, ein weggeworfener. Keinen Kragen hat er angehabt, und wie der Tod hat er ausgschaut, grau im Gesicht und grau das Haar, und so mager, daß es einen derbarmt hat. Aber er kommt herein, grad, als ob nix gwesen war, er fragt nix, er sagt nix, geht hin zu dem Tisch da und zieht den Mantel aus, aber nicht wie früher so fix und leicht, sondern schwer schnaufen müssen hat er dabei. Und kein Buch hat er mitghabt wie sonst – er setzt sich nur hin und sagt nix, und tut nur hinstarren vor sich mit ganz leere, ausgelaufene Augen. Erst nach und nach, wie wir ihm dann den ganzen Pack bracht haben von die Schriften, die was für ihn kommen waren aus Deutschland, da hat er wieder angfangen zu lesen. Aber er war nicht derselbige mehr.«

Nein, er war nicht derselbe, nicht das Miraculum mundi mehr, die magische Registratur aller Bücher: Alle, die ihn damals sahen, haben mir wehmütig das gleiche berichtet. Irgend etwas schien rettungslos zerstört in seinem sonst stillen, nur wie schlafend lesenden Blick; etwas war zertrümmert: Der grauenhafte Blutkomet mußte in seinem rasenden Lauf schmetternd hineingeschlagen haben auch in den abseitigen, friedlichen, in diesen alkyonischen Stern seiner Bücherwelt. Seine Augen, jahrzehntelang gewöhnt an die zarten, lautlosen, insektenfüßigen Lettern der Schrift, sie mußten Furchtbares gesehen haben in jener stacheldrahtumspannten Menschenhürde, denn die Lider schatteten schwer über den einst so flinken und ironisch funkelnden Pupillen, schläfrig und rotrandig dämmerten die vordem so lebhaften Blicke unter der reparierten, mit dünnem Bindfaden mühsam zusammengebundenen Brille. Und furchtbarer noch: In dem phantastischen Kunstbau seines Gedächtnisses muß irgendein Pfeiler eingestürzt und das ganze Gefüge in Unordnung geraten sein; denn so zart ist ja unser Gehirn, dies aus subtilster Substanz gestaltete Schaltwerk, dies feinmechanische Präzisionsinstrument unseres Wissens zusammengestimmt, daß ein gestautes Äderchen, ein erschütterter Nerv, eine ermüdete Zelle, daß ein solches verschobenes Molekül schon zureicht, um die herrlich umfassendste, die sphärische Harmonie in Verstimmung zu bringen. Und in Mendels Gedächtnis, dieser einzigen Klaviatur des Wissens, stockten bei seiner Rückkunft die Tasten. Wenn ab und zu jemand um Auskunft kam, starrte er ihn erschöpft an und verstand nicht mehr genau, er verhörte sich und vergaß, was man ihm sagte – Mendel war nicht mehr Mendel, wie die Welt nicht mehr die Welt war. Nicht mehr wiegte ihn völlige Versunkenheit beim Lesen auf und nieder, sondern meist saß er starr, die Brille nur mechanisch gegen das Buch gewandt, ohne daß man wußte, ob er las oder nur vor sich hin dämmerte. Mehrmals fiel ihm, so erzählte die Sporschil, der Kopf schwer nieder auf das Buch, und er schlief ein am hellichten Tag, manchmal starrte er wieder stundenlang in das fremde stinkende Licht der Azetylenlampe, die man ihm in jener Zeit der Kohlennot auf den Tisch gestellt. Nein, Mendel war nicht mehr Mendel, nicht mehr ein Wunder der Welt, sondern ein müd atmender, nutzloser Pack Bart und Kleider, sinnlos auf dem einst pythischen Sessel hingelastet, nicht mehr der Ruhm des Café Gluck, sondern eine Schande, ein Schmierfleck, übelriechend, widrig anzusehen, ein unbequemer, unnötiger Schmarotzer.

So empfand ihn auch der neue Besitzer, namens Florian Gurtner aus Retz, der, an Mehl- und Butterschiebungen im Hungerjahr 1919 reich geworden, dem biedern Standhartner für achtzigtausend rasch zerblätterte Papierkronen das Café Gluck abgeschwatzt hatte. Er griff mit seinen festen Bauernhänden scharf zu, krempelte das altehrwürdige Kaffeehaus hastig auf nobel um, kaufte für schlechte Zettel rechtzeitig neue Fauteuils, installierte ein Marmorportal und verhandelte bereits wegen des Nachbarlokals, um eine Musikdiele anzubauen. Bei dieser hastigen Verschönerung störte ihn natürlich sehr dieser galizische Schmarotzer, der tagsüber von früh bis nachts allein einen Tisch besetzt hielt und dabei im ganzen nur zwei Schalen Kaffee trank und fünf Brote verzehrte. Zwar hatte Standhartner ihm seinen alten Gast besonders ans Herz gelegt und zu erklären versucht, was für ein bedeutender und wichtiger Mann dieser Jakob Mendel sei, er hatte ihn sozusagen bei der Übergabe mit dem Inventar als ein auf dem Unternehmen lastendes Servitut mit übergeben. Aber Florian Gurtner hatte sich mit den neuen Möbeln und der blanken Aluminiumzahlkasse auch das massive Gewissen der Verdienerzeit zugelegt und wartete nur auf einen Vorwand, um diesen letzten lästigen Rest vorstädtischer Schäbigkeit aus seinem vornehm gewordenen Lokal hinauszukehren. Ein guter Anlaß schien sich bald einzustellen; denn es ging Jakob Mendel schlecht. Seine letzten gesparten Banknoten waren zerpulvert in der Papiermühle der Inflation, seine Kunden hatten sich verlaufen. Und wieder als kleiner Buchtrödler Treppen zu steigen, Bücher hausierend zusammenzuraffen, dazu fehlte dem Müdgewordenen die Kraft. Es ging ihm elend, man merkte das an hundert kleinen Zeichen. Selten ließ er sich mehr vom Gasthaus etwas herüberholen, und auch das kleinste Entgelt für Kaffee und Brot blieb er immer länger schuldig, einmal sogar drei Wochen lang. Schon damals wollte ihn der Oberkellner auf die Straße setzen. Da erbarmte sich die brave Frau Sporschil, die Toilettenfrau, und bürgte für ihn.

Aber im nächsten Monat ereignete sich dann das Unglück. Bereits mehrmals hatte der neue Oberkellner bemerkt, daß es bei der Abrechnung nie recht mit dem Gebäck stimmen wollte. Immer mehr Brote erwiesen sich als fehlend, als angesagt und bezahlt waren. Sein Verdacht lenkte sich selbstverständlich gleich auf Mendel; denn mehrmals war schon der alte wacklige Dienstmann gekommen, um sich zu beschweren, Mendel sei ihm seit einem halben Jahre die Bezahlung schuldig, und er könne keinen Heller herauskriegen. So paßte der Oberkellner jetzt besonders auf, und schon zwei Tage später gelang es ihm, hinter dem Ofenschirm versteckt, Jakob Mendel zu ertappen, wie er heimlich von seinem Tisch aufstand, in das andere vordere Zimmer hinüberging, rasch aus einem Brotkorb zwei Semmeln nahm und sie gierig in sich hineinstopfte. Bei der Abrechnung behauptete er, keine gegessen zu haben. Nun war das Verschwinden geklärt. Der Kellner meldete sofort den Vorfall Herrn Gurtner, und dieser, froh des lang gesuchten Vorwands, brüllte Mendel vor allen Leuten an, beschuldigte ihn des Diebstahls und tat sogar noch dick, daß er nicht sofort die Polizei riefe. Aber er befahl ihm, sogleich und für immer sich zum Teufel zu scheren. Jakob Mendel zitterte nur, sagte nichts, stolperte auf von seinem Sitz und ging.

»Ein Jammer war's«, schilderte die Frau Sporschil diesen seinen Abgang. »Nie werd ich's vergessen, wie er aufgestanden ist, die Brille hinaufgeschoben in die Stirn, weiß wie ein Handtuch. Nicht Zeit hat er sich genommen, den Mantel anzuziehen, obwohl's Januar war, Sie wissen ja, damals im kalten Jahr. Und sein Buch hat er liegenlassen auf dem Tisch in seinem Schreck, ich hab's erst später bemerkt und wollt's ihm noch nachtragen. Aber da war er schon hinabgestolpert zur Tür. Und weiter auf die Straßen hart ich mich nicht traut; denn an die Tür hat sich der Herr Gurtner hingstellt und ihm nachgschrien, daß die Leute stehenblieben und zusammengelaufen sind. Ja, eine Schand war's, gschämt hab ich mich bis in die unterste Seel! So was hätt nicht passieren können bei dem alten Herrn Standhartner, daß man einen ausjagt nur wegen ein paar Semmeln, bei dem hätt er umsonst essen können noch sein Leben lang. Aber die Leute von heut, die haben ja kein Herz. Einen wegzutreiben, der über dreißig Jahre wo gsessen ist Tag für Tag – wirklich, eine Schand war's, und ich möcht's nicht zu verantworten haben vor dem lieben Gott – ich nicht.«

Ganz aufgeregt war sie geworden, die gute Frau, und mit der leidenschaftlichen Geschwätzigkeit des Alters wiederholte sie immer wieder das von der Schand und vom Herrn Standhartner, der zu so was nicht imstande gewesen wäre. So mußte ich sie schließlich fragen, was denn aus unserm Mendel geworden sei und ob sie ihn wiedergesehen. Da rappelte sie sich zusammen und wurde noch erregter. »Jeden Tag, wenn ich vorübergangen bin an seinem Tisch, jedesmal, das können S' mir glauben, hat's mir einen Stoß geben. Immer hab ich denken müssen, wo mag er jetzt sein, der arme Herr Mendel, und wenn ich gewußt hätt, wo er wohnt, ich war hin, ihm was Warmes bringen; denn wo hätt er denn das Geld hernehmen sollen zum Heizen und zum Essen? Und Verwandte hat er auf der Welt, soviel ich weiß, niemanden ghabt. Aber schließlich, wie ich immer und immer nix gehört hab, da hab ich mir schon denkt, es muß vorbei mit ihm sein, und ich würd ihn nimmer sehen. Und schon hab ich überlegt, ob ich nicht sollt eine Messe für ihn lesen lassen; denn ein guter

Mensch war er, und man hat sich doch gekannt, mehr als fünfundzwanzig Jahr.

Aber einmal in der Früh, um halb acht Uhr im Februar, ich putz grad das Messing an die Fensterstangen, auf einmal (ich mein, mich trifft der Schlag), auf einmal tut sich die Tür auf, und herein kommt der Mendel. Sie wissen ja: immer ist er so schief und verwirrt hereingeschoben, aber diesmal war's noch irgendwie anders. Ich merk gleich, den reißt's hin und her, ganz glanzige Augen hat er gehabt und, mein Gott, wie er ausgschaut hat, nur Bein und Bart! Sofort kommt's mir entrisch vor, wie ich ihn so seh: ich denk mir gleich, der weiß von nichts, der geht am hellichten Tag umeinand als ein Schlafeter, der hat alles vergessen, das von die Semmeln und das vom Herrn Gurtner und wie schandbar sie ihn hinausgschmissen haben, der weiß nichts von sich selber. Gott sei Dank, der Herr Gurtner war noch nicht da, und der Oberkellner hat grad einen Kaffee trunken. Da spring ich rasch hin, damit ich ihm klarmach, er solle nicht dableiben, sich nicht noch einmal hinauswerfen lassen von dem rohen Kerl« (und dabei sah sie sich scheu um und korrigierte rasch), »ich mein, vom Herrn Gurtner. Also ›Herr Mendel‹, ruf ich ihn an. Er starrt auf. Und da, in dem Augenblick, mein Gott, schrecklich war das, in dem Augenblick muß er sich an alles erinnert habn; denn er fahrt sofort zusammen und fangt an zu zittern, aber nicht bloß mit die Finger zittert er, nein, als ein Ganzer hat er gescheppert, daß man's bis an die Schultern kennt hat, und schon stolpert er wieder rasch auf die Tür zu. Dort ist er dann zusammgfallen. Wir haben gleich um die Rettungsgesellschaft telephoniert, und die hat ihn weggeführt, fiebrig, wie er war. Am Abend ist er gestorben. Lungenentzündung, hochgradige, hat der Doktor gesagt, und auch, daß er schon damals nicht mehr recht gewußt hat von sich, wie er noch einmal zu uns kommen ist. Es hat ihn halt nur so hergetrieben, als einen Schlafeten. Mein Gott, wenn man sechsunddreißig Jahr einmal so gesessen ist jeden Tag, dann ist eben so ein Tisch einem sein Zuhaus.«

Wir sprachen noch lange von ihm, die beiden letzten, die diesen sonderbaren Menschen gekannt, ich, dem er als jungen Mann trotz seiner mikrobenhaft winzigen Existenz die erste Ahnung eines vollkommen umschlossenen Lebens im Geiste gegeben – sie, die arme, abgeschundene Toilettenfrau, die nie ein Buch gelesen, die diesem Kameraden ihrer untern armen Welt nur verbunden war, weil sie ihm durch fünfundzwanzig Jahre den Mantel gebürstet und die Knöpfe angenäht hatte. Und doch, wir verstanden einander wunderbar gut an seinem alten, verlassenen Tisch in der Gemeinschaft des vereint heraufbeschworenen Schattens; denn Erinnerung verbindet immer, und zwiefach jede Erinnerung in Liebe. Plötzlich, mitten im Schwatzen, besann sie sich: »Jessas, wie ich vergessig bin – das Buch hab ich ja noch, das was er damals am Tisch liegenlassen hat. Wo hätt ich's ihm denn hintragen sollen? Und nachher, wie sich niemand gemeldt hat, nachher hab ich gmeint, ich dürft's mir behalten als Andenken. Nicht wahr, da ist doch nix Unrechts dabei?« Hastig brachte sie's heran aus ihrem rückwärtigen Verschlag. Und ich hatte Mühe, ein kleines Lächeln zu unterdrücken; denn gerade dem Erschütternden mengt das immer spielfreudige und manchmal ironische Schicksal das Komische gerne boshaft zu. Es war der zweite Band von Hayns Bibliotheca Germanorum erotica et curiosa, das jedem Buchsammler wohlbekannte Kompendium galanter Literatur. Gerade dies skabröse Verzeichnis – habent sua fata libelli – war als letztes Vermächtnis des hingegangenen Magiers zurückgefallen in diese abgemürbten, rot aufgesprungenen, unwissenden Hände, die wohl nie ein anderes als das Gebetbuch gehalten. Ich hatte Mühe, meine Lippen festzuklemmen gegen das unwillkürlich von innen aufdrängende Lächeln, und dies kleine Zögern verwirrte die brave Frau. Ob's am Ende was Kostbares war, oder ob ich meinte, daß sie's behalten dürft?

Ich schüttelte ihr herzlich die Hand. »Behalten Sie's nur ruhig, unser alter Freund Mendel hätte nur Freude, daß

wenigstens einer von den vielen Tausenden, die ihm ein
Buch danken, sich noch seiner erinnert.« Und dann ging
ich und schämte mich vor dieser braven alten Frau, die in
einfältiger und doch menschlichster Art diesem Toten treu
geblieben. Denn sie, die Unbelehrte, sie hatte wenigstens
ein Buch bewahrt, um seiner besser zu gedenken, ich aber,
ich hatte jahrelang Buchmendel vergessen, gerade ich, der
doch wissen sollte, daß man Bücher nur schafft, um über
den eigenen Atem hinaus sich Menschen zu verbinden und
sich so zu verteidigen gegen den unerbittlichen Widerpart
alles Lebens: Vergänglichkeit und Vergessensein.

Unvermutete Bekanntschaft mit einem Handwerk

Herrlich an jenem merkwürdigen Aprilmorgen 1931 war schon die nasse, aber bereits wieder durchsonnte Luft. Wie ein Seidenbonbon schmeckte sie süß, kühl, feucht und glänzend, gefilterter Frühling, unverfälschtes Ozon, und mitten auf dem Boulevard de Strasbourg atmete man überrascht einen Duft von aufgebrochenen Wiesen und Meer. Dieses holde Wunder hatte ein Wolkenbruch vollbracht, einer jener kapriziösen Aprilschauer, mit denen der Frühling sich oftmals auf ungezogenste Weise anzukündigen pflegt. Unterwegs schon war unser Zug einem dunklen Horizont nachgefahren, der vom Himmel schwarz in die Felder schnitt; aber erst bei Meaux – schon streuten sich die Spielzeugwürfel der Vorstadthäuser ins Gelände, schon bäumten sich schreiend die ersten Plakattafeln aus dem verärgerten Grün, schon raffte die betagte Engländerin mir gegenüber im Coupé ihre vierzehn Taschen und Flaschen und Reiseetuis zusammen –, da platzte sie endlich auf, jene schwammige, vollgesogene Wolke, die bleifarben und böse seit Epernay mit unserer Lokomotive um die Wette lief. Ein kleiner blasser Blitz gab das Signal, und sofort stürzten mit Trompetengeprassel kriegerische Wassermassen herab, um unseren fahrenden Zug mit nassem Maschinengewehrfeuer zu bestreichen. Schwer getroffen weinten die Fensterscheiben unter den klatschenden Schlägen des Hagels, kapitulierend senkte die Lokomotive ihre graue Rauchfahne zur Erde. Man sah nichts mehr, man hörte nichts als dies erregt triefende Geprassel auf Stahl und Glas, und wie ein gepeinigtes Tier lief der Zug, dem Wolkenbruch zu entkommen, über die blanken Schienen. Aber siehe da, noch stand man, glücklich angelangt, unter dem Vorbau des Gare de l'Est und wartete auf den Gepäckträger, da blitzte hinter dem grauen Schnürboden des Regens schon wieder hell der Prospekt des Boulevards auf; ein scharfer Sonnenstrahl stieß einen Dreizack durch entflüchtendes Gewölk, und sofort blinkten die Häuserfassaden wie poliertes Messing, und der Himmel leuchtete in ozeanischem Blau. Goldnackt wie Aphrodite Anadyomene aus den Wogen, so stieg die Stadt aus dem niedergestreiften Mantel des Regens, ein göttlicher Anblick. Und sofort, mit einem Flitz, stoben rechts und links aus hundert Unterschlupfen und Verstecken die Menschen auf die Straße, schüttelten sich, lachten und liefen ihren Weg, der zurückgestaute Verkehr rollte, knarrte, schnarrte und fauchte wieder mit hundert Vehikeln quirlend durcheinander, alles atmete und freute sich des zurückgegebenen Lichtes. Selbst die hektischen Bäume des Boulevards, festgerammt im harten Asphalt, griffen, noch ganz begossen und betropft, wie sie waren, mit ihren kleinen, spitzen Knospenfingern in den neuen, sattblauen Himmel und versuchten ein wenig zu duften. Wahrhaftig, es gelang ihnen. Und Wunder über Wunder: Man spürte deutlich ein paar Minuten das dünne, ängstliche Atmen der Kastanienblüten mitten im Herzen von Paris, mitten auf dem Boulevard de Strasbourg.

Und zweite Herrlichkeit dieses gesegneten Apriltages: Ich hatte, frisch angekommen, keine einzige Verabredung bis tief hinein in den Nachmittag. Niemand von den viereinhalb Millionen Stadtbürgern von Paris wußte von mir oder wartete auf mich, ich war also göttlich frei, zu tun, was ich wollte. Ich konnte ganz nach meinem Belieben entweder spazieren, schlendern oder Zeitung lesen, konnte in einem Café sitzen oder essen oder in ein Museum gehen, Auslagen anschauen oder die Bücher des Quais, ich konnte Freunde antelephonieren oder bloß in die laue, süße Luft hineinstarren. Aber glücklicherweise tat ich aus wissendem Instinkt das Vernünftigste: nämlich nichts. Ich machte keinerlei Plan, ich gab mich frei, schaltete jeden Kontakt auf Wunsch und Ziel ab und stellte meinen Weg ganz auf die rollende Scheibe des Zufalls, das heißt, ich ließ mich treiben, wie mich die Straße trieb, locker vorbei an den blitzenden Ufern der Geschäfte und rascher über die Stromschnellen der Straßenübergänge. Schließlich warf mich die Welle hinab in die großen Boulevards; ich landete wohlig müde auf der Terrasse eines Cafés, Ecke Boulevard Haussmann und Rue Drouot.

Da bin ich wieder, dachte ich, locker in den nachgiebigen Strohsessel gelehnt, während ich mir eine Zigarre anzündete, und da bist du, Paris! Zwei ganze Jahre haben wir alten Freunde uns nicht gesehen, jetzt wollen wir uns fest in die Augen schauen. Also vorwärts, leg los, Paris, zeig, was du seitdem dazu gelernt hast, vorwärts, fang an, laß deinen unübertrefflichen Tonfilm ›Les Boulevards de Paris‹ vor mir abrollen, dies Meisterwerk von Licht und Farbe und Bewegung mit seinen tausend und tausend unbezahlten und unzählbaren Statisten, und mach dazu deine unnachahmliche, klirrende, ratternde, brausende Straßenmusik! Spar nicht, gib Tempo, zeig, was du kannst, zeig, wer du bist, schalte dein großes Orchestrion ein mit atonaler, pantonaler Straßenmusik, laß deine Autos fahren, deine Camelots brüllen, deine Plakate knallen, deine Hupen dröhnen, deine Geschäfte funkeln, deine Menschen laufen – hier sitze ich, aufgetan wie nur je, und habe Zeit und Lust dir zuzuschauen, dir zuzuhören, bis mir die Augen schwirren und das Herz dröhnt. Vorwärts, vorwärts, spar nicht, verhalte dich nicht, gib mehr und immer mehr, wilder und immer wilder, immer andere und immer neue Schreie und Rufe, Hupen und zersplitterte Töne, mich macht es nicht müd, denn alle Sinne stehen dir offen, vorwärts und vorwärts, gib dich ganz mir hin, so wie ich bereit bin, ganz mich dir hinzugeben, du unerlernbare und immer wieder neu bezaubernde Stadt!

Denn – und dies war die dritte Herrlichkeit dieses außerordentlichen Morgens – ich fühlte schon an einem gewissen Prickeln in den Nerven, daß ich wieder einmal meinen Neugiertag hatte, wie meist nach einer Reise oder einer durchwachten Nacht. An solchen Neugiertagen bin ich gleichsam doppelt und sogar vielfach ich selbst; ich habe dann nicht genug an meinem eigenen umgrenzten

Leben, mich drängt, mich spannt etwas von innen, als müßte ich aus meiner Haut herausschlüpfen wie der Schmetterling aus seiner Puppe. Jede Pore dehnt sich, jeder Nerv krümmt sich zu einem feinen, glühenden Enterhaken, eine fanatische Hellhörigkeit, Hellsichtigkeit überkommt mich, eine fast unheimliche Luzidität, die mir Pupille und Trommelfell schärfer spannt. Alles wird mir geheimnisvoll, was ich mit dem Blick berühre. Stundenlang kann ich einem Straßenarbeiter zusehen, wie er mit dem elektrischen Bohrer den Asphalt aufstemmt, und so stark spüre ich aus dem bloßen Beobachten sein Tun, daß jede Bewegung seiner durchschütterten Schulter unwillkürlich in die meine übergeht. Endlos kann ich vor irgendeinem fremden Fenster stehen und mir das Schicksal des unbekannten Menschen ausphantasieren, der vielleicht hier wohnt oder wohnen könnte, stundenlang irgendeinem Passanten zusehen und nachgehen, von Neugier magnetisch-sinnlos nachgezogen und voll bewußt dabei, daß dieses Tun völlig unverständlich und narrhaft wäre für jeden anderen, der mich zufällig beobachtete, und doch ist diese Phantasie und Spiellust berauschender für mich als jedes schon gestaltete Theaterstück oder das Abenteuer eines Buches. Mag sein, daß dieser Überreiz, diese nervöse Hellsichtigkeit sehr natürlich mit der plötzlichen Ortsveränderung zusammenhängt und nur Folge ist der Umstellung des Luftdruckes und der dadurch bedingten chemischen Umschaltung des Blutes – ich habe nie versucht, mir diese geheimnisvolle Erregtheit zu erklären. Aber immer, wenn ich sie fühle, scheint mir mein sonstiges Leben wie ein blasses Hindämmern und alle anderen durchschnittlichen Tage nüchtern und leer. Nur in solchen Augenblicken spüre ich mich und die phantastische Vielfalt des Lebens völlig.

So ganz aus mir herausgebeugt, so spiellüstern und angespannt saß ich auch damals an jenem gesegneten Apriltag auf meinem Sesselchen am Ufer des Menschenstromes und wartete, ich wußte nicht worauf. Aber ich wartete mit dem leisen fröstelnden Zittern des

Anglers auf jenen gewissen Ruck, ich wußte instinkthaft, daß mir irgend etwas, irgend jemand begegnen mußte, weil ich so tauschgierig, so rauschgierig war, meiner Neugierlust etwas zum Spielen heranzuholen. Aber die Straße warf mir vorerst nichts zu, und nach einer halben Stunde wurden meine Augen der vorbeigewirbelten Massen müde, ich nahm nichts einzelnes mehr deutlich wahr. Die Menschen, die der Boulevard vorbeispülte, begannen für mich ihre Gesichter zu verlieren, sie wurden ein verschwommener Schwall von gelben, braunen, schwarzen, grauen Mützen, Kappen und Käppis, leeren und schlechtgeschminkten Ovalen, ein langweiliges Spülicht schmutzigen Menschenwassers, das immer farbloser und grauer strömte, je ermüdeter ich blickte. Und schon war ich erschöpft, wie von einem undeutlich zuckenden und schlechtkopierten Film, und wollte aufstehen und weiter. Da endlich, da endlich entdeckte ich ihn.

Er fiel mir zuerst auf, dieser fremde Mensch, dank der simplen Tatsache, daß er immer wieder in mein Blickfeld kam. Alle die andern Tausende und Tausende Menschen, welche mir diese halbe Stunde vorüberschwemmte, stoben wie von unsichtbaren Bändern weggerissen fort, sie zeigten hastig ein Profil, einen Schatten, einen Umriß, und schon hatte die Strömung sie für immer mitgeschleppt. Dieser eine Mensch aber kam immer wieder und immer an dieselbe Stelle; deshalb bemerkte ich ihn. So wie die Brandung manchmal mit unbegreiflicher Beharrlichkeit eine einzige schmutzige Alge an den Strand spült und sofort mit ihrer nassen Zunge wieder zurückschluckt, um sie gleich wieder hinzuwerfen und zurückzunehmen, so schwemmte diese eine Gestalt immer wieder mit dem Wirbel heran, und zwar jedesmal in gewissen, fast regelmäßigen Zeitabständen und immer an derselben Stelle und immer mit dem gleichen geduckten, merkwürdig überdeckten Blick. Ansonsten erwies sich dieses Stehaufmännchen als keine große Sehenswürdigkeit; ein dürrer, ausgehungerter Körper, schlecht eingewickelt in ein kanariengelbes Sommermäntelchen, das ihm sicher nicht eigens auf den Leib geschneidert war, denn die Hände verschwanden ganz unter den überhängenden Ärmeln; es war in lächerlichem Maße zu weit, überdimensional, dieses kanariengelbe Mäntelchen einer längst verschollenen Mode, für dies dünne Spitzmausgesicht mit den blassen, fast ausgelöschten Lippen, über denen ein blondes Bürstchen wie ängstlich zitterte. Alles an diesem armen Teufel schlotterte falsch und schlapp – schiefschultrig mit dünnen Clownbeinen schlich er bekümmerten Gesichts bald von rechts, bald von links aus dem Wirbel, blieb dann anscheinend ratlos stehen, sah ängstlich auf wie ein Häschen aus dem Hafer, schnupperte, duckte sich und verschwand neuerdings im Gedränge. Außerdem – und dies war das zweite, das mir auffiel – schien dieses abgeschabte Männchen, das mich irgendwie an einen Beamten aus einer Gogolschen Novelle erinnerte, stark kurzsichtig oder besonders ungeschickt zu sein, denn zweimal, dreimal, viermal beobachtete ich, wie eiligere, zielbewußtere Passanten dies kleine Stückchen Straßenelend anrannten und beinahe umrannten. Aber dies schien ihn nicht sonderlich zu bekümmern; demütig wich er zur Seite, duckte sich und schlüpfte neuerdings vor und war immer da, immer wieder, jetzt vielleicht schon zum zehnten- oder zwölftenmal in dieser knappen halben Stunde.

Nun, das interessierte mich. Oder vielmehr, ich ärgerte mich zuerst, und zwar über mich selbst, daß ich, neugierig, wie ich an diesem Tage war, nicht gleich erraten konnte, was dieser Mensch hier wollte. Und je vergeblicher ich mich bemühte, desto ärgerlicher wurde meine Neugier. Donnerwetter, was suchst du eigentlich, Kerl? Auf was, auf wen wartest du da? Ein Bettler, das bist du nicht, der stellt sich nicht so tolpatschig mitten ins dickste Gewühl, wo niemand Zeit hat, in die Tasche zu greifen. Ein Arbeiter bist du auch nicht, denn die haben Schlag elf Uhr vormittags keine Gelegenheit, hier so lässig herumzulungern. Und auf ein Mädchen wartest du schon gar nicht, mein Lieber, denn solch einen armseligen Besenstiel sucht sich nicht einmal die Älteste und Abgetakeltste aus. Also Schluß, was suchst du da? Bist du vielleicht einer jener obskuren Fremdenführer, die, von der Seite leise anschleichend, unter dem Ärmel obszöne Photographien herausvoltigieren und dem Provinzler alle Herrlichkeiten Sodoms und Gomorras für einen Bakschisch versprechen? Nein, auch das nicht, denn du sprichst ja niemanden an, im Gegenteil, du weichst jedem ängstlich aus mit deinem merkwürdig geduckten und gesenkten Blick. Also zum Teufel, was bist du, Duckmäuser? Was treibst du da in meinem Revier? Schärfer und schärfer nahm ich ihn aufs Korn, in fünf Minuten war es für mich schon Passion, schon Spiellust geworden, herauszubekommen, was dieses kanariengelbe Stehaufmännchen hier auf dem Boulevard wollte. Und plötzlich wußte ich es: Es war ein Detektiv.

Ein Detektiv, ein Polizist in Zivil, ich erkannte das instinktiv an einer ganz winzigen Einzelheit, an jenem schrägen Blick, mit dem er jeden einzelnen Vorübergehenden hastig visierte, jenem unverkennbaren Agnoszierungsblick, den die Polizisten gleich im ersten Jahr ihrer Ausbildung lernen müssen. Dieser Blick ist nicht einfach, denn einerseits muß er rapid wie ein Messer die Naht entlang von unten den ganzen Körper herauflaufen bis zum Gesicht und mit diesem erhellenden Blinkfeuer einerseits die Physiognomie erfassen und anderseits innerlich mit dem Signalement bekannter und gesuchter Verbrecher vergleichen. Zweitens aber – und das ist vielleicht noch schwieriger – muß dieser Beobachtungsblick ganz unauffällig eingeschaltet werden, denn der Spähende darf sich nicht als Späher vor dem andern verraten. Nun, dieser mein Mann hatte seinen Kurs ausgezeichnet absolviert; duselig wie ein Träumer schlich und strich er scheinbar gleichgültig durch das Gedränge, ließ sich lässig stoßen und schieben, aber zwischendurch schlug er dann immer plötzlich – es war wie der Blitz eines photographischen Verschlusses – die schlaffen Augenlider auf und stieß zu wie mit einer Harpune. Niemand ringsum schien ihn bei seinem amtlichen Handwerk zu beobachten, und auch ich selber hätte nichts bemerkt, wäre dieser gesegnete Apriltag nicht glücklicherweise auch mein Neugiertag gewesen und ich so lange und ingrimmig auf der Lauer gelegen.

Aber auch sonst mußte dieser heimliche Polizist ein besonderer Meister seines Faches sein, denn mit wie raffinierter Täuschungskunst hatte er es verstanden, Gehabe, Gang, Kleidung oder vielmehr die Lumpen eines richtigen Straßentrotters für seinen Vogelfängerdienst nachzuahmen. Ansonsten erkennt man Polizisten in Zivilkleidung unweigerlich auf hundert Schritte Distanz, weil diese Herren sich in allen Verkleidungen nicht entschließen können, den letzten Rest ihrer amtlichen Würde abzulegen, niemals lernen sie bis zur täuschenden Vollkommenheit jenes scheue, ängstliche Geducktsein, das all den Menschen ganz natürlich in den Gang fällt, denen jahrzehntelange Armut die Schultern drückt. Dieser aber, Respekt, hatte die Verlotterung eines Stromers geradezu stinkend wahrgemacht und bis ins letzte Detail die Vagabundenmaske durchgearbeitet. Wie psychologisch richtig schon dies, daß der kanariengelbe Überzieher, der etwas schief gelegte braune Hut mit letzter Anstrengung eine gewisse Eleganz markierte, während unten die zerfransten Hosen und oben der abgestoßene Rock das nackte Elend durchschimmern ließen: Als geübter Menschenjäger mußte er beobachtet haben, daß die Armut, diese gefräßige Ratte, jedes Kleidungsstück zunächst an den Rändern anknabbert. Auf eine derart triste Garderobe war auch die verhungerte Physiognomie vortrefflich charakteristisch abgestimmt, das dünne Bärtchen (wahrscheinlich angeklebt), die schlechte Rasur, die künstlich verwirrten und zerknitterten Haare, die jeden Unvoreingenommenen hätten schwören lassen, dieser arme Teufel habe die letzte Nacht auf einer Bank verbracht oder auf einer Polizeipritsche. Dazu noch ein kränkliches Hüsteln mit vorgehaltener Hand, das frierende

Zusammenziehen des Sommermäntelchens, das schleicherisch leise Gehen, als stecke Blei in den Gliedern; beim Zeus: hier hatte ein Verwandlungskünstler ein vollendetes klinisches Bild von Schwindsucht letzten Grades geschaffen.

Ich schäme mich nicht einzugestehen: Ich war begeistert von der großartigen Gelegenheit, hier einen offiziellen Polizeibeobachter privat zu beobachten, obwohl ich es in einer anderen Schicht meines Gefühls zugleich niederträchtig fand, daß an einem solchen gesegneten Azurtag mitten unter Gottes freundlicher Aprilsonne hier ein verkleideter pensionsberechtigter Staatsangestellter nach irgendeinem armen Teufel angelte, um ihn aus diesem sonnenzitternden Frühlingslicht in irgendeinen Kotter zu schleppen. Immerhin, es war erregend, ihm zu folgen, immer gespannter beobachtete ich jede seiner Bewegungen und freute mich jedes neuentdeckten Details. Aber plötzlich zerfloß meine Entdeckungsfreude wie Gefrornes in der Sonne. Denn etwas stimmte mir nicht in meiner Diagnose, etwas paßte mir nicht. Ich wurde wieder unsicher. War das wirklich ein Detektiv? Je schärfer ich diesen sonderbaren Spaziergänger aufs Korn nahm, desto mehr bestärkte sich der Verdacht, diese seine zur Schau getragene Armseligkeit sei doch um einen Grad zu echt, zu wahr, um bloß eine Polizeiatrappe zu sein. Da war vor allem, erstes Verdachtsmoment, der Hemdkragen. Nein, etwas dermaßen Verdrecktes hebt man nicht einmal vom Müllhaufen auf, um sich's mit eignen nackten Fingern um den Hals zu legen; so etwas trägt man nur in wirklicher verzweifeltster Verwahrlosung. Und dann – zweite Unstimmigkeit – die Schuhe, sofern es überhaupt erlaubt ist, derlei kümmerliche, in völliger Auflösung befindliche Lederfetzen noch Schuhe zu nennen. Der rechte Stiefel war statt mit schwarzen Senkeln bloß mit grobem Bindfaden zugeschnürt, während beim linken die abgelöste Sohle bei jedem Schritt aufklappte wie ein Froschmaul. Nein, auch ein solches Schuhwerk erfindet und konstruiert man sich nicht zu einer Maskerade. Vollkommen ausgeschlossen, schon gab es keinen Zweifel mehr, diese schlotterige, schleichende Vogelscheuche war kein Polizist und meine Diagnose ein Fehlschluß. Aber wenn kein Polizist, was dann? Wozu dieses ewige Kommen und Gehen und Wiederkommen, dieser von unten her geschleuderte, hastig spähende, suchende, kreisende Blick? Eine Art Zorn packte mich, daß ich diesen Menschen nicht durchschauen konnte, und am liebsten hätte ich ihn an der Schulter gefaßt: Kerl, was willst du? Kerl, was treibst du hier?

Aber mit einemmal, wie eine Zündung, schlug es die Nerven entlang, ich zuckte auf, so kernschußhaft fuhr die Sicherheit in mich hinein – auf einmal wußte ich alles und nun ganz bestimmt, nun endgültig und unwiderleglich. Nein, das war kein Detektiv – wie hatte ich mich so narren lassen können? –, das war, wenn man so sagen darf, das Gegenteil eines Polizisten: Es war ein Taschendieb, ein echter und rechter, ein geschulter, professioneller, veritabler Taschendieb, der hier auf dem Boulevard nach Brieftaschen, Uhren, Damentaschen und anderen Beutestücken krebsen ging. Diese seine Handwerkszugehörigkeit stellte ich zuerst fest, als ich merkte, daß er gerade dort dem Gedränge zutrieb, wo es am dicksten war, und nun verstand ich auch seine scheinbare Tolpatschigkeit, sein Anrennen und Anstoßen an fremde Menschen. Immer klarer, immer eindeutiger wurde mir die Situation. Denn daß er sich gerade diesen Posten vor dem Kaffeehaus und ganz nahe der Straßenkreuzung ausgesucht, hatte seinen Grund in dem Einfall eines klugen Ladenbesitzers, der sich für sein Schaufenster einen besonderen Trick ausgesonnen hatte. Die Ware dieses Geschäftes bestand an sich zwar bloß aus ziemlich uninteressanten und wenig verlockenden Gegenständen, aus Kokosnüssen, türkischen Zuckerwaren und verschiedenen bunten Karamels, aber der Besitzer hatte die glänzende Idee gehabt, die Schaufenster nicht nur mit falschen Palmen und tropischen Prospekten orientalisch auszustaffieren, sondern mitten in dieser südlichen Pracht ließ er – vortrefflicher Einfall – drei lebendige Äffchen sich herumtreiben, die in den possierlichsten Verrenkungen hinter der Glasscheibe voltigierten, die Zähne fletschten, einander Flöhe suchten, grinsten und spektakelten und sich nach echter Affenart ungeniert und unanständig benahmen. Der kluge Verkäufer hatte richtig gerechnet, denn in dicken Trauben blieben die Vorübergehenden vor diesem Fenster kleben, insbesondere die Frauen schienen nach ihren Ausrufen und Schreien an diesem Schauspiel unermeßliches Ergötzen zu haben. Jedesmal nun, wenn sich ein gehöriges Bündel neugieriger Passanten vor diesem Schaufenster besonders dicht zusammenschob, war mein Freund schnell und schleicherisch zur Stelle. Sanft und in falsch bescheidener Art drängte er sich mitten hinein unter die Drängenden; soviel aber wußte ich immerhin schon von dieser bisher nur wenig erforschten und meines Wissens nie recht beschriebenen Kunst des Straßendiebstahls, daß Taschendiebe zum guten Griff ein gutes Gedränge ebenso notwendig brauchen wie die Heringe zum Laichen, denn nur im Gepreßt- und Geschobensein spürt das Opfer nicht die gefährliche Hand, indes sie die Brieftasche oder die Uhr mardert. Außerdem aber – das lernte ich erst jetzt zu – gehört offenbar zum rechten Coup etwas Ablenkendes, etwas, das die unbewußte Wachsamkeit, mit der jeder Mensch sein Eigentum schützt, für eine kurze Pause chloroformiert. Diese Ablenkung besorgten in diesem Falle die drei Affen mit ihrem possierlichen und wirklich amüsanten Gebaren auf unüberbietbare Art. Eigentlich waren sie, die feixenden, grinsenden, nackten Männchen, ahnungsloserweise die ständig tätigen Hehler und Komplicen dieses meines neuen Freundes, des Taschendiebes.

Ich war, man verzeihe es mir, von dieser meiner Entdeckung geradezu begeistert. Denn noch nie in meinem Leben hatte ich einen Taschendieb gesehen. Oder vielmehr, um ganz ehrlich zu bleiben, einmal in meiner Londoner Studienzeit, als ich, um mein Englisch zu verbessern, öfters in Gerichtsverhandlungen des Zuhörens halber ging, kam ich zurecht, wie man einen rothaarigen, dicklichen Burschen zwischen zwei Policemen vor den Richter führte. Auf dem Tisch lag eine Geldbörse, Corpus delicti, ein paar Zeugen redeten und schworen, dann murmelte der Richter einen englischen Brei, und der rothaarige Bursche verschwand – wenn ich recht verstand, für sechs Monate. Das war der erste Taschendieb, den ich sah, aber – dies der Unterschied – ich hatte dabei keineswegs feststellen können, daß dies wirklich ein Taschendieb sei. Denn nur die Zeugen behaupteten seine Schuld, ich hatte eigentlich nur der juristischen Rekonstruktion der Tat beigewohnt, nicht der Tat selbst. Ich hatte bloß einen Angeklagten, einen Verurteilten gesehen und nicht wirklich den Dieb. Denn ein Dieb ist doch Dieb nur eigentlich in dem Augenblick, da er diebt, und nicht zwei Monate später, da er für seine Tat vor dem Richter steht, so wie der Dichter wesenhaft nur Dichter ist, während er schafft, und nicht etwa, wenn er ein paar Jahre hernach am Mikrophon sein Gedicht vorliest; wirklich und wahrhaft ist der Täter einzig nur im Augenblick seiner Tat. Jetzt aber war mir Gelegenheit dieser seltensten Art gegeben, ich sollte einen Taschendieb in seinem charakteristischsten Augenblick erspähen, in der innersten Wahrheit seines Wesens, in jener knappen Sekunde, die sich so selten belauschen läßt wie Zeugung und Geburt. Und schon der Gedanke dieser Möglichkeit erregte mich.

Selbstverständlich war ich entschlossen, eine so gloriose Gelegenheit nicht zu verpassen, nicht eine Einzelheit der Vorbereitung und der eigentlichen Tat zu versäumen. Ich gab sofort meinen Sessel am Kaffeehaustisch preis, hier fühlte ich mich zu sehr im Blickfeld behindert. Ich brauchte jetzt einen übersichtlichen, einen sozusagen ambulanten Posten, von dem ich ungehemmt zuspähen konnte, und wählte nach einigen Proben einen Kiosk, auf dem Plakate aller Theater von Paris buntfarbig klebten. Dort konnte ich unauffällig in die Ankündigungen vertieft scheinen, während ich in Wahrheit hinter dem Schutz der gerundeten Säule jede seiner Bewegungen auf das genaueste verfolgte. Und so sah ich mit einer mir heute kaum mehr begreiflichen Zähigkeit zu, wie dieser arme Teufel hier seinem schweren und gefährlichen Geschäft nachging, sah ihm gespannter zu, als ich mich entsinnen kann, je im Theater oder bei einem Film einem Künstler gefolgt zu sein. Denn in ihrem konzentriertesten Augenblick übertrifft und übersteigert die Wirklichkeit jede Kunstform. Vive la réalité!

Diese ganze Stunde von elf bis zwölf Uhr vormittags mitten auf dem Boulevard von Paris verging mir demnach auch wirklich wie ein Augenblick, obwohl – oder vielmehr weil – sie derart erfüllt war von unablässigen Spannungen, von unzähligen kleinen aufregenden Entscheidungen und Zwischenfällen; ich könnte sie stundenlang schildern, diese eine Stunde, so geladen war sie mit Nervenenergie, so aufreizend durch ihre Spielgefährlichkeit. Denn bis zu diesem Tage hatte ich niemals und nie auch nur in annähernder Weise geahnt, ein wie ungemein schweres und kaum erlernbares Handwerk – nein, was für eine furchtbare und grauenhaft anstrengende Kunst der Taschendiebstahl auf offener Straße und bei hellem Tageslicht ist. Bisher hatte ich mit der Vorstellung »Taschendieb« nichts verbunden als einen undeutlichen Begriff von großer Frechheit und Handfertigkeit, ich hatte dies Metier tatsächlich nur für eine Angelegenheit der Finger gehalten, ähnlich der Jongliertüchtigkeit oder der Taschenspielerei. Dickens hat einmal im »Oliver Twist« geschildert, wie dort ein Diebmeister die kleinen Jungen anlernt, ganz unmerkbar ein Taschentuch aus einem Rock zu stehlen. Oben an dem Rock ist ein Glöckchen befestigt, und wenn, während der Neuling das Tuch aus der Tasche zieht, dieses Glöckchen klingelt, dann war der Griff falsch und zu plump getan. Aber Dickens, das merkte ich jetzt, hatte nur auf das Grobtechnische der Sache geachtet, auf die Fingerkunst, wahrscheinlich hatte er einen Taschendiebstahl niemals am lebendigen Objekt beobachtet – er hatte wahrscheinlich nie Gelegenheit gehabt, zu bemerken (wie es mir jetzt durch einen

glückhaften Zufall gegeben war), daß bei einem
Taschendieb, der am hellichten Tage arbeitet, nicht nur
eine wendige Hand im Spiele sein muß, sondern auch
geistige Kräfte der Bereitschaft, der Selbstbeherrschung,
eine sehr geübte, gleichzeitig kalte und blitzgeschwinde
Psychologie und vor allem ein unsinniger, ein geradezu
rasender Mut. Denn ein Taschendieb, dies begriff ich jetzt
schon nach sechzig Minuten Lehrzeit, muß die
entscheidende Raschheit eines Chirurgen besitzen, der –
jede Verzögerung um eine Sekunde ist tödlich – eine
Herznaht vornimmt; aber dort, bei einer solchen Operation,
liegt der Patient wenigstens schön chloroformiert, er kann
sich nicht rühren, er kann sich nicht wehren, indes hier der
leichte jähe Zugriff an den völlig wachen Leib eines
Menschen fahren muß – und gerade in der Nähe ihrer
Brieftasche sind die Menschen besonders empfindlich.
Während der Taschendieb aber seinen Griff ansetzt,
während seine Hand unten blitzhaft vorstößt, in eben
diesem angespanntesten, aufregendsten Moment der Tat
muß er überdies noch gleichzeitig in seinem Gesicht alle
Muskeln und Nerven völlig beherrschen, er muß
gleichgültig, beinahe gelangweilt tun. Er darf seine
Erregung nicht verraten, darf nicht, wie der Gewalttäter,
der Mörder, während er mit dem Messer zustößt, den
Grimm seines Stoßes in der Pupille spiegeln – er muß, der
Taschendieb, während seine Hand schon vorfährt, seinem
Opfer klare, freundliche Augen hinhalten und demütig
beim Zusammenprall sein »Pardon, Monsieur« mit
unauffälligster Stimme sagen. Aber noch nicht genug an
dem, daß er im Augenblick der Tat klug und wach und
geschickt sein muß – schon *ehe* er zugreift, muß er seine
Intelligenz, seine Menschenkenntnis bewähren, er muß als
Psychologe, als Physiologe seine Opfer auf die
Tauglichkeit prüfen. Denn nur die Unaufmerksamen, die
Nichtmißtrauischen sind überhaupt in Rechnung zu stellen
und unter diesen abermals bloß jene, die den Oberrock
nicht zugeknöpft tragen, die nicht zu rasch gehen, die man
als unauffällig anschleichen kann; von hundert, von

fünfhundert Menschen auf der Straße, ich habe es in jener Stunde nachgezählt, kommen kaum mehr als einer oder zwei ins Schußfeld. Nur bei ganz wenigen Opfern wird sich ein vernünftiger Taschendieb überhaupt an die Arbeit wagen, und bei diesen wenigen mißlingt der Zugriff infolge der unzähligen Zufälle, die zusammenwirken müssen, meist noch in letzter Minute. Eine riesige Summe von Menschenerfahrung, von Wachsamkeit und Selbstbeherrschung ist (ich kann es bezeugen) für dieses Handwerk vonnöten, denn auch dies ist zu bedenken, daß der Dieb, während er bei seiner Arbeit mit angespannten Sinnen seine Opfer wählen und beschleichen muß, gleichzeitig mit einem anderen Sinn seiner krampfhaft angestrengten Sinne krampfhaft darauf zu achten hat, daß er nicht zugleich selbst bei seiner Arbeit beobachtet werde. Ob nicht ein Polizist oder ein Detektiv um die Ecke schielt oder einer der ekelhaft vielen Neugierigen, die ständig die Straße bevölkern; all dies muß er stets im Auge behalten, und ob nicht eine in der Hast übersehene Auslage seine Hand spiegelt und ihn entlarvt, ob nicht von innen aus einem Geschäft oder aus einem Fenster jemand sein Treiben überwacht. Ungeheuer ist also die Anstrengung und kaum in vernünftiger Proportion zur Gefahr, denn ein Fehlgriff, ein Irrtum kann drei Jahre, vier Jahre Pariser Boulevard kosten, ein kleines Zittern der Finger, ein vorschneller nervöser Griff die Freiheit. Taschendiebstahl am hellichten Tage auf einem Boulevard, ich weiß es jetzt, ist eine Mutleistung höchsten Ranges, und ich empfinde es seitdem als gewisse Ungerechtigkeit, wenn die Zeitungen diese Art Diebe gleichsam als die Belanglosen unter den Übeltätern in einer kleinen Rubrik mit drei Zeilen abtun. Denn von allen Handwerken, den erlaubten und unerlaubten unserer Welt, ist dies eines der schwersten, der gefährlichsten: eines, das in seinen Höchstleistungen beinahe Anspruch hat, sich Kunst zu nennen. Ich darf dies aussprechen, ich kann es bezeugen, denn ich habe es einmal, an jenem Apriltage, erlebt und mitgelebt.

Mitgelebt: ich übertreibe nicht, wenn ich dies sage, denn nur anfangs, nur in den ersten Minuten gelang es mir, rein sachlich kühl diesen Mann bei seinem Handwerk zu beobachten; aber jedes leidenschaftliche Zuschauen erregt unwiderstehlich Gefühl, Gefühl wiederum verbindet, und so begann ich mich allmählich, ohne daß ich es wußte und wollte, mit diesem Dieb zu identifizieren, gewissermaßen in seine Haut, in seine Hände zu fahren, ich war aus dem bloßen Zuschauer seelisch sein Komplice geworden. Dieser Umschaltungsprozeß begann damit, daß ich nach einer Viertelstunde Zuschauens zu meiner eigenen Überraschung bereits alle Passanten auf Diebstauglichkeit oder -untauglichkeit abmusterte. Ob sie den Rock zugeknöpft trugen oder offen, ob sie zerstreut blickten oder wach, ob sie eine beleibte Brieftasche erhoffen ließen, kurzum, ob sie arbeitswürdig für meinen neuen Freund waren oder nicht. Bald mußte ich mir sogar eingestehen, daß ich längst nicht mehr neutral war in diesem beginnenden Kampfe, sondern innerlich unbedingt wünschte, ihm möge endlich ein Griff gelingen, ja, ich mußte sogar den Drang, ihm bei seiner Arbeit zu helfen, beinahe mit Gewalt niederhalten. Denn so wie der Kiebitz heftig versucht ist, mit einem leichten Ellbogenstoß den Spieler zur richtigen Karte zu mahnen, so juckte es mich geradezu, wenn mein Freund eine günstige Gelegenheit übersah, ihm zuzublinzeln: den dort geh an! Den dort, den Dicken, der den großen Blumenstrauß im Arm trägt. Oder als einmal, da mein Freund wieder einmal im Geschiebe untergetaucht war, unvermutet um die Ecke ein Polizist segelte, schien es mir meine Pflicht; ihn zu warnen, denn der Schreck fuhr mir so sehr in die Knie, als sollte ich selber gefaßt werden, ich spürte schon die schwere Pfote des Polizisten auf seiner, auf meiner Schulter. Aber — Befreiung! Da schlüpfte schon das dünne Männchen wieder herrlich schlicht und unschuldig aus dem Gedränge heraus und an der gefährlichen Amtsperson vorbei. All das war spannend, aber mir noch nicht genug, denn je mehr ich mich in diesen Menschen einlebte, je besser ich aus nun schon zwanzig vergeblichen Annäherungsversuchen sein Handwerk zu verstehen begann, desto ungeduldiger wurde ich, daß er noch immer nicht zugriff, sondern immer nur tastete und versuchte. Ich begann mich über sein tölpisches Zögern und ewiges Zurückweichen ganz redlich zu ärgern. Zum Teufel, faß doch endlich einmal straff zu, Hasenfuß! Hab doch mehr Mut! Den dort nimm, den dort! Aber nur endlich einmal los!

Glücklicherweise ließ sich mein Freund, der von meiner unerwünschten Anteilnahme nichts wußte und ahnte, keineswegs durch meine Ungeduld beirren. Denn dies ist ja allemal der Unterschied zwischen dem wahren, bewährten Künstler und dem Neuling, dem Amateur, dem Dilettanten, daß der Künstler aus vielen Erfahrungen um das notwendig Vergebliche weiß, das vor jedes wahrhafte Gelingen schicksalhaft gesetzt ist, daß er geübt ist im Wachen und Sichgedulden, auf die letzte, die entscheidende Möglichkeit. Genau wie der dichterisch Schaffende an tausend scheinbar lockenden und ergiebigen Einfällen gleichgültig vorübergeht (nur der Dilettant faßt gleich mit verwegener Hand zu), um alle Kraft für den letzten Einsatz zu sparen, so ging auch dieses kleine, mickrige Männchen an hundert einzelnen Chancen vorbei, die ich, der Dilettant, der Amateur in diesem Handwerk, schon als erfolgversprechend ansah. Er probte und tastete und versuchte, er drängte sich heran und hatte sicher gewiß schon hundertmal die Hand an fremden Taschen und Mänteln. Aber er griff niemals zu, sondern, unermüdlich in seiner Geduld, pendelte er mit der gleichen gutgespielten Unauffälligkeit immer wieder die dreißig Schritte zur Auslage hin und zurück, immer dabei mit einem wachen, schrägen Blick alle Möglichkeiten ausmessend und mit irgendwelchen mir, dem Anfänger, gar nicht wahrnehmbaren Gefahren vergleichend. In dieser ruhigen, unerhörten Beharrlichkeit war etwas, das mich trotz aller Ungeduld begeisterte und mir Bürgschaft bot für ein letztes Gelingen, denn gerade seine zähe Energie verriet, daß er nicht ablassen würde, ehe er nicht den siegreichen Griff getan. Und ebenso ehern war ich entschlossen, nicht früher wegzugehen, ehe ich seinen Sieg gesehen, und müßte ich warten bis Mitternacht.

So war es Mittag geworden, die Stunde der großen Flut, da plötzlich alle die kleinen Gassen und Gäßchen, die Treppen und Höfe viele kleine einzelne Wildbäche von Menschen in das breite Strombett des Boulevards schwemmen. Aus den Ateliers, den Werkstuben, den Bureaux, den Schulen, den Ämtern stürzen mit einem Stoß die Arbeiter und Nähmädchen und Verkäufer der unzähligen im zweiten, im dritten, im vierten Stock zusammengepreßten Werkstätten ins Freie; wie ein dunkler, verflatternder Dampf quillt dann die gelöste Menge auf die Straße, Arbeiter in weißen Blusen oder Werkmänteln, die Midinettes zu zweien und dreien sich im Schwatzen unterfassend, Veilchensträußchen ans Kleid gespendelt, die kleinen Beamten mit ihren glänzenden Bratenröcken und der obligaten Ledermappe unter dem Arm, die Packträger, die Soldaten in bleu d'horizon, alle die unzähligen, undefinierbaren Gestalten der unsichtbaren und unterirdischen Großstadtgeschäftigkeit. All das hat lange und allzu lange in stickigen Zimmern gesessen, jetzt reckt es die Beine, läuft und schwirrt durcheinander, schnappt nach Luft, bläst sie mit Zigarrenrauch voll, drängt heraus – herein, eine Stunde lang bekommt die Straße von ihrer gleichzeitigen Gegenwart einen starken Schuß freudiger Lebendigkeit. Denn eine Stunde nur, dann müssen sie wieder hinauf hinter die verschlossenen Fenster, drechseln oder nähen, an Schreibmaschinen hämmern und Zahlenkolonnen addieren oder drucken oder schneidern oder schustern. Das wissen die Muskeln, die Sehnen im Leib, darum spannen sie sich so froh und stark, und das weiß die Seele, darum genießt sie so heiter und voll die knappbemessene Stunde; neugierig tastet und greift sie nach Helle und Heiterkeit, alles ist ihr willkommen für einen rechten Witz und einigen Spaß. Kein Wunder, daß vor allem die Affenauslage von diesem Wunsch nach kostenloser Unterhaltung kräftig profitierte.

Massenhaft scharten sich die Menschen um die verheißungsvolle Glasscheibe, voran die Midinettes, man hörte ihr Zwitschern wie aus einem zänkischen Vogelkäfig, spitz und scharf, und an sie drängten sich mit salzigen Witzen und festem Zugriff Arbeiter und Flaneure, und je dicker und dichter die Zuschauerschaft sich zum festen Klumpen ballte, desto munterer und geschwinder schwamm und tauchte mein kleiner Goldfisch im kanariengelben Überzieher bald da, bald dort durch das Geschiebe. Jetzt hielt es mich nicht länger auf meinem passiven Beobachtungsposten – jetzt galt es, ihm scharf und von nah auf die Finger zu blicken, um den eigentlichen Herzgriff des Handwerks kennenzulernen. Dies aber gab harte Mühe, denn dieser geübte Windhund hatte eine besondere Technik, sich glitschig zu machen und sich wie ein Aal durch die kleinsten Lücken eines Gedränges durchzuschlängeln – so sah ich ihn jetzt plötzlich, während er noch eben neben mir ruhig abwartend gestanden hatte, magisch verschwinden und im selben Augenblick schon ganz vorn an der Fensterscheibe. Mit einem Stoß mußte er sich durchgeschoben haben durch drei oder vier Reihen.

Selbstverständlich drängte ich ihm nach, denn ich befürchtete, er könnte, ehe ich meinerseits bis vorne ans Schaufenster gelangt sei, bereits wieder nach rechts oder links auf die ihm eigentümliche taucherische Art verschwunden sein. Aber nein, er wartete dort ganz still, merkwürdig still. Aufgepaßt! Das muß einen Sinn haben, sagte ich mir sofort und musterte seine Nachbarn. Neben ihm stand eine ungewöhnlich dicke Frau, eine sichtlich arme Person. An der rechten Hand hielt sie zärtlich ein etwa elfjähriges blasses Mädchen, am linken Arm trug sie eine offene Einkaufstasche aus billigem Leder, aus der zwei der langen französischen Weißbrotstangen unbekümmert heraustießen; ganz offensichtlich war in dieser Tragtasche das Mittagessen für den Mann verstaut. Diese brave Frau aus dem Volk – kein Hut, ein greller Schal, ein kariertes selbstgeschneidertes Kleid aus grobem Kattun – war von dem Affenschauspiel in kaum zu beschreibender Weise entzückt, ihr ganzer breiter, etwas schwammiger Körper schüttelte sich dermaßen vor Lachen, daß die weißen Brote hin und her schwankten, sie schmetterte so kollernde, juchzende Stöße von Lachen aus sich heraus, daß sie bald den andern ebensoviel Spaß bereitete wie die Äffchen. Mit der naiven Urlust einer elementaren Natur, mit der herrlichen Dankbarkeit all jener, denen im Leben wenig geboten ist, genoß sie das seltene Schauspiel: Ach, nur die Armen können so wahrhaft dankbar sein, nur sie, denen es höchster Genuß des Genusses ist, wenn es nichts kostet und gleichsam vom Himmel geschenkt wird. Immer beugte sich die Gutmütige zwischendurch zu dem Kind herab, ob es nur recht genau sehe und ihm keine der Possierlichkeiten entgehe. »Rrregarrde, doonc, Maargueriete«, munterte sie in ihrem breiten, meridionalen Akzent das blasse Mädchen immer wieder auf, das unter so vielen fremden Menschen zu scheu war, sich laut zu freuen. Herrlich war diese Frau, diese Mutter anzusehen, eine wahre Gäatochter, Urstamm der Erde, gesunde, blühende Frucht des französischen Volkes, und man hätte sie umarmen können, diese Treffliche, für ihre schmetternde, heitere, sorglose Freude. Aber plötzlich wurde mir etwas unheimlich. Denn ich merkte, wie der Ärmel des kanariengelben Überziehers immer näher an die Einkaufstasche heranpendelte, die sorglos offenstand (nur die Armen sind sorglos).

Um Gottes willen! Du willst doch nicht dieser armen, braven, dieser unsagbar gutmütigen und lustigen Frau die schmale Börse aus dem Einkaufskorb klauen? Mit einemmal revoltierte etwas in mir. Bisher hatte ich diesen Taschendieb mit Sportfreude beobachtet, ich hatte, aus seinem Leib, aus seiner Seele heraus denkend und mitfühlend, gehofft, ja gewünscht, es möge ihm endlich für einen so ungeheuren Einsatz an Mühe, Mut und Gefahr ein kleiner Coup gelingen. Aber jetzt, da ich zum erstenmal nicht nur den Versuch des Stehlens, sondern auch den Menschen leibhaftig sah, der bestohlen werden sollte, diese rührend naive, diese selig ahnungslose Frau, die wahrscheinlich für ein paar Sous stundenlang Stuben scheuerte und Stiegen schrubbte, da kam mich Zorn an. ›Kerl, schieb weg!‹ hätte ich ihm am liebsten zugeschrien. ›Such dir jemand anderen als diese arme Frau!‹ Und schon drängte ich mich scharf vor und an die Frau heran, um den gefährdeten Einkaufskorb zu schützen. Aber gerade während meiner vorstoßenden Bewegung wandte sich der Bursche um und drängte glatt an mir vorbei. »Pardon, Monsieur«, entschuldigte sich beim Anstreifen eine sehr dünne und demütige Stimme (zum erstenmal hörte ich sie), und schon schlüpfte das gelbe Mäntelchen aus dem Gedränge. Sofort, ich weiß nicht warum, hatte ich das Gefühl: er hat bereits zugegriffen. Nur ihn jetzt nicht aus den Augen lassen! Brutal – ein Herr fluchte hinter mir, ich hatte ihn hart auf den Fuß getreten – drückte ich mich aus dem Quirl und kam gerade noch zurecht, um zu sehen, wie das kanariengelbe Mäntelchen bereits um die Ecke des Boulevards in eine Seitengasse wehte. Ihm nach jetzt, ihm nach! Festbleiben an seinen Fersen! Aber ich mußte scharfe Schritte einschalten, denn – ich traute zuerst kaum meinen Augen –: dieses Männchen, das ich eine Stunde lang beobachtet hatte, war mit einemmal verwandelt. Während es vordem scheu und beinahe beduselt zu torkeln schien, flitzte es jetzt leicht wie ein Wiesel die Wand entlang mit dem typischen Angstschritt eines mageren Kanzlisten, der den Omnibus versäumt hat und sich eilt, ins Büro zurechtzukommen. Nun bestand kein Zweifel mehr für mich. Das war die Gangart nach der Tat, die Diebsgangart Nummer zwei, um möglichst schnell und unauffällig dem Tatort zu entflüchten. Nein, es bestand kein Zweifel: Der Schuft hatte dieser hundearmen Person die Geldbörse aus der Einkaufstasche geklaut.

In erster Wut hätte ich beinahe Alarmsignal gegeben: »Au voleur!« Aber dann fehlte mir der Mut. Denn immerhin, ich hatte den faktischen Diebstahl nicht beobachtet, ich konnte ihn nicht voreilig beschuldigen. Und dann – es gehört ein gewisser Mut dazu, einen Menschen anzupacken und in Vertretung Gottes Justiz zu spielen: diesen Mut habe ich nie gehabt, einen Menschen anzuklagen und anzugeben. Denn ich weiß genau, wie gebrechlich alle Gerechtigkeit ist und welche Überheblichkeit es ist, von einem problematischen Einzelfall das Recht ableiten zu wollen in unserer verworrenen Welt. Aber während ich noch mitten im scharfen Nacheilen überlegte, was ich tun solle, wartete meiner eine neue Überraschung, denn kaum zwei Straßen weiter schaltete plötzlich dieser erstaunliche Mensch eine dritte Gangart ein. Er stoppte mit einemmal den scharfen Lauf, er duckte und drückte sich nicht mehr zusammen, sondern ging plötzlich ganz still und gemächlich, er promenierte gleichsam privat. Offenbar wußte er die Zone der Gefahr überschritten, niemand verfolgte ihn, also konnte niemand mehr ihn überweisen. Ich begriff, nun wollte er nach der ungeheuren Spannung locker atmen, er war gewissermaßen Taschendieb außer Dienst, Rentner seines Berufes, einer von den vielen Tausenden Menschen in Paris, die still und gemächlich mit einer frisch angezündeten Zigarette über das Pflaster gehen; mit einer unerschütterlichen Unschuld schlenderte das dünne Männchen ganz ausgeruhten, bequemen, lässigen Ganges über die Chaussée d'Antin dahin, und zum erstenmal hatte ich das Gefühl, es mustere sogar die vorübergehenden Frauen und Mädchen auf ihre Hübschheit oder Zugänglichkeit.

Nun, und wohin jetzt, Mann der ewigen Überraschungen? Sieh da: in den kleinen, von jungem knospendem Grün umbuschten Square vor der Trinité? Wozu? Ach, ich verstehe! Du willst dich ein paar Minuten ausruhen auf einer Bank, und wie auch nicht? Dieses unablässige Hinundherjagen muß dich gründlich müde gemacht haben. Aber nein, der Mann der unablässigen Überraschungen setzte sich nicht hin auf eine der Bänke, sondern steuerte zielbewußt – ich bitte jetzt um Verzeihung! – auf ein kleines, für allerprivateste Zwecke bestimmtes Häuschen zu, dessen breite Tür er sorgfältig hinter sich schloß.

Im ersten Augenblick mußte ich blank herauslachen: Endet Künstlertum an solch allmenschlicher Stelle? Oder ist dir der Schreck so arg in die Eingeweide gefahren? Aber wieder sah ich, daß die ewig possentreibende Wirklichkeit immer die amüsanteste Arabeske findet, weil sie mutiger ist als der erfindende Schriftsteller. Sie wagt unbedenklich, das Außerordentliche neben das Lächerliche zu setzen und boshafterweise das unvermeidbar Menschliche neben das Erstaunliche. Während ich – was blieb mir übrig? – auf einer Bank auf sein Wiederkommen aus dem grauen Häuschen wartete, wurde mir klar, daß dieser erfahrene und gelernte Meister seines Handwerks hierin nur mit der selbstverständlichen Logik seines Metiers handelte, wenn er vier sichere Wände um sich stellte, um seinen Verdienst abzuzählen, denn auch dies (ich hatte es vorhin nicht bedacht) gehörte zu den von uns Laien gar nicht erwägbaren Schwierigkeiten für einen berufsmäßigen Dieb, daß er rechtzeitig daran denken muß, sich der Beweisstücke seiner Beute völlig unkontrollierbar zu entledigen. Und nichts ist ja in einer so ewig wachen, mit Millionen Augen spähenden Stadt schwerer zu finden als vier schützende Wände, hinter denen man sich völlig verbergen kann; auch wer nur selten Gerichtsverhandlungen liest, erstaunt jedesmal, wie viele Zeugen bei dem nichtigsten Vorfall, bewaffnet mit einem teuflisch genauen Gedächtnis, prompt zur Stelle sind. Zerreiße auf der Straße einen Brief und wirf ihn in die Gosse: Dutzende schauen dir dabei zu, ohne daß du es ahnst, und fünf Minuten später wird irgendein müßiger Junge sich vielleicht den Spaß machen, die Fetzen wieder zusammenzusetzen. Mustere deine Brieftasche in einem Hausflur: Morgen, wenn irgendeine in der Stadt als gestohlen gemeldet ist, wird eine Frau, die du gar nicht gesehen hast, zur Polizei laufen und eine so komplette Personsbeschreibung von dir geben wie ein Balzac. Kehr ein in ein Gasthaus, und der Kellner, den du gar nicht beachtest, merkt sich deine Kleidung, deine Schuhe, deinen Hut, deine Haarfarbe und die runde oder flache Form deiner Fingernägel. Hinter jedem Fenster, jeder Auslagenscheibe, jeder Gardine, jedem Blumentopf bücken dir ein paar Augen nach, und wenn du hundertmal selig meinst, unbeobachtet und allein durch die Straßen zu streifen, überall sind unberufene Zeugen zur Stelle, ein tausendmaschiges, täglich erneuertes Netz von Neugier umspannt unsere ganze Existenz. Vortrefflicher Gedanke darum, du gelernter Künstler, für fünf Sous dir vier undurchsichtige Wände für ein paar Minuten zu kaufen. Niemand kann dich bespähen, während du die gepaschte Geldbörse ausweidest und die anklägerische Hülle verschwinden läßt, und sogar ich, dein Doppelgänger und Mitgänger, der hier gleichzeitig erheitert und enttäuscht wartet, wird dir nicht nachrechnen können, wieviel du erbeutet hast.

So dachte ich zumindest, aber abermals kam es anders. Denn kaum, daß er mit seinen dünnen Fingern die Eisentür aufgeklinkt hatte, wußte ich schon um sein Mißgeschick, als hätte ich innen das Portemonnaie mitgezählt: erbärmlich magere Beute! An der Art, wie er die Füße enttäuscht vorschob, ein müder, ausgeschöpfter Mensch, schlaff und dumpf die Augenlider über dem gesenkten Blick, erkannte ich sofort: Pechvogel, du hast umsonst gerobotet den ganzen langen Vormittag. In jener geraubten Geldtasche war zweifellos (ich hätte es dir voraussagen können) nichts Rechtes gewesen, im besten Fall zwei oder drei zerknitterte Zehnfrancsscheine – viel, viel zuwenig für diesen ungeheuren Einsatz an handwerklicher Leistung und halsbrecherischer Gefahr – viel nur leider für die unselige Aufwartefrau, die jetzt wahrscheinlich weinend in Belleville schon zum siebentenmal den herbeigeeilten Nachbarsfrauen von ihrem Mißgeschick erzählte, auf die elende Diebskanaille schimpfte und immer wieder mit zitternden Händen die ausgeraubte Einkaufstasche verzweifelt vorzeigte. Aber für den gleichfalls armen Dieb, das merkte ich mit einem Blick, war der Fang eine Niete, und nach wenigen Minuten sah ich meine Vermutung bereits bestätigt. Denn dieses Häufchen Elend, zu dem er jetzt, körperlich wie seelisch ermüdet, zusammengeschmolzen war, blieb vor einem kleinen Schuhgeschäft sehnsüchtig stehen und musterte lange die billigsten Schuhe in der Auslage. Schuhe, neue Schuhe, die brauchte er doch wirklich statt der zerlöcherten Fetzen an seinen Füßen, er brauchte sie notwendiger als die hunderttausend anderen, die heute mit guten, ganzen Sohlen oder leisem Gummidruck über das Pflaster von Paris flanierten, er benötigte sie doch geradezu für sein trübes Handwerk. Aber der hungrige und zugleich vergebliche Blick verriet deutlich: Zu einem solchen Paar, wie es da, blank gewichst und mit vierundfünfzig Francs ausgezeichnet, in der Auslage stand, hatte jener Griff nicht gereicht: Mit bleiernen Schultern bog er sich weg von dem spiegelnden Glas und ging weiter.

Weiter, wohin? Wieder auf solch halsbrecherische Jagd? Noch einmal die Freiheit wagen für eine so erbärmliche, unzulängliche Beute? Nein, du Armer, ruh wenigstens ein bißchen aus. Und wirklich, als hätte er meinen Wunsch magnetisch gefühlt, bog er jetzt ein in eine Seitengasse und blieb endlich stehen vor einem billigen Speisehaus. Für mich war es selbstverständlich, ihm nachzufolgen. Denn alles wollte ich von diesem Menschen wissen, mit dem ich jetzt seit zwei Stunden mit pochenden Adern, mit bebender Spannung lebte. Zur Vorsicht kaufte ich mir rasch noch eine Zeitung, um mich besser hinter ihr verschanzen zu können, dann trat ich, den Hut mit Absicht tief in die Stirn gedrückt, in die Gaststube ein und setzte mich einen Tisch hinter ihn. Aber unnötige Vorsicht – dieser arme Mensch hatte zur Neugier keine Kraft mehr. Ausgeleert und matt starrte er mit einem stumpfen Blick auf das weiße Gedeck, und erst als der Kellner das Brot brachte, wachten seine mageren, knochigen Hände auf und griffen gierig zu. An der Hast, mit der er zu kauen begann, erkannte ich erschüttert alles: Dieser arme Mensch hatte Hunger, richtigen, ehrlichen Hunger, einen Hunger seit frühmorgens und vielleicht seit gestern schon, und mein plötzliches Mitleid für ihn wurde ganz brennend, als ihm

der Kellner das bestellte Getränk brachte: eine Flasche
Milch. Ein Dieb, der Milch trinkt! Immer sind es ja
einzelne Kleinigkeiten, die wie ein aufflammendes
Zündholz die ganze Tiefe eines Seelenraumes erhellen, und
in diesem einen Augenblick, da ich ihn, den Taschendieb,
das unschuldigste, das kindlichste aller Getränke, da ich
ihn weiße, sanfte Milch trinken sah, hörte er sofort für
mich auf, Dieb zu sein. Er war nur mehr einer von den
unzähligen Armen und Gejagten und Kranken und
Jämmerlichen dieser schief gezimmerten Welt, mit einmal
fühlte ich mich in einer viel tiefern Schicht als jener der
Neugierde ihm verbunden. In allen Formen der
gemeinsamen Irdischkeit, in der Nacktheit, im Frost, im
Schlaf, in der Ermüdung, in jeder Not des leidenden Leibes
fällt zwischen Menschen das Trennende ab, die künstlichen
Kategorien verlöschen, welche die Menschheit in Gerechte
und Ungerechte, in Ehrenwerte und Verbrecher teilen,
nichts bleibt übrig als das arme ewige Tier, die irdische
Kreatur, die Hunger hat, Durst, Schlafbedürfnis und
Müdigkeit wie du und ich und alle. Ich sah ihm zu wie
gebannt, während er mit vorsichtigen kleinen und doch
gierigen Schlucken die dicke Milch trank und schließlich
noch die Brotkrumen zusammenscharrte, und gleichzeitig
schämte ich mich dieses meines Zuschauens, ich schämte
mich, jetzt schon zwei Stunden diesen unglücklichen
gejagten Menschen wie ein Rennpferd für meine Neugier
seinen dunklen Weg laufen zu lassen, ohne den Versuch,
ihn zu halten oder ihm zu helfen. Ein unermeßliches
Verlangen ergriff mich, auf ihn zuzutreten, mit ihm zu
sprechen, ihm etwas anzubieten. Aber wie dies beginnen!
Wie ihn ansprechen? Ich forschte und suchte bis aufs
schmerzhafteste nach einer Ausrede, nach einem Vorwand
und fand ihn doch nicht. Denn so sind wir! Taktvoll bis zur
Erbärmlichkeit, wo es ein Entscheidendes gilt, kühn im
Vorsatz und doch jämmerlich mutlos, die dünne
Luftschicht zu durchstoßen, die einen von einem anderen
Menschen trennt, selbst wenn man ihn in Not weiß. Aber
was ist, jeder weiß es, schwerer, als einem Menschen zu

helfen, solange er nicht um Hilfe ruft, denn in diesem Nichtanrufen hat er noch einen letzten Besitz: seinen Stolz, den man nicht zudringlich verletzen darf. Nur die Bettler machen es einem leicht, und man sollte ihnen danken dafür, weil sie einem nicht den Weg zu sich sperren – dieser aber war einer von den Trotzigen, die lieber ihre persönliche Freiheit in gefahrvollster Weise einsetzen, statt zu betteln, die lieber stehlen, statt Almosen zu nehmen. Würde es ihn nicht seelenmörderisch erschrecken, drängte ich mich unter irgendeinem Vorwand und ungeschickt an ihn heran? Und dann, er saß so maßlos müde da, daß jede Störung eine Roheit gewesen wäre. Er hatte den Sessel ganz an die Mauer geschoben, so daß gleichzeitig der Körper am Sesselrücken und der Kopf an der Mauer lehnte, die bleigrauen Lider für einen Augenblick geschlossen: Ich verstand, ich fühlte, am liebsten hätte er jetzt geschlafen, nur zehn, nur fünf Minuten lang. Geradezu körperlich drang seine Ermüdung und Erschöpfung in mich ein. War diese fahle Farbe des Gesichtes nicht weißer Schatten einer gekalkten Gefängniszelle? Und dieses Loch im Ärmel, bei jeder Bewegung aufblitzend, verriet es nicht, daß keine Frau besorgt und zärtlich in seinem Schicksal war? Ich versuchte mir sein Leben vorzustellen: irgendwo im fünften Mansardenstock ein schmutziges Eisenbett im ungeheizten Zimmer, eine zerbrochene Waschschale, ein kleines Köfferchen als ganzen Besitz und in diesem engen Zimmer noch immer die Angst vor dem schweren Schritt des Polizisten, der die knarrenden Stufen treppauf steigt; alles sah ich in diesen zwei oder drei Minuten, da er erschöpft seinen dünnen knochigen Körper und seinen leicht greisenhaften Kopf an die Mauer lehnte. Aber der Kellner scharrte bereits auffällig die gebrauchten Gabeln und Messer zusammen: Er liebte derart späte und langwierige Gäste nicht. Ich zahlte als erster und ging rasch, um seinen Blick zu vermeiden; als er wenige Minuten später auf die Straße trat, folgte ich ihm; um keinen Preis wollte ich mehr diesen armen Menschen sich selbst überlassen.

Denn jetzt war es nicht mehr wie vormittags eine spielerische und nervenmäßige Neugier, die mich an ihn heftete, nicht mehr die verspielte Lust, ein unbekanntes Handwerk kennenzulernen, jetzt spürte ich bis in die Kehle eine dumpfe Angst, ein fürchterlich drückendes Gefühl, und würgender wurde dieser Druck, sobald ich merkte, daß er den Weg abermals zum Boulevard hin nahm. Um Gottes willen, du willst doch nicht wieder vor dieselbe Auslage mit den Äffchen? Mach keine Dummheiten! Überleg's doch, längst muß die Frau die Polizei verständigt haben, gewiß wartet sie dort schon, dich gleich an deinem dünnen Mäntelchen zu fassen. Und überhaupt: laß für heute von der Arbeit! Versuch nichts Neues, du bist nicht in Form. Du hast keine Kraft mehr in dir, keinen Elan, du bist müde, und was man in der Kunst mit der Müdigkeit beginnt, ist immer schlecht getan. Ruh dich lieber aus, leg dich ins Bett, armer Mensch: nur heute nichts mehr, nur nicht heute! Unmöglich zu erklären, wieso dieser Angstgedanke über mich kam, diese geradezu halluzinatorische Gewißheit, daß er beim ersten Versuch heute unbedingt ertappt werden müßte. Immer stärker wurde meine Besorgnis, je mehr wir uns dem Boulevard näherten, schon hörte man das Brausen seines ewigen Katarakts. Nein, um keinen Preis mehr vor jene Auslage, ich dulde es nicht, du Narr! Schon war ich hinter ihm und hatte die Hand bereit, ihn am Arm zu fassen, ihn zurückzureißen. Aber als hätte er abermals meinen inneren Befehl verstanden, machte mein Mann unvermuteterweise eine Wendung. Er überquerte in der Rue Drouot, eine Straße vor dem Boulevard, den Fahrdamm und ging mit einer plötzlich sicheren Haltung, als hätte er dort seine Wohnung, auf ein Haus zu. Ich erkannte sofort dieses Haus: Es war das Hôtel Drouot, das bekannte Versteigerungsinstitut von Paris.

Ich war verblüfft, nun, ich weiß nicht mehr zum wievielten mal, durch diesen erstaunlichen Mann. Denn indes ich sein Leben zu erraten mich bemühte, mußte gleichzeitig eine Kraft in ihm meinen geheimsten Wünschen entgegenkommen. Von den hunderttausend Häusern dieser fremden Stadt Paris hatte ich mir heute morgens vorgenommen, gerade in dieses eine Haus zu gehen, weil es mir immer die anregendsten, kenntnisreichsten und zugleich amüsantesten Stunden schenkt. Lebendiger als ein Museum und an manchen Tagen ebenso reich an Schätzen, jederzeit abwechslungsvoll, immer anders, immer dasselbe, liebe ich dieses äußerlich so unscheinbare Hôtel Drouot als eines der schönsten Schaustücke, denn es stellt in überraschender Verkürzung die ganze Sachwelt des Pariser Lebens dar. Was sonst in den verschlossenen Wänden einer Wohnung sich zu einem organischen Ganzen bindet, liegt hier zu zahllosen Einzeldingen zerhackt und aufgelöst wie in einem Fleischerladen der zerstückelte Leib eines riesigen Tieres, das Fremdeste und Gegensätzlichste, das Heiligste und das Alltäglichste ist hier durch die gemeinste aller Gemeinsamkeiten gebunden: alles, was hier zur Schau liegt, will zu Geld werden. Bett und Kruzifix und Hut und Teppich, Uhr und Waschschüssel, Marmorstatuen von Houdon und Tombakbestecke, persische Miniaturen und versilberte Zigarettendosen, schmutzige Fahrräder neben Erstausgaben von Paul Valéry, Grammophone neben gotischen Madonnen, Bilder von van Dyck Wand an Wand mit schmierigen Öldrucken, Sonaten Beethovens neben zerbrochenen Öfen, das Notwendigste und das Überflüssigste, der niedrigste Kitsch und die kostbarste Kunst, groß und klein und echt und falsch und alt und neu, alles, was je von Menschenhand und Menschengeist erschaffen wurde, das Erhabenste wie das Stupideste, strömt in diese Auktionsretorte, die grausam gleichgültig alle Werte dieser riesigen Stadt in sich zieht und wieder ausspeit. Auf diesem unbarmherzigen Umschlagplatz aller Werte zu Münze und Zahl, auf diesem riesigen Krammarkt menschlicher Eitelkeiten und Notwendigkeiten, an diesem phantastischen Ort spürt man stärker als irgendwo sonst die ganze verwirrende Vielfalt unserer materiellen Welt. Alles kann der Notstand hier verkaufen, der Besitzende erkaufen, aber nicht Gegenstände allein erwirbt man hier, sondern auch Einblicke und Kenntnisse. Der Achtsame kann hier durch Zuschauen und Zuhören jede Materie besser verstehen lernen, Kenntnis der Kunstgeschichte, Archäologie, Bibliophilie, Briefmarkenbewertung, Münzkunde und nicht zum mindesten auch Menschenkunde. Denn ebenso vielfältig wie die Dinge, die aus diesen Sälen in andere Hände wandern wollen und sich nur für eine kurze Frist ausruhen von der Knechtschaft des Besitzes, ebenso vielfältig sind die Menschenrassen und -klassen, die neugierig und kaufgierig sich um die Versteigerungstische drängen, die Augen unruhig von der Leidenschaft des Geschäftes, dem geheimnisvollen Brand der Sammelwut. Hier sitzen die großen Händler in ihren Pelzen und sauber gebürsteten Melonenhüten neben kleinen schmutzigen Antiquaren und Bric-à-brac-Trödlern der Rive Gauche, die billig ihre Buden füllen wollen, zwischendurch schwirren und schwatzen die kleinen Schieber und Zwischenhändler, die Agenten, die Aufbieter, die ›Raccailleurs‹, die unvermeidlichen Hyänen des Schlachtfeldes, um rasch ein Objekt, ehe es zu billig zu Boden fällt, aufzuhaschen oder, wenn sie einen Sammler in ein kostbares Stück richtig verbissen sehen, ihn mit gegenseitigem Augenzwinkern hochzuwippen. Selber zu Pergament gewordene Bibliothekare schleichen hier bebrillt herum wie schläfrige Tapire, dann rauschen wieder bunte Paradiesvögel, hochelegante, beperlte Damen herein, die ihre Lakaien vorausgeschickt haben, um ihnen einen Vorderplatz am Auktionstisch frei zu halten, in einer Ecke stehen unterdes wie Kraniche still und mit zurückgehaltenem Blick die wirklichen Kenner, die Freimaurerschaft der Sammler. Hinter all diesen Typen aber, die das Geschäft oder die Neugier oder die Kunstliebe aus wirklicher Anteilnahme heranlockt, wogt jedesmal eine zufällige Masse von bloß Neugierigen, die sich einzig an der kostenlos gegebenen Heizung wärmen wollen oder sich an den funkelnden Fontänen der emporgeschleuderten Zahlen freuen. Jeden aber, der hierherkommt, treibt eine Absicht, jene des Sammelns, des Spielens, des Verdienens, des Besitzenwollens oder bloß des Sichwärmens, Sicherhitzens an fremder Hitze, und dieses gedrängte Menschenchaos teilt und ordnet sich in eine ganz unwahrscheinliche Fülle von Physiognomien. Eine einzige Spezies aber hatte ich niemals hier vertreten gesehen oder gedacht: die Gilde der Taschendiebe. Doch jetzt, da ich meinen Freund mit sicherem Instinkt einschleichen sah, verstand ich sofort, daß dieser eine Ort auch das ideale, ja vielleicht das idealste Revier von Paris für seine hohe Kunst sein müsse. Denn hier sind alle notwendigen Elemente aufs wunderbarste vereinigt, das gräßliche und kaum erträgliche Gedränge, die unbedingt erforderliche Ablenkung durch die Gier des Schauens, des Wartens, des Lizitierens. Und drittens: ein Versteigerungsinstitut ist, außer dem Rennplatz, beinahe der letzte Ort unserer heutigen Welt, wo alles noch bar auf den Tisch bezahlt werden muß, so daß anzunehmen ist, unter jedem Rock rundet sich die weiche Geschwulst einer gefüllten Brieftasche. Hier oder niemals wartet große Gelegenheit für eine flinke Pfote, und wahrscheinlich, jetzt begriff ich's, war die kleine Probe am Vormittag für meinen Freund bloß eine Fingerübung gewesen. Hier aber rüstete er zum eigentlichen Meisterstreich.

Und doch: am liebsten hätte ich ihn am Ärmel zurückgerissen, als er jetzt lässig die Stufen zum ersten Stock hinaufstieg. Um Gottes willen, siehst du denn nicht dort das Plakat in drei Sprachen: »Beware of pickpockets!«, »Attention aux pickpockets!«, »Achtung vor Taschendieben!«? Siehst du das nicht, du leichtfertiger Narr? Man weiß hier um deinesgleichen, gewiß schleichen Dutzende von Detektiven hier durchs Gedränge, und nochmals, glaub mir, du bist heute nicht in Form! Aber kühlen Blickes das ihm anscheinend wohlbekannte Plakat streifend, stieg der ausgepichte Kenner der Situation ruhig die Stufen empor, ein taktischer Entschluß, den ich an sich nur billigen konnte. Denn in den unteren Sälen wird meist nur grober Hausrat verkauft, Wohnungseinrichtungen, Kasten und Schränke, dort drängt und quirlt die unergiebige und unerfreuliche Masse der Altwarenhändler, die vielleicht noch nach guter Bauernsitte sich die Geldkatze sicher um den Bauch schnüren und die anzugehen weder ergiebig noch ratsam sein dürfte. In den Sälen des ersten Stockes aber, wo die subtileren Gegenstände versteigert werden, Bilder, Schmuck, Bücher, Autographen, Juwelen, dort sind zweifellos die volleren Taschen und sorgloseren Käufer.

Ich hatte Mühe, hinter meinem Freund zu bleiben, denn kreuz und quer paddelte er vom Haupteingang aus in jeden einzelnen Saal, vor und wieder zurück, um in jedem die Chancen auszumessen; geduldig und beharrlich wie ein Feinschmecker ein besonderes Menü las er zwischendurch die angeschlagenen Plakate. Endlich entschied er sich für den Saal sieben, wo »La célèbre collection de porcelaine chinoise et japonaise de Mme. la Comtesse Yves de G...« versteigert wurde. Zweifellos, hier gab es heute sensationell kostspielige Ware, denn die Leute standen derart dicht gedrängt, daß man vom Eingang zunächst den Auktionstisch hinter den Mänteln und Hüten überhaupt nicht wahrnehmen konnte. Eine enggeschlossene, vielleicht zwanzig- oder dreißigreihige Menschenmauer sperrte jede Sicht auf den langen, grünen Tisch, und von unserem Platz an der Eingangstür erhaschte man gerade noch die amüsanten Bewegungen des Auktionators, des Commissaire-priseur, der von seinem erhöhten Pult aus, den weißen Hammer in der Hand, wie ein Orchesterchef das ganze Versteigerungsspiel dirigierte und über beängstigend lange Pausen immer wieder zu einem Prestissimo führte. Wahrscheinlich wie andere kleine Angestellte irgendwo in Ménilmontant oder sonst einer Vorstadt wohnhaft, zwei Zimmer, ein Gasherdchen, ein Grammophon als köstlichste Habe und ein paar Pelargonien vor dem Fenster, genoß er hier vor einem illustren Publikum, mit einem schnittigen Cutaway angetan, das Haar mit Pomade sorgfältig gescheitelt, sichtbar selig die unerhörte Lust, jeden Tag durch drei Stunden mit einem kleinen Hammer die kostbarsten Werte von Paris zu Geld zerschlagen zu dürfen. Mit der eingelernten Liebenswürdigkeit eines Akrobaten fing er von links, von rechts, vom Tisch und von der Tiefe des Saales die verschiedenen Angebote – »six-cents, six-cents-cinq, six-cents-dix«–graziös auf wie einen bunten Ball und schleuderte, die Vokale rundend, die Konsonanten auseinanderziehend, dieselben Ziffern gleichsam sublimiert zurück. Zwischendurch spielte er das Animiermädchen, mahnte, wenn ein Angebot ausblieb und der Zahlenwirbel stockte, mit einem verlockenden Lächeln, »Personne à droite? Personne à gauche?«, oder er drohte, eine kleine dramatische Falte zwischen die Augenbrauen schiebend und den entscheidenden Elfenbeinhammer mit der rechten Hand erhebend: »J'adjuge«, oder er lächelte ein »Voyons, Messieurs, c'est pas du tout cher«. Dazwischen grüßte er kennerisch einzelne Bekannte, blinzelte manchen Bietern schlau und aufmunternd zu, und während er die Ansage jedes neuen Auktionsstückes mit der sachlich notwendigen Feststellung »le numéro trentetrois«, ganz trocken begann, stieg mit dem wachsenden Preis sein Tenor immer bewußter ins Dramatische empor. Er genoß es sichtlich, daß durch drei Stunden drei- oder vierhundert Menschen atemlos gierig bald seine Lippen anstarrten, bald das magische Hämmerchen in seiner Hand. Dieser trügerische Wahn, er selbst habe zu entscheiden, indes er nichts als das Instrument der zufälligen Angebote war, gab ihm ein berauschendes Selbstbewußtsein; wie ein Pfau schlug er seine vokalischen Räder, was mich aber keineswegs hinderte, innerlich festzustellen, daß er mit all seinen übertriebenen Gesten meinem Freunde eigentlich nur denselben notwendigen Ablenkedienst erwies wie die drei possierlichen Äffchen des Vormittags.

Vorläufig konnte mein wackerer Freund aus dieser Komplicenhilfe noch keinen Vorteil ziehen, denn wir standen noch immer hilflos in der letzten Reihe, und jeder Versuch, sich durch diese kompakte, warme und zähe

Menschenmasse bis zum Auktionstisch vorzukeilen, schien mir vollkommen aussichtslos. Aber wieder bemerkte ich, wie sehr ich noch Eintagsdilettant war in diesem interessanten Gewerbe. Mein Kamerad, der erfahrene Meister und Techniker, wußte längst, daß immer im Augenblick, da der Hammer endgültig niederfiel – siebentausendzweihundertsechzig Francs jubelte eben der Tenor –, daß sich in dieser kurzen Sekunde der Entspannung die Mauer lockerte. Die aufgeregten Köpfe sanken nieder, die Händler notierten die Preise in die Kataloge, ab und zu entfernte sich ein Neugieriger, für einen Augenblick kam Luft in die gepreßte Menge. Und diesen Moment benutzte er genial geschwind, um mit niedergedrücktem Kopf wie ein Torpedo sich vorzustoßen. Mit einem Ruck hatte er sich durch vier, fünf Menschenreihen gezwängt, und ich, der ich mir doch geschworen hatte, den Unvorsichtigen nicht sich selbst zu überlassen, stand plötzlich allein und ohne ihn. Ich drängte zwar jetzt gleichfalls vor, aber schon nahm die Auktion wieder ihren Gang, schon schloß die Mauer sich wieder zusammen, und ich blieb im prallsten Gedränge hilflos stecken wie ein Karren im Sumpf. Entsetzlich war diese heiße, klebrige Presse, hinter, vor mir, links, rechts fremde Körper, fremde Kleider und so nah heran, daß jedes Husten eines Nachbars in mich hineinschütterte. Unerträglich dazu noch die Luft, es roch nach Staub, nach Dumpfem und Saurem und vor allem nach Schweiß wie überall, wo es um Geld geht; dampfend vor Hitze, versuchte ich den Rock zu öffnen, um mit der Hand nach meinem Taschentuch zu fassen. Vergeblich, zu eng war ich eingequetscht. Aber doch, aber doch, ich gab nicht nach, langsam und stetig drängte ich weiter nach vorn, eine Reihe weiter und wieder eine. Jedoch zu spät! Das kanariengelbe Mäntelchen war verschwunden. Es steckte irgendwo unsichtbar in der Masse, niemand wußte von seiner gefährlichen Gegenwart, nur ich allein, dem alle Nerven bebten von einer mystischen Angst, diesem armen Teufel müsse heute etwas Entsetzliches zustoßen. Jede Sekunde erwartete ich, jemand würde aufschreien: »Au voleur«, ein Getümmel, ein Wortwechsel würde entstehen, und man würde ihn hinausschleifen, an beiden Ärmeln seines Mäntelchens gepackt – ich kann es nicht erklären, wieso diese grauenhafte Gewißheit in mich kam, es müsse ihm heute und gerade heute sein Zugriff mißlingen.

Aber siehe, nichts geschah, kein Ruf, kein Schrei; im Gegenteil, das Gerede, Gescharre und Gesurre hörte jählings auf. Mit einemmal wurde es merkwürdig still, als preßten diese zwei-, dreihundert Menschen alle auf Verabredung den Atem nieder, alle blickten sie jetzt mit verdoppelter Spannung zu dem Commissaire-priseur, der einen Schritt zurücktrat unter den Leuchter, so daß seine Stirn besonders feierlich erglänzte. Denn das Hauptstück der Auktion war an die Reihe gekommen, eine riesige Vase, die der Kaiser von China höchst persönlich vor dreihundert Jahren dem König von Frankreich mit einer Gesandtschaft als Präsent geschickt und die wie viele andere Dinge während der Revolution auf geheimnisvolle Weise Urlaub aus Versailles genommen hatte. Vier livrierte Diener hoben das kostbare Objekt – weißleuchtende Rundung mit blauem Adernspiel – mit besonderer und zugleich demonstrativer Vorsicht auf den Tisch, und nach einem feierlichen Räuspern verkündete der Auktionator den Ausrufpreis: »Einhundertunddreißigtausend Francs! Einhundertunddreißigtausend Francs« – ehrfürchtige Stille antwortete dieser durch vier Nullen geheiligten Zahl. Niemand wagte sofort daraufloszubieten, niemand zu sprechen oder nur den Fuß zu rühren; die dicht und heiß ineinandergekeilte Menschenmasse bildete einen einzigen starren Block von Respekt. Dann endlich hob ein kleiner weißhaariger Herr am linken Ende des Tisches den Kopf und sagte schnell, leise und fast verlegen: »Einhundertfünfunddreißigtausend«, worauf sofort der Commissaire-priseur entschlossen »Einhundertvierzigtausend« zurückschlug.

Nun begann aufregendes Spiel: Der Vertreter eines großen amerikanischen Auktionshauses beschränkte sich darauf, immer nur den Finger zu heben, worauf wie bei einer elektrischen Uhr die Ziffer des Angebotes sofort um fünftausend vorsprang, vom anderen Tischende bot der Privatsekretär eines großen Sammlers (man raunte leise den Namen) kräftig Paroli; allmählich wurde die Auktion zum Dialog zwischen den beiden Bietern, die einander quer gegenübersaßen und störrisch vermieden, sich gegenseitig anzublicken: beide adressierten sie einzig ihre Mitteilungen an den Commissaire-priseur, der sie mit sichtlicher Befriedigung empfing. Endlich, bei zweihundertsechzigtausend, hob der Amerikaner zum erstenmal nicht mehr den Finger; wie ein eingefrorner Ton blieb die ausgerufene Zahl leer in der Luft hängen. Die Erregung wuchs, viermal wiederholte der Commissaire-priseur: »Zweihundertsechzigtausend ... zweihundertsechzigtausend ...« Wie einen Falken nach Beute warf er die Zahl hoch in den Raum. Dann wartete er, blickte gespannt und leise enttäuscht nach rechts und links (ach, er hätte noch gern weitergespielt!): »Bietet niemand mehr?« Schweigen und Schweigen. »Bietet niemand mehr?« Es klang fast wie Verzweiflung. Das Schweigen begann zu schwingen, eine Saite ohne Ton. Langsam erhob sich der Hammer. Jetzt standen dreihundert Herzen still ... »Zweihundertsechzigtausend Francs zum ersten ... zum zweiten ... zum ...«

Wie ein einziger Block lag das Schweigen auf dem verstummten Saal, niemand atmete mehr. Mit fast religiöser Feierlichkeit hob der Commissaire-priseur den Elfenbeinhammer über die verstummte Menge. Noch einmal drohte er: »J'adjuge.« Nichts! Keine Antwort. Und dann: »Zum drittenmal.« Der Hammer fiel mit trockenem und bösem Schlag. Vorbei! Zweihundertsechzigtausend Francs! Die Menschenmauer schwankte und zerbrach von diesem kleinen, trockenen Schlag wieder in einzelne lebendige Gesichter, alles regte sich, atmete, schrie, stöhnte, räusperte sich. Wie ein einziger Leib rührte und entspannte sich die zusammengekeilte Menge in einer erregten Welle, in einem einzigen fortgetragenen Stoß.

Auch zu mir kam dieser Stoß, und zwar von einem fremden Ellbogen mitten in die Brust. Zugleich murmelte jemand mich an: »Pardon, Monsieur.« Ich zuckte auf. Diese Stimme! O freundliches Wunder, er war es, der schwer Vermißte, der Langgesuchte, die auflockernde Welle hatte ihn – welch glücklicher Zufall – gerade zu mir hergeschwemmt. Jetzt hatte ich ihn, gottlob, wieder ganz nahe, jetzt konnte ich ihn endlich, endlich genau überwachen und beschirmen. Natürlich hütete ich mich wohl, ihm offen ins Antlitz zu sehen; nur von der Seite schielte ich leise hinüber, und zwar nicht nach seinem Gesicht, sondern nach seinen Händen, nach seinem Handwerkszeug, aber die waren merkwürdigerweise verschwunden: Er hatte, bald merkte ich's, die beiden Unterärmel seines Mäntelchens dicht an den Leib gelegt und wie ein Frierender die Finger unter ihren schützenden Rand gezogen, damit sie unsichtbar würden. Wenn er jetzt ein Opfer antasten wollte, so konnte es nichts anderes als eine zufällige Berührung von weichem, ungefährlichem Stoff spüren, die stoßbereite Diebeshand lag unter dem Ärmel verdeckt wie die Kralle in der samtenen Katzenpfote. Ausgezeichnet gemacht, bewunderte ich. Aber gegen wen zielte dieser Griff? Ich schielte vorsichtig zu seiner Rechten hin, dort stand ein hagerer, durchaus zugeknöpfter Herr und vor ihm, mit breitem und uneinnehmbarem Rücken, ein zweiter; so war mir zunächst nicht klar, wie er an einen dieser beiden erfolgreich herankommen könnte. Aber plötzlich, als ich jetzt einen leisen Druck an meinem eigenen Knie fühlte, packte mich der Gedanke – und wie ein Schauer rann es eisig durch mich: Am Ende gilt diese Vorbereitung mir selbst? Am Ende willst du Narr hier den einzigen im Saale angehen, der von dir weiß, und ich soll jetzt – letzte und verwirrendste Lektion! – dein Handwerk am eigenen Leibe ausproben? Wahrhaftig, es schien mir zu gelten, gerade mich, gerade mich hatte der heillose Unglücksvogel sich anscheinend ausgesucht, gerade mich, seinen Gedankenfreund, den einzigen, der ihn kannte bis in die Tiefe seines Handwerks!

Ja, zweifellos galt es mir, jetzt durfte ich mich nicht länger täuschen, denn ich spürte bereits unverkennbar, wie sich der nachbarliche Ellbogen leise mir in die Seite drückte, wie Zoll um Zoll der Ärmel mit der verdeckten Hand sich vorschob, um wahrscheinlich bei der ersten erregten Bewegung innerhalb des Gedränges mit flinkem Griff mir wippend zwischen Rock und Weste zu fahren. Zwar: mit einer kleinen Gegenbewegung hätte ich mich jetzt noch völlig sichern können; es hätte genügt, mich zur Seite zu drehen oder den Rock zuzuknöpfen, aber sonderbar, dazu hatte ich keine Kraft mehr, denn mein ganzer Körper war hypnotisiert von Erregung und Erwartung. Wie angefroren stockte mir jeder Muskel, jeder Nerv, und während ich unsinnig aufgeregt wartete, überdachte ich rasch, wieviel ich in der Brieftasche hatte, und während ich an die Brieftasche dachte, spürte ich (jeder Teil unseres Körpers wird ja sofort gefühlsempfindlich, sobald man an ihn denkt, jeder Zahn, jede Zehe, jeder Nerv) den noch warmen und ruhigen Druck der Brieftasche gegen die Brust. Sie war also vorläufig noch zur Stelle, und derart vorbereitet konnte ich seinen Angriff unbesorgt bestehen. Aber ich wußte merkwürdigerweise gar nicht, ob ich diesen Angriff wollte oder nicht. Mein Gefühl war völlig verwirrt und wie zweigeteilt. Denn einerseits wünschte ich um seinetwillen, der Narr möge von mir ablassen, anderseits wartete ich mit der gleichen fürchterlichen Spannung wie beim Zahnarzt, wenn der Bohrer sich der gepeinigten Stelle nähert, auf seine Kunstprobe, auf den entscheidenden Stoß. Er aber, als ob er mich für meine Neugierde strafen wollte, beeilte sich keineswegs mit seinem Zustoß. Immer wieder hielt er inne und blieb doch warm nahe. Zoll um Zoll schob er sich bedächtig näher, und obwohl meine Sinne ganz an diese drängende Berührung gebunden waren, hörte ich gleichzeitig mit einem ganz anderen Sinn vollkommen deutlich die steigenden Angebote der Auktion vom Tisch herüber: »Dreitausendsiebenhundertfünfzig ... bietet niemand mehr? Dreitausendsiebenhundertsechzig ... siebenhundertsiebzig ... siebenhundertachtzig ... bietet niemand mehr? Bietet niemand mehr?« Dann fiel der Hammer. Abermals ging der leichte Stoß der Auflockerung durch die Masse, und im selben Moment fühlte ich eine Welle davon an mich herankommen. Es war kein wirklicher Griff, sondern etwas wie das Laufen einer Schlange, ein gleitender körperlicher Hauch, so leicht und schnell, daß ich ihn nie gefühlt hätte, wäre nicht alle meine Neugier an jener bedrohten Stelle Posten gestanden; nur eine Falte wie von zufälligem Wind kräuselte meinen Mantel, etwas spürte ich zart wie das Vorüberstreifen eines Vogels und ...

Und plötzlich geschah, was ich nie erwartet hatte: Meine eigene Hand war von unten stoßhaft heraufgefahren und hatte die fremde Hand unter meinem Rock gepackt. Niemals hatte ich diese brutale Abwehr geplant. Es war eine mich selbst überrumpelnde Reflexbewegung meiner Muskeln. Aus rein körperlichem Abwehrinstinkt war meine Hand automatisch emporgestoßen. Und jetzt hielt – entsetzlich – zu meinem eigenen Erstaunen und Erschrecken meine Faust eine fremde, eine kalte, eine zitternde Hand um das Gelenk gepreßt: Nein, das hatte ich nie gewollt!

Diese Sekunde kann ich nicht beschreiben. Ich war ganz starr vor Schreck, plötzlich ein lebendiges Stück kalten Fleisches eines fremden Menschen gewaltsam zu halten. Und genauso schreckgelähmt war er. So wie ich nicht die Kraft, nicht die Geistesgegenwart hatte, seine Hand loszulassen, so hatte er keinen Mut, keine Geistesgegenwart, sie wegzureißen. »Vierhundertfünfzig ... vierhundertsechzig ... vierhundertsiebzig schmetterte oben pathetisch der Commissaire-priseur – ich hielt noch immer die fremde kaltschauernde Diebshand. »Vierhundertachtzig ... vierhundertneunzig ...« – noch immer merkte niemand, was zwischen uns beiden vorging, niemand ahnte, daß hier zwischen zwei Menschen ein ungeheures Spannungsschicksal bestand: Einzig zwischen uns zweien, nur zwischen unseren fürchterlich angestrafften Nerven ging diese namenlose Schlacht. »Fünfhundert ... fünfhundertzehn ... fünfhundertzwanzig ...«, immer geschwinder sprudelten die Zahlen, »fünfhundertdreißig ... fünfhundertvierzig ... fünfhundertfünfzig ...« Endlich – das Ganze hatte kaum mehr als zehn Sekunden gedauert – kam mir der Atem wieder. Ich ließ die fremde Hand los. Sie glitschte sofort zurück und verschwand im Ärmel des gelben Mäntelchens.

»Fünfhundertsechzig ... fünfhundertsiebzig ... fünfhundertachtzig ... sechshundert ... sechshundertzehn ...«, rasselte es oben weiter und weiter, und wir standen noch immer nebeneinander, Komplicen der geheimnisvollen Tat, beide gelähmt von dem gleichen Erlebnis. Noch spürte ich seinen Körper ganz warm angedrückt an den meinen, und als jetzt in erlöster Erregung die erstarrten Knie mir zu zittern begannen, meinte ich zu fühlen, wie dieser leichte Schauer in die seinen überlief. »Sechshundertzwanzig ... dreißig ... vierzig ... fünfzig ... sechzig ... siebzig ...«, immer höher schnellten sich die Zahlen, und immer noch standen wir, durch diesen eisigen Ring des Grauens aneinandergekettet. Endlich fand ich die Kraft, wenigstens den Kopf zu wenden und zu ihm hinüberzusehen. Im gleichen Augenblick schaute er zu mir herüber. Ich stieß mitten in seinen Blick. »Gnade, Gnade! Nicht mich anzeigen!« schienen die kleinen wässerigen Augen zu betteln, die ganze Angst seiner zerpreßten Seele, die Urangst aller Kreatur strömte aus diesen runden Pupillen heraus, und das Bärtchen zitterte mit im Sturm seines Entsetzens. Nur diese aufgerissenen Augen nahm ich deutlich wahr, das Gesicht dahinter war vergangen in einem so unerhörten Ausdruck von Schreck, wie ich ihn niemals vorher und nachher bei einem Menschen wahrgenommen. Ich schämte mich unsagbar, daß jemand so sklavisch, so hündisch zu mir heraufblickte, als ob ich Macht hätte über Leben und Tod. Und diese seine Angst erniedrigte mich; verlegen drückte ich den Blick wieder zur Seite.

Er aber hatte verstanden. Er wußte jetzt, daß ich ihn nie und nimmer anzeigen würde; das gab ihm seine Kraft zurück. Mit einem kleinen Ruck bog er seinen Körper von mir fort, ich spürte, daß er sich für immer von mir loslösen wollte. Zuerst lockerte sich unten das angedrängte Knie, dann fühlte mein Arm die angepreßte Wärme vergehen, und plötzlich – mir war, als schwände etwas fort, was zu mir gehörte – stand der Platz neben mir leer. Mit einem Taucherstoß hatte mein Unglücksgefährte das Feld geräumt. Erst atmete ich auf im Gefühl, wieder Luft um mich zu haben. Aber im nächsten Augenblick erschrak ich: Der Arme, was wird er jetzt beginnen? Er braucht doch Geld, und ich, ich schulde ihm noch Dank für diese Stunden der Spannung, ich, sein Komplice wider Willen, muß ihm doch helfen! Hastig drängte ich ihm nach. Aber Verhängnis! Der Unglücksvogel mißverstand meinen guten Eifer und fürchtete mich, da er mich von der Ferne des Gangs erspähte. Ehe ich ihm beruhigend zuwinken konnte, flatterte das kanariengelbe Mäntelchen schon die Treppe hinab in die Unerreichbarkeit der menschendurchfluteten Straße, und unvermutet, wie sie begonnen, war meine Lehrstunde zu Ende.